ॐ

REVUE THÉOSOPHIQUE
FRANÇAISE

LE LOTUS BLEU

Fondée par

H. P. BLAVATSKY

DIXIÈME ANNÉE
MARS — FÉVRIER
1899-1900

Paris, Librairie de l'Art Indépendant, 10, rue Saint-Lazare

Prix du Numéro, 1 fr. — Abonnements : France, 10 fr. — Etranger, 12 fr.

TABLE DES MATIÈRES

De la Dixième Année.

MARS 1899 — FÉVRIER 1900

----

27 MARS 1899

DIXIÈME ANNÉE   NUMÉRO 1

REVUE THÉOSOPHIQUE

FRANÇAISE

A NOS LECTEURS

Pour le début de la Xe année de la REVUE THÉOSOPHIQUE FRANÇAISE

Des raisons personnelles ne nous ont pas permis de prendre congé des théosophistes français, en mars 1898, lorque, brisé par un surmenage qui a duré vingt ans, nous dûmes quitter la part que nous avions dans la direction de la Revue. Ces raisons n'existent plus aujourd'hui et nous sommes heureux, à la veille de notre retour en France, de leur adresser quelques lignes du cœur de l'Inde, et de leur dire : Courage !

La semence théosophique fut confiée au sol français, au siècle dernier, quand les trois « Messagers » de la Grande Fraternité essayèrent de former une organisation capable de régénérer la race en péril et d'écarter le douloureux orage qui devait ensanglanter notre pays. Malgré leurs efforts, malgré la puissance du dernier d'entre eux, — le comte de Saint-Germain, — la précieuse semence ne put continuer sa germination : elle pourrit dans un sol infesté par le matérialisme, glacé par le scepticisme, et l'ouragan révolutionnaire fit le reste. Quand le « Messager » du siècle actuel, — H. P. Blavatsky, — fut chargé de reprendre la tâche inachevée, il s'adressa aux contrées que l'évolution destine à un grand avenir, — l'Amérique et l'Inde. La graine fut vivifiée à New-York, et quand les transformations préliminaires furent accomplies, le frêle arbrisseau fut transplanté sur le sol de l'Inde, où il croît et croîtra jusqu'aux jours prodigieusement glorieux qui sont réservés à notre mère commune, l'Aryavarta, dans les siècles futurs. Le choix des corps des fondateurs est également significatif : une russe et un amé-

1

ricain. Cela prouve que la Théosophie n'est point exclusivement pour les races en déclin sur l'Occident, mais qu'elle éclairera surtout les deux grandes nations de l'avenir, la Russie et l'Amérique, et nous avons quelques raisons de supposer que sa pleine expansion présidera à la gloire de la sixième Race.

Le terrain est resté longtemps stérile, en France, et les difficultés sans nombre contre lesquelles s'est buté le mouvement théosophique actuel n'ont pas d'autre raison ; les acteurs rassemblés pour jouer leurs rôles ne sont que des agents karmiques dont la Loi utilise les forces diverses : constructeurs ou destructeurs, selon la ligne qu'ils suivent. Mais les constructeurs auront la victoire ; sur ce point, nul doute ; quelles que soient les périodes par lesquelles l'organisation *extérieure* ait passé, le résultat final est certain, car derrière les acteurs il y a les directeurs, dans le corps les Ames, et les nuages d'obscurité projetés par les forces de mal ne serviront qu'à rendre plus radieuse la splendeur du Soleil de vérité qui se lève sur l'humanité.

L'organisme théosophique en France a subi sa septième transformation, — ceux qui sont au courant de son histoire le savent, — et dans ce stade final de son premier cycle mineur se condensent actuellement les résultats acquis. Malgré les difficultés, — et à cause d'elles, — des énergies notables ont été accumulées, et nous pouvons prévoir le moment prochain où elles se montreront en résultats extérieurs. Déjà les signes en apparaissent cà et là : à Paris, à Nice, à Toulon, à Marseille, en Bretagne, à Grenoble, à Lyon et ailleurs aussi. Deux ouvriers importants sont attendus en mai, et ils visiteront tous les centres. Le commandant D. A. Courmes est à peu près rétabli. Notre propre santé est tout à fait regagnée et, dès notre retour, nous comptons reprendre notre poste à la Revue ; de sérieux collaborateurs rendront d'ailleurs la tâche de la Direction moins lourde. Quatre publications viennent de paraître et d'autres les suivront. En un mot, l'avenir est favorable et les efforts du passé vont commencer à vivre comme succès.

Nous ne saurions terminer ces lignes sans adresser l'expression de notre plus affectueuse gratitude à tous ces hommes et ces femmes de cœur qui, au moment où la santé des directeurs de la Revue les rendait momentanément incapables de porter le drapeau théosophique, se sont donnés de tout leur cœur à la cause, en prenant en mains soit la rédaction, soit l'administration, soit la revision de la *Doctrine Secrète*, soit les traductions, soit d'autres détails encore : grâce à eux, la marche en avant a continué et les résultats attendus ne subiront aucun retard. Quant à l'énergie qui a soutenu notre affectionné collègue, M. le commandant Courmes, et l'a fait conserver quand même la direction pendant les longs mois de souffrance qu'il a eus à supporter, nous ne pouvons que l'admirer sans restriction, et nous avons la joie émue de lui dire : Merci, pour la Cause, et au nom de tous !

En finissant, nous répétons aux lecteurs notre cri du début et nous leur disons : Courage... et à bientôt.

Bénarès (Inde), 17 février 1899.

Dʳ Th. Pascal.

Le Credo Chrétien

Il y a bien des membres de notre Société qui ont été et sont encore des chrétiens sincères, et bien que leur foi se soit graduellement élargie jusqu'à franchir les bornes de l'orthodoxie, ils ont conservé une affection profonde pour les formes et les cérémonies de la religion dans laquelle ils sont nés. C'est un plaisir pour eux d'entendre répéter les vieilles formules, c'est pourquoi ils essaient d'y voir une signification plus haute et plus vaste que l'interprétation orthodoxe ordinaire.

J'ai pensé qu'il serait intéressant pour ces membres de donner quelques courtes explications sur la véritable signification et l'origine de ces formules fondamentales de l'Eglise qu'on appelle les *Credos*, de sorte qu'elles évoqueraient en eux, lorsqu'ils les entendraient ou se joindraient à leur récitation, des idées plus grandes et plus nobles se rattachant à leur origine, au lieu du matérialisme trompeur des fausses appréciations modernes.

Qu'on me permette de dire dès le début, que je n'ai nullement l'intention d'aborder le sujet en savant. Les renseignements que je puis fournir sur les *Credos* ne sont obtenus ni par la comparaison d'anciens manuscrits, ni par l'étude des volumineux ouvrages de théologie ; ils sont simplement le résultat d'une investigation faite dans les clichés akasiques par quelques étudiants en occultisme. Leur attention fut accidentellement attirée vers cette question, tandis qu'ils se livraient à des recherches dans une tout autre direction ; ils s'aperçurent que le sujet était d'un intérêt assez puissant pour mériter un examen plus attentif.

Avant de décrire les vraies origines des *Credos* de l'Eglise, il serait bon de résumer les idées acceptées par les écrivains orthodoxes sur leur date et leur histoire. L'Eglise Chrétienne a trois symboles de foi : le *Credo* des Apôtres, celui de Nicée et celui d'Athanase. Autrefois l'opinion ecclésiastique était que le second et le troisième n'étaient simplement que des amplifications du premier; mais il est maintenant universellement reconnu que le *Credo* de Nicée est, d'après l'histoire, le plus ancien des trois. Prenons-les successivement et expliquons rapidement ce que l'on sait sur chacun d'eux.

Une sorte de *Credo* bref et très simple semble avoir été en usage dès la première période, non seulement comme symbole de foi, mais pour employer le style militaire, un mot d'ordre. Toutefois les termes de cette formule ont beaucoup varié suivant les pays, et ce ne fut que de longs siècles plus tard que l'on arriva à quelque chose s'approchant de l'uniformité. Un exemple de cette formule primitive est le *Credo* que donne Irénée dans son ouvrage contre les Hérésies : « Je crois en un seul Dieu Tout-Puissant de qui sont toutes choses.... et dans le Fils de Dieu par qui sont toutes choses. » Il est fait mention d'un *Credo* portant ce nom de *Credo* pour la première fois, au iv° siècle, dans les écrits de Rufinus qui déclare qu'on l'appelle ainsi parce qu'il contient douze articles; chacun d'eux étant attribué à l'un des douze Apôtres qui étaient assemblés dans ce but en un conclave solennel. Mais Rufinus n'est pas regardé comme une autorité historique sérieuse, et même les critiques catholiques romains Wetzer et Welte considèrent son histoire comme une pieuse légende. Le *Credo* des Apôtres ne se trouve nulle part sous sa forme actuelle avant le iv° siècle, date de la composition du symbole de Nicée, et les écrivains les plus autorisés sur ce sujet supposent qu'il est une simple conglomération lentement formée par la réunion successive d'expressions de foi plus anciennes et plus simples.

Beaucoup plus certaine et plus intéressante est l'histoire du *Credo* de Nicée, que l'on trouve dans la messe de l'Eglise Romaine et dans le service de la communion de l'Eglise d'Angleterre. Il semble peu douteux, qu'à l'exception de deux omissions importantes, il ait été sous sa forme actuelle rédigé au conclave de Nicée en 325. Comme la plupart de nos lecteurs le savent ce concile fut tenu pour mettre un terme aux controverses furieuses qui s'étaient élevées entre les autorités ecclésiastiques, sur la vraie nature du Christ. Les Athanasiens ou parti matérialiste, déclaraient qu'il était de la même substance que le Père, tandis que les partisans d'Arius ne voulaient pas admettre qu'il fût de substance semblable, ils ne voulaient pas admettre qu'il fût aussi sans commencement. Le point en litige semble bien peu important pour avoir causé tant d'excitation et éveillé tant de mauvais sentiments; mais il semble que l'une des caractéristiques de la controverse théologique, c'est que plus la divergence d'opinion est petite, plus la haine est aiguë entre les controversistes. On a supposé que Constantin lui-même exerça une influence illégale sur les délibérations du concile qui se décida en faveur des partisans d'Athanase et le *Credo* de Nicée fut formulé comme l'expression de la foi de la majorité. Sa rédaction se terminait par ces mots (si nous omettons l'anathème) : « Je crois au Saint-Esprit » et les articles qui y font suite maintenant, ont été ajoutés au Concile de Constantinople en l'an 381 à l'exception des mots « et le Fils » qui furent insérés par l'Eglise Occidentale au concile de Tolède en 589. Ce fut nominalement sur cette doctrine que le Saint-Esprit procédait du Fils aussi bien que du Père, que se produisit au xiᵉ siècle le plus grand schisme qui, encore aujourd'hui, divise l'Eglise chrétienne, et a été l'origine de la séparation des églises orientale et occidentale, ou, comme l'on dit actuellement, des Eglises grecque et romaine. Il est cependant probable que cette question ne fut qu'un simple prétexte, car la centralisation progressive de l'Eglise occidentale sous l'autorité de Rome était devenue extrêmement désagréable aux patriarches orientaux et depuis quelque temps leurs relations avec Rome étaient tendues. Il semble que la cause ultime de la scission fut la détermination que prirent les Bulgares de transférer aux papes le serment de fidélité qu'ils prêtaient aux patriarches. Si cette question servit même de prétexte, dans un événement aussi important dans l'histoire de l'Eglise, cette clause du « Filioque » a revêtu un intérêt peut-être beaucoup plus grand que ne le méritait son importance intrinsèque.

Le *Credo* d'Athanase est regardé comme étant bien postérieur aux autres. Du reste, tout le monde sait qu'il n'a aucun rapport avec Athanase et qu'il ne porte son nom que parce que ses compilateurs désiraient qu'il fût considéré comme l'expression des doctrines qu'il avait si énergiquement défendues plusieurs siècles auparavant. Une partie en était au moins attribuée à Hilaire, évêque d'Arles, et une autre se trouva dans la déclaration de Dénebert. Toutefois il est à remarquer que dans ces fragments primitifs les articles de damnation brillent par leur absence. Mais comme *Credo*, il était certainement inconnu même à la fin du viiiᵉ siècle ; car au concile de Frioul, tenu en 796, on déplore de n'avoir pas une amplification de la primitive confession de foi, et ce fut très probablement par suite de la discussion qui eut lieu alors sur ce sujet, que le *Credo* d'Athanase fut rédigé dans sa forme actuelle. Il y a des témoignages qui prouvent que les deux parties si distinctes qui le séparent, la première traitant de la doctrine de la Trinité, la seconde de celle de l'Incarnation, existaient séparément depuis des années, mais elles ne furent certainement ni combinées, ni amplifiées avant l'an 800.

Ayant ainsi brièvement résumé ce qui est généralement accepté de l'histoire des *Credos*, je vais maintenant raconter ce que nous avons découvert qui s'y rapporte dans le cours des investigations dont j'ai déjà parlé.

La meilleure méthode sera d'étudier ensemble les *Credos* des Apôtres et de Nicée puisqu'ils ont tant de ressemblance l'un avec l'autre, et de ne prendre que des citations accidentelles au *Credo* d'Athanase, laissant de côté certains articles de ce dernier pour les reprendre séparément plus tard.

Ce dont il faut avant tout se souvenir, c'est que tous les *Credos*, tels que nous les avons maintenant, sont essentiellement des compilations et qu'aucun d'eux ne représente d'aucune façon un document original. Ils renferment des doctrines provenant de trois sources distinctes et il est très intéressant de chercher à séparer ces trois éléments l'un de l'autre, et d'assigner à chacun d'eux respectivement les articles du *Credo* (tel que nous l'avons actuellement) et qui en découlent. Ces trois sources sont : 1° une ancienne formule de cosmogénèse basée sur une très haute autorité.

2° La rubrique qui servait de guide à l'Hiérophante dans la forme égyptienne de l'initiation Sotâpatti.

3° La tendance matérialiste qui cherchait dans une fausse direction l'interprétation des documents comme se rattachant à la biographie d'un individu.

Voyons un peu en détail chacune de ces sources.

Je n'ai pas l'intention de m'étendre ici sur les renseignements extrêmement intéressants que nous avons pu obtenir par la clairvoyance sur l'histoire vraie de ce grand Maître, le Christ. Je réserve ce travail pour plus tard, travail qui d'ailleurs ne sera certainement entrepris que s'il nous est possible de produire à l'appui de nos affirmations des preuves telles, qu'elles puissent satisfaire le savant et l'archéologue.

Cependant, il est nécessaire pour comprendre le but qu'indiquait l'ancienne formule citée plus haut, d'en dire quelques mots. Il est un fait certain, c'est que le Christ enseigna au sein de la communauté des Esséniens, à une date bien antérieure à celle qui lui est assignée généralement. Il vécut parmi eux et les instruisit avant qu'il ne commençât son ministère public. Les chefs de cette communauté étaient déjà en possession de fragments d'information (ils leur venaient peut-être de source Bouddhiste) d'une exactitude plus ou moins parfaite sur l'origine des choses. Le Christ les réunit, en fit un tout cohérent, les fit entrer dans le moule d'articles de foi, et l'on peut regarder ce travail comme la première source du *Credo* Chrétien. L'original de cette formule sera peut-être un jour traduit en anglais, mais une telle entreprise exige la collaboration de plusieurs personnes, et le soin le plus minutieux pour obtenir le sens le plus juste et le mot le plus exact. C'est pourquoi nous ne l'essaierons pas ici, et nous nous bornerons à indiquer les articles de nos *Credos* actuels que nous trouvons dans le formulaire original, en nous efforçant d'en rendre le sens plus intelligible. Le but pour lequel ce symbole fut composé fut de condenser, en une forme facile à retenir, les enseignements sur l'origine du Cosmos que le Christ avait donnés aux chefs de la communauté des Esséniens. Chaque phrase devait rappeler à leur esprit beaucoup plus que les mots seuls ne pouvaient exprimer ; de fait, c'était une formule mnémotechnique semblable à celle dont se servit Bouddha quand il donna à ses disciples les quatre Nobles Vérités ; et il n'est pas douteux que chaque article n'était qu'un texte à expliquer et à développer. Mme Blavatsky fit de même lorsqu'elle prit pour base de la « Doctrine Secrète » les Stances de Dzyan.

Avant qu'il soit possible au lecteur de saisir la signification réelle des différents articles du *Credo*, il est nécessaire qu'il connaisse, autant qu'il lui est possible, les grandes lignes du système de cosmogénèse, dont il était en principe le résumé. Comme il est naturellement identique à celui enseigné par la Religion Sagesse, je répéterai ici la réponse que j'ai donnée il y a quelques mois dans le Vahan à une question que l'on m'avait posée relativement aux fonctions respectives des trois Logoï dans l'évolution humaine, et je redirai aujourd'hui ce que j'ai dit alors, que c'est un sujet qu'aucun de nous ne peut espérer arriver à comprendre parfaitement que dans bien des æons à venir ; car pour se l'assimiler complètement il faudrait être consciemment un avec le Très-Haut.

Cependant il est possible de donner quelques indications qui pourront peut-être aider un peu notre pensée, à condition toutefois que nous ne perdions pas de vue que quelque conception que nous puissions nous former elle *doit* être imparfaite et par suite inexacte ; parce que nous envisageons ce problème d'en bas et non d'en haut du point de vue de notre extrême ignorance au lieu de l'envisager de celui de l'omniscience.

On nous dit que ce qui se passe au commencement d'un système solaire (tel que le nôtre) est (en admettant certaines différences évidentes dans les conditions qui l'accompagnent) identique à ce qui se produit au réveil qui succède à un des grands pralayas, et il nous sera probablement plus facile d'éviter de nous méprendre entièrement si nous cherchons à fixer notre attention sur le commencement du système plutôt que sur le réveil du Pralaya. Il faut d'abord que nous comprenions que dans l'évolution d'un système solaire, trois des principes les plus élevés du Logos de ce système correspondent aux trois Grands Logoï de l'évolution cosmique, et en remplissent respectivement les fonctions ; de fait, ces trois principes sont identiques aux Trois Grands Logoï d'une manière qui nous est absolument incompréhensible, bien que nous puissions voir qu'il doit en être ainsi. Ayons soin, tout en reconnaissant cette identité en essence, de ne point confondre les fonctions respectives d'êtres qui diffèrent si grandement dans leur sphère d'action. Rappelons-nous que du Premier Logos qui se tient près de l'Absolu émane le second ou Logos duel, duquel émane à son tour le Troisième Logos. De ce Troisième Logos émanent les Sept Grands Logoï appelés quelquefois les Sept Esprits devant le trône de Dieu, et comme l'expir divin se répand toujours plus en dehors et descend toujours plus en bas, ainsi sur le plan suivant, y a-t-il venant de chacun des premiers Logos, sept autres Logos, ce qui fait en tout, quarante-neuf Logos sur ce plan. Il faut remarquer que nous avons déjà passé à travers bien des stages, le long du grand arc descendant vers la matière : mais, laissant de côté les détails des hiérarchies intermédiaires, on dit qu'à chacun de ces quarante-neuf Logoï appartiennent des millions de systèmes solaires, et que chacun d'eux est vivifié et dirigé par son propre Logos solaire. Bien qu'à des plans aussi sublimes que ceux-là, des différences en pouvoir et en gloire n'aient pas grande signification pour nous, nous comprenons cependant jusqu'à un certain point combien la distance est immense entre les trois Grands Logoï et le Logos d'un seul système, et par là nous évitons l'erreur dans laquelle tombent constamment les étudiants superficiels.

Il a été souvent démontré que chacun des plans de notre système est divisé en sept sous-plans, et que la matière du sous-plan le plus élevé en chacun d'eux, peut être regardée comme la substance atomique de chacun des plans particuliers, c'est-à-dire que ses atomes ne peuvent être subdivisés sans passer de ce plan au plan immédiatement supérieur. Ces sept sous-plans atomiques considérés séparément (et entièrement en dehors des autres sous-plans qui ont été appelés postérieurement à l'existence par les différentes combinaisons de leurs atomes) forment les plus inférieurs des grands plans cosmiques et sont eux-mêmes ses sept subdivisions. De sorte qu'avant qu'un système solaire ne vienne à l'existence, il n'y a pour ainsi dire, sur son emplacement futur rien d'autre que les conditions ordinaires de l'espace interstellaire, c'est-à-dire qu'il y a la matière des sept subdivisions du plan cosmique le plus inférieur (qui est quelquefois appelé la prakriti cosmique) et à notre point de vue c'est simplement la matière atomique de chacun de nos sous-plans sans les combinaisons variées que nous sommes habitués à voir comme les unissant et menant graduellement de l'un à l'autre.

Or dans l'évolution d'un système, l'action des trois principes supérieurs de son Logos (généralement appelé les trois Logoï du système) sur l'état précédent a lieu nous pouvons dire dans un ordre renversé.

Dans le cours de l'œuvre immense chacun des Logoï projette son influence ; mais l'influx qui descend le premier est celui du principe de notre Logos qui correspond à Manas dans l'homme, quoique naturellement sur un plan infiniment plus élevé. On le désigne ordinairement comme le troisième Logos ou Mahat, correspondant au Saint-Esprit dans le Christianisme « l'Esprit de Dieu qui couve la surface des eaux » de l'espace et qui amène ainsi les mondes à l'existence. Le résultat de cette première grande effusion est l'éveil de cette merveilleuse et glorieuse vitalité qui pénètre toute matière (quelqu'inerte qu'elle puisse paraître à l'obscure vision physique) de sorte que les atomes des différents plans développent, quand ils sont électrisés par elle, toutes sortes d'attractions et de répulsions, qui existaient en eux à l'état latent, et entrent en toutes sortes de combinaisons amenant ainsi progressivement à l'existence toutes les subdivisions inférieures de chaque plan, jusqu'à ce que se présente à nous en pleine activité, la complexité merveilleuse des quarante-neuf sous-plans, tels que nous les voyons aujourd'hui. Quand la matière de tous les sous-plans du système est déjà arrivée à l'existence, et que le champ où pourra s'exercer son activité est prêt, la seconde grande émission commence — la projection de ce que nous avons appelé quelquefois l'essence monadique, et cette fois elle vient du principe supérieur correspondant dans notre système au Second Logos dont les écrivains catholiques parlent comme du Fils de Dieu. Il a été dit bien des choses sur Lui, choses qui sont belles et vraies, quand elles sont comprises dans leur vrai sens ; mais il a été grossièrement abaissé et incompris par ceux qui n'ont pu saisir la sublime simplicité de la vérité, nous reviendrons plus tard sur ce sujet.

Ce grand effluve de vie se projette lentement et sûrement, mais avec une irrésistible force ; chaque vague successive employant un manvantara entier dans chacun des règnes de la nature — les trois règnes élémentals, les règnes minéral, végétal, animal et humain. Dans l'arc descendant de cette puissante courbe, elle ne fait qu'agréger autour d'elle les différentes espèces de matière des divers plans, de sorte que tout peut s'habituer à agir comme ses véhicules et s'y adapter ; mais quand elle a atteint le point le plus inférieur de son immersion dans la matière, elle se tourne et commence la grande marche ascendante de son évolution vers la Divinité, son but étant de développer la conscience dans chacun de ses degrés de matière en commençant naturellement par le plus bas.

C'est ainsi que l'homme, bien qu'il possède dans un état plus ou moins latent tant de principes élevés, n'est au commencement et pendant longtemps, conscient que dans son corps physique, pour le devenir plus tard et par degrés dans son corps astral, et plus tard encore dans son corps mental.

Dans les types inférieurs de l'humanité, le désir est le caractère complètement dominant, bien que le développement manasique s'accentue de son côté jusqu'à un certain point. L'homme a pendant sa vie, durant son sommeil une conscience obscure dans son véhicule astral, et après sa mort son Kama-rupa est tout à fait conscient et actif, et dure de nombreuses années, quoique pratiquement il ne sache rien de la vie dévachanique. Passons maintenant à l'homme de notre race doué d'une instruction ordinaire, nous voyons qu'il montre pendant sa vie une grande activité mentale, et possède des qualités qui lui offrent la possibilité d'une très longue existence dévachanique après sa mort. Il est entièrement conscient dans son corps astral durant son sommeil, quoiqu'il ne soit pas généralement capable de transférer aucun souvenir d'une condition d'existence à une autre. Le nombre comparativement rare des hommes qui ont entrepris la tâche de se développer dans les sciences occultes, nous montre que le cours futur de l'évolution générera l'épanouissement de la conscience sur des plans de plus en plus hauts, à mesure que l'humanité s'avancera et deviendra plus apte à un tel développement.

Mais bien avant cette époque, la troisième grande émission de vie divine eut lieu, celle qui provient du principe le plus élevé du Logos de ce système, qui correspond à Atman dans l'homme et occupe la place que le premier Logos remplit dans l'évolution *cosmique*, a été appelée par le Christianisme Dieu le Père.

Nous avons essayé d'indiquer comment l'essence monadique dans sa course ascendante développe graduellement la conscience, d'abord sur le plan physique, puis sur le plan astral, et enfin sur le plan manasique inférieur.

Mais ce n'est que quand elle atteint cette dernière étape dans les animaux domestiques les plus élevés, que la possibilité de cette troisième émission a lieu. Car cette troisième vague de vie divine ne peut descendre plus bas que notre plan boudhique, et là elle semble planer en attendant le développement des véhicules convenables qui lui permettront de descendre un degré de plus et de devenir les âmes individuelles des hommes. Cette phrase peut sembler étrange, mais il est difficile d'exprimer exactement par des mots humains les mystères de la vie la plus élevée. Imaginons (pour nous servir d'une comparaison orientale) l'océan d'essence monadique fortement comprimé dans le plan manasique par la force d'évolution qui lui est inhérente, et cette troisième émission flottant comme un nuage au-dessus de ce plan, et attirant constamment les vagues du plan inférieur, tout en étant attirée par elles. Quiconque a assisté à la formation d'une trombe dans les mers tropicales saisira l'idée qu'exprime l'image orientale ; il comprendra comment le nuage conique descend, la pointe dirigée vers la mer, et le cône d'eau émergeant des flots tend sa pointe vers le haut, ils se rapprochent de plus en plus parce qu'ils s'attirent mutuellement, jusqu'au moment en se jetant l'un sur l'autre, ils se rejoignent et forment enfin une grande colonne mélangée d'eau, d'air et de vapeur.

D'une manière semblable des blocs d'essence élémentale des animaux projettent constamment des parties d'elles-mêmes dans des incarnations qui sont semblables à des vagues fugitives à la surface de la mer, et le processus de différenciation continue jusqu'à ce qu'enfin le moment arrive où l'une de ses vagues s'élève assez haut pour permettre au nuage suspendu au-dessus d'elle de s'unir à elle. Cette union de l'eau et du nuage est alors entraînée vers une nouvelle existence qui n'est ni celle du nuage, ni celle de la mer, mais qui participe de la nature des deux, elle est ainsi séparée du bloc dont elle faisait partie jusque là, et ne retombe plus jamais dans la mer. Cela revient à dire qu'un animal qui appartient à un des blocs d'essence les plus avancés peut, par son amour, et pour ainsi dire son dévouement pour son maître, et par un effort du mental pour se développer, dans l'immense désir de le comprendre, et de lui plaire, peut dis-je, s'élever assez au-dessus de son plan d'origine pour devenir un véhicule de la troisième vague de vie ; la réception de cet influx l'arrache à son bloc et le lance comme individualité sur la voie de l'immortalité.

Si nous nous rappelons que la conscience de l'essence monadique s'est développée sur le plan manasique inférieur, et que l'influence de la vie divine qui plane au-dessus d'elle, est descendue jusqu'au plan boudhique, il nous sera alors facile de comprendre que c'est sur les niveaux manasiques les plus élevés (la division arupique du plan dévachanique) que devra s'opérer cette jonction ; car c'est là en effet que se trouve véritablement l'habitat du corps causal de l'homme, le véhicule de l'Ego réincarnateur. Mais il faut observer ici qu'un curieux changement s'est opéré dans la situation de l'essence monadique. Pendant toute la durée de sa longue évolution à travers les règnes précédents, elle a été invariablement le principe donnant la vie et l'énergie, elle a été la force sous n'importe quelle forme qu'elle ait pu occuper temporairement ; mais ce qui a été jusqu'à ce moment, la chose donnant la vie, devient à son tour la chose qui est animée ; car de cette essence élémentale est formé le corps causal, cette sphère resplendissante de lumière vivante dans laquelle descend d'en haut une lumière encore plus resplendissante, et au moyen de laquelle il est capable de se manifester comme individualité humaine

Qu'on ne s'imagine pas que de devenir le véhicule de la dernière effluve de vie et la plus élevée soit un résultat bien médiocre pour une si longue et si pénible évolution, car il ne faut pas oublier que si le véhicule n'avait pas été préparé à agir comme un trait d'union, l'individualité immortelle de l'homme n'aurait jamais pu exister, et que cette triade supérieure ainsi formée devient une unité transcendante, — non par la descente de Dieu dans la chair, mais par l'élévation de l'humanité en Dieu. De sorte qu'aucune partie de l'œuvre qui a été accomplie à travers toute cette immensité de siècles n'est perdue, rien n'a été inutile, car sans ce travail, cette consommation finale n'aurait jamais pu être atteinte. L'homme peut ainsi devenir l'égal du Logos duquel il émane, et ce Logos Lui-même grandit en perfection, parce qu'il reçoit de l'amour de sa propre progéniture, de ceux qui sont égaux à Lui-même, et sur lesquels cet amour qui est l'essence de sa nature divine, peut pour la première fois se répandre complètement.

Il faut aussi se rappeler, que c'est seulement par la présence en lui de cette troisième vague de vie divine, que l'homme possède la garantie absolue de son immortalité, car c'est là, « l'esprit de l'homme qui va vers le haut » en opposition à « l'esprit des bêtes qui va vers le bas », c'est-à-dire, cet esprit qui à la mort de l'ani-

mal retourne au bloc d'essence monadique d'où il vient. Un jour
viendra, (c'est ce que l'on nous dit) bien que notre intellect ait de
la peine à le comprendre, le jour du grand Pralaya, où « toutes les
choses visibles et invisibles » seront réabsorbées dans Cela d'où elles
émanent ; où même le Second et le Troisième Logos Eux-mêmes et
tout ce qui est de leur essence, devra à ce moment être plongé dans
le sommeil et disparaître. Mais, même pendant cette période de
repos universel, il y a une Entité que rien ne peut atteindre, c'est
le Premier Logos, le Logos non-Manifesté qui reste, comme de
toute éternité, dans le sein de l'Infini. Et puisque par son essence
directe, il est le Père divin de tout, il entre dans la composition
de l'esprit de l'homme, son immortalité est absolument assurée par
ce pouvoir tout puissant.

J'espère montrer plus loin, combien ces belles conceptions sont
magnifiquement et grandiosement reflétées même en ce qui nous
reste des Credos Chrétiens.

(*A suivre*).   **C. W. Leadbeater.**

L'HOMME ET SES CORPS

(*Suite.*)

Le Corps causal

Passons maintenant au second véhicule mental, connu sous le
nom de Corps causal, pour cette raison que résident en lui toutes
les causes qui, sur les plans inférieurs, se manifestent à titre d'effets.
Nous sommes, ici, en présence du «*Corps de Manas* » de la « *forme-
aspect* » de l'individu, c'est-à-dire de l'homme réel. C'est le réceptacle, le dépôt, où s'amasse et se conserve pour l'éternité ce que
l'homme a acquis en fait de trésors spirituels. A mesure que la
nature inférieure lui transmet les éléments dignes d'entrer dans sa
constitution, le réceptacle grandit et se développe ; tout ce qui
porte en soi un caractère de durée, tout germe destiné à se manifester comme qualité dans les incarnations ultérieures, entre comme
partie intégrante dans la texture du corps causal. Aussi les manifestations sur les plans inférieurs dépendent-elles entièrement du
degré de croissance et de développement de cet habitacle de
l'homme pour lequel on peut dire que le « cadran de l'éternité ne
marque jamais la fin. » Le Corps causal, avons-nous dit, constitue
la « forme-aspect » — le prototype — de l'individu ; ceci est si

vrai — en tant qu'il s'agit du présent cycle d'évolution humaine, auquel nous limitons notre étude — que jusqu'au jour où ce dernier apparaît sur le plan de l'existence, on peut dire de l'homme (du moins, ce que nous entendons par tel) qu'il est encore à naître. Sans doute, nous constatons la présence d'un tabernacle de chair, d'une enveloppe éthérique préparés pour sa venue, de passions, d'émotions, d'appétits s'agglutinant graduellement pour former la nature kamique du Corps astral, mais l'homme n'existe pas tant que l'entité n'a pas gravi les échelons du physique et de l'astral, tant que la matière mentale n'a pas manifesté sa présence au travers de ses corps inférieurs. Puis vient le moment où, sous l'action incessante du « *Soi* » en vue de préparer son habitacle, la matière mentale commence son lent mouvement d'évolution, attirée par le magnétisme du grand océan atma-buddhique, toujours planant sur l'évolution humaine, elle se soulève, se tuméfie, pour ainsi dire, montant vers la nappe supérieure à mesure que celle-ci s'abaisse pour s'unir à elle et la féconder. Tel est le point de départ de l'individualité naissante dans le Corps causal. Ceux qui sont qualifiés pour porter leur vision en ces régions supérieures nous dépeignent la « forme aspect » de l'homme réel comme un léger nuage, presque insaisissable à l'œil, tellement la matière en est subtile, marquant cette phase d'évolution où l'entité commence à vivre d'une vie individualisée ; ce nuage léger de matière subtile et incolore constitue comme le rudiment d'un corps destiné à se perpétuer d'âge en âge à travers l'entière évolution humaine, fil ténu sur lequel, comme les perles d'un collier, se suspendent les vies successives, Sutratma de toutes les réincarnations — le fil de l'Ego. Tel est le réceptacle où viennent s'accumuler les pensées et les actions de l'homme en conformité avec la Loi, tout ce qui, en un mot, par sa nature, est noble et harmonieux, par conséquent durable ; tel est le corps par où se manifeste la croissance de l'homme, le stage d'évolution atteint par lui. Toute pensée noble et généreuse, toute émotion pure et élevée y est définitivement instaurée, comme ouvrée dans sa substance.

Considérons maintenant la vie humaine dans ses rapports avec le Corps causal, et prenons un exemple dans la moyenne de notre humanité : de quelle valeur, dans ce cas, seront les matériaux transmis pour la construction du véhicule ? Ne perdons pas de vue qu'il ne s'agit, ici, que d'un nuage léger — rudiment de corps — destiné dans l'avenir à s'épandre, à croître en force, en activité vitale, à se revêtir des plus brillantes couleurs, d'autant plus radieux de gloire et de lumière que l'homme aura progressé sur le chemin de l'évolution. Ce qui se manifeste en fait de mental chez l'homme appartenant au stage inférieur, est extrêmement limité ; il n'y est guère question que d'appétits et de passions ; à ce stage, l'homme est tout entier au contact des objets extérieurs qu'il convoite, tout son être se trouve comme ramassé dans la vie de sensasion. Si l'on pouvait, avec des mots, peindre les choses telles qu'elles se passent en réalité, on dirait d'une projection initiale de la part de la délicate matière dont se compose la vie intérieure, d'un premier bourgeonnement autour duquel vient se former comme un embryon de corps mental, lequel, à son tour, pousse ses rejets dans la matière du monde astral, prenant ainsi contact avec le véhicule congénère à ce plan. De l'union de ces deux corps résulte le pont qui met en communication les deux pôles de l'être, grâce auquel tout ce qui est capable de s'élever passera désormais sur le plan supérieur. Le long de ce canal, à son tour, descend la pensée humaine, pénétrant le monde des sensations et des émotions passionnelles, pour se répandre, de là, sur le plan de la vie physique. Durant le passage à travers le plan astral, nos pensées se saturent de passions et d'animalité, et c'est ce mélange intime de la matière du corps mental avec celle de l'astral qui explique pourquoi ces deux corps ont tant de peine à se séparer, lorsqu'est venue l'heure de la mort. Mais si, durant son séjour sur ce plan de matière, l'homme a eu à son actif une pensée généreuse, un sentiment désintéressé à l'égard d'un être aimé, s'il a rendu service à un ami dans la peine, alors il a réalisé quelque chose de durable, quelque chose qui porte en soi le principe de vie, qui participe de la nature du monde supérieur, digne, par le fait, de trouver place en son Corps causal, d'être ouvré en sa substance, d'ajouter à sa beauté, de lui donner, peut-être, le premier reflet de ce qui sera, un jour, sa couleur distinctive. Rares, peut-être, auront été, durant le cours d'une existence, les actions ou pensées nées viables, capables d'alimenter la vie de l'homme réel ; de là l'extrême lenteur de sa croissance. Quant aux tendances mauvaises, fruit de l'ignorance, et qu'ont fortifiées les habitudes contractées, graduellement, elles vont descendre dans les profondeurs de l'être : latentes, résumées en leur germe, le Corps Mental les recueille durant la période dévachanique, où nulle possibilité de reviviscence ne leur est offerte. Lorsque le véhicule mental, à son tour, se désagrège, elles passent dans le Corps causal, mais toujours ensevelies dans le sommeil, jusqu'à l'heure où, prêt pour une nouvelle incarnation, l'Ego opère sa descente en astral, les projetant en la substance du plan ; dans ce milieu congénère les germes réveillés redeviennent ce qu'ils étaient jadis : les passions et les vices de l'entité — héritage de ses incarnations passées. Par là il appert que le Corps causal peut être considéré comme recueillant indifféremment ce que l'homme a produit de bien et ce qu'il a fait de mal — ces deux antithèses étant tout ce qui reste de lui après la désintégration successive de ses véhicules inférieurs —. Sans doute, mais avec cette différence que le bien recueilli se retrouve tout entier dans la contexture du véhicule et aide à sa croissance, tandis que le mal ne fait qu'y passer à l'état de germe, à part l'exception que nous allons signaler.

Lorsque, pour perpétrer le mal, l'homme en arrive à s'aider des ressources de la pensée, lorsque la passion mauvaise pénètre du plan de la sensation dans celui de la mentalité, alors les conséquences sont plus graves; il ne s'agit plus seulement d'une station passagère de germes à l'état latent dans le corps causal, avec leur résultante obligée pour l'avenir de crimes et d'afflictions, mais d'un préjudice réel causé au véhicule. Plus encore : si subtil et tenace est le vice intellectualisé, qu'il s'attaque à l'Individu même, dont il ne se sépare pas sans lui avoir arraché quelque lambeau de substance — s'il nous est permis d'employer cette figure. Et cela se comprend aisément si l'on se rend compte de ce qui se produit lors de la séparation *post mortem* entre les Corps astral et mental. Ce dernier lorsqu'il est accaparé par le vice, est tellement engagé, tellement enchevêtré dans l'astral, qu'il ne peut échapper à l'étreinte de son partenaire qu'en lui abandonnant une portion de sa propre substance, laquelle, au fur et à mesure que se dissipe le véhicule inférieur, retourne, en qualité d'élément désagrégé, à la matière du monde mental, et, par cela même, est perdue pour l'Individu. Et maintenant, si nous revenons à notre image d'un nuage léger, d'une ampoule vaporeuse, comme représentant le Corps causal aux premiers stages de son évolution, nous saisirons mieux en quoi et comment il peut être amoindri, diminué par la pratique invétérée du vice qui, non seulement retarde ses progrès dans le présent, mais oppose un obstacle prolongé à sa croissance. On dirait de l'essence mentale supérieure, qu'elle est frappée dans sa capacité de développement, atrophiée, stérilisée dans une certaine mesure ; à part cette exception, et, dans les cas ordinaires, les germes de mal en transit dans le Corps causal n'y laissent pas de trace.

Il en est autrement de l'Ego qui a grandi à la fois en intellectualité et en volonté, sans avoir développé les lignes parallèles de l'amour et du désintéressement, de l'Ego qui s'est ramassé, isolé dans son centre, au lieu de s'épandre en proportion de sa croissance, qui a construit la forteresse de l'égoïsme où il s'est retranché, pour exercer ses pouvoirs au bénéfice du « moi » et non pour le bien de tous. C'est le cas auquel font allusion les Ecritures de la plupart des peuples de la terre, lorsqu'elles parlent de la possibilité d'un état dans le mal beaucoup plus invétéré et plus dangereux, lorsque l'Ego se met consciemment en opposition avec la Loi, et délibérément déclare la guerre à l'évolution. Alors le Corps causal, ouvré par les vibrations du plan mental sur la base exclusive de l'intellect et de la volonté, dirigés, l'un et l'autre, par les mobiles de l'égoïsme, irradie les sombres lueurs par où se révèle l'état de contraction, au lieu du nimbe de lumière éblouissante qui est sa caractéristique normale. Une telle éminence dans le mal ne saurait être le fait d'une entité pauvrement développée, d'une mentalité ordinaire, quelles que soient ses erreurs, ses défaillances passionnelles ; seul peut y atteindre l'Ego assez hautement évolué pour disposer des forces subtiles et

puissantes du plan manasique. C'est dans ce sens que l'égoïsme intellectuel, l'ambition démesurée, l'orgueil, sont, sans comparaison
possible, plus redoutables, plus funestes dans leurs conséquences
que toutes les faiblesses de surface de notre nature inférieure ;
aussi est-il dit que les « pharisiens » sont souvent plus éloignés du
royaume de Dieu que les « publicains » et les « pécheurs ». La poursuite le long de cette voie aboutit au « magicien noir », à cet état
où l'homme, ayant maîtrisé les passions et les désirs de la chair, a
conquis, par l'effort de sa volonté, les pouvoirs supérieurs du
mental, — s'est spiritualisé dans le mal — non pas pour partager ce
qu'il a acquis, pour en faire une joyeuse offrande au service de
l'évolution de tout et de tous, mais pour se les approprier, pour
être seul à le posséder, à en jouir. De tels êtres ont pris le parti de
la séparation contre celui de l'unité ; loin de pousser à l'évolution,
ils luttent de tout leur pouvoir pour en retarder le processus ; ce
sont des forces qui vibrent en désaccord et non en harmonie avec
l'ensemble, et le danger qu'ils courent est de briser le fil qui les relie
à leur Ego, ce qui ne tend à rien moins qu'à la perte totale, pour
eux, des fruits de l'évolution.

Tant que nous sommes, qui commençons à comprendre quelque
chose de ce Corps causal, ne devons-nous pas faire de son évolution le but déterminé de notre vie, nous efforcer de penser avec
désintéressement et ainsi contribuer à sa croissance, à son activité ?
En vérité, nous n'avons pas autre chose à faire : c'est pour accomplir
l'évolution de l'Individu, pour parfaire ce grand œuvre, que tant de
vies se succèdent, tant de siècles s'amoncellent, tant de milliers
d'années... en y aidant par l'effort conscient, nous travaillons en
harmonie avec la Loi divine, nous correspondons à notre seule raison d'être ici-bas. Quoi que ce soit, en fait de bien, que nous ayons
jamais fait entrer dans la texture du Corps causal, y demeure à
jamais, pas une parcelle n'en est perdue, car là est l'homme qui
ne meurt pas.

Par là nous voyons — en vertu de la Loi qui fait évoluer toute
chose — que le Mal, si invincible qu'il paraisse dans le Temps,
recèle en lui le principe de sa propre destruction, tandis que le
Bien contient un germe d'immortalité. La raison en est dans ce fait,
que là où est le mal est une note discordante, une force qui se
dresse contre la Loi cosmique, destinée, tôt ou tard, à être brisée
par Elle, oui ! irrésistiblement broyée, réduite en poussière ; par
contre, tout ce que nous faisons de bien, étant en harmonie avec
la Loi, est pris sous son aile, poussé en avant, entraîné par le flot
montant des forces évolutives, de ces forces qui proclament : « ce
n'est pas en nous que réside la justice ! » et cela est impérissable.
Voilà où réside pour l'homme non pas seulement une espérance,
mais la certitude du triomphe final : si lente que soit la croissance,
elle se fait ; si prolongée que soit la route, elle a une limite ; l'Individu qui constitue notre « Soi » est en marche sur le chemin de

l'évolution, et son mouvement est la garantie de sa perpétuité ; si grande que soit notre folie, notre aveuglement à en retarder la croissance, le peu que nous y contribuons, si minime que soit l'apport, y demeure et reste en notre possession pour les âges à venir.

(*A suivre*).   **Annie Besant.**

POURQUOI L'ENFANCE ?

Un étudiant de la Théosophie a posé la question suivante : *Etant donné la doctrine des réincarnations, comment se fait-il que les enfants soient toujours et partout des enfants, jouent toujours aux mêmes jeux, se passionnent invariablement pour les joujoux, se livrent perpétuellement aux mêmes enfantillages ? Leur Atma ayant beaucoup appris au cours de ses incarnations, il semble qu'il devrait influencer davantage leurs actes ?*

Cette question est très utile, car elle se présente à l'esprit de tous les commençants et il leur est difficile de la résoudre avant d'avoir acquis un certain quantum de connaissance. Voici quelques considérations qui pourront les guider et les mettre sur la voie de la solution du problème.

La méthode employée par la Nature pour la création et le développement des centres de conscience (1) que nous appelons des êtres, consiste, en partie, à infuser de l'Essence divine dans des plans (2) de matière, manifestés au préalable dans ce but. Cette es-

---

(1) Tout centre de conscience a pour racine l'ON existant, mais non manifesté, — ce qu'on a nommé Dieu, le Soi universel, la Monade, etc... L'UN, dans son sacrifice périodique, immerge une partie de lui-même dans l'univers à créer ; il construit cet univers au moyen de l'essence de la matière (*Mulaprakriti*) qu'il différencie en atomes, en plans, en éléments, en toutes les combinaisons qu'offre la substance. Il est la Vie de cet univers et le seul dieu personnel concevable. L'UN en action dans la matière non encore agrégée en formes est la Monade de la force-matière (*Atma*) ; l'UN en action dans la force-matière organisée en formes, c'est-à-dire dans laquelle le principe de la forme est actif, c'est la Monade de la forme (*Atma-Buddhi*) ; l'UN en action dant les formes dont le principe intelligent et conscient s'est éveillé (la forme humaine ou *Corps causal*), c'est la Monade humaine (*Atma-Buddhi-Manas*)

(2) Dans le processus créateur, la matière est manifestée la première ; elle est l'œuvre de la troisième personne de la Trinité ; la deuxième personne développe ensuite la forme ; la première donne finalement la conscience, l'être proprement dit.

sence prend, à un moment particulier de sa descente dans la matière, le nom d'*Essence monadique* — ce que, dans la terminologie théosophique, l'on pourrait appeler de la Vie divine en action dans de la substance-force atmique plongée elle-même dans de la substance-force bouddhique. Son incarnation dans les trois plans inférieurs (1) de la manifestation, la soumet à des systèmes de vibrations différents (2), lesquels, au moyen d'un processus que la science physique peut suffire à expliquer, en grande partie, la segmentent en « blocs » qui deviennent progressivement de plus en plus petits, jusqu'à ce qu'ils aient atteint un point-limite auquel commence à poindre en eux la soi-conscience : le sentiment du *moi*. Ils ont alors franchi les règnes inférieurs (3) et entrent dans le règne humain : ce sont des hommes à l'état naissant des âmes-enfants.

Le développement de ces « mois », de ces âmes-enfants, se fait, dès lors, de plus en plus rapidement et avec l'aide des « Aînés » qui les ont pécédés (4), mais toujours (5) d'après la méthode des incarnations successives. Pendant ces incarnations, le contact des âmes avec le monde extérieur développe en elles au cours des âges, les facultés les plus étendues et les plus variées, car, *comme parcelles de l'Essence divine, elles sont de véritables germes* (6) *contenant, à*

(1) Nous parlons ici des plans de notre chaîne planétaire, la seule sur laquelle des informations aient été données.

(2) Ces vibrations, produites dans la matière des plans, sont le résultat d'influences variées, dans les détails desquelles nous ne pouvons entrer ici. Voir le *Lotus Bleu* de 1896 p. 404, 433, 466 : *Les Formes-Pensées*.

(3) Les trois règnes élémentals, le règne minéral, le règne végétal et le règne animal.

(4) Les créations sont successives dans le Temps et l'Espace : l'Etre, inconnaissable, absolu, est seul éternel. Supposer à ces créations un commencement ou une fin, c'est subir l'illusion du fini qui ne peut comprendre l'Infini, le « sans commencement » et le « sans fin ». Les *Aînés* sont des hommes divinisés dans des univers passés ou au cours de notre évolution actuelle.

(5) A un moment de notre évolution, quand un homme se *libère*, c'est-à-dire devient un Maître (maître de tout ce qui concerne notre évolution particulière), les réincarnations obligatoires cessent pour lui, parce qu'elles sont devenues inutiles, et la méthode de développement subit une modification dont nous ignorons la nature.

(6) Il faut remarquer que l'homme, comme toutes choses, naît, non point tout développé du cerveau de la Minerve cosmique. mais d'un *germe*. Ce germe est de la divinité non manifestée, à l'état potentiel ; l'homme ne pourrait pas devenir une divinité s'il n'en était ainsi. Tout, dans l'univers, est de la divinité sous une forme, sous un aspect quelconque, car rien autre que l'Etre (la Divinité) ne peut exister. La manifestation, — la croissance, — du germe est indispensable au *moi* futur, car pour devenir conscient de soi, il faut en avoir été inconscient, pour savoir, il faut avoir été ignorant : la création de l'*individualité* est

l'état potentiel, la possibilité de toutes choses, — ce qu'on pourrait
exprimer encore d'une autre façon en disant qu'elles possèdent
la faculté de vibrer à l'unisson de toute vibration *externe.* L'appareil responsif qui se développe ainsi en elles est un *sens interne,* et
plus les vibrations auxquelles l'âme est soumise sont variées et répétées, plus grand devient en elle le nombre de ces foyers, plus
variés et étendus sont ses moyens de connaissance, plus rapide est
son développement.

Chaque fois qu'un centre de conscience, — une âme, — a épuisé
les leçons que l'échelle vibratoire d'une de ses enveloppes (1) peut
lui donner, il brise (2) cette enveloppe (3) et se libère ; puis il
en reprend une autre, plus complexe et composée d'une matière
capable de répondre à une échelle vibratoire plus étendue, — et
ainsi de suite. Mais au lieu d'abandonner pour toujours, dans les
formes successivement créés, des sens et des organes que les centres
de conscience ont, pour ainsi dire, dépassés, la Nature en conserve
précieusement les germes et, dans ses travaux de reconstitution,
en reprend régulièrement la série. Par exemple, à chaque formation d'un corps physique humain reparaissent successivement tous
les stages organiques par lesquels le centre de conscience incarné
dans ce corps a passé antérieurement : c'est ce que veut exprimer
l'aphorisme antique, lorsqu'il dit que la pierre devient plante, la
plante animal, l'animal homme, l'homme un dieu.

Pour mieux expliquer ce point important de la reconstruction
des véhicules, nous ajouterons quelques mots.

L'évolution va du simple au composé, de la substance indifférenciée (4) aux plans atomiques, des agrégats atomiques simples aux
formes les plus complexes. Dans la première partie du processus,
— dans l'arc descendant, — se produit la densification progressive
des agrégats ; quand la vague de vie atteint la portion la plus matérielle du plan physique, — le règne minéral, qui est le point inférieur de l'arc évolutif, — elle remonte vers sa source en affinant
peu à peu les agrégats atomiques des formes des plans qu'elle re-
traverse, et rend ces formes à la fois plus subtiles, plus sensitives,
plus compliquées et plus stables.

à ce prix. Que le lecteur ne donne pas aux mots *inconscient* et *ignorant*
leur signification ordinaire ; il ne comprendrait que bien imparfaitement
ce que nous voulons dire.

(1) L'un de ses corps momentanés.

(2) Ce pouvoir destructeur est dans *Atma,* rayon de la première personne
de la trinité, le *Shiva* indou, le destructeur ; le pouvoir qui maintient
les formes est dans *Buddhi,* rayon de la deuxième personne de la trinité,
le *Vishnu* indou, le préservateur ; le pouvoir créateur est dans *Manas,*
rayon de la troisième personne de la trinité, *Brahmâ,* le Démiurge.

(3) Laquelle se désagrège, meurt.

(4) Ce que l'on a nommé la racine, l'essence de la matière (*Mulaprakriti*).

La construction des véhicules humains et leurs reconstructions cycliques se font dans le même ordre. Nous nous limiterons à l'esquisse d'une reconstruction.

L'agrégation des atomes qui forment nos corps invisibles, — corps mental et corps astral, — s'effectue donc bien avant que ne commence l'édification du nouveau corps visible. L'âme, — le Corps causal, actuellement, — au moyen des vibrations qu'elle a emmagasinées à l'état latent (1), attire autour d'elle, après la période dévachanique, la substance la plus proche, atomiquement parlant, c'est-à-dire, la matière du plan mental inférieur (2); lorsque cette espèce de pont a été créé, elle peut se mettre en contact avec la matière astrale et l'attirer, par le même moyen (3), autour de lui. Mais les matériaux sont, alors, seulement amassés ; ils n'ont pas pris l'arrangement particulier qui en fait des *sens internes,* des centres vibratoires, des foyers responsifs au moyen desquels l'âme apprend et agit. Ce travail se fait plus tard, sur l'arc ascendant du cycle de la réincarnation, à mesure que le corps physique se développe et que la communication de l'âme avec l'ambiance se rétablit.

La reformation du corps grossier (4) se fait dans le même ordre général : état amorphe, état cellulaire, état organique, apparition des organes les plus simples d'abord, des plus complexes ensuite ; en ce qui regarde les centres nerveux, le système ganglionnaire fonctionne bien avant le système cérébro-spinal; dans la masse encéphalique, les portions qui président à la vie végétative agissent bien plus tôt que celles qui transmettent la pensée, et celles qui servent de centres physiques aux facultés supérieures des humanités futures sont encore endormies. En même temps que le corps visible est construit, quoique postérieurement au point de vue de la manifestation extérieure de son action, la substance du corps astral procède, de la même façon, aux modifications qui lui sont

(1) Ces vibrations sont les « germes » du passé et les « causes » du futur ; le corps qui les conserve au cours des incarnations, est, pour cette raison, appelé corps *causal.*

(2) La matière qui forme les quatre plans inférieurs du plan mental, les sous-plans « rupiques ».

(3) Par les vibrations latentes emmagasinées dans l'œuf aurique ou corps causal. Ces vibrations sont très variées et, par conséquent, spécialisées à des ordres de matière très divers ; quand les vibrations en affinité avec la substance mentale ont achevé leur œuvre, les vibrations en affinité avec la matière astrale commencent la leur et attirent les atomes qui correspondent à leur nuance vibratoire, amassant ainsi les matériaux du corps astral futur.

(4) La construction du corps physique s'opère au moyen d'un « double » de ce corps, une espèce de moule qu'un « Aîné » prépare et fait bâtir, pour ainsi dire, par « les Esprits de la Nature », au moyen de matériaux fournis par l'éther et par l'ovule fécondé. Cette intervention hâte immensément l'évolution de l'humanité.

propres, et, bientôt, aux fonctions vitales purement physico-chimiques, se mêlent les rudiments de la sensation. Dès que le développement du corps physique et du corps astral atteint un certain point, la substance mentale commence à s'ajuster à son tour aux vibrations qu'elle reçoit des véhicules inférieurs, et les premiers éclairs de l'intelligence naissante apparaissent : la sensation devient, d'abord, l'attraction ou la répulsion pour les différentes sensations, et, peu à peu, le désir, la passion, l'émotion, le sentiment ; puis se montrent les facultés des centres les plus élevés de l'appareil mental : idéation, mémoire, imagination, analyse, comparaison, raison ; et, enfin, brillent les divines qualités qui naissent dans le corps causal (1) ou qui le traversent, venant des principes les plus élevés : concepts abstraits, intuition, génie, dévouement, abnégation, sacrifice, libre-arbitre, volonté.

Mais toujours l'évolution se répète, dans les reformations véhiculaires, et sans cesse dans le même ordre ; toujours elle va du simple au composé, et, après le point tournant marqué par le règne minéral, de bas en haut, pour ainsi dire, du corps visible aux corps invisibles ; toujours les énergies physico-chimiques de la Vie précèdent ses pouvoirs de sensation ; toujours la sensation pure précède les états qui indiquent l'intervention mentale : désir, passion, émotion, choix ; toujours l'alliance de l'intelligence avec la sensation précède la manifestation pure du mental concret (2) ; toujours le mental concret apparaît avant le mental abstrait (3) ; toujours le mental abstrait (*Manas supérieur*) se montre avant les éclairs du génie, de l'intuition, de l'amour divin qui ont leur source dans Buddhi ; et la Volonté qui, comme Shopenhauer l'a compris, est la racine même de l'Etre, coule du plus profond de l'homme, de la Vie divine, — *Atmâ*.

Ces descentes successives en incarnation des « principes » humains ont été exprimées d'une manière simple et frappante pour ceux qui ne veulent ou ne peuvent encore se plonger dans l'étude intime de la Vie. On a dit que l'homme est un pur animal jusqu'au septième mois de la vie fœtale ; que sa vie humaine inférieure commence à cet âge avec l'incarnation du *Manas inférieur*, et qu'à la septième année, l'humanité véritable s'établit avec l'incarnation du *Manas supérieur*. On pourrait compléter ce résumé en disant que, dans les

(1) Le *Manas supérieur* en un sens.

(2) La pensée ordinaire « formelle », opérant sur les sensations apportées par les véhicules inférieurs.

(3) La faculté de généralisation, de synthèse ; le pouvoir de « centrer » en un foyer idéal toute une série de manifestations mentales ; l'idée abstraite de beauté, par exemple, comprenant toutes les formes manifestées de la beauté ; l'idée abstraite de « triangularité » contenant les formes concrètes de tous les triangles possibles ; l'idée abstraite de force comprenant tous les aspects possibles de la force rendue apparente par l'interposition de véhicules divers, etc...

cas de retour d'un grand Initié à la terre, l'incarnation (la manifestation extérieure) de *Buddhi* se fait plus tard dans la vie, et celle d'*Atmâ* plus tard encore : ce qu'il explique comment la conscience physique (cérébrale) de ces grands Etres ignore plus ou moins longtemps le développement merveilleux de leur conscience divine (1).

Voilà pourquoi, toujours et partout, avant de pouvoir de nouveau se manifester pleinement sur le plan physique au moyen d'un nouveau corps, l'Ame est obligée de laisser s'accomplir les fonctions propres à ses véhicules inférieurs et ne peut intervenir et affirmer son action propre que graduellement et à mesure que son instrument entièrement reconstruit la remet en communication avec le plan physique.

D^r Th. Pascal.

SOCIÉTÉ VÉGÉTARIENNE DE FRANCE

Les lecteurs de notre Revue et les personnes, en général, qui sont déjà au courant de la théosophie, connaissent amplement les avantages de tout ordre que présente pour l'homme le régime excluant toute chair animale de son alimentation. Ces avantages, en effet, intéressent tout autant l'hygiène mentale et même l'hygiène morale que l'hygiène physique. Notre Revue a publié, dans l'un de ses précédents volumes, une intéressante conférence de Mme Annie Besant sur cette question. L'étude sur *l'homme et ses corps* qui se poursuit en ce moment dans nos colonnes fait ressortir aussi l'importance du régime végétarien pour nous. Nos lecteurs apprendront donc avec intérêt la fondation récente d'une association qui, sous le titre de *Société végétarienne de France*, se donne pour mission de faire valoir et de propager les mérites du végétarisme ainsi que d'en faciliter la pratique.

La *Société végétarienne de France* a son siège à Paris ; elle est présidée par le docteur Jules Grand, de la même ville. Elle comprend principalement des membres actifs, c'est-à-dire pratiquant, et des membres associés, c'est-à-dire sympathiques sans pratiquer nécessairement. Les droits et les devoirs de ces deux catégories de membres sont d'ailleurs les mêmes. Tous reçoivent le bulletin de la société et ont voix délibérative aux assemblées générales. Toutefois les personnes faisant parti du comité doivent être membres

(1) Celle due à l'Etre pur, la triade supérieure *(Atma-Buddhi-Manas)* unifiée et en pleine activité.

actifs. Chacun doit simplement une cotisation annuelle de cinq francs. La société compte répandre des publications et faire des conférences sur le végétarisme.

Enfin, les adhésions et les souscriptions sont recueillies par M. Troussel, secrétaire général, au siège social de la Société, Boulevard de Strasbourg, 75.

Bien que le signataire de la présente notice fasse partie du comité de la *Société végétarienne de France*, il doit déclarer que cette association est absolument independante de la *Société théosophique*.

D. A. Courmes.

VARIÉTÉS OCCULTES

LES DEUX FRÈRES

CONTE DE LA VIE RÉELLE (1)

Il est bien près de la mort, le petit garçon aux yeux noirs qui sanglotte à fendre le cœur dans la chambre silencieuse et vide — silencieuse comme la tombe — vide à la suite d'une perte cruelle. Il n'a que onze ans encore, mais un grand amour a trouvé place dans cette petite existence. Il vivait dans une grande et vieille maison, avec son frère, plus âgé que lui de trois ans ; c'étaient de beaux garçons, débordants de vie et de gaieté et le bruit de leurs rires faisait retentir les échos des longs corridors obscurs. Courageux et fort, l'aîné dirigeait tout ; ils montaient à cheval, pêchaient, se promenaient et folâtraient ensemble et le cadet aimait son aîné avec cette ardeur passionnée dont l'enfance nous fournit quelques exemples et qui semble être le présage de futurs attachements ; de l'amour de l'adolescent pour la dame de ses pensées, du respect du soldat pour son chef, du dévouement du disciple envers son maître, du culte du saint pour Dieu. Et maintenant ?... il y a quelques jours à peine, l'aîné, Lancelot, avait été rapporté à la maison, au milieu des sanglots que de robustes paysans au cœur chaud laissaient échapper, à la vue de ce pauvre être brisé sans ressources, qui gisait sur une civière. Le jeune cavalier avait fait une chute,

_____

(1) Le récit qui va suivre est véridique : les principaux acteurs nous sont connus. Nous le donnons dans le but principal de bien spécifier la différence qui existe entre la méthode théosophique et la méthode spirite de communication éventuelle avec les défunts. La première n'essaye point d'appeler les défunts, mais permet d'aller directement à eux. (N. D. L. D.)

en montant son poney favori et s'était broyé... il était mort. Il est inutile de décrire l'incrédulité passionnée de Walter, ses cris frénétiques, le torrent de larmes qu'il répandit, en se cramponnant désespérément à la main froide qui ne répondait plus à la pression de la sienne, ses lamentables appels que l'oreille du mort n'entendait plus. On a maintenant emporté Lancelot, loin, sous la froide terre que les feuilles tombantes de septembre recouvraient comme d'un sombre gazon ; il est seul dans le cimetière, comme Walter est seul à la maison.

Epuisé, à bout de forces, l'enfant refusait de boire et de manger ; ne voulant pas d'un repas que Lancelot ne partagerait pas, de friandises dont il serait privé. En vain sa mère et sa nourrice le priaient, l'exhortaient et finissaient par le gronder. C'était mal, disaient-elles, de se révolter contre la volonté de Dieu, c'était montrer de l'égoïsme que de pleurer et de se lamenter ; son frère était heureux dans le ciel, avec Dieu et les anges, parfaitement heureux et satisfait. A ces mots, l'enfant se révoltait avec indignation : « Il n'est pas heureux, il est aussi désespéré que moi ; il pleure pour moi comme je pleure pour lui. Il ne veut pas les anges, c'est moi qu'il veut. Je vous dis qu'il me veut ; les anges ne comprennent pas les petits garçons. Et dire que vous ne savez pas où il est, sanglotait-il dans une explosion de désespoir ! Vous l'avez renvoyé ! Il est, peut-être, dehors par le froid ! Vous ne savez pas ! Vous ne savez pas ! »

La mère, imbue des conventions religieuses, était scandalisée et s'épuisait en pieuses remontrances : « Walter, c'est mal de parler ainsi. Dieu est tout-puissant et peut rendre votre frère heureux, n'importe où. »

« Il ne le peut pas ! Il ne le peut pas ! s'écriait l'enfant. Lancelot ne peut pas être heureux sans moi. Il ne l'a jamais été et il ne l'est pas maintenant. Il m'emmenait partout avec lui. Il cherche à me retrouver maintenant et il pleure, je le sais ! »

« Mais vous mourrez, si vous ne mangez pas, mon cher amour ! » disait la nourrice, dont le cœur était déchiré par le chagrin de son nourrisson.

« Je veux mourir, gémissait l'enfant, et ensuite, partout où sera Lancelot, j'y serai avec lui. Laissez-moi seul ! Laissez-moi seul ! »

Et maintenant il gît, à bout de souffle, sur son lit, dans la chambre où son frère ne repose plus auprès de lui ; il ne dort pas, il n'a pas dormi depuis qu'il est seul, mais il est trop faible pour crier ; de longs gémissements le font frissonner et de violents sanglots le secouent de temps en temps.

> « Il confie à ses anges ceux qui dorment
> Mais Il veille lui-même sur ceux qui sont éveillés. »

Un petit garçon passait, dans le monde que ceux qui ont les yeux obscurcis appellent invisible, un petit garçon que des services rendus, dans des existences précédentes, à ceux que nous appelons les Maîtres de Compassion, avaient rendu digne de reprendre du service sous Leurs ordres, dès l'aurore de son adolescence. Dans la vie terrestre, on l'appelle Cyrille et son corps physique n'a que dix ans. Attiré par la lamentable douleur de l'enfant solitaire, il s'arrêta auprès de son lit et y trouva aussi le frère perdu Lancelot, qui, le cœur aussi brisé que Walter, essayait, mais en vain, de se faire voir ou sentir.

La première tentative de Cyrille fut de réconforter Lancelot et il lui promit rapidement du secours, puis il se tourna du côté du pauvre enfant désespéré, muré dans sa prison de chair, et chercha à faire pénétrer un peu de calme dans son cœur. Mais tous ses efforts restèrent vains, car l'esprit du malheureux Walter était trop bouleversé, pour qu'une pensée suggérée pût y pénétrer. La sympathie impuissante de Cyrille devint de plus en plus vive, son désir d'aider et de consoler ne fit que s'accroître, jusqu'au moment où, la puissance de l'amour suppléant au savoir qui lui manquait encore, il parvint à se matérialiser et devint visible aux yeux de l'enfant dont le cœur était brisé.

Etonné, Walter, se souleva en balbutiant : « Qui êtes-vous? D'où êtes-vous venu? Comment êtes-vous entré? J'ai fermé ma porte pour que personne ne vienne ! »

« Peu importe comment je suis entré, dit Cyrille en souriant. Me voici et je suis venu vous dire que Lancelot aussi est ici. Il n'est pas du tout mort ; il est aussi vivant que jamais et tâche de se faire entendre de vous. »

« Lance ! Lance ! s'écria Walter, en se dressant dans son lit la figure illuminée de joie. Lance ! Lance ! viens à moi ! Où es-tu? Oh ! tu n'es pas ici, sans quoi tu viendrais, gémit-il en retombant sur son lit, les yeux obscurcis de nouveau par le désespoir. »

« Si, dit Cyrille, il est ici. Faites attention, je vais répéter ce qu'il dira : Il dit qu'il n'est pas du tout mort et qu'il ne faut pas que vous soyez si extravagant. Je vous demande pardon, ajouta Cyrille, craignant que cette franchise fraternelle ne sonnât mal à ses oreilles, mais voilà ce qu'il dit. »

« Pas mort ! pas mort ! O Lance, je ne pouvais pas croire que tu le fusses ! Mais où es-tu? Joues-tu? Oh ! ne joue pas. Je suis si malheureux, je... je... ne peux pas jouer. Il faut que je te voies ! » et sa voix ardente se brisa dans un sanglot.

Lancelot répondit avec la même ardeur, la même surexcitation et Cyrille avait fort à faire pour remplir son rôle de porte-parole pour tous les deux. A la fin Walter se tourna vers lui, les yeux brillants, les joues enflammées, disant :

« Oh ! je vous crois ; vous êtes si bon ! Mais si je pouvais seulement le voir, je saurais, je serais tout à fait sûr et si je pouvais entendre sa voix me disant qu'il est heureux, je n'aurais plus de chagrin en le voyant disparaître de nouveau. »

Cyrille se préparait à répondre qu'il craignait que ce ne fût im-

possible, lorsqu'il se sentit enveloppé par la Présence d'un être supérieur, bien connu et vénéré, et ces mots jaillirent doucement de
ses lèvres souriantes :

« Attendez un peu jusqu'à mon retour et vous le verrez et l'en-
tendrez. » Et le petit Walter se prit à regarder avec stupéfaction
l'emplacement vide qui avait été occupé par son consolateur.

Plus rapide que le vent, Cyrille alla trouver un ami plus âgé
qui veillait sur sa pure existence, qui était son guide et son soutien
dans le monde visible, comme dans l'invisible. Il le mit au courant
en deux mots, puis ils revinrent ensemble et en quelques minutes
— selon la façon dont on mesure le temps sur la terre — ils se
trouvaient auprès de Walter qui languissait de nouveau, à moitié
désespéré, à la pensée qu'il s'était peut-être endormi et avait
fait un beau rêve.

Ah ! comme il était brillant, l'éclair de joie qui jaillit de ses
yeux pensifs et détendit ses lèvres crispées, lorsque l'enfant vit
Cyrille, moitié ange, moitié petit garçon, de retour auprès de lui.

« Vous voici ! Dieu soit loué, vous voici ! balbutia-t-il en trem-
blant de joie. Tout est donc vrai ; vais-je réellement le revoir ? »

Nulle voix de petit garçon ne pouvait être plus douce que celle
de Cyrille, lorsqu'il murmura avec une joyeuse douceur : « Oui,
vous allez le voir maintenant », puis, prenant affectueusement la
main de Walter, la plaça dans celle de Lancelot, dont son guide
venait de matérialiser la forme. Les mains des deux frères, chaudes,
douces et vivantes, s'étreignirent encore une fois et avec un sanglot — bien différent, certes, des sanglots qui lui échappaient une
heure auparavant — Walter se jeta dans les bras que son frère
lui tendait avec amour.

Les trois petits garçons, unis par une joie commune, quoique d'une
essence si différente, formaient un groupe étrange, à la pâle clarté
de la nuit. Deux d'entre eux matérialisés dans leur forme astrale,
mais l'un appartenant aux « vivants » et l'autre aux « morts », et
le troisième dans son corps physique ordinaire. Puis, près d'eux,
mais invisible à leurs yeux, l'homme plus âgé qui avait rendu leur
joie possible. Le monde astral n'offrait probablement pas, cette
nuit-là, de scène plus belle. Après les premiers transports, comme
les deux frères s'étaient mutuellement passé le bras autour du cou,
selon leur ancienne habitude, Cyrille dit, avec un radieux sourire :
« Eh ! bien, Walter, êtes-vous tout à fait sûr maintenant que Lancelot est vivant et que la mort, au bout du compte, importe peu
en réalité. »

« Oh oui ! oui ! je serai toujours heureux maintenant, s'écria Walter
en étreignant son frère avec de nouveaux transports. Tout m'est
indifférent maintenant que je sais que Lance n'est pas mort. »

Alors Cyrille, sur le conseil de son ami plus âgé, dit à Walter
que cette matérialisation était une chose peu commune, qui ne
pourrait pas être renouvelée, mais que chaque nuit, lorsqu'il quit-

terait lui-même son corps physique, il se trouverait dans le monde
que Lancelot habitait maintenant et pourrait être auprès de lui et
que même durant la journée Lancelot serait, pour le moment, auprès de lui, bien qu'invisible. Tout d'abord, il sembla à Walter
que le fait d'être avec Lancelot, hors de son corps physique, « ne
serait qu'un rêve », tant les parents instruisent mal leurs enfants ;
mais la sincérité enfantine de Cyrille finit par le convaincre et acceptant cette idée avec une conviction bien arrêtée, il éprouva le
désir de dormir de suite, pour goûter à cette joie nouvelle. Le
voyant s'étendre sans pleurer, l'aide invisible délivra Lancelot de
son enveloppe matérielle, mais Cyrille continua à tenir la main de
Walter, afin de le rassurer, jusqu'à ce que l'enfant se fût endormi
doucement, pour la première fois depuis que son frère l'avait
quitté. Lorsqu'il s'échappa du corps matériel qui l'emprisonnait et
et que les deux frères se rencontrèrent de nouveau dans le monde
invisible, la joie de la première rencontre sembla renaître et la
limpidité de l'air s'accrut encore de cette joie.

Son corps dormit longtemps, tandis que les heureux frères trouvaient le temps encore trop court pour leur joyeux entretien et le
soleil de midi brillait lorsque Walter revint à la vie plus triste de
la terre.

Il était si changé et avait l'air si joyeux, que tout le monde fut
stupéfait lorsqu'il descendit les escaliers en courant et raconta sa
merveilleuse histoire. On ajouta bien peu de foi à son récit, bien que
ses parents ne pussent être que ravis du « rêve » qui avait rendu
leur petit garçon à la vie et à la santé. Ils avaient tellement craint
pour sa vie, qu'ils pardonnèrent même cette « extravagante folie »
et ce n'est qu'entre eux, ou en présence de leurs plus intimes
amis, qu'ils exprimaient tout bas leurs craintes que le chagrin
n'eût dérangé son cerveau.

Quant à sa vieille nourrice, elle le croit fermement et elle se
signe chaque fois qu'elle raconte, le soir, au coin du feu, comment
le Christ, qui fut Lui-même un enfant, a eu pitié du cœur brisé
d'un enfant et a invité l'ange gardien de Walter — Cyrille rit
doucement lorsqu'il entend cette phrase — à lui ramener pour un
moment son frère d'entre les morts, afin de sauver la vie de son
enfant chéri.

ECHOS DU MONDE THÉOSOPHIQUE

France.

Les conférences mensuelles parisiennes suivent leur cours normal, et
l'intérêt, avec lequel elles sont suivies, prouve combien elles sont néces-

saires, pour ne pas dire indispensables. Les sujets traités jusqu'à présent, bien que d'un ordre moins exclusivement théosophique, ont réellement intéressé les personnes venues pour les entendre, et il est regrettable que le manque de place ne permette pas d'ouvrir plus grandes les portes des salles de la rédaction de notre Revue.

Le sujet, qui a fait l'objet de la principale lecture du premier dimanche de février, traitait des sacrements et de leur signification occulte ; et les renseignements curieux donnés sur ce sujet, auquel ne peuvent rester indifférents les étudiants des religions comparées, ont particulièrement intéressé les personnes présentes, surtout celles venues pour la première fois. Elles ont été frappées notamment de la raison qui a présidé à l'institution des chants liturgiques et des rapports existant entre ces chants et les Mantras Hindous.

Le commandant Courmes avait fait précéder cette première lecture d'un résumé de la conférence du mois précédent ; et, après quelques mots d'introduction relatifs à la seconde partie de la conférence, il donna la parole à M. Renard pour continuer la lecture des documents si curieux publiés par Mᵐᵉ Cooper-Oakley sur le mystérieux comte de Saint-Germain.

Après cette lecture, le commandant Courmes parla de la société végétarienne, constituée tout récemment, sur l'initiative du docteur Nyssen, de Bruxelles, dans une assemblée, tenue au siège de notre Revue. Il en est parlé plus complètement autre part, mais nous pouvons ajouter que les adhésions seront reçues aussi avec plaisir au siège de la Revue, qui les fera parvenir au Comité.

Angleterre.

Dans notre dernier numéro, nous avions parlé d'une suite de conférences données, le dimanche soir, par M. Leadbeater sur la *Vie après la mort*. Ces conférences ont naturellement le plus grand succès et attirent, au quartier central de Londres, autant d'auditeurs que la salle de conférences peut en contenir.

Parmi les sujets des conférences données le jeudi, signalons d'abord celui intitulé : *Les Rites du Feu parmi les paysans et les Sauvages*, et traité par Mᵐᵉ Hooper, qui démontra d'une façon complète l'universalité des traces laissées par le culte du Feu.

Sous le titre *sous-plans atomiques*, M. Leadbeater fit un excellent exposé de ce sujet si compliqué, qui lui valut d'ailleurs une question très complexe, à laquelle il crut devoir faire une réponse, publiée dans la *Theosophical Review* de janvier dernier.

Deux autres conférences ont été données, aux réunions du jeudi, l'une par M. Cuffe sous le titre : *Mahométisme mystique*, et l'autre par M. Mead sur la *Littérature trimesgistique*.

Divers pays.

ITALIE. — La branche de Rome est de plus en plus prospère. La salle de réunion est devenue trop petite pour le nombre allant toujours en augmentant des auditeurs s'intéressant aux travaux de la branche, qui d'ailleurs compte maintenant trente-cinq membres, nombre très respectable si l'on songe au peu de temps depuis lequel elle fonctionne et au milieu dans lequel elle se développe.

Dans son *éditorial* de la *Theosophical Review* de janvier, M. Mead fait, au sujet du développement des branches de notre Société, les réflexions suivantes, qui sont à leur place ici. « Sa Société théosophique, dit-il, compte actuellement suffisamment de branches et de membres pour que, si seulement la centième partie était réellement compétente, notre tâche comme Société fût remplie. Car notre plus pressant devoir est de mettre une âme dans ce corps, un mental dans cet âme, et un esprit dans ce mental. Alors, et alors seulement, l'esprit de la Théosophie brillera jusque dans les régions les plus reculées de la Terre. »

ESPAGNE. — La branche de Madrid vient de publier la traduction en espagnol du deuxième volume de la *Doctrine Secrète*. Cette traduction ne porte aucun nom de traducteur sur le titre, qui indique tout simplement que cette publication est l'œuvre de plusieurs membres de la Branche de Madrid ; mais sans Messieurs José Xifré, José Melian et Manuel Treviño, *La Doctrina secreta* n'aurait pas vu le jour si tôt.

HOLLANDE. — Le journal *Theosophia*, organe spécial à ce pays, en commençant sa huitième année en mai prochain, modifie son format et le rend plus pratique, tout en doublant ses matières.

Un cercle (Lotus circle) a été formé à Amsterdam pour les enfants, et y fonctionne chaque dimanche, au quartiér général de la section, dans le genre de celui dirigé à Londres par M. Leadbeater.

L'année dernière un autre y fut également créé avec des étudiants appartenant à l'université d'Amsterdam ; et nous apprenons qu'au début de l'hiver fut inaugurée, devant plus de 200 personnes une série de six conférences publiques, dans une des grandes salles d'un monument situé au centre de la ville. A Delft, plus de 100 étudiants assistèrent à la première conférence qui fut donnée dans cette ville et applaudirent chaleureusement le conférencier.

Il est assez curieux de noter combien la Théosophie se répand facilement dans ces pays du nord, et combien ces âmes septentrionales sont facilement émues et touchées par des idées venues de leurs sœurs d'Orient.

NOUVELLE ZÉLANDE. — Le trait marquant de l'activité théosophique dans cette contrée est l'installation d'une salle consacrée à la vente et à la distribution des ouvrages théosophiques, à l'exposition d'Auckland.

Les cartes de l'Atlantide, les images des formes-pensées publiées dans le Lucifer et le frontispice du livre du Dr Marques sur *L'Aura humaine*, ont servi à constituer les principaux éléments décoratifs d'une vitrine arrangée avec le plus grand goût. Aussi a-t-elle attiré l'attention des visiteurs et provoqué de leur part de fréquentes questions sur les idées théosophiques.

INDE. — La Société théosophique vient de fêter son 23e anniversaire, à notre quartier général, à Adyar. Nous en avons donné un compte rendu dans le numéro précédent de notre revue.

Les améliorations, apportées à la salle de conférences et à la Bibliothèque d'Adyar par les soins du colonel Olcott, ont fait l'admiration de tous.

La Bibliothèque possède actuellement près de 5 000 ouvrages précieux, tant manuscrits qu'imprimés, sur les religions orientales.

Le docteur Pascal, qui avait assisté à la Convention de Bénarès, se trouvait également à celle d'Adyar où il a même pris la parole. Sa charmante allocution, traduite par M. Bertram Keightley, a recueilli les marques unanimes de la plus sympathique approbation.

Par ailleurs, le président H. S. Olcott nous fait savoir qu'après due information il a prononcé l'expulsion de la Société théosophique, pour nombreux abus de confiance, du sieur J. G. Norman, qui faisait partie de la section indienne.

C'est l'individu dont notre revue a parlé l'an dernier, lors de son passage à Paris, où il avait fait preuve d'un certain pouvoir curatif. Quelques-uns de nos amis ont alors personnellement souffert de ses agissements, sans s'en être autrement plaint.

Paul Gillard.

REVUE DES REVUES

Theosophist. *Organe présidentiel.* Février 99. — Feuilles d'un vieux Journal, (suite), par H. S. Olcott. — La théosophie et l'avenir de l'Inde, par Annie Besant. — La physique inconnue, par Carl du Prel. — Visions de Swedemborg, par Ward. — Variétés.

Vahan. *Section Européenne.* Février 99. — Dans une note des plus intéressantes, M. C. W. Leadbeater donne un exposé clair et limpide des conditions morales exigées de l'homme, qui aspire à travailler consciemment sur le plan Astral. — Dans une autre note, M. Mead proteste contre la tendance à considérer la théosophie comme un *corps défini de Dogmes.* — Bouddha et le Végétarisme, par C. W. Leadbeater. — Sur la nécessité de la Vie ascétique, comme moyen de progrès, par A. A. W.

Theosophical Review. *Angleterre.* Février 99. — Le Protomartyre de la voie mystique dans l'enfance de la Russie, par un Russe. — Relation des minéraux des plantes et des animaux entre eux et avec l'homme, par Tepper. — Clairvoyance (suite), par C. W. Leadbeater. — Les premiers principes de la Théosophie, par Kingsland. — Le sermon secret sur la Montagne, par G. R. S. Mead. — Le réveil de la conscience supérieure, par le Docteur Wells.

Theosophic Gleaner. *Bombay.* Janvier. 99. — Commencement de la vie sur la terre, par Bilimoria. — Les pariahs de Madras et Miss Palmer. — Bouddha justifié d'avoir abandonné les siens. — Réincarnation. — Sankaracharya était-il Bouddhiste ?

Mercury. *San Francisco.* Janvier 99. — Communion des Saints, par Chatterji. — Esquisse du sentier, par M. L. B.

Théosophy in Australasia. *Sydney.* Décembre. 98. — L'homme survivant à la mort. — Une hypothèse sur le périsprit de l'homme, par W. A. Mayers.

Maha Bodhi. *Calcutta.* Décembre 98. — Notes sur Saddhananda, par un ami. — Ceylan et les Ceylanais. — Nirvana. — Les premiers missionnaires chrétiens au Thibet (*suite*).

Teosofia. *Rome.* Janvier 99. — La Théosophie à Rome, par Decio Calvari. — Clairvoyance, par Leadbeater. — Corroborations scientifiques de la théosophie, par O. Giaccone. — La Réincarnation, par le Dr Pascal.

Philadelphia. *Buenos-Aires.* Janvier 99. — Le nombre, sa nature, ses pouvoirs, par A. Besant. — Le chemin qui conduit au ciel, par H. de Balzac. — Croyances fondamentales du Bouddhisme, par A. Arnould.

Sophia. *Madrid.* Janvier 99. — Notre septième année, par la Rédaction. — Caractère ésotérique des Evangiles par H. P. B. (*suite*). — Nos ancêtres théosophiques immédiats (*suite*), par J. Cooper-Oakley. — Un office Bouddhique à Paris (*fin*).

Luz Astral. *Buenos-Aires.* Janvier 99. — La foi et la science, par Ignoto. — Occultisme et Martinisme. — Justice, par Dr Amanta. — Electro-homéopathie : principes généraux et cures.

Theosophia. *Hollande.* Janvier 99. — Travail et repos. — Dans la cour extérieure, (*suite*). — Tao-te-King (*suite*). — L'étoile de Béthléhem. — Proverbes thibétains.

Le no de février reproduit la traduction des Enregistrements Akashiques, de Leadbeater et le Discours du Docteur Pascal à la convention d'Adyar.

Revue Spirite. *Paris.* Février 99. — Réflexions philosophiques, par P. G. Leymarie. — Congrès de l'association britannique, par. W. Crookes. — Essai de précis historique de la Doctrine ésotérique, par Marcus de Vèze. — Le spiritualisme aux Etat-Unis, par Moutonnier. — Physiologie psychique, par le Dr Dupony.

Annales des sciences psychiques. Novem. Décem. 98. — L'électroïde, par le Docteur Hahn. — Cas de Pultava, par Bililowsef. — Un professeur de Magie Hindoue. — Message transmis dans une enveloppe fermée.

Spiritualisme moderne. *Paris.* — Janvier-février 99. — Ascension, par Baudelot. — Photographie des radiations psychiques (*suite*), par Ct Tegrad. — L'éducation sociale, par A. Valabrègue. — L'origine et les réalisations du désir, par Baudelot. — Réflexions sur la théorie du mal, par H. de Latour.

Humanité intégrale. *Paris.* No 1. Année 99. — Notions et principes, par J. C. Chaigneau. — La crise présente et l'humanité immortelle, par Divers.

Journal du magnétisme. *Paris.* Février 99. — Vibration et extériorisation, intéressante étude par Alban Dubet. — Méthode curative et comment il faut considérer le magnétisme. Le Prophète par O. de Bézobrazow.

Etudes Celtiques. *Paris.* 1899. Comptes rendus des travaux de l'ordre Celtique, par le docteur Maurice Adam. De l'idée religieuse chez les Celtes préhistoriques. Nous reviendrons ultérieurement sur ces questions.

Paix Universelle. *Lyon.* Février 99. — Le grand congrès de l'humanité, par les universalistes. — La conscience (*suite*), par d'Ervieux. — Un appel, par Simplex.

Echo du Merveilleux. *Paris.* Février 99. — Enquête sur le merveilleux (*suite*), par Gaston Méry. — Reportages dans un fauteuil, par Georges Malet. — Souvenirs d'une Voyante (*suite*), par Claire Vautier. — Les nombres mystérieux, par P. de Charliac.

Nous avons reçu également les revues intéressantes dont les titres suivent :

Arbitrage entre nations, Antisepsie, Bulletin des sommaires qui donne tout ce qui se publie et *Theosophischer Wegweiser.*   **P. G.**

SOUSCRIPTION PERMANENTE

Pour la REVUE THEOSOPHIQUE FRANÇAISE

La publication d'ouvrages théosophiques et la propagande.

LISTE DE MARS 1899.

Mᵐᵉ Obzeen. . . . . 8 fr. (*Lotus Bleu*)

AVIS IMPORTANT

Le présent numéro est le premier de la Xᵉ année de notre *Revue*. Nous prions ceux de nos abonnés qui n'ont pas encore réglé le montant de cette Xᵉ année de vouloir bien le faire, ou, en conservant ce premier numéro, de nous autoriser à tirer ultérieurement sur eux le dit montant augmenté de cinquante centimes pour frais de recouvrement par la Poste. Cette opération ne peut toutefois s'effectuer que pour les abonnés qui se trouvent en France.

Le Directeur-gérant : **D. A. Courmes.**

Saint-Amand (Cher). — Imp. DESTENAY, Bussière frères.

27 AVRIL 1899

DIXIÈME ANNÉE   NUMÉRO 2

REVUE THÉOSOPHIQUE
FRANÇAISE

LA

MÉDITATION & LE POUVOIR DE LA PENSÉE [1]

Les pensées de la plupart d'entre nous dépendent de stimulants extérieurs, c'est-à-dire qu'un ordre de pensées est généralement déterminé par des images extérieures, ou par une association d'idées, et non d'après le plan fixe d'une loi intérieure.

Ceci a lieu surtout chez les personnes qui ne sont pas habituées à penser d'après une méthode régulière, et qui, soumises aux nécessités journalières, sont gouvernées par les circonstances extérieures qui dirigent alors la pensée ; par exemple : une ménagère est absorbée par ses devoirs et ses multiples préoccupations, comme ceux qui, en raison de leur profession, sont obligés de tourner sans cesse dans le même cercle d'idées. Prenez un ouvrier de fabrique, occupé tout le jour à un travail spécial, son cerveau, après quelque temps, est presque incapable de recevoir et d'assimiler des impressions mentales qui ne se lient pas étroitement à celles qui résultent de ses devoirs quotidiens. Dans ces conditions, il paraît évident que le développement des facultés intellectuelles est extrêmement difficile.

La routine journalière ne laisse pas, en général, de temps pour un progrès quelconque, et la nature du travail auquel beaucoup se livrent n'est pas faite pour ennoblir le caractère. Où sont les gens accoutumés à un labeur monotone qui peuvent vivre d'une vie indépendante de la pensée ? Si leur tâche ordinaire est, par hasard, suspendue, et qu'ils soient forcés de rester livrés à leurs

---

(1) L'original de cet article, traduit de l'anglais, avait paru dans la revue suédoise « Téosofisk Tidskrift. »

3

propres ressources mentales, leur faculté de penser décroît, et
une stagnation générale s'ensuit. Il semble, d'après ces observations, que la majeure partie de l'humanité, vouée à la lutte pour
la vie, à la poursuite routinière du gain, n'est pas en état de jouir
ou de profiter des forces qui spiritualisent.

Les privations et la misère, obstacles pour le plus grand nombre,
deviennent, au contraire, un véritable levier quand elles sont com-
battues par une volonté puissante. Chaque nouveau développement des capacités humaines présuppose une augmentation de
l'activité de la pensée, produite par une impression extérieure. Ce
développement est souvent involontaire, et a lieu en dépit de l'individu lui-même. C'est comme si une intelligence plus haute gou-
vernait l'égo inférieur, et réveillait ses pouvoirs latents par la
discipline de la souffrance et du dévouement. Il peut arriver qu'au
moment où nous nous y attendons le moins, nous ayons connaissance d'une voix sortie des plus intimes profondeurs de notre cœur,
nous rappelant nos devoirs et nous montrant en même temps le
chemin à suivre pour progresser.

Mais ces exhortations, émanant d'une source cachée, sont extrêmement rares et n'ont de valeur que si elles sont comprises par
l'égo, qui doit les assimiler comme une partie de ses propres
efforts. Restent-elles sans écho chez l'homme intérieur, elles cessent bientôt de se faire entendre et passent sans laisser de trace.
En tout cas, ce développement là est souvent purement spora-
dique, car une impulsion intérieure, une forte aspiration de la
volonté est nécessaire pour que le développement soit régulier et
profitable ; et cet effort doit être renouvelé à de certaines époques
fixes et être de nature à ce que ses efforts se fassent sentir. Chacun devrait avoir à tâche de lutter journellement pour atteindre
à quelque chose de plus élevé, et ce qu'on entend par dévotion
dans notre Occident, ne devrait pas être uniquement le sujet
d'une heure de réflexion, mais devrait nous servir à chaque moment
de la vie.

L'examen de soi-même, combiné avec la prière, permet à chacun de progresser, mais dans les pays occidentaux, il ne paraît
pas y avoir pour ces exercices de méthode fixe, et rarement de
pratiques régulières. Il en est tout autrement dans l'Inde. La méditation y est considérée comme une pratique régulière, constante,
faisant partie d'une existence précieuse, et l'Oriental ne pourrait
imaginer la vie sans elle. Les Hindous ont tourné leurs pensées vers
ce qui est divin de temps immémorial, et on peut dire que quand
ils observent intelligemment leurs coutumes, leur vie entière n'est
que dévotion, car chaque action faite pendant le jour peut devenir
un pas de plus vers ce qui est spirituel.

Il y a donc une différence considérable entre les arrangements
de vie des peuples occidentaux et orientaux. L'Orient a des lois
et les instructions les plus minutieuses pour tout ce qui peut aider

l'individu ; chez nous, point de règle de vie bien déterminée, et chacun semble suivre sa propre volonté et avance comme il peut.

Cependant, on peut dire, avec justice, du système hindou, qu'il est trop étroit, qu'il entrave le développement libre et sain, et dégénère souvent en une simple cérémonie, en une forme vide ; mais nous ne pouvons nier la valeur éducatrice de pratiques disciplinées qui ont une tendance élevée.

Il nous manque en Occident quelque chose qui corresponde au système hindou de Raja Yoga : quelques règles définies pour la vie journalière, qui pourraient nous aider à nous sortir de cet état de torpeur où nous nous trouvons plongés, grâce au matérialisme régnant. Il serait bon de pouvoir découvrir, au milieu du confort et du luxe qui caractérisent éminemment notre civilisation, quelque puissance, quelque motif qui nous réveille, et nous pousse à revenir à un mode de vie plus simple, car il est impossible, sans cela, de s'attendre à un avancement spirituel quelconque.

Cherchons d'abord comment remédier à cela, ou plutôt, essayons de nous rendre compte en quoi consiste la vraie méditation, et nous verrons ensuite comment les hindous appliquent ces principes dans leur vie de tous les jours.

Il est difficile de définir avec précision ce mot de méditation. Il signifie plus que la réflexion, car la pensée n'arrive pas toujours assez haut et le mot de prière ne l'explique pas davantage, car la prière n'est qu'une invocation.

Peut-être pourrait-on définir exactement la méditation comme un effort pour élever l'âme vers le monde invisible ; c'est de plus un exercice journalier par lequel l'égo est entraîné à prendre le chemin qui conduit vers les hauteurs. La méditation sera, naturellement, pratiquée de façons différentes par les différents individus et selon le degré de développement où chacun se trouvera. Il sera peut-être à propos de mentionner ici comment on peut amener la méditation et la rendre efficace. Un calme absolu doit régner dans le corps comme dans l'âme, pour que l'attention soit entièrement absorbée par la méditation. Les premières heures du matin, celles qui suivent immédiatement le repos de la nuit, sont donc les meilleures à consacrer à ce but, car il est alors plus facile de rassembler nos pensées et de les isoler de toute influence. Ceci est loin d'être une tâche aisée, et une pratique constante, jointe à la concentration des forces de la pensée, sont nécessaires pour en arriver au degré voulu, qui ne doit pas approcher de la catalepsie, mais je reviendrai à cela plus loin. Les Hindous ont développé cette puissance de concentration à un degré presque incroyable, ils peuvent, par exemple, se rendre insensibles pendant la méditation au froid, au chaud, et même aux coups ou aux blessures. Ici, c'est la volonté qui est la faculté déterminante, et elle est fortifiée par la concentration d'une manière surprenante. On dit que la position même du corps a une influence pendant la méditation. En

Occident, on se met à genoux, ou on tient la main pressée sur le front, et la tête inclinée. Dans l'Inde, on s'asseoit par terre, les jambes croisées. Les Hindous prennent aussi en considération les courants magnétiques de la terre, les changements de la lune, etc., mais ceci paraît être de peu d'importance, tant que les facultés psychiques les plus sensitives ne se manifestent pas chez l'étudiant.

La concentration ayant mis l'âme et le corps dans un état de calme parfait, cette question se pose : en quoi consistera la méditation si elle doit être profitable? Comment la volonté devra-t-elle être dirigée pour que l'étudiant puisse atteindre à l'harmonie parfaite de l'esprit? Lui est-il possible de savoir à quel plan il atteint pendant la méditation, s'il arrive à un plan psychique ou à un plan spirituel? S'il n'est pas très évolué, il peut arriver en partie au plan psychique par l'effort de son soi inférieur, et même il est possible qu'il s'y égare. Il ne peut monter plus haut par lui-même, il faut qu'il invoque le secours d'en haut par la prière ; il faut qu'il se mette en communication avec le Soi universel, ou tout au moins avec le reflet de celui-ci, son propre soi le plus élevé, étincelle qui gît latente chez tout être humain et qui, par un effort persistant, peut se transformer en un clair rayon de pouvoir spirituel. Ce n'est pas tout, il faut aussi à ce moment bannir toute pensée de son soi personnel ou inférieur, et faire de son âme un miroir limpide dans lequel le Soi supérieur puisse se voir refléchi..... mais ceci est une faculté qui dépasse de beaucoup toute force de pensée, et qui ne peut être révélée que par intuition à l'âme qui aspire.

Le Brahmine qui médite, recherche cette union momentanée par la répétition constante de la sainte formule de Gayatri, qui élève son âme au-dessus du monde des sens. Car plus l'âme est pure, plus haut elle peut planer. Cette union est donc l'objet principal et direct de la méditation, mais il y a beaucoup d'autres questions vers lesquelles les pensées de l'étudiant peuvent se diriger, et elles doivent toutes se régler d'après le besoin spécial et la force de chaque individu. Tout être humain se rend compte de ce qui lui manque le plus, et sait quelles erreurs et quelles faiblesses il a la plus grande peine à vaincre. Ces difficultés doivent faire le sujet, de la méditation et attirer l'attention générale.

Quelle est la différence entre la prière et la méditation? Il nous vient une force des plans supérieurs par la prière ou l'invocation, mais la méditation est l'intention intérieure, l'effort propre du soi inférieur pour sa propre délivrance, c'est le combat journalier qui a lieu dans l'homme intérieur. Et de même qu'un général groupe ses forces en compagnies et en bataillons, avant d'avancer, de même faut-il que l'étudiant qui médite, ordonne et arrange ses pensées pour que la méditation soit efficace.

Il y a toujours certaines pensées qui paraîtront plus secourables que d'autres. L'expérience les fera connaître. Elles naissent souvent d'un simple hasard, ce ne sont souvent que des cordes qui vibrent en harmonie avec les sentiments intimes de quelqu'un, et tout cela dépend de la nature ou de la disposition d'esprit de chaque individu.

Ces dispositions, ou ces modes de penser, sont les éléments dirigeants, les sous-officiers qui guident et conduisent la grande armée des forces de la pensée; ils les stimulent, les relèvent, les régularisent, les empêchent de se disperser et d'être inutiles. Ce n'est qu'en nous attachant à ces pensées avec fermeté et persévérance, que nous les amenons par degrés à former une partie intrinsèque de nous-mêmes, elles viennent quand le besoin s'en fait sentir, se présentant comme des feux follets dans l'obscurité ou comme des anges venus d'une plus haute sphère, et comme tels, elles deviennent visibles aussi à ceux qui ont la faculté de clairvoyance. C'est ainsi que des pensées de ce genre exercent leur puissance, et plus l'effort et le travail de l'étudiant s'élèvent, plus le cercle d'êtres qui en sont influencés et aidés, s'élargit.

Mais ces pensées qui nous viennent, ne sont qu'une lumière sur le sentier, elles ne sont pas le but lui-même; quelques-uns s'arrêtent ici et ne cherchent pas à monter plus haut. Le plaisir et la joie que nous donnent ces pensées et ces sentiments sublimes sont donc souvent nuisibles, si l'on y attache trop d'importance, et deviennent les plus grands obstacles du développement spirituel. Pour nous servir d'une comparaison qui revient souvent dans les Upanishads : « Nous ne devons jamais laisser flotter les rênes de façon à ce que « les chevaux s'emportent, ce ne sont pas les chevaux, mais le « conducteur qui choisit la route ».

Le Manas ne voit pas librement si le plus léger vestige de Kama adhère encore à lui ; il est donc de la plus grande importance que tout sentiment se tienne à sa place pendant la méditation, que toute exaltation soit écartée, et ceci est beaucoup plus difficile à accomplir qu'on ne le croit généralement.

C'est pour cela que la méditation est d'une grande importance au point de vue de toutes les activités de la pensée, parce qu'elle la dégage des influences extérieures, et en même temps l'amène à des hauteurs où l'intuition au souffle inspirateur agit d'une manière réconfortante sur l'étudiant, et élève tout son être, si bien qu'il oubliera les vexations et les soucis qui rendent la vie triste et pénible. Les pensées comme les sentiments se meuvent par ondes, se levant et retombant, et elles suivent certaines lois ressemblant à celles de l'action et de la réaction, de l'harmonie et de la discordance. Il y a certains moments dans la vie où nos efforts paraissent couronnés de succès ; d'autres où il semble que tout est contre nous et que rien ne nous réussit. Cette alternance règne même dans le monde de la pensée, il y a des moments où elle est productive et secourable, à d'autres, elle est stérile et sans effet. Comme par tout l'Univers — ou Macrocosme — un ordre

régulier et une direction sdnt apparents dans toute expression
d'énergie, il en est de même en ce qui touche l'être humain ou
le Microcosme.

L'homme possède une certaine quantité de force qui doit être
ménagée ou économisée, et bien que cette quantité puisse être
considérablement augmentée par l'effort, ce n'est que par l'usage
et la culture de pouvoirs ou forces semblables que nous pouvons
agir d'accord avec cette loi de périodicité qui gouverne tout dans
la nature. Comme l'été est suivi par l'hiver, comme la comète se
trouve pendant son orbite, tantôt dans la lumière et la chaleur,
tantôt dans les ténèbres et le froid, ainsi le petit monde de pensée
et de sentiment de l'humanité a ses alternances.

Les lois qui gouvernent ces changements sont du domaine de
l'occultisme, et ce n'est que quand l'humanité sera très avancée sur
le chemin de l'évolution, qu'il sera possible de comprendre vraiment l'action de ces lois en ce qui la regarde, ou qu'elle pourra
reconnaître, d'une façon quelconque, cette essence qui est la base
de toute expression de force, que les Hindous nomment *Akâsha*,
manifestation de ce qui est dans le son ou le ton. Nos propres
perceptions sensitives nous conduiront, cependant, à découvrir les
occasions les plus favorables au bon usage de nos pouvoirs. Il est,
de plus, toujours nécessaire de se rappeler que nous ne devons pas,
pendant la méditation, forcer nos capacités ou perdre pied d'aucune façon, et nous ne devons pas lutter contre la nature si elle refuse de nous tendre une main secourable.

(*A suivre*).   **Axel Wachtmeister.**

L'HOMME ET SES CORPS

(*Suite*).

Autres Corps

Un échelon de plus nous ferait pénétrer en des régions si exaltées,
qu'on peut dire qu'elles sont hors de notre atteinte, même en imagination. Le véhicule causal ne ferme pas la série de nos corps ; il
en est de plus élevés, et l' « Ego spirituel » est quelque chose de
plus que Manas, c'est Manas en union avec Buddhi, immergé dans
son sein. L'union de Manas avec Buddhi correspond au point culminant de l'évolution humaine et marque la fin du cycle sur la roue
des naissances et des morts. Au-dessus du plan que nous venons de
passer en revue, il en est donc un plus élevé encore, quelquefois

désigé sous le nom de Turiya — le plan buddhique — (1). En cette région, l'état conscient a pour véhicule le « Corps spirituel » — l'Ananda maya kosha — ou corps de béatitude, dont se revêtent les yogis, pour goûter l'éternelle béatitude, apanage de ce monde glorieux, et réaliser en leur propre conscience, comme fait démontré par l'expérience, cette irréductible unité de l'être, dont le seul plan de l'intellectualité leur fournissait naguère le témoignage. Il nous est dit qu'un temps vient 'pour l'homme, lorsqu'il est parvenu à un certain stage, lorsqu'il a grandi, à la fois, en amour, en sagesse et en pouvoir, où il peut être admis à faire un pas décisif, qui marque une phase entièrement distincte de son évolution, à passer sous un très-haut portique — c'est la Porte de l'Initiation. Sous la conduite de son Maître, il en franchit le seuil, et, pour la première fois, s'élève en son corps spirituel et reconnaît le fait de l'*unité dans le tout*, de l'unité qui gît sous toutes les formes et apparences diverses, sous tous les aspects d'hétérogénéité de notre monde physique, il la retrouve sous les modes de séparativité inhérents à l'astral et même au monde mental. Revêtu de son corps spirituel, il monte, et toutes ces choses disparaissent dans le lointain, il monte encore, et, pour la première fois, il s'aperçoit que l'état de séparativité n'existait que pour les trois mondes inférieurs ; il constate qu'il est un avec tous et que, sans rien perdre de sa *soi-conscience*, celle-ci peut s'étendre au point d'embrasser et de comprendre la conscience de tous les êtres, qu'il peut, en vérité, et dans l'acception littérale du mot, devenir un avec tous : unité à laquelle l'homme incessamment aspire, qu'il avait *sentie* comme vraie, qu'il avait vainement tenté de se prouver à lui-même, sur les plans inférieurs, et qui maintenant se réalise au-delà de ses rêves les plus audacieux : l'humanité tout entière et son « Soi » intérieur ne font plus qu'Un.

Corps Temporaires

Certains véhicules, dits temporaires, ont droit tout au moins à être mentionnés dans une étude des corps de l'homme ; à ceux-ci on donna aussi le nom de corps artificiels, qui les caractérise aussi bien. Lorsque l'étudiant a commencé à sortir consciemment de son corps physique, le premier véhicule employé à cet usage est le corps astral, et il va de soi que l'état conscient dont dispose ce véhicule est limité par la limite même du plan ; pour passer au plan supérieur, il doit se revêtir du véhicule qui y correspond, c'est-à-dire, du Corps mental (celui du manas inférieur) lequel lui donne accès en la région mentale et lui permet, en même temps, de redescendre mentalement conscient sur les plans infé-

(1) On donne aussi au monde buddhique le nom de Sushupti. Voir les Manuels IV et V.

rieurs de l'astral et du physique, avec la plus grande facilité et sans rien perdre des prérogatives inhérentes au mental inferieur. Employé à cet usage, il est généralement appelé le mayavi-rupa — ou corps de l'illusion — n'étant autre chose que le corps mental, auquel on a fait subir certaines modifications pour l'approprier aux services qu'on exige de lui. Dans ce but, l'homme se fait une forme à sa ressemblance, il se taille dans la substance de son corps mental un véhicule temporaire, artificiel, reproduisant trait pour trait l'image de sa personne physique. Vêtu de la sorte, les trois plans s'ouvrent devant lui ; il peut y circuler à volonté et indifféremment, et ainsi agrandir son domaine dans des proportions inconnues aux autres hommes. C'est de ce véhicule dont il est souvent question dans les livres de théosophie, qui permet de franchir les distances, de passer d'un point du globe à un autre, et aussi de s'élever dans le monde mental, d'y recueillir des vérités jusque-là inconnues, d'étendre le champ de ses expériences et de rapporter sur le plan de l'état de veille de véritables trésors de connaissance ; un autre avantage de ce véhicule est qu'il permet de réduire à leur juste valeur les apparences décevantes, les illusions d'optique et de l'ouïe auxquelles est exposé le corps astral sur son propre plan. En effet, rien n'est plus trompeur que les sens astrals non-exercés ; aussi faut-il beaucoup d'expériences avant de pouvoir se fier à leur témoignage ; un tel écueil n'existe pas pour le corps mental sous cette forme temporaire, il perce à jour toutes ces images trompeuses et illusoires, en un mot, il voit vrai et entend juste, et se joue des fantasmagories de l'astral. C'est pourquoi ce corps est employé de préférence par les étudiants pour de tels voyages, lorsqu'ils sont reconnus nécessaires, quitte à s'en dévêtir, la tâche accomplie. C'est ainsi qu'il peut accéder à une source de connaissances, d'informations, de documents, autrement fermée pour lui, hors d'atteinte.

D'autres corps temporaires se sont vu attribuer le terme de mayavi-rupa, mais il semble préférable d'en réserver l'usage au cas précédemment cité. Dans les cas d'apparition à distance, il arrive effectivement qu'une personne envoie son image ; mais le corps ainsi formé est moins un véhicule de conscience qu'une « forme-pensée » — une pensée revêtue de l'essence élémentale du plan astral. — En général, de tels véhicules n'ont pas d'autre objet que de convoyer quelqu'intention particulière, un acte de volition limité à un objet spécial, incapables, hors de là, de témoigner d'aucune conscience. Il suffit de les avoir mentionnés en passant.

L'Aura humaine

Nous voici maintenant avec les éléments nécessaires pour comprendre l'Aura humaine en ce qu'elle est réellement et dans la pleine acception du terme. L'aura n'est pas autre chose que l'homme même en manifestation simultanée sur les quatre plans de conscience, manifestation qui témoigne sur chacun d'eux, de la somme d'activité qu'il est capable d'objectiver : c'est précisément l'agrégat de ses divers corps — de ses véhicules de conscience — autrement dit, la « forme-aspect » le prototype de l'homme, dans le sens que nous donnons à ce terme ; et c'est ainsi que nous devons l'envisager, et non pas comme en une sorte de nimbe vaporeux à l'entour du corps.

La plus glorieuse entre toutes est celle des Initiés en leur corps spirituel, où se joue le feu vivant d'Atma ; c'est la manifestation de l'homme sur le plan buddhique. Vient ensuite le corps causal, son expression sur les hauts sommets, sur les stages arupa du plan de la mentalité, où l'Individu a sa demeure permanente, son *chez-soi* ; puis se succèdent, selon leur degré de densité, d'abord, le Corps mental, puis l'astral, l'éthérique, et enfin le corps dense de notre monde physique, chacun composé de la matière du plan qu'il représente, exprimant le quantum de conscience objectivé par l'homme sur chaque degré. Lorsqu'un étudiant exercé arrête son regard sur un être humain, il perçoit tout-à-la fois ces différents corps, dont l'ensemble constitue l'entité humaine, il les perçoit aussi séparément, en vertu du grade de matière qui les différencie les uns des autres, et ainsi se renseigne sur le degré de développement du sujet, à mesure qu'il acquiert la vision supérieure, il assiste à leur fonctionnement en pleine activité. Au centre de l'aura apparaît comme une sorte de cristallisation dense, le corps physique (celui qui occupe le moins de place) ; les autres véhicules l'interpénètrent et forment autour de sa périphérie une série d'anneaux concentriques, plus ou moins étendus. C'est d'abord la forme astrale, qui révèle l'état de la nature Kamique, si prépondérante encore chez le commun des hommes, où débordent les passions, les émotions inférieures, les appétits de toute sorte. Là se revèle, selon les différences de coloration et de densité de la matière, l'état de pureté ou d'impureté de l'homme à toutes les phases de son développement, depuis le type extrêmement grossier appartenant aux natures inférieures et brutales, celui plus affiné de l'homme en progrès, jusqu'au splendide spécimen présenté par l'être très-avancé en son évolution. Puis se dessine le Corps mental, encore rudimentaire, pauvrement développé dans la majorité des cas, mais déjà parvenu, chez beaucoup, à un bel état de développement. formant, dans leur ensemble, une gamme de couleurs égale en variété à la diversité même des innombrables types, selon leur mentalité et leur moralité. Enfin, le Corps causal, à l'état d'embryon chez la plupart des hommes, si peu visible qu'une grande concentration de volonté est nécessaire pour constater sa présence, si pâle est sa coloration, si faibles ses pulsations de vie. Mais s'il s'agit du Corps causal et du véhicule supérieur — aura d'une âme très avancée — l'œil ne se méprend pas à leur aspect ; instantanément

on se sent en présence de la forme par où l'homme réel se manifeste : irradiation lumineuse d'un incomparable éclat, aux couleurs
les plus délicates, infiniment nuancées de teintes qu'aucun langage
ne peut traduire, parce qu'elles n'existent pas dans le spectre terrestre, d'une pureté, d'une beauté indicibles, qui n'appartient qu'à
ces hauts sommets, dont aucun stage inférieur ne soupçonne l'existence, expression spéciale de qualités et de pouvoirs spirituels con-
génères à ces régions exaltées. Quant à ceux assez privilégiés pour
avoir contemplé la présence de l'un de ces Grands Etres, de Ceux
qui ont réalisé l'Unité, comment dépeindre ce qu'ils ont vu ! Le
seul aspect du Maître révèle la grandeur de sa nature intérieure —
puissante forme où circule la vie intense, par le fait, l'identification même de la vie et de la couleur, dépassant tout ce que l'on
peut décrire, tout ce que l'on peut imaginer. Et cependant, ce qu'Il
est, tous, un jour, le deviendront, ce que le Maître a accompli
réside, à l'état de possibilité, dans chaque fils de l'homme.

Une observation d'utilité pratique, au sujet de l'aura, peut
trouver sa place ici : on peut, dans une grande mesure, se protéger
de l'invasion des mauvaises pensées. Il s'agit de construire autour
de soi une enceinte sphérique, au moyen de la substance aurique ;
celle-ci étant très docile aux impulsions du mental, il suffit de réaliser la chose par un effort d'imagination, pour que la portion extérieure de l'aura se densifie au point d'offrir une surface impénétrable
aux influences extérieures et, par cela même, de nous protéger. On se
trouve ainsi placé comme au centre d'une coquille, contre laquelle
viennent se briser les courants de pensées qui peuplent l'atmosphère astrale, si préjudiciables à la mentalité non encore aguerrie.
Il arrive aussi parfois qu'on éprouve, sans cause apparente, une
impression de malaise, comme une soustraction de vitalité, spécialement dans le voisinage de certaines natures qui, inconsciemment,
agissent à l'égard de ceux qui les approchent comme de véritables
vampires ; on prévient ce danger par la formation de la coquille
aurique. Toute personne d'une nature sensitive, exposée à des dé-
perditions de ce genre, fera sagement de recourir au même procédé. Tel est le pouvoir de la pensée sur la matière subtile, que le
fait seul de voir intérieurement, de créer une image, suffit pour
que la substance aurique obéisse à l'impulsion et en réalise
l'objet.

Lorsque nous jetons nos regards à la ronde sur l'humanité,
nous voyons la multitude des êtres à tous les stages de développement, chacun marquant, par le seul aspect de ses corps, la place
qu'il occupe sur l'échelle de l'évolution ; nous les suivons sur chacun des plans de notre univers où nous les voyons vivre et fonctionner, passant successivement d'une région à l'autre, à mesure
que se développe le véhicule de conscience qui y correspond. Ce
que nous sommes, notre aura le dit sans ambage ; nous y ajoutons
proportionnellement à notre croissance en la vie réelle ; nous la pu-

rifions en raison de la noblesse, de la droiture de nos actions, à mesure que nous y introduisons de plus hautes qualités.

Existe-t-il une philosophie de l'être qui renferme plus d'espérance, plus de force, plus de joie dans l'avenir ! Sans doute, lorsque nous considérons le monde avec les seuls yeux de la chair, nous n'y voyons que misère et dégradation, que motifs de désespérance, trop fondés, si l'on s'en tient à l'aspect extérieur des choses. Mais le spectacle change, il prend une autre signification lorsqu'il apparaît dans le champ de notre vision supérieure. Cela ne veut pas dire que l'on s'aveugle sur la dégradation des hommes, sur leurs crimes, leurs misères et leurs afflictions, seulement on les voit sous un jour différent ; nous savons qu'il s'agit d'un état transitoire, temporaire, qui correspond à l'enfance de la race, et que la race est destinée à surmonter un jour. Même chez le plus vil, le plus dégradé, le plus voisin de la brute, nous pressentons les possibilités de sa nature divine, nous réalisons d'avance ce qu'il sera en accomplissement dans les âges à venir. Tel est le message plein d'espérance qu'apporte la Théosophie au monde occidental, message de rédemption universelle, rédemption de l'ignorance, émancipation de tous les esclavages, de toutes les misères, non pas dans les brumes d'un rêve, mais en réalité, non pas seulement à titre d'éventualité désirable, mais comme une certitude. Quiconque a avancé d'un pas durant le cours de sa vie, d'un pas qui marque un progrès dans sa croissance, est le vivant témoignage, la *preuve par le fait* de la réalité de ce message : De toute part, d'ailleurs, apparaissent les premiers fruits qui annoncent que le monde entier, un jour, sera mûr pour la récolte et accomplira ainsi le but pour lequel le Logos lui a donné naissance.

(*A suivre*) **Annie Besant.**

Le Credo Chrétien

(*Suite.*)

Avant d'étudier le credo article par article, disons quelques mots sur ses sources, desquelles il a été déjà parlé. Quant à ce qui se rapporte à sa seconde source, il faut nous rappeler que la religion égyptienne s'exprimait surtout par une quantité de formes et de cérémonies, et que dans ses Mystères cette tendance se manifestait incessamment. Leur degré le plus élevé conduisait l'homme définitivement sur le sentier comme nous l'appelons maintenant, c'est-à-dire qu'il correspondait à ce qu'en terminologie bouddhiste on nomme l'initiation Sotâpatti. Un rituel symbolique, composé avec soin, se rapportait à ce degré, et une partie de notre Credo est la reproduction directe des instructions contenues dans ce rituel servant à l'hiérophante qui officiait ; la seule différence consiste en ceci : c'est que ce qui à l'origine était donné comme une série d'instructions, fut refondu sous forme d'un récit historique, décrivant la descente du Logos dans la matière, ce qui n'avait été que symbolisé dans le rituel dont nous parlons. Cette rubrique de l'initiation, sous la nouvelle forme que nous venons de décrire, fut insérée par les chefs de la communauté des Esséniens dans la formule qui leur fut donnée par le Christ, peu de temps après qu'ils les eut quittés, afin que les détails se rapportant à la descente du second Logos, qu'il leur avait si souvent expliquée au moyen de ce rituel de l'initiation, puissent être rappelés dans le même symbole qui donnait les grandes lignes de la doctrine. Il donna un enseignement semblable, expliqué aussi par des symboles, sur l'œuvre du Premier et du Troisième Logos, mais il ne nous en est parvenu que peu de chose ; cependant il ne parait pas douteux que le Christ n'ait attaché une importance toute particulière à donner à ses disciples une compréhension exacte de la descente dans la matière de l'essence monadique qui est projetée par le Second Logos. Cela est très compréhensible, si on réfléchit que cette essence monadique est l'âme de toutes les formes qui nous entourent, et que c'est seulement par son étude que l'on peut s'assimiler le grand principe de l'évolution. Car bien que sans aucun doute, l'évolution ait lieu également pour ce qui concerne la vie qui anime les atomes et les molécules, son avancement est tout à fait en dehors de notre portée, et pour la grande majorité des hommes, la même chose peut être dite en ce qui touche à cette évolution supérieure que nous supposons être un acte se rapportant au troisième grand influx qui vient du Premier Logos.

Il est évident que c'est seulement par l'étude du processus de cette seconde vague de vie que l'on peut arriver à comprendre l'ensemble du système, et cela expliquerait l'insistance avec laquelle le Christ semble s'être attaché à cette partie de son enseignement. Comprenant la nécessité de cette insistance, il n'est pas étonnant que ceux qui se sentaient responsables de la transmission de cet enseignement, aient incorporé les grandes lignes symboliques dans la formule particulière qui devait résumer leur foi. On peut, peut-être, se demander pourquoi le Christ a fait choix de ce symbolisme quelque peu compliqué et matériel du rite Egyptien pour expliquer son enseignement sur ce sujet. On en trouve une raison possible dans l'étroite similitude des traditions des Esséniens et des Egyptiens, et dans le fait que Jésus avait dans sa jeunesse passé quelque temps en Egypte, et avait reçu au moins une des initiations Egyptiennes.

A la première période de l'histoire du mouvement qui fut plus tard connu sous le nom de Christianisme, nous voyons s'affirmer deux écoles ou tendances rivales qui furent en réalité le produit des deux phases de l'œuvre du Christ. Ainsi que nous l'avons dit, il consacra la plus grande partie de son temps à donner à la communauté des Esséniens des instructions précises ; mais en plus de cela, et en opposition avec les idées des chefs de cette communauté, il sortit de ces limites relativement étroites, et il consacra une courte période de la fin de sa vie, à la prédication publique.

Il lui était évidemment impossible d'exposer à la multitude ignorante les enseignements profonds de l'Antique Sagesse qu'il avait communiqués au petit nombre, lesquels, par une éducation spéciale et une longue vie d'ascétisme, s'étaient préparés du moins jusqu'à un certain point à les recevoir. C'est pourquoi nous voyons que ces instructions publiques peuvent être divisées en deux classes, la première comprenait les λόγια, c'était une série de courtes maximes contenant chacune une vérité importante ou une règle de conduite ; la seconde était les παρακλητήρια ou paroles de consolation, ces éloquents discours lui étaient inspirés par l'immense compassion qu'il ressentait pour la profonde misère qui était alors presque universelle parmi les classes inférieures de la société, et par la vue de la terrible atmosphère de désespoir, d'oppression et de dégradation qui les écrasait.

Dans ce qu'on nomme les Evangiles quelques fragments traditionnels des λόγια furent incorporés par ci par là, et dernièrement MM. Grenfell et Hunt ont découvert en Egypte un écrit qui pourrait bien être une feuille authentique de cette collection. Il semble que le Christ lui-même n'ait rien écrit, ou du moins rien de ce qu'il a écrit ne nous est parvenu ; mais pendant les deux premiers siècles qui suivirent sa mort, plusieurs de ses disciples écrivirent et collectionnèrent les paroles que la tradition orale lui attribuait. Dans ces écrits on ne trouve aucune tendance à faire une biographie du Christ, bien que parfois quelques mots d'introduction désignent les circonstances dans lesquelles telles ou telles de ses paroles furent prononcées. Nous trouvons constamment dans les livres Bouddhistes les sermons de Bouddha, précédés par des phrases comme celles-ci : En une certaine occasion, le Béni de Dieu se trouvait dans le jardin de bambous à Râjagriha, etc.

Bien que quelques-uns de ses Logia aient été défigurés, et que bien des sentences lui aient été attribuées, qu'il n'avait certainement jamais prononcées, c'est surtout ses paroles de consolation ou Paracletoria, qui ont été le plus mal rendues, et qui ont eu ainsi les plus désastreuses conséquences. La tendance générale de ses discours était d'inspirer de nouvelles espérances au cœur des désespérés, en leur expliquant que s'ils suivaient les enseignements qu'il leur donnait, ils trouveraient assurément dans l'avenir, dans des circonstances bien préférables à celles du présent, et que, bien qu'ils fussent actuellement pauvres et souffrants, ils pouvaient vivre de manière à s'assurer, après la mort, une existence et des conditions de vie dans leur prochain retour sur la terre, bien autrement favorables que celles qui les opprimaient si cruellement à ce moment.

Peut-être même et c'est assez naturel que la plupart de ceux qui l'écoutaient ne comprenaient qu'obscurément ses paroles et se retiraient avec l'impression générale qu'il avait vaguement prophétisé un avenir dans lequel ce qu'ils considéraient comme injuste serait changé; alors une cruelle rétribution frapperait le riche uniquement parce qu'il avait commis le crime d'être riche, tandis qu'ils hériteraient, eux, de toutes espèces de puissances et de gloire, simplement parce qu'ils étaient pauvres à l'heure actuelle.

C'était une doctrine qui devait promptement obtenir l'adhésion des éléments les moins favorisés de la communauté, et parmi les classes déshéritées de l'ancien monde, elle semble s'être répandue avec la plus merveilleuse rapidité. Il n'est pas surprenant non plus que de tels hommes aient éliminé de leur doctrine la condition de bien vivre, et se soient simplement groupés pour des orgies les plus épouvantables. Ils croyaient à « un bon temps à venir », un temps où ils se vengeraient de tous leurs ennemis personnels, et entreraient, sans aucun effort de leur part, en possession du luxe et des richesses accumulées par le labeur des autres.

Cette tendance en se développant se revêtit naturellement d'un caractère de plus en plus politique et révolutionnaire, jusqu'à ce qu'enfin il fut devenu logique pour les chefs de cette faction, comme pour le David de l'antiquité, que « tous ceux qui étaient dans la misère, tous ceux qui étaient criblés de dettes, tous ceux qui étaient mécontents, vinssent s'unir à eux ». Il n'est pas surprenant, dans ces conditions, que la société qui s'était formée autour de tels hommes, remplie ainsi qu'elle l'était d'une haine jalouse contre tout savoir supérieur, soit arrivée à considérer un jour l'ignorance comme une pratique nécessaire au salut, et à regarder, avec le mépris de celui qui ne sait pas, la Gnose que possédaient ceux qui avaient conservé quelques traditions des véritables enseignements du Christ.

Il ne faut pas supposer pourtant que cette majorité turbulente et avide formait l'ensemble du mouvement chrétien primitif. En dehors des différentes écoles de philosophes Gnostiques; lesquelles avaient hérité d'une tradition plus ou moins exacte (de sources authentiques pourtant) des enseignements secrets donnés par le Christ aux Esséniens, il y avait aussi la société toujours grandissante de gens comparativement calmes et respectables qui, quoique n'ayant aucune connaissance de la Gnose, prenaient pour règle de conduite, ce qu'ils connaissaient des Logia du Christ, et c'est ce groupe qui devint la force prédominante de ce qui fut plus tard appelé le parti orthodoxe.

Nous voyons ainsi, dans la marche du développement chrétien, trois grands courants de tendances différentes provenant tous les trois de l'enseignement du Christ. Premièrement les grandes confréries des sectes Gnostiques qui représentaient, d'une façon générale, quelques-uns des enseignements secrets donnés aux Esséniens, quoique dans bien des cas, ils étaient colorés avec les idées provenant de diverses sources extérieures, telles que le Zoroastrianisme, le Sabéisme, etc. En second lieu le parti modéré qui au début s'inquiétait peu de la doctrine, et basait sa conduite sur les paroles attribuées au Christ. Enfin, en troisième lieu la horde « des pauvres gens » dont la seule vraie religion était un vague espoir de révolution.

Comme la Chrétienté s'étendait graduellement, ses partisans devinrent suffisamment nombreux pour mériter d'être considérée comme facteur politique et avoir une certaine influence sociale. Les partisans des seconde et troisième divisions se rapprochèrent petit à petit, et formèrent un parti qui s'intitula lui-même : parti orthodoxe, et se signala par son aversion contre les enseignements élevés des Gnostiques. Ce parti se trouva forcé de développer une espèce de système doctrinal à la place du leur. A cette époque cependant, la communauté Essénienne primitive s'était dispersée, et la formule, laquelle n'avait jamais été écrite, mais se transmettait oralement de l'un à l'autre, était tombée, sous une forme plus ou moins imparfaite, en là possession de toutes les sectes, et naturellement le parti orthodoxe lui-même fut obligé d'en produire une interprétation pour l'opposer à celle qu'avaient donnée les Gnostiques.

A ce moment, l'horizon de la mentalité fut obscurci par la plus colossale erreur qu'ait jamais pu imaginer la stupidité de l'homme. Il arriva à quelques-uns, et il est probable que cela fut le fait, longtemps avant, de la grossière ignorance « des pauvres gens » — de croire que le magnifique récit allégorique de la descente du Second Logos dans la matière, que contenait le rituel symbolique de l'initiation Egyptienne, n'était pas du tout une allégorie, mais que c'était le récit de la vie d'un être humain qu'ils identifièrent avec Jésus de Nazareth. Aucune idée ne pouvait avoir été plus dégradée, vis-à-vis de la sublimité de la foi ni égarer davantage le peuple malheureux qui l'accepta. Pourtant nous pouvons comprendre que, pour ces gens si grossièrement ignorants, elle fut la bien venue, car elle était plus à leur portée que la sublime grandeur de l'interprétation véritable.

On intercala facilement de petites phrases qui lièrent cette misérable théorie au Credo qui s'étendait de plus en plus, et c'est à peu près vers cette époque qu'on commença à écrire des versions fragmentaires du Credo. De sorte que l'idée généralement admise que le Credo n'est qu'une compilation obtenue petit à petit, bien qu'elle n'ait pas eu lieu dans le sens qu'on lui suppose ordinairement, est néanmoins partiellement exacte ; mais la tradition qui en attribue l'origine aux douze apôtres ne mérite aucun crédit. La véritable

origine de sa plus grande partie est de beaucoup antérieure aux
apôtres, comme nous l'avons vu. Ses premiers articles sont dus à
d'imparfaits souvenirs d'une tradition orale d'où l'on réussit à tirer
une compilation représentant très exactement l'original, et c'est ce
texte qui fut formellement adopté par le Concile de Nicée ; bien
que ce même Concile ait montré son incapacité absolue à en comprendre l'ensemble, en le terminant par un anathème entièrement
contraire à son esprit. Afin que nous puissions avoir sous les yeux
la forme exacte du Credo, telle qu'elle résulta des discussions de ce
Concile si mouvementé, je vais donner ici l'exacte traduction due à
M. Mead, et qui parut dans le *Lucifer*, vol. IX, page 204.

« Nous croyons en un seul Dieu, le Père tout-puissant, qui a fait
toutes les choses tant visibles qu'invisibles, et en un Seigneur Jésus-
Christ, le Fils de Dieu, engendré du Père, seulement engendré,
c'est-à- dire de la substance de son Père. Dieu de Dieu, Lumière
de Lumière, vrai Dieu de vrai Dieu, engendré et non créé, consubstantiel à son Père par qui toutes choses furent créées tant au ciel
que sur la terre, qui pour nous, hommes et pour notre salut, est
descendu et s'est fait chair, s'est fait homme, a souffert et s'est élevé
de nouveau le troisième jour, qu'il est monté au ciel et reviendra
pour juger les vivants et les morts ; et au Saint-Esprit. Mais ceux
qui disent qu'il était quand il n'était pas, « et qu'avant d'être engendré il n'était pas », et qu'il vint à l'existence de ce qui n'était
pas, « ou qui professent que le Fils de Dieu est différent en personne ou en substance, ou qu'il a été créé, ou qu'il peut changer ou
varier, sont anathématisés par l'Eglise catholique ».

On peut se rendre compte que bien que cette forme soit à peu
près semblable à celle employée dans l'office de la Communion de
l'Eglise d'Angleterre, il y a plusieurs points importants qui sont
différents. On n'y a pas encore introduit beaucoup de cette corruption matérialiste et presque historique, bien que même déjà l'identification fatale du Christ avec Jésus, et de tous les deux avec le
second Logos ne soit que trop manifeste. Mais comme tout le monde
est d'accord sur le fait que les membres de ce Concile célèbre étaient
en général des fanatiques, ignorants et remuants, assemblés surtout
dans l'espérance de faire avancer leurs dogmes défigurés maintes et
maintes fois par l'addition de légendes populaires mêlées à quelques-unes des Logia traditionnelles, jusqu'à ce que l'on soit arrivé
à ce que nous appelons maintenant les Evangiles, qui ne sont en
réalité qu'une compilation confuse et impossible si on les considère au point de vue historique, et extrêmement difficile si l'on
veut rendre cohérentes les parties qui les composent.

Cependant il ne faut pas nous laisser entrainer sur le sentier fas-
cinateur de la critique des Evangiles, mais nous limiter à l'étude du
Credo, ce que nous allons entreprendre maintenant article par ar-
cle.

(*A suivre*).   **C. W. Leadbeater.**

DIEU, L'UNIVERS & L'HOMME

La tendance de tout étudiant, au début de ses études théosophiques, est de s'élancer aussitôt vers les hauteurs où gît la racine de l'Univers et de réclamer l'explication des plus grands problèmes que l'esprit humain puisse se poser.

Qu'est-ce que Parabrahm ? Qu'est-ce que l'Absolu ? Qu'est-ce que l'Atma, et pourquoi cet Atma, s'il est un rayon de l'Infini, a-t-il besoin d'évoluer, de « devenir », d'acquérir la perfection ? Qu'est-ce que cette « duade » qu'on nomme Atma-Buddhi et dont les définitions sont aussi nombreuses que vagues et peu satisfaisantes ? Et la série des questions sur ces sujets est constante, et les questionneurs sont pressants, et, ajoutons-le, au début de nos recherches, éblouis par la lumière que l'enseignement théosophique projette sur maints problèmes réputés insolubles, nous avons tous voulu connaître ces mystères finals du secret de l'Existence, — quoique nous ayons appris, depuis, que l'embryon que nous sommes ne peut prétendre au vol altier qui sera son privilège, quand l'aigle humain aura développé les ailes puissantes de sa maturité.

Nous n'avons pas les moyens, sur le seul plan où nous soyons actuellement pleinement conscients, — sur ce plan limité qui est le plan physique, — de porter notre vue, notre ouïe, notre odorat, ou nos autres sens, au-delà d'un rayon très limité, et nous voudrions, au moyen de la faculté déductive naissante de notre esprit, tirer de ce minuscule champ d'observation toutes les lois de l'Univers, le pourquoi de l'Existence, la nature de la Vie ! C'est vraiment trop demander ! Le secret final de notre petit univers planétaire, de notre globe obscur, ne nous sera révélé que lorsque notre conscience, le — rayon divin en nous (1), — se sera épanouie sur chacun des sept plans qui sont, sur notre terre, les véhicules dans lesquels l'Unité divine s'exprime ; mais, même alors, nous serons bien loin du foyer d'où irradie la lumière et le Grand Mystère sera peut-être aussi hors d'atteinte qu'il l'est maintenant.

Est-il donc inutile de spéculer sur ce que nous sentons comme notre Racine, notre existence, — sur le secret de l'Etre ! Et ce désir intense de savoir, de percer le voile qui cache la *Vie* serait-il un aiguillon que la Nature aurait placé dans nos cœurs pour le seul plaisir de nous tourmenter, sans jamais vouloir satisfaire l'ardeur de connaître qu'il fait brûler en nous ? Non. Ce désir est l'une des formes de la force qui produit le progrès, qui fait l'évolution ;

(1) *L'Inconnaissable* en action dans les véhicules (ou « principes ») humains.

de la force qui pousse les êtres vers le *But* et les soutient à travers les obstacles multiples qui arrêtent à chaque instant la « vague de vie », la font tourbillonner sur elle-même et parachever son œuvre du moment et du lieu, avant de lui permettre de faire un nouveau pas en avant, — car la hâte n'existe pas dans les œuvres de Dieu, et ce qui paraît, à l'ignorance humaine, un arrêt dans l'évolution, n'est qu'un achèvement local dans la tâche de la Vie.

Sans ce désir de savoir qui est le frère du désir de vivre et le frère du désir d'aimer, — les trois désirs qui expriment, sur notre plan, le Désir divin qui présida aux premières vibrations créatrices projetées par le *Logos* dans l'œuf du monde, — toute évolution cesserait, et le chaos remplacerait l'harmonieuse succession des phénomènes de la vie.

Il ne faut donc pas étouffer ce cri de l'âme; il faut le cultiver, diriger sa force et lui permettre de hâter notre développement. Mais en face du mur désespérant contre lequel se buttent nos premiers efforts, n'oublions pas, — répétons-le, — que nous sommes encore des embryons, et que, si l'immensité de l'espace n'est pas permise à notre immobilité, la faute n'en est pas à l'air qui nous entoure, mais aux ailes qui n'ont pas encore poussé, et que, si la Lumière ne fait pas vibrer notre rétine intellectuelle, ce n'est point que le Soleil n'existe pas, mais que notre œil est inachevé : *Dieu n'est connaissable que par la* YOGA (1), et la Yoga n'est à la portée que de l'homme pur, fort et éclairé.

I

Nous pouvons essayer, pourtant, de bégayer quelques syllabes de ce sublime poème de la Vie, non pour en révéler une harmonie qui est encore insonore à nos oreilles, mais pour montrer combien doit être grand ce que la fière intelligence de l'homme ne peut même pas soupçonner. Les philosophes qui ont le plus longuement commenté l'Absolu sont certainement ceux qui ont écrit le plus d'erreurs (2), car en parlant de l'Infini, toute parole finie est

---

(1) Ce que l'occident a traduit par des mots imprécis : communion, extase, illumination, etc...

(2) Nous donnons, ici, au mot philosophe, son acception ordinaire, c'est-à-dire un intellect non illuminé par un stage élevé de la Yoga. Les commentaires qu'un Initié aussi divin que le grand Sankaracharya a écrits sur l'ÊTRE sont le plus précieux exposé que nous puissions posséder sur ces abstruses matières ; mais, ces commentaires euxmêmes, ne sont réellement compréhensibles que par la Yoga. C'est pourquoi, dans l'Inde antique, — l'Inde gouvernée par les Rishis, — la *Védanta* n'était enseignée qu'aux hommes arrivés au degré voulu pour pratiquer la Yoga [sous la direction de leur Gourou (Instructeur)]. Telle est la signification des deux mots qui précèdent les textes de la *Védanta* et

un non-sens, et c'est en spéculant plus qu'il ne convient sur ce qui est hors d'atteinte que des intellects aiguisés ont pu établir, avec une logique apparente, le triomphe du nihilisme philosophique. L'on a pu, ainsi, résumer la Vie dans une immense négation, non point cette sage négation dont les grands penseurs se sont servis pour essayer de définir l'Infini, — car cette négation est probablement le meilleur moyen d'exprimer ce qui est inconnaissable, et quand on a dit que l'Absolu n'a ni conscience, ni intelligence, voulant dire que ce qui est intelligence et conscience chez un être limité ne peut être la conscience et l'intelligence de l'Etre sans limites, on profère une grande vérité, — mais de cette négation basée sur une suite de déductions qui, découlant rigoureusement les unes des autres, quoique reposant sur une absurdité initiale, paraissent logiques à ceux qui en suivent le subtil courant sans en avoir scruté la source. Mais plus l'esprit s'enfonce dans cette fondrière, plus le terrain manque sous ses pieds, plus l'humidité glacée de l'erreur le pénètre, plus il se resserre dans la terreur qui enveloppe quiconque entre dans l'effroyable gouffre du Néant, et cette preuve devrait suffire à toute âme qui s'est laissé conduire dans ce labyrinthe plus terrible que celui du Minotaure, car le désert d'affreuse désespérance dans lequel elle est lancée lui apprend à jamais que la Vie ne doit pas être cherchée dans la Mort.

Il est facile de formuler ces séries fatales de déductions, toutes enchaînées dans une même solidarité satanique, et plus d'un lecteur connaît, sans doute, ce qu'on a nommé les mathématiques renversées, — un système qui, reposant sur des axiomes dont l'absurdité est si extrême qu'elle paraît se confondre avec son extrême opposé, la vérité, permet de prouver qu'un et un ne font pas deux. Le même système a été appliqué sur le champ métaphysique, et il a pu opérer plus d'une morale chez de brillants cerveaux que les effluves du cœur n'avaient pas encore pénétrés de la lumière de l'intuition. Cette mort morale, qui aboutit à l'extrême égoïsme résultat de l'extrême négation, est possible, et elle est un grand pas vers l'annihilation, vers la destruction de l'âme ; elle est surtout facilitée par le manque d'équilibre dans les trois aspects de la divinité dans l'homme : l'intelligence, l'amour et la volonté (1). Le plus redoutable, quand il domine sans contrôle, c'est l'intelligence, — le principe de la « séparativité », du combat, le « moi » se croyant distinct des autres « mois » et luttant contre eux pour arriver à ses fins, — car elle emploie pour le mal la force impersonnelle qui se cache derrière la volonté. L'amour seul peut guider l'in-

leur servent de mystérieuse Introduction : APRÈS CELA. Ce qui veut dire : *après* que l'aspirant est devenu capable de procéder à la pratique de la Yoga..... les vérités de la *Védanta* pourront lui être enseignées.

(1) Ces aspects sont respectivement l'expression des principes manasique, buddhique et atmique.

tellect, tempérer sa froideur, empêcher l'égoïsme dans son activité et redresser ainsi ce plateau dangereux de la balance humaine : c'est pourquoi les véritables Instructeurs insistent si fortement sur la nécessité d'un développement harmonieux de l'âme humaine, c'est pourquoi la « pierre » de l'Initiation n'est donnée qu'à ceux dont le trépied spirituel est en équilibre.

Rien n'est plus dangereux que les formes du scepticisme qui reposent sur le terrain métaphysique. Nier l'existence ou la persistance de l'âme est, sans doute, une erreur importante, et ses résultats sont graves pour l'évolution humaine ; mais nier la loi morale en affirmant, par un jeu de l'intelligence, que le mal équilibrant le bien et étant sa condition *sine qua non* d'existence, — et réciproquement, — il est indifférent de bien faire ou de faire mal, c'est saper les bases de la morale par le plus criminel des mensonges. Cette monstruosité, les âmes qui croient au caractère sacré des Messagers (1) de la *Hiérarchie divine* qui gouverne la terre, et qui respectent les commandements des religions qu'ils ont fondées, la repoussent de toutes leurs forces ; mais celles qui sont dans ce stage critique où l'intellectualité domine, où la foi aveugle est écrasée et la foi éclairée attend l'éveil de l'intuition pour s'allumer, celles-là, si la destinée ne leur envoie pas un rayon de lumière, peuvent accepter l'illusion et se perdre (2).

* *

Oui, nous ne pouvons que bégayer quelques syllabes à titre d'exercice intellectuel et sous le bénéfice d'inventaire de la Yoga, en parlant de l'Inconnaissable, et ces syllabes, proférées dans un monde relatif, ne peuvent guère exprimer que l'ombre de la lumière. Qu'est-ce donc que l'ÊTRE ? non pas l'être fini qui nous entoure, non pas même l'Unité mathématique, le Potentiel suprême qui est le germe de tous les êtres et qu'on a nommé le Logos non-manifesté, Dieu le Père, etc..., mais l'Être proprement dit, ce que l'on a défini, dans la terminologie théosophique, comme l'ÊTRETÉ, c'est-à-dire, l'Être fondamental, l'Être vrai, la Racine sans racine, la Cause sans cause, le zéro infini ? Il n'y a qu'un mot qui puisse sortir des lèvres humaines essayant de répondre : l'INCONNAISSABLE.

L'ÊTRE est inconnaissable parce qu'il est hors du fini que nous sommes, bien qu'étant la cause de ce fini ; parce qu'il est le centre

(1) Les fondateurs des Religions.
(2) Il est facile de prouver que, si au point de vue absolu, général, abstrait, le mal égale le bien ou plutôt est son complémentaire dans le monde manifesté, au point de vue relatif, particulier, concret, pour chaque être et dans chaque action il y a un côté mal que l'être doit fuir et un côté bien qu'il doit suivre, parce que ce côté bien est sa *loi*, son *devoir*. Mais ce sujet n'entrant pas directement dans l'étude actuelle, ne peut être développé ici ; il sera traité plus tard séparément.

qui est partout et la circonférence qui n'est nulle part, tandis que l'humain n'est qu'un point sur l'un des rayons sans limites de ce cercle qui est et qui n'est pas. Pour juger de l'Etre, il faut être au centre qui n'est pas un centre, et nous sommes à la périphérie ; en réalité, notre centre vrai est un avec le centre qui est l'Etre infini, mais notre conscience actuelle (1), notre « moi » est encore bien loin de ce centre, et l'Inconnaissable ne sera révélé que lorsque les « mois » seront unis à lui, la conscience humaine qui maintenant résulte du fonctionnement du Mouvement pur, — l'Etre infini, — dans un véhicule composé de matière très différenciée (le Corps causal) sera devenue la Conscience ineffable par son absorption dans le Centre où il n'y a plus ni matière, ni force, ni conscience limitée, où réside le Rien qui est le Tout : l'ETRE.

*
* *

Voilà ce que nous pouvons vaguement concevoir de l'inconcevable au moyen des ailes de l'intellect. Mais la pensée n'est plus aussi limitée, si, regardant l'univers manifesté, l'on juge le relatif avec du relatif, le fini avec une mesure finie, le limité par une lumière limitée ; et l'on peut ainsi spéculer sur le Kosmos avec plus de liberté, quoique l'on doive être certain que les spéculations seront d'autant plus inexactes et d'autant plus incomplètes que l'on portera ses yeux vers une région plus élevée de l'univers, plus proche de la Racine de l'existence manifestée, *c'est-à-dire plus éloignée du centre humain qui l'observe*.

Vu du dehors, l'Etre apparaît comme le Tout contenant tous les *possibles*. Ces possibles, dans le champ du manifesté, sont tous des « paires d'opposés », ca pour qu'un relatif existe, il doit s'appuyer sur un relatif opposé ; nous ne pouvons concevoir que par les différences ; impossible de faire un tableau avec une seule couleur, de produire de la lumière sans la projeter sur de l'ombre, de générer de la force sans un point d'appui qui résiste. Ces « opposés » sont dans le Temps et l'Espace, — lesquels, sur le plan du fini, sont les aspects illusoires de la Durée et de l'Extension éternelles ; — on nomme ces « opposés » potentiel et manifesté, mouvement et inertie, matière et force, activité et repos, germe et être développé, etc... Quelle est leur nature ? Existent-ils *per se* et séparément dans l'ETRE, ou ne sont-ils qu'une illusion ?

Ils paraissent le résultat des différences vibratoires produites dans l'insondable « Homogène » par l'énergie de l'Inconnaissable (2);

_____

(1) Elle n'est que la réfléxion du « Centre » *dans un véhicule* encore très imparfait. Le Centre ne devient individualisé, *soi*-conscient *dans le Logos* (c'est-à-dire dans sa racine même), qu'à la fin de son pèlerinage ; jusqu'alors il a sa conscience dans un véhicule (illusoire), c'est-à-dire, *à la périphérie*.

(2) Homogène et Inconnaissable sont une seule et même chose, dans notre pensée.

quant au Temps et à. l'Espace, ils semblent (1) à nos intellects finis
la création du « moi » qui, se croyant distinct du Tout et ne pouvant embrasser la Durée et l'Extension, morcelle ces dernières à
un degré qui varie avec ses limitations, de sorte que temps et espace ne durent qu'autant que le « moi » dure, et se modifient avec
lui sur tous les plans, même sur le plan physique où ils sont gran-
dis pendant l'enfance et rapetissés à mesure que la vie s'écoule. Ce
que l'on appelle commencement et fin, évolution et involution,
tout et parties paraît exister potentiellement de toute éternité dans
l'Etre et ne devoir son existence illusoire qu'au « moi » qui, trop
limité pour embrasser la série totale des vibrations qui constituent
un univers, les voit successivement commencer, se développer et
disparaître dans de nouvelles formes vibratoires.

Mais, ici encore, à quoi servent ces spéculations, sinon à exercer l'intellect, et quelle lumière apportent-elles dans les profondeurs d'une pareille nuit ? Bien osé celui qui se confierait à leur
vague lueur, bien fou celui qui croirait pouvoir assurer ses pas sur
ces sommets : le vertige qui, du fond du gouffre, guette les impru-
dents, le précipiterait dans l'abîme. Que faut-il à l'âme, dans les
stages de son enfance? Une leçon simple, claire et vraie, c'est-à-
dire, un Instructeur, et, en attendant de savoir par elle-même,
c'est l'enseignement de l'Instructeur qu'elle doit s'efforcer de comprendre, et ce sont les conseils du Mentor qu'elle doit suivre. En ce
qui nous concerne, nous n'avons trouvé nulle part, chez aucun
penseur, dans aucune école, une lumière comparable aux enseignements de la Théosophie ; chaque pas en avant confirme en nous
cette conviction, et chaque fois que nous avons cru trouver nos
instructeurs en défaut, le temps nous a prouvé que notre ignorance
seule était en cause et que la tache d'ombre que nous apercevions
sur l'écran lumineux tenait à une lacune de notre œil. Aussi l'esprit de critique a-t-il cessé de s'exercer en nous, et, quelles que
soient les apparences sous lesquelles l'enseignement se présente, la
folie de juger des Sages ne revient plus frapper à notre porte. Et
nous pensons ne pouvoir mieux faire que de donner, en réponse
générale à la masse de questions qui nous ont été adressées sur les
hauts aspects de l'Evolution, un exposé *sommaire* de ces enseignements, et de conseiller aux questionneurs de méditer sur les livres
écrits par les Instructeurs eux-mêmes, en attendant que l'heure
sonne pour la pratique de la Yoga (2).

(*A suivre*).   D' Th. Pascal.

(1) Ils sont, comme la matière, de simples *états de conscience.*

(2) A ce sujet, nous avons le devoir d'avertir ceux des lecteurs qui
pourraient l'ignorer, que la pratique de la Yoga, sans la direction d'un
Maître *compétent*, est extrêmement dangereuse : mieux vaudrait placer
des joujous de dynamite entre les mains des enfants. A ceux qui voudraient chercher prématurément un maître ou craindraient de ne pas

UNE CONFÉRENCE IDÉALISTE

L'une des plus intéressantes conférences idéalistes de la saison d'hiver a certainement été celle que M. Henri Carmelin a faite à la salle de la rue Saint-Lazare, à Paris, sur le sujet suivant : *La jeunesse moderne et le problème de l'amour*. Dans un langage d'une parfaite correction littéraire, plein de tournures poétiques charmantes et d'aperçus philosophiques très justes, le jeune conférencier a développé une thèse qu'on peut réduire à ces termes : il semblerait, à certains indices, que la jeunesse actuelle veuille quitter, en matière d'amour, les chemins battus ordinaires qui sont des ornières pour s'engager, à la suite de penseurs d'élite, sur les sentiers ardus qui mènent aux cimes. Nulle perspective ne saurait être plus agréable aux théosophes, si elle se réalisait vraiment, car ce serait dire que les générations nouvelles sont en train d'élever leur centre de conscience aux plans supérieurs de l'existence. Les penseurs auxquels M. Henri Carmelin fait allusion sont les Novalis et les Mæterlink. Ce sont effectivement d'éminents esprits dont l'expression littéraire est aussi mystique dans le fond que parfaite dans la forme ; ce sont certainement des foyers de lumière dont le rayonnement s'étend au loin. Mais, pareils aux phares érigés en pleine mer, ils attirent les regards du voyageur sans lui offrir le havre de grâce ou le port de l'arrivée au but. La mer les entoure de toute part et ils n'indiquent généralement qu'un écueil isolé à éviter.

Les Novalis et les Mæterlink éloignent du matérialisme ambiant, mais le voile de l'imprécision les entoure encore et ne leur permet point d'enseigner. Combien au contraire leur influence leur eût été plus durable, si, à leur merveilleux talent et à leur intuition si grande, il s'était ajouté un peu de cette *connaissance* qui, sous le nom de théosophie ou sous un autre, eut retenu et pleinement guidé leurs nombreux admirateurs ! Mais l'effet produit par ces hauts penseurs n'a été qu'un charme éphémère et nous craignons bien que les perspectives développées par le distingué conférencier ne soient que l'aube pressentie plutôt qu'entrevue d'un avenir lointain encore.

Une telle conférence n'en est pas moins une belle action et nous en félicitons sincèrement M. Henri Carmelin.

D. A. Courmes.

le trouver, nous répéterons l'aphorisme des écoles d'occultisme : Quand le disciple est prêt, le Maître se présente. Ils n'ont donc pas à s'inquiéter, mais à se *préparer*.

Une série de conférences Isiaques, à Paris

M. Jules Bois, le distingué conférencier bien connu, s'est évidemment donné mission de traiter en public, à son point de vue, des différentes parties de l'occultisme moderne. On l'a tour à tour entendu parler de l'envoûtement d'amour et de l'envoûtement de haine, du spiritisme et du magnétisme, voire même de la théosophie. Il vient de terminer ses conférences du présent hiver à Paris par une série d'entretiens sur le culte d'Isis tel qu'il était entendu chez les anciens. M. Jules Bois nous a dit lui-même que c'est au cours de ses recherches dans la capitale, il y a quelques années, pour trouver les éléments du livre qu'il a publié sous le titre des *Petites Religions*, à *Paris*, qu'il a rencontré deux honorables occultistes, mari et femme, qui s'adonnaient en leur demeure au culte de la déesse Isis. Ce sont ces deux occultistes qui, sous les noms du hiérophante Ramsès et de la grande prêtresse Anari, ont prêté leur concours à M. Jules Bois pour appuyer de leur présence les développements oraux qu'il a donnés et pour exécuter ensuite, à la salle de la Bodinière, les adjurations aux quatre éléments et celles à la bonne déesse, le tout compris sous le nom de « *messe d'Isis* ».

Nous ne nous étendrons pas davantage sur la mise en scène intervenue parce que, tout en rendant hommage à la parfaite sincérité et au désintéressement des principaux acteurs, nous ne partageons évidemment par leur opinion sur l'opportunité de la figuration, ni même sur le résultat possible, en d'autres conditions, d'un tel cérémonial.

Nous dirons seulement que l'exposé que M. Jules Bois a fait des mystères antiques, a été des plus intéressants et a recueilli un réel succès. Le Conférencier avait en outre bien voulu émailler son discours de quelques anecdotes... sur Mᵐᵉ Blavatsky, et sur le comte de St-Germain. Par ailleurs, il s'était tenu, dans l'exposé de la doctrine même, dans le genre symbolique usité par les anciens.

Ce genre est excessivement poétique et prête à des effets littéraires qui ont été fort goûtés. Nous nous permettons toutefois de penser que l'esprit moderne lui substitue de préférence le mode net et précis de la description positive. Il est certain que le pèlerinage de l'âme, par exemple, qui n'est pas autre chose que le fond même des mystères antiques, est tout aussi bien dit et d'une manière plus accessible à tout le monde, dans la donnée théosophique actuelle que dans la fable plus ou moins suggestive de la mythologie égyptienne.

Les théosophes ne nient aucunement le symbole, ni ne méconnaissent ses beautés artistiques ; nul n'en a encore parlé avec plus de connaissance du sujet que Mme Blavatsky dans la Doctrine secrète divulguée, mais les théosophes pensent que le moment est venu de faire connaître la partie de la nature qui est à la hauteur de notre propre état actuel. Rappelons-nous qu'Isis n'est pas autre chose que la nature intégrale, elle-même, que son voile aux sept pans spécifie les sept plans, et que si « nul mortel ne le doit complètement relever », — dit l'inscription de Saïs, — nous sommes du moins conviés à en soulever les premiers plis par l'acquisition de la connaissance sur les plans les plus voisins du plan physique.

C'est précisément ce à quoi conduit la culture théosophique, et la sanction en est l'initiation du disciple aux *petits mystères*, par l'accession *directe* du vivant même, d'abord au plan astral, puis aux *grands mystères*, ensuite, par celle au plan dévachanique (1), mais dans des conditions tout autres que celles qu'on peut représenter dans des livres ou des conférences ordinaires, ces livres seraient-ils très documentés ou ces conférences des plus intéressantes, parce que la véritable initiation ne s'acquiert ni par les yeux ni par l'oreille, mais par un labeur *approprié*, personnel, persévérant, et... par l'aide des Maîtres.

D. A. Courmes.

DEMANDES ET RÉPONSES

La méditation, pour être effective, doit-elle être accompagnée de souffrance ?

Non. Toute souffrance physique, mentale ou psychique durant la méditation indique un danger, et l'étudiant, dans ces cas, doit cesser l'effort, tâcher de découvrir la cause du mal, et, s'il n'y parvient pas, demander conseil à un instructeur compétent.

La méditation véritable est le premier degré de l'entraînement, qui conduit à la Yoga ; quelque rudimentaire qu'il soit, ce degré ne doit pas être pratiqué sans les conseils d'un instructeur, car plus d'un danger attend l'Ego marchant vers le Sentier. Quant à ceux qui usent de la concentration, des *mantrams* ou des incantations sans un Gourou qualifié, mieux vaudrait pour eux jouer avec de la dynamite.

La souffrance est le premier et le dernier pas du Sentier ; le disciple est le *chrestos* (le souffrant, l'homme de douleur) tant qu'il

(1) *Note importante.* — On ne trouvera actuellement cette définition des « mystères antiques » que dans la théosophie et notre définition seule est l'exacte. Toute autre n'est qu'approchée ou ne vise que la *figuration* qui, lorsque les « disciples » tirent défaut, remplaça, à Eleusis, les mystères véritables.   D. A. C.

n'est pas ressuscité et devenu le *christos* (le glorieux, le triomphant, le Maître, l'âme libérée) ; mais cette souffrance, condition *sine qua non* de la voie de droite, n'a rien de commun dans ses causes avec les méthodes de yoga.

⁂

Quelle est la meilleure méthode de méditation qu'un commençant puisse employer ?

On devient ce sur qui l'on pense : tel est l'un des plus féconds aphorismes de l'enseignement occulte. Nous croyons que les théosophistes désireux de devenir des instruments de la Loi divine ne peuvent mieux faire qu'en consacrant chaque matin une demi-heure de méditation à l'une des qualités ou des vertus qu'il faut acquérir avant de pouvoir entrer sur le Sentier, et de faire chaque soir un examen de conscience pour découvrir les points faibles de leur nature.

Un conseil est indispensable ici. Pour détruire un vice ou un défaut, il suffit de développer en soi la qualité ou la vertu opposée ; mais il faut soigneusement éviter de lutter mentalement contre l'ennemi, car la pensée lui donne des forces et ces forces rebondissent sur celui qui les produit, ce qui amène souvent des troubles sérieux dans le corps physique ou dans les véhicules internes.

Quand l'échelle des qualités et des vertus sera gravie, le néophyte sera beaucoup plus près du *Gourou* qui doit le conduire sur la Voie étroite, que s'il avait consacré cinquante incarnations à l'étude des arts occultes et des formules magiques, ou même au côté purement intellectuel de la recherche de la Vérité. Chaque homme possède dans son cœur le germe de tout ce qui est ; ce germe c'est le *Soi*, l'étincelle divine qui, en se développant, produit un homme-dieu ; il n'y a pas d'autre moyen de savoir et de pouvoir que de devenir la Puissance et la Connaissance. Que ceux qui trouvent ce procédé peu attrayant essayent de la méthode qu'ils désirent ; la douleur ou le désappointement leur apprendront bientôt qu'ils ont fait fausse route.

ECHOS DU MONDE THÉOSOPHIQUE

France.

La Réunion théosophique de mars a eu lieu dans les conditions ordinaires au siège de notre Revue. On y a terminé l'étude théosophique des sacrements de la Religion chrétienne. Au cours de la présentation du sujet, le commandant Courmes a répondu à l'objection qui lui avait été faite sur la compétence en ces matières de Mᵐᵉ Annie Besant. Sans doute, a-t-il dit, notre honorée sœur n'a point suivi les cours des Facultés de Théologie catholiques ou même protestantes. Mais, sans manquer au respect qui est dû à ces vénérables institutions, il est permis de penser que l'enseignement qui en dérive pourrait au moins être complété sur bien des points. On sait, en effet, que la dogmatique chrétienne ne définit guère l'âme humaine, ne reconnaît pas les divers corps subtils de l'homme, nie la Réincarnation, ne rend pas compte du processus de la loi de justice, etc., etc. La donnée théosophique, elle, procède de l'observation directe des choses, grâce au développement obtenu des sens supérieurs de l'homme. Les Théosophes avancés, comme l'est Mme Annie Besant, perçoivent *directement* sur les trois ou quatre premiers plans de la nature, et reçoivent directement aussi l'enseignement des maîtres sur ce qui attient aux plans supérieurs.

Voilà d'où vient la compétence de nos frères avancés. La deuxième partie de la conférence a terminé aussi ce qui est relatif au comte de Saint-Germain. Il nous a été agréable de constater, à ce sujet, que l'intérêt des travaux théosophiques récemment publiés sur le mystérieux personnage en question, a été trouvé assez grand par M. Jules Bois, le distingué conférencier, pour qu'il ait fait usage de ces travaux, sans citer leur auteur, dans ses récentes conférences sur le culte d'Isis. Avant de terminer, le C^t Courmes a fait ressortir le passage où le comté de Saint-Germain, en 1790, annonçait qu'il allait se retirer aux Himalayas et qu'il ne reprendrait son action en Europe que dans 85 ans. Cela visait donc l'année 1875, qui est précisément celle de l'avénement du mouvement théosophique actuel.

—

Parmi les conférences idéalistes qui ont eu lieu pendant le mois écoulé, nous avons à signaler que celles de Mr Jules Bois, sur le culte d'Isis, dont il sera parlé spécialement par ailleurs, et celle faite par Mme de Bezobrazow, sur l'influence du spiritualisme dans l'éducation désirable de la femme. La conférencière est l'une des personnes dévouée qui travaillent encore à la réalisation du Congrès de l'humanité. Puissent ses généreux efforts rencontrer le succès qu'ils méritent. Sa conférence de ce mois a, du moins, parfaitement réussi.

—

La catastrophe de Toulon, suivie des accidents de Bourges et de New-York, a suscité naturellement, dans nos cœurs, la plus douloureuse sympathie pour les infortunées victimes de ces événements. Nous rappelons, d'ailleurs, que d'autres événements tragiques les ont précédés, tels l'incendie du Bazar de la Charité, l'écrasement d'une foule à Moscou, de terribles collisions de navires et de chemins de fer, les hécatombes de Manille, de Cuba, etc., etc. La fin de cycle en laquelle nous sommes est particulièrement fertile en ces sortes de drames et nous devons élever nos âmes à la hauteur des sacrifices que les liquidations karmiques de l'époque peuvent constamment nous imposer.

—

Le grand penseur Strada a fait œuvre méritoire, dans les temps troublés que nous traversons, en essayant de ramener la concorde parmi nos concitoyens.

Dans un document public que nous ne reproduisons pas, uniquement parce que notre Revue reste volontairement en dehors du terrain politique, Strada a tendu à faire la fusion entre des nationalistes et des internationalistes. Tout ce qui tend à unir les hommes répond à nos propres idées et possède, dès lors, notre pleine approbation. C'est ainsi que la théosophie préconise par dessus tout l'amour de l'humanité, mais en commençant par ce qui nous touche de plus près, c'est-à-dire la famille, la cité et la nation. Les hommes, en effet, qui prétendraient aimer l'humanité en restant simplement indifférents à leurs voisins, ressembleraient à des circonférences sans rayon, ou à des outres vides, sans consistance, dès lors.

Angleterre.

La Blavatsky Lodge a donné, durant le mois de février dernier, d'importantes conférences que, seul, le défaut de place nous empêche de mentionner comme nous le voudrions.

Comme la branche parisienne Ananta, celle de Bristol consacre une partie de ses séances à l'étude de l'*Ancienne Sagesse*, par Mme Besant.

Divers autres pays.

HOLLANDE. — Grande activité théosophique dans les principales villes du royaume.

BELGIQUE. — Un centre vient de se former à Liège, sous la présidence de M. Delsaux, avec M. Lepersonne, comme secrétaire.

SUÈDE. — La branche de Copenhague a été divisée en deux. La nouvelle branche est appelée : « Eirene ». Nous lui souhaitons de prospérer et de se subdiviser elle-même, comme celle dont elle émane.

AMÉRIQUE. — Grande activité aussi, partout.

NOUVELLE ZÉLANDE. — La troisième convention de la Nouvelle Zélande a eu lieu le 30 décembre 1898, et fut très réussie.

AUSTRALIE. — Les théosophistes d'Auckland attendent la visite du Dr Marques, qui y fera un court séjour, en allant de Honolulu à Sydney, où il va remplir ses fonctions de secrétaire général de la section australienne.

Inde.

La *Theosophical Review* nous donne quelques détails sur la Branche Rangoon de la Société Théosophique, fondée en 1885, mais que la dernière visite de Mme Besant a grandement développée.

Pendant une traversée à bord du « Pentakota », Mme Besant, sur la requête du capitaine et des passagers, parla sur « L'homme comme étant maître de sa destinée ». A Rangoon, Mme Besant fit diverses conférences, sur « la Théosophie et son but, » « la Théosophie, sa place dans la pensée et l'action, » « le Matérialisme vaincu par la science, » « L'homme du monde peut-il mener une vie spirituelle ? » Elle parla aussi aux enfants de l'Ecole supérieure hindoue Madooray Pillay. Le 13 janvier, Mme Besant partit directement pour Calcutta, laissant le colonel Olcott, qui l'avait accompagnée depuis son départ de Madras avec le prince Siamois, Jinawara Wansa, aller à Moulmein, où leurs efforts réunis semblent faire espérer un mouvement éducationel analogue à celui de Ceylan. Après une conférence sur « Les enseignements du Seigneur Bouddha, » le colonel Olcott se rendit à Mandalay pour s'entretenir avec le chef suprême Bouddhiste et d'autres dignitaires relativement à ses projets ·d'éducation à Burma et d'union à faire entre les Bouddhistes de Burma, de Ceylan et de Siam. Le but visé est de créer une grande fraternité religieuse de tous les éléments bouddhistes sous la présidence du roi de Siam, le seul souverain bouddhiste qui soit resté.

Notre infatigable président a également fait le projet de visiter l'Afrique du sud, s'il peut réunir les fonds nécessaires à ce voyage ; car il ne faut pas s'attendre à ce qu'une série de conférences faites au Cap soit capable d'en couvrir les dépenses.

Paul Gillard.

REVUE DES REVUES

Theosophist. *Organe présidentiel*. Mars 99. — Feuilles d'un vieux Journal, par H. S. Olcott. — Axiomes théosophiques, par Mayers. — La nourriture suivant la science, par Singh. — Les anges et les aides, par John. — Aperçus sur la pensée et la matière, par Stuart.

Vahan. *Section Européenne*. Mars 99. — Note sur l'évolution, par Leadbeater. — Au sujet de la crainte inspirée par le vêtement lumineux de Jésus, mentionné dans *Pistis Sophia*, par G. R. S. Mead. — De la cérémonie religieuse bouddhiste appelée *Pitri*, par Leadbeater. — Comment les théosophistes entendent la *conversion*, telle que les chrétiens la comprennent, et quelle est sa valeur au point de vue du *Sentier*, par S. M. S.

Theosophical Review. *Angleterre*. mars 99. — Les traditions des Templiers retrouvées dans la Franc-Maçonnerie, par Mme Cooper-Oakley. — Le sermon secret sur la montagne, (*suite*), par Mead. — Clairvoyance (*suite*), par Leadbeater. — Débris de l'Atlantide, par Mme Hooper. — L'idéal théosophique, par le Dr Wells. — La théosophie considérée comme une religion, par A. Fullerton. — La morale du solitaire, par Miss Hardcastle.

Mercury. *San Francisco*. Février 99. — Spirites et théosophistes, par le Dr Marques. — Fonction supérieure de l'imagination, par Marie Howland. — Symbolisme de l'œuf et du cercle, par A. H. T.

Theosophic Gleaner. *Bombay*. Février 99. — Commencement de la vie sur la terre (*suite*), par Bilimoria. — Les qualités *innées* et celles *acquises*, par Kali Kauta Sen. — Réincarnation *(suite)*. — L'âme humaine peut-elle se réincarner dans un corps animal ? — Zoroastre et sa religion.

Theosophy in Australasia. *Sydney.* Janvier 99. — Mystères du son et de la musique, par le Dr Marques. — Questions et réponses.

Sophia. *Madrid.* Février 99. — Problèmes religieux, par Annie Besant. — Nos ancêtres théosophiques immédiats, par J. Cooper-Oakley. — La science et l'occultisme.

Teosofia. *Rome.* Février 99. — De la conscience, par J. G. Aureli. — Clairvoyance *(suite)*, par Leadbeater. — Corroborations scientifiques de la théosophie, par le Dr Marques.

Philadelphia. *Buenos-Aires.* Février 99. — Les écoles philosophiques et la théosophie, par Filadelfia. — L'évolution du nombre, par A. Besant. — Personnalité et individualité, par Arnould. — Un rêve de magistrat, par Bérard. — Croyances fondamentales du Bouddhisme *(suite)*, par Arnould.

Revue Spirite. *Paris.* Mars 99. — L'unité souveraine ; un même verbe, par P. G. Leymarie. — La télégraphie sans fil, par Van der Nailen. — Le sentiment, la musique, le geste, par de Rochas. — Photographies par immersions, avec nombreuses illustrations, par Majewski. — Christianisme et spiritisme, par Le Reformador. — Intelligence des animaux, par Berthe Verclerc. — Vision et audition extraordinaires, par J. de Kronhelm.

Annales des sciences psychiques. *Paris.* Janvier-février 99. — L'historique de la télépathie, par André Godard. — Rêves prémonitoires. — Musset sensitif, par le professeur E. Lefébure. — La médecine des Gallois, par A. Erny.

Spiritualisme moderne. *Paris.* Mars 99. — Le travail, par Beaudelot. — Paraboles, par Albin Valabrègue. — L'origine des visions paradisiaques, par H. de Latour. — Harmonie, par Berlioz. — Le symbolisme de la croix, par Rochester.

La Paix Universelle. *Lyon.* Février-mars 99. — Les élémentals, par l'Oriental. — Etudes d'occultisme et de psychisme, par Erny. — La conscience *(suite)*, par d'Ervieux.

L'Humanité intégrale. *Paris.* — La réparation de Robespierre, étude médianimique, par Divers. — Congrès des études psychiques, par Allix. — A propos des clichés colorés, par S. Tegrad. — Circulaire et poésie, par Mme de Bezobrazow.

Journal du magnétisme. *Paris.* Février 99. — James Braid, avec son portrait. — Le spiritisme, par Aban Dubet. — Magnétisme et psychisme, par Max Théon. — L'ordre alphabétique, par Limousin. — Guérison à distance, par Ismala.

Bulletin des sommaires. *Paris.* Mentionne tout ce qui se publie.

Nous avons également reçu : *Theosophischer Wegweiser, Revista Espirita, Amazonas.*

Ce dernier journal, publié dans l'Etat d'Amazonas, publie chaque jour sous le titre : *Collaboration*, une note sur la Théosophie. Le numéro de février 99 contient un extrait de notre Revue. Nous souhaitons vivement que cet exemple soit suivi par d'autres journaux.   **P. G.**

BIBLIOGRAPHIE

Le spiritisme à la lumière de la théosophie, par la comtesse Wachtmeister, 0 fr. 50.

Dans l'un des derniers numéros de cette Revue, Mme Annie Besant a donné son opinion sur quelques points du spiritisme proprement dit. Voici qu'une autre théosophe éminente, la comtesse Wachtméister, traite le même sujet, sous une forme différente, toutefois.

Elle raconte, en effet, ses premières expériences personnelles en matière de spiritisme et comment elle a été amenée ensuite à la théosophie. Les séances de matérialisation auxquelles elle a assisté et « les voix d'esprits » qu'elle a entendues constituent un récit très intéressant. Elle termine en attribuant, comme l'a fait Mme Besant, l'impulsion du mouvement spirite moderne à l'action d'adeptes vivants servant d'intermédiaires à la réalisation de la Loi divine. Il n'y a, assurément, rien là qui doive choquer les spiritualistes de n'importe quelle école, pourvu qu'ils admettent la grande hiérarchie des êtres, et leurs devoirs d'assistance réciproque.   **Henry Courmes.**

Les Chants sacrés, par M. E. Burnouf.

Ce livre publié par la *Librairie de l'Art indépendant*, comporte la restitution exacte, en notation moderne, des mélopées qui, dès les premiers siècles de l'Eglise chrétienne, furent adaptées aux textes latins du *Cantique des Cantiques* et de *L'Apocalypse*. Avec autant de savoir que de goût, M. Burnouf a su dégager de la prosodie latine le rhythme propre à ces reliques de l'art musical religieux, et sa traduction française, parallèle à la version latine est en tout excellente. Aucun étudiant de l'occulte ne voudra se désintéresser d'un tel ouvrage, tant à cause de la nature habituelle des travaux de son auteur que parce que ces vénérables vestiges du passé constituent certainement ce qui nous reste de cette musique à laquelle toute l'Antiquité accorda un pouvoir plus qu'humain et dont le christianisme naissant sut, à propos s'emparer.   **D. A. C.**

Au pays de l'Ombre, par E. d'Espérance, 4 francs.

La théosophie ne nie point la réalité du spiritisme dans ses traits essentiels. Elle le confirme plutôt, en l'éclairant toutefois, c'est-à-dire en mettant les choses au point. C'est ainsi que la connaissance du *corps éthérique* de l'homme et de ses fonctions explique tout ce qui concerne la médiumnité, et que celle du *Plan Astral* éclaire autant qu'on peut l'être, sans avoir personnellement la perception directe, le genre et le nombre des entités qui peuvent intervenir. Dans ces conditions, la lecture d'un récit sincère et sérieux de manifestations dites spirites présente le même intérêt que la solution d'un problème dont on possède la clef. C'est dans ces conditions aussi que nous conseillons la lecture du livre *Au pays de l'Ombre*, où le narrateur, Mme d'Espérance, raconte ce qu'elle a véritablement vécu. Le récit est orné de plusieurs figures qui ajoutent à la clarté du texte et font de l'ensemble un véritable livre de bibliothèque pour l'occultiste indépendant.

D. A. Courmes.

SOUSCRIPTION PERMANENTE

Pour la REVUE THEOSOPHIQUE FRANÇAISE

La publication d'ouvrages théosophiques et la propagande.

LISTE D'AVRIL 1899.

Mme Autun Sanary	25 fr.	(*Lotus Bleu*)
M. Fardel	5 fr.	—
M. Renard. , ...	5 fr.	—
C^t Escande	30 fr.	—
M. Bilière	2 fr.	—
Une dame de l'infanterie de marine . . .	10 fr.	—

Nota. — L'état de notre santé ne nous permettant pas, malgré notre désir, de faire le relevé détaillé des comptes de la souscription permanente de l'année 1899, pour l'envoyer, suivant la coutume, à chacun des souscripteurs de la dite année, nous avons présenté ces comptes mêmes, avec pièces à l'appui, au contrôle d'un comité composé de sept membres français de la Société théosophique, Mesdames : Blech et Brunndrius, Messieurs : le commandant Escande, Paul Gillard, Maurice Largeris, Renard et Tourniel. Ces comptes ont été reconnus corrects.

*Le Directeur administrateur-gérant
de la revue :*
D. A. Courmes.

Saint-Amand (Cher). — Imp. DESTENAY, Bussière frères.

27 MAI 1899

DIXIÈME ANNÉE   NUMÉRO 3

REVUE THÉOSOPHIQUE
FRANÇAISE

Le Credo Chrétien

(Suite.)

« Je crois en Dieu le Père tout-Puissant, créateur du ciel et de la terre. » Tel est le premier article du Credo des Apôtres, article qui se rapporte évidemment au Logos de notre système solaire. Le symbole de Nicée envisage ce premier article à un point de vue plus grand, car il le formule d'une façon qui pouvait s'appliquer à la Cause première de tout, car il parle d'un Dieu unique, créateur non-seulement du ciel et de la terre, mais « de toutes les choses visibles et invisibles ». Le glorieux titre de Père peut parfaitement être donné à *Cela* qui est la première manifestation du Non-Manifesté, car tout provient de Lui, même le second et le Troisième Logos, et tout ce qui provient de Lui doit y retourner un jour. Non pour perdre en Lui la conscience, ce qu'il faut bien remarquer, car ce serait perdre le résultat de tous les innombrables œons de l'évolution, mais plutôt pour devenir d'une certaine façon, ce qui est encore incompréhensible à notre esprit limité, une partie consciente de ce Tout formidable, pour devenir comme une facette de cette Conscience qui embrasse tout, qui est réellement le Père divin de tout, qui est au-dessus de tout, qui pénètre tout et demeure en nous tous. Alors le Fils sera aussi soumis à Celui qui est au-dessus de toutes choses, afin que Dieu puisse être tout en tous.

« Et en un seul Seigneur Jésus-Christ, le Fils unique de Dieu, engendré de son Père avant tous les mondes, Dieu de Dieu, Lumière de Lumière, vrai Dieu de vrai Dieu, qui a été engendré et non créé, qui est consubstantiel à son Père, par qui tout a été créé, qui pour les hommes et le salut du genre humain est descendu du ciel ». A l'exception des premiers mots, tout le reste a été omis dans le symbole des Apôtres.

Cette omission est assez naturelle, dans une formule qui s'adresse surtout à un niveau moins élevé de l'univers.

L'insertion du nom de Jésus-Christ nous amène à la première trace de cette influence qui cherche à matérialiser.

La forme originale ne contient ni l'un ni l'autre de ces noms. Dans les copies les plus anciennes, écrites en Grec, lesquelles ont été vues dans nos recherches, les mots rendus actuellement par ΙΗΣΟΥΝΧΡΙΣΤΟΝ et traduits par « Jésus-Christ » semblent plutôt être ΗΙΤΡΟΝΑΡΙΣΤΟΝ qui signifierait « le plus grand des guérisseurs» ou (libérateur) ou ΙΕΡΟΝΑΡΙΣΤΟΝ qui voudrait dire tout simplement « le plus saint ».

Il nous est cependant de peu d'utilité d'insister sur ces différentes interprétations, tant qu'un chercheur sur le plan physique n'aura pas découvert un manuscrit qui les contienne, car seulement alors le monde scientifique voudra bien prêter l'oreille aux suggestions que ces interprétations feraient naître naturellement. Dans tous les cas, la forme grecque n'est qu'une traduction d'un original écrit dans une langue plus ancienne, de sorte que, pour nous qui étudions, il est plus intéressant de savoir la signification qui était attachée à ces mots dans l'esprit de ceux qui les avaient entendu prononcer par le grand Maître, que de suivre les détails de leur traduction dans le dialecte helléniste corrompu de cette époque.

Il n'y a pas l'ombre d'un doute que l'idée originale se rapportait exclusivement au second Logos se manifestant Lui-Même sur les différents plans de sa grande descente dans la matière, et en aucune façon ni au Maître, ni à un homme particulier quelconque.

Presque tout ce passage poétique n'est qu'une recherche pour rendre compréhensible la position et les fonctions du Second Logos, et de nous préserver autant qu'il est possible contre les fausses idées que nous pourrions nous en faire.

On insiste d'une façon particulière sur ce fait, que rien dans l'univers n'arrive à l'existence de la même manière que le Second Logos qui a été amené à l'existence par la simple action de la volonté du Premier agissant sans intermédiaire. De sorte que l'ancien traducteur avait une idée juste tout en ayant été malheureux dans le choix de son expression, quand il l'appela « le Fils unique de Dieu engendré par son Père avant tous les mondes, et par qui toutes les choses ont été faites ». Car il est, en vérité, la seule manifestation directe du Premier, du Non-Manifesté, car indubitablement « sans Lui, rien de ce qui a été fait n'aurait été créé ». Parce que l'essence monadique qu'il projette est le principe qui anime et donne l'énergie qui se trouve à l'origine de toute vie et que nous ne connaissons pas.

La vraie signification du mot μονογενης est très clairement démontrée par M. Mead dans un article récent dans lequel il fait cette remarque, « Il n'y a plus aucun doute que le mot invariablement traduit par « Fils unique », ne signifie rien de semblable, mais veut dire « créé seul », c'est-à-dire créé par un seul principe et non par une Syzygye ou paire » (*Theosophical Review*, vol. XXI, p. 141).

Il est évident que ce titre est et ne peut être donné avec justice qu'au Second Logos, car la manière dont il émane du Premier doit évidemment différer de tout autre processus postérieur de génération qui est invariablement le résultat d'une action réciproque.

Il ne faut pas oublier non plus que la phrase « avant tous les mondes », quelque vraie qu'elle puisse être quand elle se rapporte à l'émanation du Christ, est une traduction tout à fait inexacte de πρὸ πάντων τῶν αἰώνων qui ne signifie rien autre que « avant tous les œons ». Pour celui qui même superficiellement connaît la nomenclature gnostique, cette phrase exprime ouvertement sa signification, car elle veut simplement exprimer que le Second Logos est le premier dans le temps comme Il est le plus grand de tous les œons ou émanations de l'Eternel.

Nous trouvons là encore, rejetée et accentuée, l'assertion qu'Il est « de la même substance que son Père », qu'il est identique sous tous les rapports avec Celui dont il procède, sauf qu'étant descendu un degré plus bas, et s'étant ainsi manifesté, il a pour un temps limité l'expression complète de ce qu'Il est en essence, de sorte qu'il possède un aspect duel. « Il est égal au Père en ce qui concerne sa Divinité, Il est inférieur au Père en ce qui se rapporte à son humanité » ; et pourtant à travers ces phases se manifeste hautement encore la croyance au maintien de l'éternelle unité », car quoiqu'Il soit Dieu et Homme, Il n'est pas cependant deux, mais « un seul Christ » maintenant comme toujours, « Dieu de Dieu, Lumière de Lumière, vrai Dieu de vrai Dieu ».

L'homme n'a jamais écrit de protestations plus grandes contre la doctrine de la dualité éternelle, — le Dieu et le non-Dieu, et dans le Credo Athanasien le plus récent et le plus détaillé, nous trouvons une véritable preuve de l'unité essentielle, dans l'affirmation du pouvoir de rapporter au Très-Haut tout le fruit de sa descente dans la matière, car on nous dit qu'Il est « un, non par le transfert de la Divinité dans la chair, mais par la transformation de l'humanité en la Divinité ».

Mais il est dit de Lui une chose encore bien plus vraie et bien plus belle, c'est que « pour nous hommes et pour notre salut, Il est descendu du ciel ». Car s'il est vrai que l'esprit immortel de l'homme est de la nature du Père Lui-même, il est également vrai que sans le sacrifice du Fils qui répandit de sa substance, comme essence monadique, dans toutes les formes des règnes inférieurs, le corps causal n'aurait jamais existé, et sans le corps causal comme véhicule, comme vase appelé à contenir l'élixir de vie, le ciel et la terre ne se seraient jamais rencontrés, et ce qui est mortel n'aurait pu acquérir l'immortalité.

C'est ainsi que le vrai Christ est à la fois le créateur et le sauveur de l'homme, car sans Lui l'abîme qui existait entre l'esprit et la matière n'aurait jamais pu être franchi, et l'individualité n'existerait pas.

« Et fut incarné par le Saint-Esprit de la Vierge Marie ». Au premier abord il semble qu'il y ait ici une difficulté, car comment la naissance du Second Logos peut-elle être due d'une façon quelconque à l'action du Troisième qui Lui-même est en relation avec Lui dans des rapports plutôt d'enfant que de Père ?

Et pourtant si nous suivons la direction primitive de la pensée, nous ne serons pas arrêtés par cette apparence contradictoire, car nous comprendrons que ce qui nous occupe est simplement un degré plus avancé du grand sacrifice de la descente dans la matière. Le traducteur anglais, ou peut-être plus encore son prédécesseur latin, a complètement altéré la signification en changeant, sans aucune raison, l'une des prépositions, car même dans la dernière forme grecque, il n'y a qu'une préposition pour les deux noms, et la phrase est ainsi conçue : « Et fut incarné du Saint-Esprit et la Vierge Marie », c'est-à-dire l'essence monadique étant déjà « descendue des cieux », comme cela a été mentionné dans l'article précédent, se matérialisa en prenant un vêtement de matière visible et tangible déjà préparée à la recevoir par l'action du Troisième Logos sur ce qui, sans Lui, serait resté une nature vierge ou improductive.

Le nom de « Vierge » a été fréquemment appliqué à la matière atomique des différents plans, parce que, dans cette condition, elle ne peut par son propre mouvement entrer dans aucune espèce de combinaison, et reste ce qu'elle était, inerte et improductive. Mais elle n'est pas plutôt électrisée par la projection de l'énergie du Saint-Esprit qu'elle entre en activité, se combine en molécules, et génère rapidement la matière des sous-plans inférieurs. C'est de cette matière vivifiée par cette première projection que sont composées les innombrables formes qui sont animées par l'essence monadique.

Le Second Logos prend une forme non seulement de la matière « Vierge », mais aussi de la matière qui est déjà vivante et palpite de la Vie du Troisième Logos, de sorte que la vie et la matière l'entourent comme un vêtement, et en toute vérité « Il est incarné du Saint-Esprit et de la Vierge Marie ».

Ici encore la tendance à tout matérialiser a donné naissance à une idée tout à fait différente, par une altération du texte presque insignifiante, grâce à l'insertion d'une simple lettre, car dans la forme primitive, le nom n'est pas *Maria*, mais *Maia*, qui signifie simplement mère. On serait tenté de rechercher s'il ne serait pas possible de trouver quelque rapport traditionnel, entre ce mot si étrangement suggestif, et le mot sanscrit Maya si souvent employé pour exprimer le même voile illusoire de matière dont s'enveloppe le Logos pendant sa descente ; mais tout ce qu'on peut dire jusqu'à présent, c'est qu'on n'a pu découvrir les traces de ce lien.

(*A suivre*). **C. W. Leadbeater.**

L'HOMME ET SES CORPS

(*Suite*).

L'homme

C'est au stage suivant de son évolution que l'homme accède *consciemment* au Plan de la Mentalité — le troisième plan — sur lequel, depuis de longs âges, d'ailleurs — qu'il le sache, ou qu'il en ignore — il travaille à peupler le monde astral de formes actives, et à réaliser, en ce monde physique, l'expression de lui-même par l'intermédiaire du cerveau. A mesure qu'il affirme son contrôle sur le corps mental — véhicule de sa pensée — il découvre en lui-même le pouvoir créateur dont il est doué, en ce sens que chaque pensée émanée de lui donne naissance à une forme, pouvoir inhérent à l'acte même de penser, et dont il a usé si longtemps avant d'en soupçonner l'existence. Le lecteur n'aura pas oublié, sans doute, dans les lettres publiées dans le « *Monde Occulte* » celle, entre autres, où le Maître, parlant du pouvoir de l'homme de peupler son courant dans l'espace de *formes-pensées*, incessante création de sa mentalité, établit la différence entre le commun des mortels, qui use de ce pouvoir inconsciemment, et l'adepte, qui agit en connaissance de cause. [Le mot *adepte* est évidemment employé, ici, dans son acception la plus large et entend inclure les initiés à tous les stages de développement, et, par conséquent, souvent bien au-dessous des Maîtres].

A ce stage de développement, l'homme entre en possession de moyens d'action qui accroissent considérablement sa puissance, en tant qu'être utile. A celui qui a le pouvoir de créer consciemment, de diriger une forme-pensée — considérée souvent comme élémental artificiel — il n'en coûte pas davantage de faire agir cette force en tel lieu et place où, pour le moment, il peut ne pas être utile pour lui de se transporter en corps mental. De là, la possibilité d'agir à distance aussi aisément que dans l'immédiat voisinage, d'élargir d'autant l'aire de son influence par la projection, au loin, de formes-pensées jamais perdues de vue, matérialisées et modifiables à tout instant, agents doués de la volonté dirigée vers le bien. A mesure que le corps mental se développe, que la conscience s'y meut, s'y épand plus librement, l'homme comprend mieux ce qu'implique d'activité intense, de vastes perspectives, le privilège d'être vivant de la vie du Plan Mental. Il n'a plus besoin, pour y participer, de plonger son corps physique en un profond sommeil; éveillé sur les deux plans, il est à la fois conscient de l'ambiance matérielle, par l'intermédiaire de son véhicule physique, et présent sur le monde de la mentalité, en la pleine possession de ses facultés supérieures; de même pour le sens mental, dont l'usage, devenu familier, lui permet de recevoir les impressions de toute sorte, inhérentes à ce milieu, et de suivre ses pairs en mentalité non seulement dans leur action sur le plan mental même, mais encore, ici-bas, dans leur vie journalière.

Lorsque l'homme a atteint ce stage de développement — stage relativement élevé, comparé à celui de la moyenne de ses semblables, mais qui n'est, en somme, qu'une étape de route vers le but où il aspire — on peut dire qu'il fonctionne consciemment en son troisième véhicule — le corps mental — qu'il se rend compte exactement des conséquences de ses actes, de son pouvoir d'action, jusqu'où il s'étend et où il s'arrête. Naturellement, il apprend à distinguer le véhicule dont il se sert de son *Soi-même*. C'est alors qu'il voit le caractère illusoire de ce « moi » qui relève de sa seule personnalité, le « moi » du corps mental, et non pas celui de l'homme réel; et consciemment il s'identifie avec l'« Individualité » qui réside en un corps plus élevé — le Corps Causal — dont les plans supérieurs du Mental, les niveaux de l'arupa, sont la demeure. Il découvre que ce que nous appelons l'homme a le pouvoir de se dégager de son corps mental, d'en laisser la dépouille sur le chemin, de monter vers des régions plus hautes, et de s'y retrouver néanmoins *lui-même;* il comprend que tant de vies successives ne forment, en réalité, qu'une seule et même vie, dont, lui, l'homme vivant, est le seul et unique occupant.

Et maintenant, quelques mots sur la question des relations de ces différents corps entre eux, autrement dit, des liens qui les unissent les uns aux autres. Ces liens existent de fait, en principe, indépendamment de l'ignorance où l'homme est de leur présence. Et il faut qu'il en soit ainsi, sans quoi, nulle impulsion mentale ne pourrait jamais passer de son plan à celui du corps physique; mais n'étant pas actuellement vivifiés pour un service actif, *volontaire*, l'homme n'a pas notion de leur existence. En l'état, ils sont, à peu de chose près, ce que, dans le corps physique, on nomme les organes rudimentaires. Or, ces organes rudimentaires — quiconque s'occupe de biologie n'en ignore — sont de deux catégories; les uns permettent de retrouver les traces de stages antérieurs au travers desquels le corps humain a dû passer dans son évolution, tandis que les autres

sont comme l'indice, le présage, d'un développement ultérieur. Ils
font acte de présence et rien de plus; leur existence — en tant que
centres d'activité dans le corps physique — est chose du passé, ou
bien, la réserve d'âges à venir : ils sont morts ou à naître. Pour en
revenir à ce que je me hasardais à appeler, par analogie, les liens
rudimentaires de la seconde catégorie, ceux-ci ont pour objet
d'établir la relation entre les différents corps : le corps dense et
l'éthérique avec l'astral, l'astral avec le mental, et ce dernier avec
le corps Causal. Ils existent, disons-nous, mais ils ont à être mis en
œuvre, à être développés; et, à l'instar de leurs prototypes physiques, leur développement ne peut résulter que de leur mise en
œuvre. Le courant de la vie y circule, le courant mental aussi les
pénètre, et c'est ainsi qu'ils sont entretenus et nourris; quant à
leur arrivée graduelle au service actif, cette transformation ne peut
se faire qu'autant que l'homme y porte son attention, qu'autant
qu'il dirige sa volonté sur leur développement. C'est par l'action
de la volonté que ces liens rudimentaires commencent à se vivifier,
et, pas à pas, très lentement sans doute, se mettent à fonctionner,
alors que l'homme s'essaye à en faire usage pour le passage d'un
véhicule à l'autre.

Dans le corps physique existent des centres nerveux — petits
groupes de cellules nerveuses —; ces centres sont le passage obligé
de toute manifestation sur le plan physique, aussi bien des impressions du dehors que des impulsions du cerveau. Qu'une cause
fortuite en paralyse le fonctionnement, perturbation s'ensuit sur
ce point, et cessation de l'état conscient, au physique. Dans notre
corps astral existent des centres analogues, lesquels, chez l'homme
non développé, sont inactifs, à l'état rudimentaire; ces centres
sont précisément les liens qui mettent en relation le physique avec
l'astral et ce dernier avec le corps mental. Au fur et à mesure que
procède l'évolution, la volonté humaine les met en œuvre, les
vivifie. Ce sont eux qui opèrent la libération du « serpent de feu »,
qui guident le Kundalini de la littérature hindoue. Le stage prépa-
ratoire à l'action directe qui libère Kundalini, est l'éducation et la
purification de nos véhicules, faute de quoi l'énergie du « serpent
de feu », loin d'être vivifiante, est destructive. Et c'est pourquoi j'ai
souligné avec tant d'insistance l'importance de la purification, préliminaire obligé de toute vraie yoga.

Lorsque l'homme s'est mis en état de recevoir sans danger
l'assistance qui lui est nécessaire pour vivifier ces liens, celle-ci lui
vient naturellement, comme une chose due, de la part de Ceux qui
veillent sans cesse, à l'affût des opportunités de venir en aide à
l'aspirant sincère, dépouillé de tout désir intéressé. Il arrive alors
qu'un jour, celui-ci éprouve, pour la première fois, l'étrange sensation de se voir sortir de sa gaine physique, et cela, en plein état de
veille, et de se retrouver, sans solution de continuité de la ligne de
conscience, sur un autre plan d'existence. Il suffit alors d'un petit

nombre d'expériences pour que le passage d'un véhicule à l'autre s'effectue avec aisance et facilité. Il y a solution de continuité, lorsque la sortie du corps astral est subordonnée au sommeil du corps dense; c'est alors une courte période d'inconscience, que l'homme, même assez avancé pour fonctionner activement en astral, ne parvient pas à combler au réveil. Inconscient au départ, tel il sera au retour, probablement; la vie astrale, si active, si remplie qu'elle ait pu être par ailleurs, ne sera représentée, par rapport à la mémoire physique, que par un vide, une lacune. Il n'en est pas de même lorsque la sortie s'effectue à l' « état de veille », quand les liens, devenus organes actifs de transmission, permettent de passer consciemment d'un véhicule à l'autre. Dès lors, l'homme a franchi l'abîme, il a jeté le pont entre les deux plans, et c'est en pleine conscience qu'il passe du physique à l'astral, avec la certitude absolue de son identité en deçà, comme au-delà.

Plus le cerveau physique est exercé à répondre aux vibrations du corps mental, plus se rapprochent les bords du gouffre entre le jour et la nuit, entre l'état de sommeil et l'état de veille. Instrument de plus en plus docile, le cerveau obéit de toute la puissance de ses facultés, aux impulsions de la volonté: ainsi le cheval bien dressé, qui répond au plus léger appel de la main ou du genou de son maître. Ainsi s'ouvrent les portes de l'Astral devant celui qui a su unifier les deux véhicules inférieurs de conscience; à celui-là est dévolue la pleine possession du plan, avec toutes ses possibilités, avec les pouvoirs très étendus qui y sont inhérents, les opportunités si grandes de rendre service aux autres, de leur venir en aide. C'est alors qu'est éprouvée cette indicible joie de soulager des êtres souffrants, inconscients de l'agent qui leur apporte la délivrance, de verser un baume sur des blessures qui semblent, dès lors, se fermer d'elles-mêmes, de soulever des fardeaux qui, aussitôt, paraissent légers comme par miracle, aux épaules endolories de ceux qui ployaient sous le faix.

Quant à franchir les abîmes de temps qui séparent nos existences, ici-bas, les unes des autres, c'est d'une entreprise moins aisée. Le fait de passer, sans interruption de mémoire, de l'état de veille à celui de sommeil, prouve seulement que le corps astral s'acquitte au mieux de ses fonctions, que les liens entre ce dernier et le physique opèrent d'une façon satisfaisante. Pour franchir l'abîme d'une vie à l'autre, il faut plus... ; il ne suffit pas que l'homme soit conscient en son corps astral, ni même en son corps mental. Le corps mental est composé de matériaux des plans inférieurs du monde manasique, et ce n'est pas dans ce milieu que la Réincarnation prend son point de départ. Ainsi que l'astral et le physique, le corps mental se désintègre à son tour et en temps voulu; ce véhicule ne peut donc établir de relation entre des points hors de sa portée, entre des états qui lui survivent. La possibilité de se ressouvenir de ses existences passées dépend de la solution de cette question : l'homme peut-il ou ne peut-il pas fonctionner sur les plans supérieurs du monde manasique, en son Corps-Causal ? — Le corps causal est ce qui survit d'une existence à l'autre ; c'est dans le corps causal que toute chose est conservée, que survit le fruit de nos expériences accumulées, pour cette raison que c'est là, en dernier lieu, où l'état conscient se retire pour, à partir de ce plan, opérer une nouvelle descente et renaître à la vie physique.

(*A suivre*).   **Annie Besant.**

IMPRESSIONS ET RÉFLEXIONS

Parmi les membres de la Société Théosophique il en est qui, tout en reconnaissant pleinement que la mission de la Théosophie est d'éclaircir les obscurités de la lettre des doctrines enseignées par les religions, se sentent néanmoins retenus par un ou plusieurs côtés de la religion dans laquelle ils sont nés.

C'est ainsi que, tout dernièrement, un Théosophiste me disait : « J'apprécie d'autant plus les enseignements théosophiques que je suis arrivé à un état d'âme bien supérieur à celui dans lequel j'étais avant de connaître ces enseignements. Cependant, j'ai encore besoin de quelque chose de matériel et j'aime assister aux exercices du culte, entendre un bon sermon, etc. Les influences qui se dégagent de ces cérémonies religieuses et de ces assemblées de fidèles priant Dieu, me pénètrent et me font du bien ».

— Je puis d'autant mieux comprendre cet état d'âme, répliquai-je, que je subis moi-même le charme magique des chants religieux. Cela se comprend lorsque l'on songe qu'ils s'adressent à la nature émotionnelle de l'homme, toujours prête à répondre au « Stimulus » du dehors. Quant à aller à un sermon, ajoutai-je c'est une autre affaire ; car si beau qu'il puisse être, si grand que soit le talent de l'orateur, ce sermon ne peut que paraître bien terne, bien fade auprès des magnifiques horizons que la Théosophie vous a fait entrevoir. Et alors...

— Cela serait ainsi, reprit mon interlocuteur, si je prenais toutes les paroles du prédicateur à la lettre, mais, grâce à la lumière que la Théosophie a répandue dans mon esprit, je commence à saisir, sous son langage allégorique, les enseignements que j'ai pu m'assimiler. C'est ainsi que, tout en restant catholique, je suis aussi un Théosophiste avide de connaissance, sans toutefois vouloir aller trop vite. Je suis persuadé que ce chemin me convient personnellement et que je ne ferais que me briser les ailes si j'essayais de voler là où il n'y a pas d'atmosphère pour moi. Je suis certain que vous approuverez ma manière de voir.

En effet, n'est-il pas sage et sensé, ce catholique théosophiste qui, ne se sentant pas l'énergie nécessaire pour les grands efforts, préfère prendre un chemin qui, tout en n'étant pas le plus court, le conduira doucement et sûrement, s'il le suit avec persévérance, à ce *Sentier* que nous devons tous fouler pour arriver au but.

C'est ici le cas de rappeler les paroles si consolantes de *La Voix du Silence*, disant au disciple timide : « Si tu ne peux être soleil, sois une humble planète ».

Ce qui précède sera sans doute interprété de différentes manières, selon la nuance religieuse du lecteur. Les âmes satisfaites des consolations que leur offre la religion ne le comprendront peut-être pas. Quelques-unes reconnaîtront leur état d'âme dans celui qui a été décrit et, naturellement, applaudiront aux conclusions données. D'autres, plus avancées sur la *voie*, les audacieuses, (Le royaume du ciel se prend par la violence, disait Jésus) diront peut-être que différer la bataille décisive au *lendemain* n'est pas un signe de force et que la personne en question retarde de propos délibéré son avancement. Elles ajouteront que cet Ego préfère agir ainsi plutôt que de chercher à s'acheminer par ses propres efforts, augmentés du secours que la Théosophie lui donne, vers ce *chemin* qui conduit à une altitude à laquelle l'être se suffit à lui-même et où il n'a plus d'autre soutien que l'étincelle divine qui l'anime.

Quelle que soit l'opinion adoptée, il est incontestable que le Théosophiste qui va à l'église, pour un motif quelconque, pourra ressentir des impressions bien différentes de celles éprouvées par ceux qui l'entourent, tout en s'unissant d'esprit avec eux. Quel est, par exemple, le Théosophiste qui, en assistant à une première Communion, n'en subira pas le charme et en qui cette cérémonie symbolique n'évoquera pas l'idée d'un AUTRE banquet mystique ? Je veux parler de ce banquet, auquel est conviée l'humanité entière, après avoir subi, elle aussi, une *longue* préparation et s'être revêtue de la *Robe blanche*. De même, quel est celui d'entre eux qui, en entendant les enfants invoquer l'Esprit d'amour et de Vérité, ne s'unira pas à eux pour appeler de tous ses vœux l'ère bénie à laquelle les Théosophistes pourront faire donner à leurs enfants les premiers éléments de l'enseignement théosophique ? Car pour le Théosophiste n'est-ce pas *cet Esprit d'amour et de Vérité* qui, par la Théosophie, viendra combler les lacunes existant actuellement dans les religions, en les éclairant de son flambeau lumineux ? Et n'est-il pas naturel que, comme tout adepte d'une religion quelconque, il désire inculquer à ses enfants les principes religieux qui satisfont le mieux ses aspirations ? Ne doit-il pas chercher à éviter aux siens ces angoisses qui viennent assaillir l'âme lorsqu'elle s'aperçoit que tout ce qui lui a été enseigné ne peut être pris à la lettre ?

Sans être prophète, le Théosophiste pourra prévoir les conséquences multiples qu'entraînera ce nouvel état de choses pour l'humanité de l'avenir. En effet, en n'enseignant aux enfants que des aspects de la Vérité accessibles à leur raison, on éviterait ce scepticisme enfantin que l'on constate de nos jours ; et les âmes étant habituées graduellement à voler de leurs propres ailes, les chutes deviendraient rares, sinon impossibles, dans cette heureuse humanité.

On pourra objecter, notamment à ce qui précède, qu'il y aura toujours sur notre planète des âmes-enfants, à l'esprit desquelles il faudra un enseignement approprié. Bien que l'on doive admettre que l'égalité des intelligences est impossible, cependant la théosophie résout le problème. Elle enseigne que ces âmes *jeunes*, qui n'auront pu suivre les autres dans leur ascension, de même que celles qui se seront arrêtées en route pour cueillir les fleurs empoisonnées des jouissances matérielles, seront, à un moment donné, éliminées du champ de l'évolution actuelle, attendant pour y rentrer, qu'une planète ait atteint le degré auquel elles sont parvenues et leur permette d'y continuer leur développement.

Le Théosophiste aura donc pu prier à une Première Communion, comme il peut le faire partout ; mais que de choses sa prière aura embrassées ! Et combien différentes ! Et cependant, parce que les Théosophes ne vont pas habituellement à l'église, on entend fréquemment dire qu'ils ne savent plus prier, qu'ils ont oublié, voire même renié, le doux Maître de Galilée dont les enseignements ont guidé leurs premiers pas. Cela est une grave erreur. Quel que soit le Maître sous l'égide duquel il se place, l'aspirant à la Sagesse étant faillible, a plus ou moins besoin du secours du Maître qu'il s'est donné ; mais s'il est sincère et ardent, tous ses efforts devront tendre à ce qu'il ait de moins en moins besoin du secours de son Maître, et, à mesure qu'il avancera, sa prière se transformera ; elle ne sera plus une prière proprement dite, puisqu'il n'aura plus rien à demander, mais une méditation journalière, une adoration continuelle.

Les Théosophistes étant convaincus qu'ils ont en eux, comme tout homme d'ailleurs, une « étincelle » de ce *Soleil Spirituel* que Jésus appelait son « Père », le Logos, notre « Père » commun, les plus avancés d'entre eux ne ressentent plus le besoin d'aller dans une église pour adorer ce « Père » présent en eux, ni pour exprimer le respect et la vénération qu'ils éprouvent pour les Maîtres de Sagesse qui en sont l'expression vivante. Ils vénèrent d'autant plus Jésus que la Théosophie leur a fait comprendre sa véritable mission et fait voir en Lui, non le Fils « unique de Dieu », ce que leur raison se refuse d'admettre, mais « un » de ces Fils, une de ces « étincelles » innombrables émanées de lui. Elle leur apprend que cette étincelle, après avoir évolué dans tous les règnes inférieurs de la Nature (descente aux enfers), après avoir souffert et combattu a finalement triomphé de la matière (la résurrection) par ses propres efforts et ses incessants sacrifices, et qu'elle est devenue « une flamme », ce *pilier de lumière*, cette Individualité glorieuse, qui s'appela Jésus et à laquelle les Religions donnèrent le nom de *Christ.*

Mais les Théosophistes savent que le mot *Christ* est un nom générique appliqué à tous les initiés, qui ont atteint la « libération » c'est-à-dire l'état Nirvanique. Ils savent aussi que les heureux triomphateurs, qui parviennent à cette béatitude, se trouvant forcément séparés de l'humanité, il en est, parmi Eux, qui font le sacrifice suprême de ce bonheur incommensurable, de cette Vie des dieux, afin de rester près de leurs frères en souffrance et aider l'humanité à gravir le chemin du Calvaire qu'ils ont déjà affronté. Ce sont ces « Christs » que la Théosophie nomme *Mahatmas* (grandes âmes) ou encore *Les Maîtres de Compassion.*

C'est donc un membre de cette sainte phalange de « Christs » que les Théosophes saluent en Jésus, venu à son temps et à son heure, et dont l'enseignement admirable, adapté plus spécialement aux besoins de l'époque, a jeté de si profondes racines dans nos cœurs. Mais nous avons la même vénération pour les « Christs » parus *avant* Lui, ainsi que pour Ceux dont l'heure n'est pas encore venue, pour ces saints Maîtres, qui, connus seulement de leurs disciples, travaillent sans relâche et en silence à préparer l'ère bénie, dont Jésus lui-même entretenait ses contemporains.

Donc, tout en n'oubliant pas ce que nous avons appris par l'enseignement de Jésus, nous acceptons avec reconnaissance l'aide que nous offrent des Maîtres appartenant à la « Grande Fraternité », d'adeptes qui ont puisé leur science à la même source que Jésus (la Vérité est Une), et qui viennent, par l'enseignement théosophique, non pas rétracter ses paroles, mais leur donner une sanction, en expliquant ce que Jésus n'avait pu enseigner que sous le voile de l'allégorie.

Tous ces « Fils de Dieu », toutes ces grandes âmes procédant du même « Père » ne font qu'un avec Lui ; ils n'ont qu'une volonté, la sienne ; un seul but, la régénération de l'humanité. Telle est la raison pour laquelle les Théosophes ne font aucune distinction entre ces divins Maîtres et les confondent tous dans un même amour.

L. Kolly.

LA

MÉDITATION & LE POUVOIR DE LA PENSÉE

Suite et fin

Les Hindous règlent leurs exercices sur les différentes phases de la lune, mais seulement dans ces méditations qui concernent particulièrement un développement spécial de leurs pouvoirs. Ils maintiennent que la lune exerce une véritable influence sur les facultés psychiques de l'homme et considèrent que le meilleur moment pour commencer la concentration de la pensée est pendant le premier quartier de la lune. L'initiation a lieu pendant un jeûne, afin de fortifier et de protéger le corps contre toute influence malfaisante. L'idée que l'abstention de toute nourriture fortifie le corps, et par là l'âme, est parfaitement correcte au point de vue de l'occultiste, car tous les organismes inférieurs astraux, et les élémentaux, reçoivent leur nourriture en même temps que le corps physique, et cette vie parasite, toujours au détriment de l'homme, est un des plus graves obstacles au développement. Montez d'un cran et, selon l'occultiste, vous rencontrerez un autre ordre d'élémentaux psychiques qui sont nourris par des pensées malsaines et kamiques (venant de notre *kama*).

Il est donc absolument nécessaire de ne pas encourager ou garder des pensées qui peuvent attirer ces habitants du monde astral. Les mauvaises influences venant de la lune qui menacent l'humanité, sont dues, paraît-il, à ce qu'on appelle les rayons noirs, c'est-à-dire les radiations de cette partie de l'atmosphère de la lune qui n'est pas en contact direct avec les rayons du soleil. Les rayons brillants de la lune, ceux qui réfléchissent la lumière du soleil, sont, par conséquent, regardés comme bienfaisants.

Celui qui médite doit donc, entre la nouvelle et la pleine lune, consacrer quelque temps, matin et soir, à sa méditation ; il doit, pendant le quartier où les rayons brillants sont le plus intenses, augmenter ses efforts, et quand la pleine lune se montre, il doit diriger en haut une dernière aspiration et la faire suivre d'un jeûne de 24 heures, ce qui, proportionnellement au degré de pureté de l'âme et du corps, permet de conserver les plus hautes impressions reçues. Pendant que la lune décroît, on ne doit jamais pousser très loin la méditation, car, disent les Hindous, ce serait ouvrir le champ à toutes sortes de dangers psychiques, et nous devons nous attacher plutôt à conserver ce que nous avons, afin de ne pas reculer, car de nouveaux efforts ne peuvent avoir lieu qu'à un nouveau changement de lune.

Il y a dans la Bhaghavad Gita un verset qui montre l'importance attachée par les Hindous à l'influence des rayons lumineux de la lune : « Celui qui reconnaissant l'esprit universel quitte son enve-« loppe terrestre pendant les quinze jours de l'augmentation de la « lune, celui-là monte au plus haut. » Il y a un ancien dicton hindou qui se résume ainsi. « Quand la forme astrale est dissoute « dans les rayons du soleil, alors *Moksha* est atteint. »

Quand l'homme est arrivé à être assez évolué pour que sa forme éthérique ne soit plus sous les influences matérielles, (celles qui émanent des Pitris lunaires,) alors elle est absorbée dans le pur soleil ou essence spirituelle, et l'esprit entre dans l'éternité. C'est pourquoi il est dit : « Heureux celui qui meurt sous l'influence des rayons lumineux de la lune. »

Ces exercices de méditation austère ne sont pas pratiqués par la masse du peuple aux Indes, mais seulement par ceux qui ont pour but l'état saint et exalté du « Sannyasin ». La méditation pratiquée par tous les Hindous est ce qu'on appelle la *Sandhaya Vandana* ou « dévotion du crépuscule » parce qu'elle a lieu au lever et au coucher du soleil. Mais, aujourd'hui, avec les conditions compliquées de la vie moderne, il n'en est pas toujours ainsi. Il faut revenir en arrière pour trouver une dévotion plus simple et plus élevée. Au temps des Védas, elle ne consistait qu'en la répétition de l'hymne de *Gayatri*, profondément méditée ensuite. Le Gayatri, est le plus saint des mantras védiques, et par sa signification, et par le pouvoir occulte qui se développe quand il est entonné. C'est une invocation au soleil, le soleil spirituel qui éclaire nos cœurs. Littéralement, il dit : « Méditons sur la (adorons la) gloire du divin donneur de toute vie, et puisse-t-il éclairer notre entendement. » C'est le but suprême de ce qu'on nomme *Raja Yoga*. Quiconque a vu un coucher de soleil tropical et a senti la merveilleuse harmonie qui existe entre les couleurs variables de la lumière et les vibrations de l'éther, comprend comment les anciens Hindous pouvaient voir dans ce phénomène de la nature une expression du divin et de l'Invisible, et même éprouver le désir de dégager leurs âmes de leurs liens terrestres, afin qu'elles pussent retourner à leur source originelle, à *Moksha*, le monde spirituel. Cet hymne est simple et élevé comme l'étaient les aryens des temps védiques eux-mêmes à beaucoup d'égards.

Depuis que le système des castes règne aux Indes, et que la vie de la communauté est devenue plus compliquée, beaucoup de cérémonies imposées se sont ajoutées à la méditation, préliminaires qui servent à préparer convenablement l'étudiant. Les cérémonies les plus employées aujourd'hui datent de la promulgation des lois de Manou, mais des réformateurs survinrent qui les changèrent un peu et y ajoutèrent. La première condition à observer avant qu'il ne soit permis de réciter l'hymne de Gayatri, c'est que l'initiation ait eu lieu. Ceci n'est plus qu'une forme, et consiste à conférer le « cordon sacré » (*Upayanana*). Ce cordon n'est donné qu'aux trois castes supérieures, et ce n'est donc qu'à elles seules qu'il est permis de se servir du mantra Gayatri. La méditation est précédée par une ablution, ou *Achamana*; c'est habituellement un peu d'eau versée sur la tête pendant qu'on répète un *mantra*. L'ablution est quelquefois précédée par certains exercices physiques. Autrefois la gymnastique formait une partie essentielle des exercices de dévotion, et une heure entière était consacrée par les jeunes gens à différents mouvements du corps. Ces pratiques sont tombées en désuétude, mais on peut voir encore des yogis manier pendant des heures de lourds bâtons pour entraîner leurs corps à des exercices ascétiques particuliers. Après l'ablution, a lieu une concentration de la volonté (*Sankalpa*). Accompagnée par certaines pratiques de *Hatha Yoga* telles que le *Pranayama* — l'inspiration du souffle par une narine et son expiration par l'autre.

Après cela on fait un sacrifice ou une offrande au dieu *Sandhya*; elle consiste à garder de l'eau dans la main droite pendant qu'on répète un mantra. Le dieu Sandhya est une personnification du pouvoir spirituel qui préside au crépuscule, il est aussi appelé *Chrishakti* et il est considéré comme une émanation du Logos. On ne peut arriver jusqu'à Brahma par la formule du Gayatri, sans l'aide de cette puissance. On appelle cette cérémonie *Ardhyapradana*. Si la méditation a lieu au bord d'une rivière, on y jette des fleurs comme offrande propitiatoire au dieu qui la protège (si c'est le Gange, à la déesse *Ganga*).

Toutes ces cérémonies préparatoires et leurs mantras correspondants, aident à mettre l'étudiant en rapport magnétique avec les forces de la nature dans les mondes psychiques et astraux, à travers lesquels sa volonté doit passer, pour arriver à les dominer toutes par le Gayatri. Une autre coutume de la méditation est que le visage soit tourné vers l'est le matin, à midi cela est indifférent ; le soir il est tourné vers l'ouest ; puis il y a des mantras spéciaux pour les Maharajas qui président aux quatre points cardinaux. Ce ne sont généralement que les Brahmines qui accomplissent complètement ces cérémonies ; les castes inférieures en ont d'autres moins compliquées prises dans les Pouranas, ce sont les cérémonies dites Tantriques, tandis que les autres sont appelées Védiques. Quand toutes ces cérémonies ont été accomplies, l'étudiant répète enfin la formule du Gayatri, étant assis, comme l'ordonne la Bhaghavad Gita, « dans un endroit parfaitement pur et propre, ni trop haut, ni trop bas, sur une natte en herbe de kusha. » L'esprit une fois fixé, l'attention ne variant plus, l'étudiant répète la formule aussi bas que possible, de manière à ce qu'on l'entende à peine, aussi longtemps qu'il le croit utile. Après la méditation, un don de fleurs, de riz, etc., est fait à la divinité sous la protection spé-

ciale de laquelle l'étudiant se place ; presque chaque Yogi est sous
la tutelle de « Shiva, nommé le « Maha Yogi » (le grand Yogi).

On n'attache pas autant d'importance à la méditation de midi,
et souvent elle n'a pas lieu ; mais sauf cette exception, on peut
dire vraiment que parmi toutes les castes hindoues restées
fidèles à l'antique tradition, les plus basses classes exceptées,
la méditation quotidienne se pratique aujourd'hui aussi régulièrement qu'il y a mille ans. Ceci est particulièrement le cas
en ce qui touche les Brahmines, car celui qui l'omet parmi les orthodoxes, peut être mis à l'amende, et en même temps perdre
caste, et il ne peut la regagner qu'au prix d'une longue pénitence
à Bénarès ou dans quelque autre sainte localité. Voilà en résumé ce
que c'est que la méditation quotidienne chez les Hindous.

Il y a deux époques dans la vie d'un Hindou pendant lesquelles
ses pensées et ses actions sont dirigées vers le monde invisible plus
que vers le monde visible. La première période va de la 12ᵉ à la
24ᵉ année, ce sont ses années d'éducation, et il se consacre entièrement à ses études, comme Brahmacharya, et particulièrement
aux saints livres, sous la direction d'un Gourou. Ceci n'a lieu que
pour les jeunes Brahmines ; les castes inférieures ne sont généralement pas en situation de consacrer autant de temps à la science
et à la contemplation, et on ne leur permet pas d'étudier les livres
des Védas. La seconde période pendant laquelle les pensées sont de
nouveau dirigées vers ce qui est divin, est quand la vieillesse commence. Après que les devoirs de la vie de famille (grihastha) ont
été accomplis (les Hindous considèrent que c'est un devoir de se
marier) et quand les enfants sont grands et peuvent se suffire à
eux-mêmes, il arrive souvent que des parents âgés quittent leur
maison afin de pouvoir se consacrer à la méditation et à la Yoga,
dans une parfaite solitude. Comme le Brahmacharyan pendant ses
voyages, ils vivent d'aumônes, que les Hindous ne manquent jamais de faire à ceux qui mènent la vie ascétique. Les femmes
aussi, suivent souvent leurs maris pour se vouer à la contemplation.
Quand les meilleurs jours d'un Hindou sont passés, et quand ses
forces ne lui permettent plus de travailler de son mieux pour aider
son prochain, il paraît très judicieux qu'il se retire du monde pour
mener une vie de grande simplicité et de contemplation, et donner
ainsi un bon exemple à la jeune génération. Il était de règle an-
ciennement parmi les Hindous, que les personnes âgées surtout,
menassent une vie ascétique, et presque tous les Sannyasis et Yogis
en ce temps-là étaient de vieilles gens. Aujourd'hui il en est tout
autrement. Il arrive souvent qu'un jeune homme, après avoir reçu
l'éducation donnée au Brahmacharya, devienne un Yogi, et l'on
voit bon nombre d'ascètes (nommés *Swamis*) errer dans les rues de
Bénarès dans leurs manteaux jaunes, maigres et émaciés, soumis
à toutes les rigueurs de l'ascétisme et du jeûne.

Je me demande s'il est consistant avec l'ordre de la nature de

supprimer tout sentiment et de diminuer la force physique par
l'ascétisme, surtout par les dangereuses pratiques de Hatha Yoga,
pendant que le sang chaud de la jeunesse court dans les veines, et
que les pouvoirs et les forces de la vie sont à leur apogée ? Il est
peut-être sage pour quelques natures exceptionnellement douées
de devenir de vrais Yogis, même dans leur jeunesse, mais le plus
grand nombre est incapable de vaincre de si énormes difficultés,
et il faut regretter aussi que l'ascétisme pratiqué par beaucoup des
plus jeunes Yogis, soit seulement l'ascétisme du corps ; le plus
important, l'âme, ne se développe que peu, et cette vie anormale a
pour résultat que l'intelligence et la moralité s'affaiblissent également, et il arrive que la raison elle-même s'obscurcit tout-à-fait.
Le système de Hatha Yoga n'occupe parmi les Hindous pensants
qu'une place secondaire, et ils ne le suivent que sous la direction
d'un Gourou plein d'expérience. *Chez nous, ces pratiques sont perni-
cieuses*, car nos corps n'ont pas été entraînés comme ceux des
Hindous par des siècles de pratique Yoga, très opposée à nos habitudes matérielles, et à l'usage de manger de la viande. Ces pratiques auraient probablement pour nous le plus déplorable résultat, et les élémentaux ravageraient nos pauvres tabernacles physiques et y règneraient en maîtres. Outre les pratiques particulières
à l'Hatha Yoga, il y en a quelques autres qui sont nécessaires pendant la concentration, mais si on ne les emploie pas avec précau-
tion, elles font le plus grand mal. J'ai déjà parlé du danger qui
vient de ce qu'on laisse prendre à l'émotivité une trop grande puissance, ce qui n'est malheureusement que trop commun parmi nous,
et ce qui, poussé à l'extrême, mène à l'hystérie et à la frénésie religieuse. Mais que la sentimentalité soit soigneusement réprimée,
et qu'il ne lui soit pas permis de nous influencer, il n'en existera
pas moins un danger pour nous si la pensée se prolonge trop par
une concentration intense. Il est pour ainsi dire possible de s'hyp-
notiser soi-même sur place jusqu'à un certain point. La catalepsie
peut se produire pendant une contemplation intense, la volonté se
paralyse entièrement par là, et ou l'influence désirée prendra l'ascendant, ou un pouvoir inconnu et tout-à-fait extérieur prévaudra.
Le premier cas est le moins dangereux, au moins quand l'influence
est bonne, mais le second crée précisément le contraire de ce que
l'on doit chercher dans la concentration, c'est-à-dire l'affermisse-
ment de la volonté, car alors une personne risque fort de devenir
un médium passif et la proie de toutes sortes de mauvaises influences.

Il serait peut-être nécessaire d'ajouter que, pour être effective,
toute méditation doit être pratiquée dans la solitude, et qu'au
moins pour des personnes peu avancées, la méditation collective
n'est pas chose prudente ; elle n'a aucun rapport, du reste, avec
des prières faites en commun à l'église ou dans une assemblée religieuse.

6

La méditation nécessitant la concentration de la pensée et la réunion des forces psychiques dans un état d'harmonie, il vaut mieux prendre l'habitude de méditer seul, afin de ne pas être troublé par des courants inharmoniques. Il est vrai que, dans un stage plus avancé, des étudiants occultistes peuvent se rassembler sous la surveillance d'un maître, pour méditer sur un objectif spécial ; mais ceci est du domaine de la magie, et, en aucun cas, je ne le recommanderai à des débutants.

Il devient donc absolument nécessaire, dans la méditation comme dans la concentration, d'éviter les exagérations, comme les extrêmes, et d'essayer de maintenir au contraire un état de parfaite harmonie entre toutes nos facultés, de manière à ce que pensée et sentiment, raison et volonté, marchent ensemble, et, comme l'a dit Krishna, « élèvent le soi par le Soi », l'inférieur par le supérieur, de manière à se libérer graduellement de tout désir terrestre et de garder la pensée libre, de sorte que toutes nos impressions, si même elles sont le moins du monde troublées, ne puissent pas jeter d'ombre sur notre âme. Et de plus, n'y a-t-il pas un état auquel la pensée ne peut atteindre ? Le néophyte dans son pèlerinage n'arrive-t-il pas à un torrent qu'il ne peut traverser à lui tout seul, où des capacités plus hautes sont nécessaires pour avancer, et contempler ce qui n'est pas révélé à nos sens humains ordinaires ? Quel est le but recherché dans l'Ecriture hindoue, où il est dit que nous sommes libérés de nos pensées, ou, en d'autres termes, quel rapport y a-t-il entre le Manas et Buddhi, quand Atma prévaut ?

Quel est cet état que beaucoup nomment extatique où l'âme s'élève au-dessus de ses liens terrestres et regarde dans le divin ? Que signifie ce verset de nos Ecritures. « Ceux qui ont le cœur pur verront Dieu ? » Est-ce là un état qui touche à la catalepsie, comme certains auteurs — aveugles et sans intuition — voudraient nous le faire croire ? La différence entre ces deux états n'est-elle pas aussi grande que celle qui est entre le ciel et la terre ? Il est parfaitement certain qu'on peut arriver à cet état élevé où un nouveau sens ou une nouvelle conscience commence à poindre en nous, et dont très peu d'entre nous se doutent jusqu'à présent.

Il y a dans le musée de Dresde un tableau célèbre de Rubens qui représente un vieil ermite assis dans sa grotte, absorbé en la contemplation de Dieu. Il est merveilleux de voir avec quelle vérité l'artiste a exprimé cette harmonie de l'âme à laquelle l'ermite est arrivé. Il a laissé derrière lui toute pensée terrestre et un nouveau royaume, le royaume de Dieu, s'ouvre devant lui et brille pour ainsi dire dans ses yeux, remplis d'une si douce et harmonieuse inspiration. Le front sillonné de rides révèle le penseur, et on comprend que voilà un sage divin, un théosophe, pour me servir d'un mot bien mal compris, prêt à entrer dans le royaume éternel.

La méditation n'est qu'un des moyens par lesquels nous pouvons arriver à cet état, et comme tel, si nous l'employons bien, il devrait toujours garder sa vraie importance, sa vraie signification, surtout quand on ne permet pas à l'esprit de faiblir. Mais ses effets, bien qu'imperceptibles extérieurement, peuvent être perçus, bien que faiblement, par celui qui médite. Nous lisons dans la « Lumière sur le sentier » que l'âme croît, comme la fleur ouvre son bouton, c'est-à-dire que le vrai développement a lieu inconsciemment, sans que le soi se rende compte du trésor inestimable qu'il acquiert. D'autres peuvent s'en apercevoir et se réjouir des bénédictions qu'il répand autour de lui, mais pour nous-mêmes c'est souvent un secret. Et il est heureux qu'il en soit ainsi, car nous pourrions autrement être fiers de posséder un trésor si glorieux et nous en vanter, et au moment où nous le ferions, il serait perdu. Mais cela viendra à la lumière quelque jour, nous le verrons, et ce jour sera la plus grande des épreuves pour beaucoup d'entre nous. Car chacun doit apprendre cette leçon : le trésor désiré depuis longtemps ne peut jamais être notre propre bien, il nous glisse sans cesse entre les mains et il est bien certain qu'on doit douter de tout progrès jusqu'à ce qu'on comprenne enfin qu'il nous est demandé le plus grand des sacrifices, le sacrifice de soi-même.

Comment donc comprendrons-nous cela, cette absorption en Dieu, le Nirvana des bouddhistes, cette idée qu'on trouve dans toutes les religions et qu'on appelle « le royaume de Dieu en nous? » La pensée est impuissante à résoudre ce mystère : il nous cause autant d'étonnement et provoque autant de questions qu'il y a des milliers d'années. Mais on peut dire ceci, c'est qu'il existe certainement quelque chose de sublime auquel je puis atteindre, mais de l'essence de laquelle je ne puis avoir aucune idée.

Une vieille histoire perse des Sufis exprime cette pensée d'une manière particulièrement poétique. Un jeune homme errait par toute la terre à la recherche de sa bien-aimée. Il arriva enfin jusqu'à sa porte et frappa. « Qui êtes-vous? » demanda une voix. « C'est votre amant qui frappe », répondit le jeune homme. Mais la porte demeura fermée et le silence régnait à l'intérieur. Le jeune homme s'en alla le cœur triste et retourna dans le vaste monde. Il passa par maint danger et mainte douleur, et s'égara si loin qu'il ne put de longtemps retrouver le chemin qui menait à la demeure de sa bien-aimée. Il le trouva enfin, et comme il frappait, il entendit encore la voix demander de l'intérieur: « Qui est là?... Il répondit cette fois : — C'est toi-même,... et la porte s'ouvrit.

Axel Wachtmeister.

DIEU, L'UNIVERS & L'HOMME

(Suite)

Pourquoi les univers se succèdent-ils? Pourquoi ces alternatives de repos et d'activité?

Si nous nous placions au point de vue de la froide métaphysique, nous pourrions répondre que, — en tant que nos facultés nous permettent de juger, — le Tout, pour être un réel *tout*, doit être à la fois ce que nous voyons et ce que nous ne voyons pas, ce que nous concevons et ce que nous ne concevons pas, et que, par conséquent, le potentiel doit exister à côté du développé, le repos à côté de l'activité, le parfait à côté de l'imparfait. Mais si nous regardons l'univers avec notre cœur, et si nous essayons alors de pénétrer son mystère, la scène change, et le bel édifice vide, construit avec des blocs de glace par l'architecte mental, fait place à la chaude et vivante figure du « Père » qui, par sa nature, est Amour, et nous voyons cet amour se traduire par le « Sacrifice » sublime d'où résulte la multiplication du bonheur qui est l'essence de la Vie; car les milliards sans nombre de véhicules créés de la substance (1) et de l'esprit de Dieu le Père, — après que l'évolution les a portés sur le point de l'arc qui laisse derrière lui les quelques brèves périodes de souffrance nécessitées par la formation des centres spirituels destinés à l'état divin, — sont heureux pour tout le reste de leur pèlerinage, et quand leur cycle final est atteint, l'étincelle d'Inconnaissable qui fut leur centre forme, dans l'Infini, comme un point soi-conscient de plus, un dieu dans Dieu : tel est le merveilleux résultat du Sacrifice primordial, racine de tous les sacrifices secondaires qui rendent l'évolution possible.

Qu'est-ce que le « Père »?

Le « Père » paraît le centre de l'Inconnaissable; le point neutre qui sépare l'Infini du fini; le lieu où la vibration invisible du Mouvement qui n'est pas un mouvement devient la vibration perceptible qui va donner naissance au monde; le point de croisement de l'X divin; le lieu où les forces de l'univers naissent et où elles viennent mourir, c'est-à-dire, se condenser en potentiel quand leur course est achevée; le point sur lequel s'équilibrent les deux plateaux chargés des « paires d'opposés » qui tiennent le monde debout; le potentiel primordial qui génère ce que nous appelons l'aspect *relatif* de l'Être absolu; l'unité sortant de l'insondable *zéro*

(1) Nous nous plaçons ici au point de vue relatif, et nous parlons de l'Univers tel qu'il nous *paraît*.

et produisant tous les nombres; le lien qui relie, de toute éternité et éternellement, le côté connu au côté inconnu du Tout suprême; l'immuable pivot sur lequel reposent les éternelles successions des choses qui sont la face connaissable du « Dieu inconnu »; le mystérieux Immobile qui pose un pied en deçà et un pied au-delà de l'écran qui nous cache l'Invisible; la Nature immatérielle qui semble tenir également du fini et de l'Infini; le « germe » de l'ÊTRE, ce germe qui est, à la fois, l'origine et le centre de condensation de tous les germes secondaires, et qui, de toute éternité, semble évoluer et se reposer, et cause ainsi cette succession d'univers qui n'a pas eu de commencement et qui n'aura pas de fin.

Mais toutes ces expressions de ce qui est inexprimable, ne sont, ici encore, que le produit sans vie du rayon sans chaleur de l'intellect : il faut à l'âme, pour qu'elle puisse vibrer et comprendre, quelque chose de vivant, et nous devons revenir à cette suave conception du « Père » qui, seule, est digne de représenter cette Vie suprême qui est la vie de tout ce qui existe et qui, dès le premier souffle de l'univers, se révèle dans les trois divines hypostases, — la Trinité, les trois Logos, l'Atma, le Buddhi et le Manas de l'univers, ce qu'on peut exprimer en langage plus concret par la Volonté, l'Amour et l'Intelligence de Dieu.

En quoi consiste le Sacrifice du Père?

A fournir un milieu de germination à l'une des innombrables semences qui émergent périodiquement de son sein pour se développer en univers, et à incuber ce germe que le symbolisme oriental a présenté comme l'œuf d'or de Brahma dans la matrice du monde, — dans la Vierge-mère des chrétiens, — jusqu'à ce qu'il soit devenu le Dieu qui doit en résulter à la fin du Grand Cycle ou Mahamanvantara (1). Pour celà, il doit s'incarner dans ce champ de manifestation et être l'Ame de l'univers en formation, — ce qui exige sa limitation, la limitation de l'Illimité, le plus grand des sacrifices.

Le germe d'un univers quelconque réside, fondamentalement,

---

(1) Il importe de remarquer que, même un Univers, — lequel est, en réalité, le corps de ce que l'Hindouisme appelle un *Ishwara*, les Platoniciens un *Logos*, — naît d'un *germe* et que, lorsqu'il est devenu semblable à celui qui l'a engendré, lorsqu'il constitue un nouveau foyer soi-conscient dans l'Infini, il laisse, à son tour, le germe qui créera l'Univers suivant. C'est parce que ce Dieu cosmique, personnel, naît d'un germe sortant du Germe universel, — le « Père » avec lequel il se confond à la fin de l'Univers, — que l'évolution existe et que, dans le relatif et le limité qu'elle implique, nous trouvons nécessairement l'imperfection et le mal relatifs à côté de la perfection et du bien relatifs.

Le germe atmique de l'homme, comme celui de l'Univers, se développe par l'évolution, acquiert la soi-conscience de son infini et la plénitude de ses facultés par son passage dans le fini, et par conséquent, en commençant comme potentiel.

dans le Germe éternel, — le « Père », — mais comme aussi tout
univers procède apparemment du germe produit par l'univers précédent, il semblerait que chaque nouvel univers dût sortir d'un
potentiel plus grand. Pour satisfaire les intellectuels, nous devrions
recourir, ici encore, à des subtilités métaphysiques sans résultat,
et montrer que cette apparence vient de l'illusion qui nous montre
des créations successives dans le temps et l'espace, mais il est inutile
d'insister sur ce point.

Le champ qui doit recevoir la semence d'un univers a été différemment symbolisé dans les Livres sacrés des religions. Le Christianisme dit que le Fils de Dieu (l'univers, ici,) a été conçu par
l'opération du Saint-Esprit dans le sein de la Vierge Marie (1). Les
Hébreux, dans la *Genèse*, représentent l'Esprit de Dieu en incubation sur la « face des eaux » (2). A tout germe il faut ce champ de
matière prêt à répondre aux vibrations vitales qui sont en lui, et
capable de lui fournir les matériaux de la construction qui va
s'opérer; partout le même primordial processus existe et se répète,
quelles que soient les formes qui représentent le germe et quelle
que soit la substance qui doit le nourrir, — qu'il s'agisse du micro-
scopique ovule humain ou de la sphère presque sans limites qui
reçoit la Vie que Dieu (3) y projette au commencement d'un Kosmos :
ce champ est la *Mère*, — le pôle négatif ou matériel de la Vie. Sur
notre plan physique, la différenciation poussée à son extrême limite
a séparé presque partout les êtres en sexes, mais il n'existe, au
début, que l'Unité spirituelle androgyne primordiale, l'unité qui
contient à l'état latent, non manifesté, la totalité des forces positives et négatives, spirituelles et matérielles de l'univers qui va
naître, et que, pour cela, la *Doctrine secrète* appelle le Père-Mère,
— le côté « père » étant l'Esprit pur, le côté « mère » la substance
pure, ce que l'on a nommé encore la Racine de la force et la Racine
de la matière. La Racine de la matière, c'est le potentiel qui devient
toutes les formes de matière possibles; la Racine de la force c'est
le potentiel qui devient toutes les formes possibles de l'énergie, et
ces deux potentiels sont équilibrés en le Père-Mère par la mystérieuse Volonté qui est l'Essence, le Potentiel suprême de toute vie
manifestée. Ces trois potentiels ne font qu'*un* dans le sein de Dieu,
et quand la volonté de créer agit en lui, la triple Énergie commence
son œuvre infinie : l'Esprit de Dieu fait vibrer le germe du futur
univers dans le sein de la Vierge, — la substance pure, — et la
Vierge conçoit et enfante le Fils, l'Univers.

(1) Marie est le symbole de la mer, de l'eau, de la matière subtile ;
son équivalent est Maya (*Maïa*).

(2) L'eau a été, partout, le symbole de la matière, — et plus particulièrement de la matière primordiale, précosmique, indifférenciée, —
parce qu'elle est homogène, extrêmement mobile, et que, ne possédant
aucune forme, elle prend celle de tout vaisseau dans lequel on la place.

(3) Dieu le Père, le premier Logos.

L'agent qui dirige ce merveilleux développement, c'est la Volonté, — le plus profond aspect de Dieu que nous puissions concevoir. Cette volonté divine est comme en incubation sur l'œuf du monde et se manifeste dans l'Évolution par les trois grands actes du drame cosmique : la création, la préservation et la régénération. Ces trois actes sont, en réalité, concomitants, mais les commencements de leur action ne sont pas également perceptibles à notre vision bornée et ils paraissent jusqu'à un certain point successifs ; la théosophie les présente sous la forme frappante de trois « Vagues de vie » procédant des trois personnes de la Trinité.

(*A suivre*)   D' Th. Pascal.

VARIÉTÉS OCCULTES

INCIDENTS DE LA VIE DU COMTE DE SAINT-GERMAIN

—

AVANT-PROPOS

La personnalité du comte de Saint-Germain n'a jamais été bien connue. Il est resté autour de son nom une légende qui fait tort à la haute valeur de cet homme extraordinaire considéré par les uns comme un habile charlatan et par d'autres comme un être mystérieux, doué de pouvoirs étranges ou d'un savoir extraordinaire.

Voltaire, dont certes le témoignage n'est pas à dédaigner, regardait le comte de Saint-Germain comme un homme possédant un savoir universel.

En réalité, le comte de Saint-Germain fut un missionnaire envoyé, par les Etres supérieurs qui dirigent l'humanité, pour essayer de modifier l'état de la société au XVIII° siècle, et pour donner ce qui manquait à l'Ecole Encyclopédique : une base pour rénover les idées et les lois.

Mais les esprits n'étaient pas prêts à recevoir une nouvelle impulsion spirituelle. La résistance des privilégiés à opérer des réformes, la corruption de la cour et de la royauté, la misère toujours croissante du peuple, misère qui, depuis la fin du règne de Louis XIV, allait en s'accentuant, ramenant comme un glas funèbre au milieu des autres souffrances du peuple ce mot : famine, famine..., avaient eu pour résultat de tourner les cœurs et les intelligences vers deux courants d'intérêts directement opposés : le maintien des privilèges d'un côté, l'abolition de ces privilèges de l'autre.

Bien qu'il y ait eu, dans la Révolution française, un grand élan de sentiments généreux, il ne faut pas se dissimuler que ces sentiments n'ont pas tardé à être étouffés par la poussée impérieuse des instincts trop longtemps refoulés. Le peuple s'était laissé entraîner alors à suivre ses passions et la Révolution s'était noyée dans le sang.

Saint-Germain avait essayé en vain de peser sur les privilégiés et sur la royauté pour obtenir des concessions et des réformes qui auraient empêché l'explosion des passions populaires; puis, ces concessions obtenues et l'état matériel de la société s'étant amélioré, cette détente physique en quelque sorte, aurait permis à certaines idées d'être répandues dans la société et d'aider parallèlement à sa réorganisation en lui donnant la base morale qui est nécessaire à tout groupement social pour avoir une vie rationnelle et harmonique.

Saint-Germain ne réussit donc pas dans son œuvre et disparut sans qu'on sût communément ce qu'il était devenu. Son action s'est-elle pour cela ralentie? Non, car à certaines individualités particulièrement évoluées, est dévolu le rôle d'agir constamment dans l'humanité, soit directement, soit occultement, tantôt sur le plan physique, tantôt hors de ce plan. La tentative du siècle dernier ayant avorté, le comte de Saint-Germain n'en a pas moins poursuivi la réalisation de son œuvre, qu'il reprendra ostensiblement dès qu'il le jugera nécessaire, c'est-à-dire à notre époque, époque qui, dans ses troubles et ses agitations, marque la fin d'un cycle dont la balance s'établit, et le commencement d'une nouvelle période de l'activité humaine.

Cette assertion peut sembler étrange : cependant, quoi de plus juste et de plus consolant que de penser à cette protection continuelle exercée par les grandes Ames qui ont atteint le but, afin d'aider les âmes hésitantes et encore dans l'enfance?

Pourquoi trouver extraordinaire que des esprits très développés, ayant par conséquent une connaissance très complète des lois de la nature, puissent, à un moment donné, se manifester pleinement aux yeux des autres hommes?

Ne traitons donc pas légèrement ces assertions qui nous montrent de hautes intelligences venant nous aider à réaliser l'avancement spirituel et moral de l'humanité, comme l'a fait et le fera encore celui qui s'est fait connaître au siècle dernier, sous le nom de comte de Saint-Germain.

Le *Lotus Bleu* d'avril 1898, page 71, donnait à ce sujet l'opinion du Président de la Société Théosophique et annonçait la publication prochaine de documents inédits sur le comte de Saint-Germain. Nous les donnons ci-après, tels qu'ils ont été mis en lumière par l'un des écrivains les plus distingués de notre société, Mme Cooper Oakley, en faisant remarquer, toutefois, que ces documents, malgré qu'ils aient été recherchés dans toute l'Europe, ne traitent, en somme, que de quelques incidents de la vie du célèbre personnage. Il n'a pas été possible de trouver davantage. En ce qui concerne la France, notamment, tous les documents qui se trouvaient avant 1870 dans les archives de l'État avaient été réunis, par ordre de l'empereur, à la préfecture de police, pour en faire un travail d'ensemble, et ils ont été consumés dans l'incendie de cet édifice, sous la Commune, en 1871.

Cette fatalité, qui fait disparaître les traces des envoyés occultes, s'est peut-être reproduite ailleurs : en tout cas, les quelques détails qui vont suivre ne laisseront pas d'intéresser nos lecteurs et c'est dans ce but que nous les leur donnons.

La Direction.

I

Les extraits qui suivent proviennent de rares et précieux souvenirs de Marie-Antoinette, recueillis par la comtesse d'Adhémar qui était une intime amie de la reine et qui mourut en 1822.

Je n'ai pu trouver une seule copie de ce rare travail dans une librairie anglaise ou française. Mais il en existe heureusement une à Odessa, dans la bibliothèque de Mᵐᵉ Fadéef, tante de notre maître et amie, Mᵐᵉ Blavastky, ce qui peut en augmenter le prix pour nous.

Un de nos membres a été assez bon pour me permettre de faire quelques extraits des quatre volumes, et je dois des remerciements à Mᵐᵉ Fadéef pour m'avoir dans ce but si gracieusement prêté ce manuscrit. Il semble que Mᵐᵉ d'Adhémar a tenu un journal suivant la mode de cette époque, et a plus tard écrit ses souvenirs d'après ce journal, en y intercalant à l'occasion une remarque explicative; ces notes s'étendent pendant une longue période de temps, c'est-à-dire de 1760 à 1821. Un fait très intéressant, quant aux dates, se trouve dans une note écrite de la main de la comtesse, attachée avec une épingle au manuscrit original et datée du 12 mai 1821. Elle mourut en 1822. Cette note fait allusion à une prophétie du comte de Saint-Germain en 1793, dans laquelle il avertissait que le triste destin de la reine approchait, et en réponse à la question de la comtesse si celle-ci le reverrait, il répondit : cinq fois encore, mais ne désirez pas la sixième.

La comtesse écrit : « J'ai revu M. de Saint-Germain et toujours à ma surprise inénarrable : à l'assassinat de la reine; au 18 brumaire; le jour qui suivit la mort du duc d'Enghien; dans le mois de janvier 1813 et le soir du meurtre du duc de Berry en 1820. J'attends la sixième visite quand Dieu le voudra ».

Ces dates sont intéressantes, à cause de l'opinion généralement adoptée que Saint-Germain mourut en 1780. Quelques écrivains peu nombreux disent qu'il s'est seulement retiré du monde; ces opinions différentes seront traitées plus tard.

Mme d'Adhémar raconte ainsi, page 53, une aventure qui lui arriva avec le comte de Saint-Germain au commencement du règne de Louis XVI.

(*A suivre*).   Isabel Cooper-Oakley.

UNE

CONFÉRENCE THÉOSOPHIQUE A PARIS

La dernière conférence théosophique mensuelle qui a eu lieu, le dimanche 2 avril, au siège de la Revue *le Lotus Bleu*, rue Tronchet, 21, a été rendue des plus intéressantes par la présence inopinée du Bhramacharin J.-C. Chatterji, de passage à Paris. Le Bhramacharin est ce jeune Hindou dont plusieurs conférences données l'an dernier à la salle des Mathurins ont produit une grande impression. Ce jeune Hindou semble, en effet, réunir la supériorité intellectuelle native du véritable Aryen, fruit des conditions particulières de l'évolution de sa race, à la valeur du théosophe avancé pour que la philosophie cesse d'être spéculative pour devenir positive — parce qu'elle est la *Connaissance* même. Quoi qu'il en soit, une nombreuse assistance se pressait dans les locaux de la Revue et un certain nombre de personnes, au grand regret du maître de céans, ne purent même pas y trouver place. Les paroles du Bhramacharin n'ont point été transcrites, aussi n'en peut-on donner que la trame principale, sans les développements de fond et de forme qui en ont fait la valeur et le charme. Le Bhramacharin prenant texte de la Pâque chrétienne, dont c'était précisément le jour, dit que quel que soit le caractère historique du fait, la chrétienté avait bien raison de se féliciter de la résurrection du Christ, parce que c'était le gage de notre propre résurrection à venir. La résurrection ne veut pas dire la réincarnation, qui est déjà vécue, mais l'accession aux hauteurs de l'être où la mort n'interrompt ni l'état de conscience, ni les pouvoirs de l'homme sur les plans divers de l'existence. Un grand Maître de pureté et de compassion, comme le Christ, demeure ainsi, par delà sa tombe, pour aider ses fidèles et pour servir de médiateur entre les hommes et le Logos du système auquel nous appartenons. Or, sans être arrivé à la hauteur d'un tel Maître, l'homme peut avoir conscience de sa présence en épurant et maîtrisant sa pensée, en réduisant aussi son égoïsme et en développant en lui l'amour impersonnel qui fait graviter sur l'échelle de la vie. La théosophie donne des moyens à notre portée de réaliser cet idéal glorieux et elle ne méconnaît pas davantage l'importance de la dévotion au Maître qu'on peut qualifier de divin et qui est pris pour objectif de cet idéal.

Après ce discours, le brahmacharin fut invité à parler sur la formule bien connue qui sert actuellement de devise à la nation française. La *liberté* bien entendue, dit-il, implique que son exercice soit subordonné à la loi naturelle, et cela dans tous les ordres, sans quoi il n'y a que souffrance, suite de l'erreur, trouble, né de la licence, et quasi-impuissance dans tous les cas. Or, la théosophie qui est la connaissance de la nature intégrale, initie à ses lois.

L'*égalité* existe en principe et en finalité ; mais dans le cours de son évolution, l'humanité est un organisme dont toutes les parties sont hiérarchisées. Les âmes, en effet, n'ont pas le même âge, ni ne marchent du même pas. Elles n'ont donc pas, à un instant donné, les mêmes capacités. Par voie de conséquence, les devoirs s'élèvent en proportion des pouvoirs, et il doit être plus exigé de ceux qui possèdent davantage.

Quant à la *fraternité*, non seulement elle doit absolument exister, mais il n'y a même de différences essentielles entre les hommes que celles qui sont produites par les effets de leurs actes.

Eh bien, ce n'est qu'en appliquant ainsi, en conformité de la Loi naturelle, les formules ci-dessus, que des institutions humaines sont viables et que les mœurs sont dans l'ordre. Hormis cela, il n'y a que trouble dans les sociétés et caducité certaine dans les institutions.

La série des réunions théosophiques de l'année 98-99 a pris fin avec cette intéressante conférence.

D. A. Courmes.

ECHOS DU MONDE THÉOSOPHIQUE

France.

Le commandant Courmes a clôturé, le premier dimanche d'avril, ses réunions mensuelles par une conférence aussi brillante qu'inattendue, grâce à une coïncidence heureuse, qui a permis à nos amis d'entendre la parole éloquente et élevée du Brahmacharin Chatterji.

Le compte rendu de cette réunion étant donné à part, dans le présent numéro, nous ne faisons que la mentionner ici.

La comtesse Watchmeister, à son retour de l'Inde, a visité les centres théosophiques de Nice, Toulon, Marseille, Grenoble, Lyon et Clermont-

Ferrand. Partout elle a été reçue avec les égards affectueux dus à une théosophe de la première heure, compagne de H. P. B. dont, sous le titre de *Réminiscences*, elle a publié dans notre Revue, il y a quelques années, l'intéressant récit des journées passées ensemble. La comtesse a formé quatre Branches nouvelles et séjourne depuis un certain temps à Paris.

—

La Revue le *Mercure de France* contient, dans son numéro d'Avril, un compte rendu bibliographique excellent du premier volume français de la *Doctrine Secrète*, du *Plan Astral* et de *Karma*. Ces appréciations bienveillantes sont dues à la plume distinguée de M. Jacques Brieu.

Par ailleurs, la *Fronde* veut bien accueillir dans ses colonnes, le dimanche et le mercredi, principalement, les aperçus théosophiques qui sont donnés en réponse à des questions posées par autrui. Comme théosophes, nous ne nous occupons pas de la ligne politique suivie par les journaux, mais, par ailleurs, en remerciant la jeune *Fronde* de sa gracieuse hospitalité, nous ne pouvons nous empêcher de reconnaître que cette feuille, essentiellement féministe, pourrait en remontrer, en fait de largeur de vues et de désintéressement, à plus d'un de ses grands confrères.

—

La *Société végétarienne de France*, dont nous avons dit la récente formation, a déjà tenu sa première assemblée générale. Le nombre de ses adhérents continue à s'accroître. Les statuts définitifs de la Société ont été approuvés. Le Dr Jules Grand, son président, a fait une intéressante communication tendant à montrer que le régime végétarien est l'un des auxiliaires les plus effectifs dans la lutte contre l'alcoolisme. A ce titre déjà, le végétarisme mérite bien de l'humanité, et il a droit au suffrage de tous les théosophes.

—

L'assemblée générale annuelle de la Section européenne de la Société théosophique aura lieu, à Londres, les 9 et 10 juillet prochain.

—

Au moment de mettre sous presse, nous apprenons l'arrivée du Dr Th. Pascal, en très bonne santé, à Marseille. Le prochain numéro parlera sans doute de l'intéressant voyage qu'il vient d'accomplir dans l'Inde.

Angleterre.

Cinq conférences ont été données dans la Blavatsky Loge, en mars. Mᵐᵉ Cooper-Oakley prit pour sujet : *Idéaux et types de chevalerie mystique*. M. Leadbeater parla sur *la Théosophie et le Darwinisme* ; M. Mead sur *Proclus et la chaîne planétaire* ; M. Glass sur les *Spéculations scientifiques de la vie*, et enfin M. Ward, sur l'*Emploi du discernement*. La reproduction de cette dernière conférence se trouve dans le numéro d'avril de *Theosophical Review*.

M. Otway Cuffe, secrétaire général de la Section Européenne, est allé visiter les branches existant dans l'Ouest de l'Angleterre, pendant la première semaine d'Avril, et a fait à Bristol, Bath et Exeter une conférence sur la *Théosophie et la Religion*.

Hollande.

La campagne de propagande faite pendant la saison d'hiver est terminée.

M. Fricke a donné une intéressante conférence à Leiden, faisant ainsi pénétrer la Théosophie dans le centre d'une des quatre universités de la Hollande.

Allemagne.

L'événement sensationnel du mois est la décision prise de publier une traduction allemande de *La Doctrine secrète*. Le nécessaire a été fait pour que les premiers feuillets en parussent au mois de mai. Cette publication paraissant mensuellement en rendra la souscription plus pratique.

Amérique.

On vient de publier un opuscule comprenant toutes sortes de questions soulevées par l'étude des sujets traités dans *L'Ancienne Sagesse*, de Mme Besant. Cette publication, faite par une maison d'édition d'ouvrages théosophiques de Chicago, démontre que nos frères ne sont pas inactifs.

Nouvelle Zélande.

Rien de nouveau.

Miss Edger, qui s'est révélée comme un grand orateur théosophique, était attendue en avril, et devait faire des conférences dans le plus grand nombre possible de localités. L'année théosophique promet donc d'être très fructueuse, ou tout au moins pleine d'activité dans la Section de la Nouvelle-Zélande.

Inde.

Mme Besant était retournée à Bénarès après son dernier tour dans le Nord de l'Inde, et nous comptons qu'elle a dû partir pour l'Angleterre le 23 avril. Elle sera donc certainement de retour à Londres, au moment où paraîtront ces lignes.

Rai B. K. Lahiri a fait, dans le Prasnottara, un récit enthousiaste du travail accompli par la Comtesse Wachtmeister, lors de sa visite aux branches des provinces du Nord-Ouest de l'Inde.

Le colonel Olcott continue son œuvre de relèvement des Panchamas (Parias) bouddhistes.

Les Théosophistes d'Occident ne peuvent se désintéresser des agissements du colonel Olcott dans l'Orient, alors même qu'ils ont un caractère purement bouddhique. Tout ce qui tend à améliorer l'humanité et à relever son niveau moral, qu'il s'agisse des Parias de l'Inde ou des jeunes Ceylanaises, doit nous être cher ; et nous devons applaudir à ses efforts et les encourager de tous nos vœux. C'est ce que nous faisons ici de grand cœur.

Paul Gillard.

REVUE DES REVUES

Theosophist. *Organe présidentiel.* Avril 99. — Feuilles d'un vieux journal (*suite*), par H. S. Olcott. — L'aura des métaux, par A. Marques. — Problèmes Védantins, par Rama Prasad. — Conscience supra sensuelle par Govindacharlu. — Vraie pauvreté, par Ricardus Cor.

Vahan. *Section Européenne.* Avril 99. — Ce numéro contient de nombreux sujets d'études traités, pour la majeure partie, par M. Leadbeater. Dans les réponses aux questions posées, il parle notamment du progrès atteint par l'homme à la fin de la 7e ronde, de la nature des Dévas et des élémentals, de la forme du corps mental, de l'évolution des animaux carnivores et enfin des règles à suivre par les étudiants dans l'opuscule intitulé : *Premiers pas dans l'occultisme.*
Tous ces sujets traités par M. Leadbeater, avec sa compétence habituelle, font de ce numéro, un trésor de documents, enrichi des renseignement fournis sur d'autres questions par MM. Mead et A. A. Wells.

Theosophical Review. *Angleterre.* Avril 99. — Les Bohémiens anglais, par Chatfield. — L'emploi du discernement, par Ward. — Fragments épars de l'Atlantide, par Mme Hooper. — La clef d'Hermès Trismégiste, par Mead. — Clairvoyance, (*fin*) par Leadbeater. — La Théosophie comme religion, par A. Fullerton. — La synthèse de la tradition, par Miss Hardcastle. — Idéaux théosophique et chrétien, par Ernest Nichol.

Prasnottara. *Benarès.* Janvier 99. — Appel fait par la comtesse Wachtmeister en faveur de l'Association des enfants hindous instituée par le colonel Olcott. Catéchisme de l'hindouisme avec tableau synoptique des différents états de conscience correspondant aux différentes enveloppes. Ce journal donne ensuite d'intéressantes nouvelles de la comtesse Wachtmeister et parle avec de grands éloges de son dernier voyage aux Indes et de l'heureux effet des conférences qu'elle y a données avec son zèle habituel.

Theosophic Gleaner. *Bombay.* Mars 99. — Commencements de la vie sur la terre, (*fin*) par Bilimoria. — La vie humaine et sa mission, par Sorabji. — Le monde désabusé, par Bhatta-Charya. — Le désert de Gobi, par N. A.

Mercury. *San Francisco.* Mars 99. — La Théosophie et la philosophie allemande, par H. A. W. — La fonction supérieure de l'imagination, par Marie Howland. — L'amour, force suprême, par Bailey.
Ce numéro donne le portrait de M. Leadbeater et une courte notice sur cet éminent théosophe.

Theosophy in Australasia. *Sydney.* — Février 99. — Théosophie et chrétienté, — Perceptions sensorielles et intuitions spirituelles, par W. A. M.

Maha Bodhi. *Calcutta*. Mars 99. — La purification du mental. — Le Bouddhisme dans l'Inde, par Dharmapala. — Le réveil religieux dans l'Inde.

Sophia. *Madrid*. Mars et avril 99. — Problèmes religieux par A. Besant. — Clairvoyance, par Leadbeater. — La morale et le panthéisme, par Chatterji. — Notes sur la philosophie et l'occultisme, par Diaz Perez. La Philosophie Sankya, par B. Keightley.

Teosofia. *Roma*. Mars 99. — Le 23e anniversaire de la Société Théosophique, par Décio Calvari. — Clairvoyance, par C. W. Leadbeater. — Corroborations scientifiques de la Théosophie, par le Dr Marques. — La Réincarnation par le Dr Pascal.

Theosophia. *Hollande*. Mars 99. — Sur le Bouddhisme, par Afra. Dans la cour extérieure, par Annie Besant. — Sur les Enregistrements akashiques, par C. W. Leadbeater.

Philadelphia. *Buenos-Aires*. Mars 99. — La Charité, par A. Sorondo. — La religion au point de vue scientifique, par Chatterji. — Les croyances fondamentales du Bouddhisme, (*suite*), par A. Arnould. — La Bhagavad Gita, par E. Burnouf. — Les vivants et les morts, par Eliphas Lévi.

La Recherche. *Milan*. Mars 99. — Cette nouvelle revue, consacrée à l'étude des sciences morales et psychiques vient de publier son numéro d'essai : Parmi les articles à citer, nous trouvons : La déclaration d'un spirite, par P. Rosini. — Une belle adhésion, par Vespariani. — Une étude sur le psychisme expérimental, illustrée de deux photogravures.

Nous souhaitons la bienvenue à cette Revue, et nous faisons des vœux sincères pour sa prospérité.

Revue Spirite. *Paris*. Avril 99. — L'attribut médiateur, par P. G. Leymarie. — Essai historique de la Doctrine ésotérique, par E. Bosc. — Un cas de dédoublement, par de Rochas. — Science et spiritisme, par Moutonnier. — Incarnation fluidique, par Deutzkof. — A propos de spiritisme et théosophie, par le commandant Courmes. — Fragments de vérités occultes, par P. G. Leymarie.

Spiritualisme moderne. *Paris*. Mars 99. — De l'audace, par Beaudelot. — Doit-on regretter de ne pas être médium, par Hardeley. Excellent article, qui donne de la médiumnité une idée fort juste. — Paraboles. par Albin Valabrègue.

Humanité intégrale. *Paris*. No 2 (1899). — Suite de Communications *médianimiques*, de valeur relative à une production analogue. — Les élémentals, par l'Oriental. — A propos des clichés colorés, par le Ct. Tegrad.

Echo du Merveilleux. *Paris*. Avril 99. — L'amour du merveilleux, par Francisque Sarcey. — Le merveilleux dans les prisons de la Terreur, par George Malet. — Essai d'explication des rêves, par G. de Mirbel. — Souvenirs d'une royauté, (*suite*), par Claire Vautier.

Paix Universelle. *Lyon*. Mars-avril 99. — A la rescousse, par J. Bearson. — Le congrès de l'humanité, par A. Jounet. — Sur les Esséniens, par K. Bosc. — Etudes d'occultisme et de psychisme, par A. Erny.

Journal du magnétisme. *Paris*. Mars-avril 99. — L'Eglise et la Science, par Alban Dubet. — Psychométrie, par Papus. — Un dédoublement astral, par A. Erny. — Les précautions en médiumnité, par Max Théon. — Le sens intime, par du Potet. — Le mouvement, par Durville.

Réforme alimentaire. *Paris*. Mars 99. — Ce numéro publie les statuts de la nouvelle Société végétarienne de France, le rapport de la commission chargée par la Société belge pour l'étude de la Réforme alimentaire d'étudier les moyens de créer une panification et un restaurant végétarien à Bruxelles.

Nous avons reçu également les revues et journaux dont les titres suivent : *Revue du monde invisible*, dirigée par Mgr Méric, dans un esprit très limité ; *Theosophischer Wegweiser*, *El porvenir del obrero*, *Verdade e Luz*, *Amazinas*, *l'Antisepsie*, *l'Arbitrage entre nations*, *l'Ami des bêtes*, et *La nouvelle encyclopédie*.   **Paul Gillard.**

SOUSCRIPTION PERMANENTE
Pour la REVUE THEOSOPHIQUE FRANÇAISE
La publication d'ouvrages théosophiques et la propagande.

LISTE DE MAI 1899.

M. Tourniaire.	2 fr. 00	(*Lotus Bleu*)
Esbérard	7 fr. 50	—
Boltz	5 fr.	—
Largeris	5 fr.	—
Poumier	10 fr.	—
Villiot	5 fr.	—
J. D.	6 fr.	—

Petit errata.
Au numéro de mars 1899.

Page 8, ligne 22 : *lire*... forment le plus inférieur des grands plans cosmiques.

Page 10, ligne 34 : *lire*...jusqu'au moment où, se jetant l'un sur l'autre.

Le Directeur administrateur-gérant
de la revue :

D. A. Courmes.

Saint-Amand (Cher). — Imp. DESTENAY, Bussière frères.

27 JUIN 1899

DIXIÈME ANNÉE   NUMÉRO 4

REVUE THÉOSOPHIQUE
FRANÇAISE

L'HOMME ET SES CORPS

(Suite et fin.)

Suivons les différents stages où s'échelonne la vie, à partir de l'instant où elle vient de se séparer du monde physique, et voyons jusqu'où s'étend l'empire de ce souverain que nous nommons la Mort. Prenons l'homme au moment où il se sépare de son corps dense, ou plutôt, lorsque celui-ci se dérobe, pour se réduire en poussière et restituer ainsi ses éléments au monde physique. Il est évident que rien, dans cette dépouille, n'est à même de fournir le moindre lien magnétique ayant la propriété de transmettre au futur le souvenir du passé. Où donc est l'homme, à ce moment? — Dans la contre-partie éthérique de son corps physique, mais seulement pour quelques heures; après quoi, celle-ci se dissipe dans son élément, l'Éther; ce n'est pas non plus le cerveau éthérique, d'une durée si éphémère, qui puisse conserver la faculté de mémoire. De là, l'homme passe dans le monde astral, pour y séjourner jusqu'à ce que l'entité laisse aussi tomber cette dépouille, comme elle a fait à l'égard des enveloppes physique et éthérique. Le « *cadavre* » astral, à son tour, se désintègre, restituant à l'élément congénère le composé de ses particules, détruisant, par le fait, tout ce qui aurait pu servir de base aux liens magnétiques pour la survivance d'un souvenir. Revêtu de son corps mental, l'homme est allé plus haut, sur les niveaux *rupa* du Dévachan, sa demeure pour plusieurs centaines d'années, où se cueillent les fruits de l'existence passée, se constituent les facultés destinées à se manifester plus tard. Mais le véhicule mental, non plus, n'est pas éternel: en temps voulu, l'homme s'en sépare, après avoir recueilli, pour les transmettre au corps qui ne meurt pas, l'essence de tout ce qu'il a

7

amassé et assimilé ; et le corps mental, abandonné à lui-même, ne tarde pas à subir le sort des autres véhicules plus grossiers, il se désintègre, restituant à la matière mentale ses constituants résiduaires, incapables, vu leur densité — si subtils qu'ils paraissent à notre point de vue — de pénétrer aux plans supérieurs du monde manasique. Toujours le même processus de séparation après usage, de résolution en la région cosmique dont ils dépendent, d'éléments temporairement constitués. C'est ainsi que l'homme se sépare successivement de ses corps, abandonnés, l'un après l'autre, le long de sa route ascendante ; mais, arrivé sur les plans *arupa* du monde manasique, et là seulement, on peut dire qu'il n'est plus sous le sceptre de la Mort : en franchissant la limite de son empire, il échappe à son pouvoir de destruction. La Mort n'a pas de prise sur le corps causal, et c'est là qu'il habite, là où sont recueillis les trésors d'expérience amassés. Le corps causal est donc bien nommé, puisque résident en lui toutes les *causes* destinées à affecter les incarnations futures. On voit donc, par là, qu'il est impossible que la mémoire franchisse les abimes de passé creusés par la Mort, avant de posséder, en son corps causal, le libre exercice de l'état conscient sur les niveaux *arupa* du monde manasique.

L'âme non développée entre bien en cette région élevée, mais elle le fait inconsciemment, elle y pénètre pour y déposer mécaniquement les germes de qualités acquises. Alors, il se produit comme un éclair de conscience, une vision instantanée qui embrasse d'un seul trait le passé et le futur, vision éblouissante pour l'Ego, qui s'abîme aussitôt dans l'océan cosmique, à la recherche d'une nouvelle naissance. C'est la descente de l'Ego, lequel entraîne à sa suite les germes contenus dans le corps causal, pour les projeter respectivement sur chaque plan, à mesure qu'il y accède. Chaque germe attire à soi, sur le plan correspondant, la qualité de matière qui lui est congénère. C'est d'abord les niveaux *rupa* du monde manasique inférieur, où les germes de mentalité trouvent à s'*in-former* dans la matière appropriée, pour constituer un nouveau corps mental. La matière ainsi involuée ne tarde pas à témoigner des caractéristiques contenues dans les germes en activité, de la même manière que le gland se développe en une pousse de chêne, à l'aide des éléments assimilés qu'il a rencontrés dans le sol et dans l'atmosphère. Le gland ne produira pas un bouleau ni un cèdre ; il ne peut en sortir autre chose qu'un chêne. De même pour le germe mental, lequel doit nécessairement se développer suivant sa propre nature et jamais autrement. Ainsi agit Karma dans la construction des véhicules ; ainsi l'homme récolte la moisson, selon ce qu'il a semé. Et il ne saurait en être autrement, puisque le germe, issu du Corps-Causal, ne peut que croître d'après son espèce, ne peut attirer à soi d'autre *grade* de matière que celui pour lequel il a des affinités, et en qui il infuse ses caractéristiques propres, de telle sorte que le produit ainsi constitué ne sera jamais que la réplique de la qualité évoluée par l'homme dans le passé.

La projection continue en astral : ce sont naturellement, les germes ressortissant à ce plan et qui s'incorporent la qualité de matière convenant à chacun d'eux. De là, naissent les appétits, les passions, les émotions, attributs du *corps de désir* de l'homme, autrement dit, le véhicule astral, qui se trouve ainsi reconstitué à mesure qu'il traverse ce plan.

Pour que la mémoire du passé survive à un processus si compliqué, à ce long voyage au travers de mondes si divers, il faut, de toute nécessité, que la conscience qui doit en conserver l'empreinte, possède, sur les plans élevés où se conservent les causes, la jouissance de tous ses moyens, et cela, sous sa forme permanente, c'est-à-dire, en son corps causal. Le fil de nos existences antérieures nous échappe parce que le corps causal n'exerce pas encore, chez nous, à l'état soi-conscient, parce qu'il est encore jeune, qu'il n'a pas atteint le développement de la virilité. Il n'est pas moins vrai que là est concentré le produit essentiel du travail de l'évolution pour chaque être, que là réside le seul « *moi* » réel, celui dont tout procède, mais encore latent en notre humanité, en tant qu'organe indépendant, et en raison de son inconscience. S'il agit, c'est en dehors du contrôle de la volonté, et, tant qu'il en sera ainsi, tant que le corps causal ne sera pas soi-conscient, dans la plus large acception du terme, il est impossible que le fil de la mémoire ne soit pas rompu chaque fois que nous passons d'un plan à l'autre, impossible que le souvenir se conserve entre des existences dont les liens ne sont pas vivifiés. A mesure que l'homme progresse en évolution, des éclairs de conscience se produisent durant lesquels il aperçoit, comme illuminés, certains fragments de ses vies antérieures ; mais ces lueurs fugitives ne suffisent pas, il faut une lumière stable pour embrasser le Passé dans son ensemble.

Est-il possible, demandera-t-on, de favoriser la production de tels éclairs ? Y a-t-il un moyen de hâter un développement graduel d'activité consciente sur les plans supérieurs ? Oui, cela est possible, mais pour y arriver, il faut, chez l'homme inférieur, patience et courage. La première condition est de s'exercer à concentrer l'activité mentale en le soi-permanent, à soustraire, de plus en plus, nos pensées et nos actions — en tant que nos désirs personnels, nos intérêts sont en jeu — aux vulgarités, aux choses impermanentes de la vie de tous les jours. Je n'entends nullement conseiller, par là, telle manière d'être qui se traduirait par une attitude rêveuse, absorbée, absente, qui ne tend à rien moins qu'à faire d'un homme un être inutile pour les siens et pour la société, loin de là ; aucun des devoirs qui nous incombent ne doit être négligé, tous doivent être accomplis avec d'autant plus de soin et de perfection que grandit l'individualité de celui qui s'en acquitte. L'homme non développé néglige ses devoirs, ou les remplit mal ; lui, ne le peut pas, car il sait la portée des choses, il sait que le devoir est *devoir*, que tout droit qu'a sur lui un être quelconque, fût-ce même une chose, constitue une obligation inéluctable, une dette qu'il faudra payer jusqu'au dernier centime. Il s'en acquittera donc de son mieux, de toutes ses facultés, avec zèle ; mais il ne se laisse pas dominer par les intérêts matériels, sa pensée n'est pas esclave des résultats qu'il poursuit, et dès que la tâche est accomplie, dès qu'il est libre de disposer de lui-même, il reprend le fil de ses pensées sur les choses de la vie permanente ; il s'élève, en esprit, sur les plans supérieurs, s'efforçant de gagner toujours plus haut. Alors commence pour lui la vie réelle, celle qui permet d'estimer à leur peu de valeur les intérêts personnels de la vie du monde. C'est en poursuivant ce but avec constance et fermeté, en s'efforçant de s'exercer dans le domaine de la pensée abstraite et élevée que, peu à peu, se vivifient les liens, intermédiaires de la conscience supérieure, et que l'homme, même sur ce plan de matière, commence à entrer en l'état conscient, en son propre « Soi ».

En changeant de plan, l'homme ne cesse pas d'être identique à lui-même ; quel que soit celui où il fonctionne, il se retrouve toujours le même homme. Son triomphe est, lorsqu'il arrive à parcourir la ligne des cinq plans, sans interruption de conscience. Ceux que nous appelons les Maîtres, « hommes devenus parfaits », fonctionnent consciemment et en état de veille, non-seulement sur les trois plans inférieurs, mais aussi sur le quatrième — le Tùriya de la Mandukyopanishad — le Plan de l'Unité, et sur celui plus exalté encore de Nirvana. Pour Eux, l'évolution est un fait accompli, c'est le cycle qui a été parcouru jusqu'au dernier stade ; et, ce qu'ils sont, un jour, nous le serons ; tous, tant que nous sommes, nous toucherons à ce sommet, si attardés que nous soyons sur le chemin de l'évolution. C'est en cela que consiste l'Unification de la conscience ; les véhicules restent, on continue de s'en servir, mais ils ne sont plus la prison dont on ne peut sortir, et l'homme assume l'un ou l'autre de ces corps, suivant la tâche à accomplir.

Par là sont conquis le Temps, la Matière, l'Espace ; leurs limitations s'effacent devant l'homme unifié. A chaque stage conquis, il a constaté qu'elles se faisaient plus rares. Déjà sur le Plan Astral, la matière est sensiblement moins séparative qu'elle ne se présente ici-bas, les barrières y sont moins hautes entre les êtres de même espèce. Le transport d'un point à un autre, en corps astral, est chose si rapide que l'on peut considérer la conquête du temps et de l'espace comme pratiquement réalisée ; non pas qu'on y perde la notion de l'espace franchi, c'est la rapidité du trajet qui enlève à la distance le pouvoir de séparer deux amis ; la distance, telle qu'elle apparaît sur notre plan physique, est donc, dès ce premier pas, vaincue : il n'y a plus d'éloignement.

La conquête du Monde Mental a donné à l'homme un nouveau pouvoir : sa pensée évoquait-elle l'image d'un lieu, et il se trouvait en ce lieu même, celle d'un ami, et l'ami se présentait à lui. Voilà donc, dès le troisième stage, l'état conscient partout présent à volonté, victorieux des limitations qu'opposent la matière, l'espace et le temps. Toute chose possiblement visible sur ce plan lui apparaît instantanément, il suffit qu'il y dirige son attention. De même, dans l'ordre des choses audibles, il a la faculté d'entendre au premier appel. L'espace, le temps et la matière, tels du moins qu'ils apparaissent dans les mondes inférieurs, n'existent plus pour lui ; dans l' « éternel présent », l'ordre successif s'efface. Un stage de plus, et les barrières qui séparent les êtres, les limitations de conscience à conscience, s'écroulent. Il se sent partie intégrante de la conscience de ses semblables, de tout être doué de vie. Parmi ces êtres, il n'en est pas un qui n'ait une modalité particulière de penser, de sentir, de connaître, et cependant il pense et sent comme eux ; pour saisir exactement leurs plans différents de conscience, il se place à l'angle de vision de chacun, il s'astreint volontairement aux limitations de ses semblables, sans jamais descendre de l'état conscient dont il jouit. Il se sert de son plus grand savoir pour les aider à se dégager de leur ignorance, de l'étroitesse de leurs préjugés, il s'identifie à eux, pour être à même d'élargir les liens qui les enserrent. Il assume de nouvelles fonctions dans la nature du moment que l'état de division a cessé d'exister entre lui et les autres ; réalisant l'unité du « Soi » entre tous les êtres, il fait jaillir du Plan de l'Unité de bienfaisantes forces sur les plans inférieurs. Même à l'égard des règnes inférieurs, il descend dans l'humble conscience des animaux, pour mieux comprendre la nature de leur état, sentant, de leurs impressions dans le monde où ils vivent, et cela, afin de leur donner exactement l'assistance qui leur est nécessaire, de guider leur marche aveugle sur le sentier de l'évolution. Nous voyons, par là, que, loin d'être seul à jouir de sa victoire, il en répartit le fruit entre tous les êtres, que toutes ses conquêtes, les pouvoirs plus grands dont il dispose, sont mis au service de tous ceux plus bas que lui sur l'échelle de l'évolution. L'état conscient, en lui, s'étend jusqu'à embrasser tout le système, au point qu'il ne se produit pas un cri de douleur, un sanglot, voir même un frémissement de joie, qu'il n'entende, y compatisse, ou le partage. Maintenant, le but est atteint, la victoire est complète : le Maître est celui « *qui n'a plus rien à apprendre* ». Non pas, que toute connaissance possible soit, à n'importe quel moment, présente à sa conscience ; cela veut dire — en ce qui concerne du moins ce stage d'évolution — qu'il n'est pas de voile qu'il ne puisse soulever, aucun ordre de faits qui ne lui soit familier, lorsqu'il y dirige son attention. De tous les êtres en ce cycle d'évolution — et tout y est vivant — il n'en est pas un seul dont il n'ait pénétré l'existence et la raison d'être, pas un seul, par conséquent, qui échappe à sa sollicitude, à son amour.

Voilà bien, n'est-ce pas, le triomphe ultime de l'homme. Eh

bien, toutes ces glorieuses conquêtes que nous venons ensemble de
parcourir, vaudraient-elles le prix qu'elles ont coûté, si elles devaient être le couronnement de cette étroite chose que nous recon-
naissons, ici-bas, pour notre soi personnel ! Tous ces degrés, vers
lesquels je vous ai engagé à me suivre, o lecteur, mériteraient-ils
d'être franchis, s'ils ne devaient nous conduire, en définitive, qu'à
un pinacle de vide et d'isolement, loin de nos semblables, de leurs
souffrances, voir même de leurs fautes, de leurs crimes, et si le but
à atteindre n'était d'arriver enfin au point central, au cœur de
l'être et d'y découvrir que tous les autres et nous-même ne sommes
qu'Un !

La conscience du Maître est un centre d'où rayonne la lumière
sur tous les points où il l'envoie, qui s'assimile toute chose, là où
elle darde, qui connaît toute chose lorsque sa volonté est de connaître, toujours à cette fin de donner l'assistance parfaite, afin
qu'il n'y ait aucun état d'être avec lequel il ne sympathise, pour le
soutenir, le fortifier, en un mot, l'aider en son évolution. A ses
yeux, le cosmos apparaît comme un vaste système, composé d'innombrables cycles où toute chose gravite vers un but unique, et
son rôle, dans le système, est d'être l'un des facteurs de l'Evolution. Il s'identifie avec chaque entité, quelle que soit la place qu'elle
occupe dans le cycle, et lui donne, à point nommé, l'assistance
voulue. Aux royaumes élémentals, il facilite l'évolution, sur leur
courbe de descente, à chacun il donne l'assistance appropriée à sa
destination. De même, pour les règnes minéraux, pour le végétal,
l'animal, enfin l'homme : tous sont aidés comme faisant partie de
Lui-Même. Savoir que tout est Lui, qu'il peut tout aider, et, dans
l'acte même, réaliser comme Lui-Même ce qu'il aide, telle est la
gloire de sa vie.

Le mystère de telles choses ne se dévoile que graduellement, à
mesure que l'homme se développe, que grandit en lui l'état conscient sur les lignes parallèles de l'étendue et de la potentialité sans
rien perdre, toutefois, de sa propre identité. Lorsque le point est
devenu la sphère, le moment arrive où la sphère tout entière se
retrouve dans le point. Chaque atome contient le tout et a conscience de ne faire qu'un avec tous les autres. Alors, ce qui est extérieur — ce qui se manifeste en tant que forme — n'apparaît plus
que comme le reflet de ce qui est intérieur. La Réalité est la Vie-
Une, et tout ce qui n'est pas elle, une illusion évanescente.

                                               Annie Besant.

Le Credo Chrétien

(Suite.)

« Et s'est fait homme ». L'insertion de cet article est significatif au plus haut point, parce qu'il montre d'une façon particulière, que l'arrivée de l'essence monadique au niveau de l'humanité, fut un stage distinct et postérieur à la descente dans la matière, et que, par conséquent, la phrase : « il se revêtit de chair par le Saint-Esprit et la Vierge Marie » qui a été mentionnée précédemment, ne se rapporte pas, et ne peut se rapporter à une naissance humaine. Dans le Credo des Apôtres cet article n'est pas mentionné, mais il est tout entier dans la formule du Concile de Nicée, où il est évidemment destiné à représenter un stage postérieur de l'évolution, puisque le texte continue ainsi : « et il s'est fait chair, et il s'est fait homme », cela se rapporte clairement à l'élévation de la chair pendant le passage précédent de l'essence monadique à travers le règne animal. Dans le Credo des Apôtres l'influence d'une certaine tendance prédomine, car le processus entier est décrit d'une façon matérialiste la plus grossière : « Qui fut conçu par le Saint Esprit, et né de la Vierge Marie ».

« Souffert sous Ponce-Pilate ». Dans cet article nous avons l'exemple le plus remarquable de la dégradante et mesquine influence de cette tendance, car par l'insertion de la lettre la plus minuscule de l'alphabet Grec (le iota, correspondant au « jot » dont il est parlé dans les Evangiles), la signification originelle a été non seulement obscurcie, mais encore absolument perdue et oubliée.

Cette altération est si simple, et a été si facile à faire, et ses résultats ont été si extraordinaires et si immenses, que ceux qui la découvrirent purent à peine, pendant quelque temps, en croire leurs yeux, et lorsqu'ils eurent enfin compris la situation, ils ne purent comprendre comment il avait été possible qu'une chose aussi évidente soit restée si longtemps inconnue.

Au lieu de ΠΟΝΤΙΟΥΠΙΔΑΤΟΥ, les plus anciens manuscrits Grecs portaient tous ΠΟΝΤΟΥΠΙΛΗΤΟΥ.

Le changement de Δ et Π est assez fréquent dans les différents dialectes grecs, de sorte que la seule altération véritable est l'insertion de I, qui transforme πόντος, signifiant la mer en πόντιος, qui est un nom propre romain. Je n'ai nullement l'intention de suggérer que ce changement, comme l'un ou l'autre de ceux que j'ai mentionnés, ait été fait dans le dessein de commettre une imposture, ou de tromper avec préméditation ; il a peut-être été fait tout naturellement, dans l'intention de faire une simple correction à une légère erreur d'un ancien copiste. Il parut évident aux investigateurs, que le moine essénien qui, le premier, traduisit le Credo en Grec, ne connaissait nullement cette langue à fond et que le résultat fut loin d'être classique. Les personnes entre les mains desquelles ce manuscrit, (ou l'une des copies) vint à tomber, à des époques plus ou moins reculées, corrigèrent çà et là des erreurs apparentes d'orthographe et de construction. Il est fort possible que l'une d'elles qui vint à l'étudier avec un esprit incapable d'en apprécier la vraie signification mystique, et plein de l'interprétation anthropomorphique, ait pu supposer que, dans ce cas par exemple, une lettre avait pu être omise par un scribe ignorant, et qu'elle l'ait intercalée dans le mot, sans qu'il lui vînt à l'idée qu'elle changeait ainsi tout le sens de l'article, et introduisait une conception étrangère à l'esprit de tout le document.

Il n'y a aucun doute que dans l'histoire ecclésiastique, il ne se soit commis volontairement et pour « la plus grande gloire de Dieu » un grand nombre de falsifications éhontées, lesquelles n'avaient, aux yeux des religieux, d'autre but que l'avancement des intérêts de l'Eglise. Ici heureusement, nous n'avons pas à supposer un acte malhonnête, puisque nous avons vu que l'ignorance et les préjugés pouvaient avoir fait accomplir tout à fait innocemment, l'œuvre fatale de la matérialisation complète de ces conceptions si grandes et si lumineuses à l'origine.

C'est encore sans doute dans le même but, louable mais erroné, de polir le style que la préposition ἐπί fut (bien plus tard) substituée à la préposition primitive ὑπὸ. Mais tout le mal date du jour où on accepta la théorie du nom propre et cette seconde altération en donnant à la phrase un tour plus élégant ne fit que diminuer d'autant les probabilités de découvrir une autre signification possible que celle qui était apparente. Dans la traduction originale, l'intention réelle de l'écrivain était rendue plus claire encore par l'emploi du datif qui indiquait que l'expression se rapportait à un lieu et non à une personne, mais il fut presque immédiatement transformé en un génitif plus usuel, même avant la malheureuse insertion de l'iota.

Les mots πόντος, πιλητος, signifient simplement alors une mer comprimée ou plus dense, ce qui n'est, en aucune façon, une mauvaise description de la partie inférieure du plan astral, lequel est si invariablement symbolisé par l'eau. L'article généralement traduit : « souffrit sous Ponce-Pilate » ; devrait être exprimé par ces mots. « Il subit (souffrit) la mer dense ». C'est-à-dire que pour nous, hommes, et pour notre salut, il consentit pour un temps à être limité par la matière astrale et emprisonné par elle. Notons ici l'ordre exact des articles. Aucun des credos tels qu'ils existent à présent, ne contient l'idée originelle dans son intégrité ; car dans le credo des apôtres, bien que l'ordre soit exact, on a omis plusieurs stages, et tandis que le Credo de Nicée est complet, il est confus dans son arrangement. Le premier degré dont il soit fait mention est la prise du vêtement de matière : « l'incarnation », puis, la prise de la forme humaine, bien qu'elle n'ait encore eu lieu que dans ses principes élevés seulement; ensuite, « il souffrit sous Ponce-Pilate », c'est-à-dire la descente dans la mer astrale, et ce n'est qu'après que vient le crucifiement sur la croix de la matière physique, dans laquelle il est représenté d'une façon pittoresque comme mort et enterré.

« Qui fut crucifié, mort et enterré ». Ici encore nous nous trouvons en présence d'un malentendu presque universel, et dont les proportions sont colossales et ses résultats des plus désastreux.

L'évolution étonnante d'une allégorie parfaitement raisonnable et convertie en une biographie absolument impossible, a eu une bien triste influence sur l'Eglise chrétienne tout entière, ainsi que sur la foi qu'elle enseigna. Et l'énorme quantité de sympathie dévotionnelle qui se répandit à travers les siècles, sur l'histoire absolument imaginaire, des souffrances physiques du Christ, est peut-être le gaspillage d'énergie psychique, le plus extraordinaire et le plus lamentable qui se soit jamais produit dans l'histoire du monde.

(*A suivre*.)   **C. W. Leadbeater.**

DIEU, L'UNIVERS & L'HOMME

(*Suite*)

La création est due au Saint-Esprit (1). C'est l'aspect *intelligence* du Dieu suprême. Le propre de l'intellect c'est de créer, de produire des formes; et le plus petit des créateurs que nous puissions voir à l'œuvre, le mental humain, construit à son tour les formes subtiles que nous nommons les pensées, car « l'homme a été fait à l'image de Dieu », il a en lui l'intelligence, l'amour et la volonté, et quand ces aspects de sa divinité latente seront pleinement manifestés, il sera devenu semblable à son Père.

La « vague de vie » du Saint-Esprit opère sur la Racine de la matière, — la Vierge cosmique (2), — et produit les atomes *primordiaux* : les « trous » que, selon l'image du *Livre de Dzan*, le

(1) Mahat, Brahmâ, Démiurge, 3: Logos, etc... Peu importe le nom employé.
(2) *Mulaprakriti.*

tourbillon créateur fait dans l'Espace. De l'atome primordial sont
successivement produits les milliards innombrables d'atomes secondaires qui forment ces immenses plans kosmiques de matière d'où
sont tirés les matériaux des formes (1). Où finit le royaume de la
matière, — champ du Créateur, — où commence celui de la forme,
— champ du Préservateur ? Dans notre univers particulier, — notre
système solaire, — l'échelle atomique est bâtie sur le nombre 7 ;
chaque plan contient une première couche atomique distincte et six
subdivisions de plus en plus denses formées par des agrégations variées de ces atomes primitifs. Ces sept divisions sont, sur notre plan
visible, les quatre éléments connus, plus trois degrés d'éther que la
science admet comme un cinquième élément ; elles peuvent être
considérées comme le royaume de la matière, œuvre du troisième
Logos. Tout agrégat plus complexe, c'est-à-dire toute forme spéciale, autre que celles des atomes primitifs ou secondaires qui constituent les « éléments » du plan auquel cette forme appartient, peut-
être considérée comme l'œuvre du deuxième Logos. Ainsi, les
atomes chimiques de la science sont des formes.

Quand l'Esprit universel, — Brahmà, — a produit (2) l'océan des
plans et des sous-plans atomiques, quand il a donné la vie à toutes
ces particules et infusé en elles le pouvoir responsif vibratoire *qui
est la condition de la conscience*, quand il a produit toutes les combinaisons nécessaires pour que les formes supérieures du futur (que
ces combinaisons formeront) soient des instruments aptes à vibrer
sous toutes les impulsions du dehors et du dedans, capables de recevoir le message de l'Univers extérieur comme de porter dans cet
Univers le message du dieu en developpement dans leur cœur, il
procède à un travail plus complexe. Il a créé les formes rudimentaires, — les atomes, — il va créer les *modèles* des formes complexes, les *archétypes* (3) de tout ce qui doit prendre place comme

---

(1) Chaque atome, à mesure qu'il passe sur un plan inférieur, augmente le nombre de ses enveloppes, de sorte que lorsque l'atome *primordial*
arrive sur le dernier plan, — le plan physique, — il contient les atomes
spéciaux propres à chacun des plans qu'il a traversés, et, par conséquent, *possède le pouvoir de répondre aux vibrations de tous ces plans.*
Ceci est très important à remarquer, si l'on veut comprendre le développement de la conscience.

(2) L'on ne peut dire que le Créateur attende la perfection de cette
partie de son œuvre pour procéder à l'autre ; tout se fait à la fois, si
l'on se place au point de vue absolu. Mais nous sommes dans le relatif
et nous ne pouvons, sur ce plan, nous libérer des limitations. Cette remarque n'est, d'ailleurs, que pour satisfaire, s'il est possible, les intellectuels toujours prêts à soulever des objections.

(3) Un archétype est un modèle abstrait, capable, par sa projection
dans les milieux inférieurs du Cosmos, de donner naissance à des
formes concrètes sans nombre. Par exemple, l'archétype qui, sur le
plan mental supérieur (*arupa*) représente ce qu'on pourrait appeler la

forme dans l'univers en construction, et c'est dans ces modèles
mentals que le second Logos, la *Vie*, agira ensuite.

Celle-ci est la « vague » qui procède de Vishnou, — le Préservateur, le Fils de Dieu projetant sa vie dans l'Univers pour construire
les formes, les développer et les amener à la perfection nécessaire
pour que l'infusion en elles de la vie du Père qui doit les « rache-
ter » soit possible. Cette « vague », appelée souvent dans notre système de mondes, l'*Essence monadique*, est la Vie universelle, le
Christ cosmique (1) décrit si grandiosement dans le Symbole des
Apôtres, le Fils qui s'incarne dans le Cosmos, descend plan par
plan, jusqu'au plus bas, — l'obscur plan physique symbolisé par
les « enfers » (2), — et remonte ensuite jusqu'à son point de départ,
la droite du Père, le plus sublime Nirvana, le plus haut « Loca »,
le plus haut Ciel.

La Vie descend ainsi dans la matière créée et vitalisée par le
Saint-Esprit ; elle organise cette matière *dans* les modèles produits
comme archétypes par l'Intelligence (3) cosmique et *réalise* les
formes, lesquelles passent ainsi de l'état idéal ou prototypique à
l'état concret : elle est, à la fois, le constructeur et l'âme (4) des
constructions. Elle descend successivement sur tous les plans, — de
haut en bas, si l'on peut ainsi s'exprimer, — et quand elle a touché
le bas-fond de l'arc, elle remonte ces plans de bas en haut. Dans
l'arc de descente, elle produit l'Essence élémentale (5), — une de
ses expressions inférieures, — et les trois règnes élémentals que
celle-ci développe ; elle accumule les matériaux, les habitue à vibrer sous son influence et les densifie de plus en plus, jusqu'au
point maximum de la condensation terrestre, — le règne minéral.
Cette densification est nécessaire au développement de la conscience,

triangularité, produit, quand il est projeté sur les sous-plans (*arupas*)
mentals inférieurs, les formes mentales de tous les triangles possibles.
Ce sont les formes ainsi créées par les archétypes que les « constructeurs », dirigés par la VIE, remplissent de matière astrale, puis de matière physique, et transforment en les formes visibles du plan objectif
terrestre. De l'Archétype *suprême* de notre chaîne planétaire sont sorties
les formes de tous les règnes ; par les archétypes *secondaires* qui
existent en lui.

(1) Les théosophes donnent, de préférence, le nom de Christ, au principe buddhique éveillé, dans l'homme, à la vie consciente par l'Initiation.

(2) *Ad inferos*, les lieux *inférieurs*.

(3) Le troisième Logos, ou Saint-Esprit.

(4) Elle est ce qu'on appelle l'Intelligence de la Nature : l'architecte
qui trace les axes des cristaux, les lignes d'insertion des feuilles, et dirige toutes les constructions du Cosmos ; elle est aussi le merveilleux
instinct qui guide les plantes et les animaux.

(5) Laquelle est, en réalité, de la *Vie* (ou essence *monadique*) incarnée
dans la matière mentale d'abord et, plus bas, dans la matière astrale.

c'est-à-dire, à la réponse que la *Vie*, incarnée dans les formes, fait aux vibrations qui lui viennent de l'extérieur, et les gigantesques combats des éléments dans une planète en formation, ces explosions volcaniques primitives terribles, ces rencontres foudroyantes de la matière lancée contre la matière ont pour but principal d'intensifier ces vibrations responsives de l'âme des éléments. La densification a aussi un autre but : le rassemblement, sur le plan physique, de tous les types d'atomes créés sur les divers plans cosmiques, et par conséquent, la présence du plus grand nombre possible d'instruments vibratoires (producteurs de « qualités ») qui, sur l'arc ascendant, donneront naissance aux *organes* et aux *sens* dans les formes élevées du futur. L'accumulation des enveloppes autour de l'atome primordial, à mesure qu'il passe d'un plan à l'autre, a le même but, et grâce à ces enveloppes, l'atome physique, quand il est parachevé, possède le pouvoir de répondre aux vibrations de tous les plans ; il contient les forces de tous les mondes ; aussi les véhicules qu'il forme dans l'homme parfait sont-ils capables de faire écho aux vibrations de tous les plans et cet homme est-il conscient, dans sa perception *physique*, de ce qui se passe partout, même sur le plan nirvanique.

L'un des effets fondamentaux de la Vie en incarnation dans les plans divers de la matière, c'est de produire, par l'action répétée de certains groupes dominants de vibration en action dans la substance de ces plans, la segmentation de l'Essence élémentale en « blocs » (1) spécialisés à ces groupes différents de vibrations. Ce processus continue, sur l'arc ascendant, et la segmentation devient considérable ; la Vie s'incarne dans des formes de plus en plus nombreuses, distinctes et parfaites ; peu à peu, les corps *internes* se produisent dans ces formes, et à mesure que le nombre des appareils de réception et de transmission externes et internes augmente, les « centres de conscience » étendent de plus en plus leurs capacités responsives.

L'action de la Vie, dans son arc descendant, accroît la rigidité des formes, et, nous l'avons dit, les chocs de ces dernières augmentant d'intensité avec les progrès de la densification, réveillent en elles les rudiments de la conscience ; dans l'arc ascendant, au contraire, les formes prennent de plus en plus d'élasticité, car la conscience doit s'affiner, la réponse intérieure doit se produire pour des groupes de plus en plus variés et subtils de vibrations, ce qui demande un degré de plus en plus grand de segmentation, un nombre de plus en plus grand de centres sensoriels, une élasticité de plus en plus grande de la matière. Et c'est ainsi que le règne minéral perd sa rigidité dans les plus élevés de ses membres et passe par une transition parfaite dans le règne végétal ; l'élasticité augmente

(1) Voir le *Lotus Bleu* de Décembre 1896, Janvier et Février 1897, article : *Les Formes-Pensées*.

sans cesse, et, parallèlement à elle, se multiplient les fonctions, et l'on traverse ainsi le règne animal pour aboutir à l'homme, tête actuelle de l'évolution sur la planète, et nous trouvons dans le corps humain une telle élasticité qu'il peut s'adapter aux vibrations des climats extrêmes, de même qu'il se plie avec facilité aux habitudes que l'âme lui impose.

(*A suivre.*) Dr Th. Pascal.

CONNAIS-TOI

> « Qu'es-tu, d'où viens-tu, où vas-tu ?
> Si tu ne trouves pas la réponse à ces questions, il te faudra rouler à travers les cycles pendant l'Eternité ».
>
> *Ainsi dit Naval.*

L'antique maxime *Connais-toi* est écrite, disent *Ceux qui savent*, sur la porte par laquelle on peut aller vers la connaissance des grands mystères. La connaissance de soi conduit à la connaissance universelle ; sa possession nous mène à la vérité parfaite.

Mais lorsque nous avons conçu la correspondance qui existe entre le microcosme et le macrocosme, quand nous avons perçu que l'homme, le petit monde, est une synthèse du grand monde, il reste encore à découvrir quel usage pratique nous pouvons faire des relations existant entre nous et l'univers.

Connais-toi, mais comment ?

Regarde dans ton âme, mais où ?

Pour chaque homme il arrive un moment dans la vie, tôt ou tard, où il *se trouve lui-même*. C'est une révélation qui, pour le plus grand nombre, se produit au milieu des affres d'une douleur déchirante, à l'heure où les eaux de la détresse, débordées nous montent par dessus la tête pour nous noyer. Les ténèbres de l'orage sont alors fendues par un éclair qui nous fait apercevoir un refuge ; à travers les grondements du tonnerre, les fracas et les sifflements de la tempête, se fait entendre une voix basse et frêle, puissante pourtant, puisque ses vibrations suffisent pour fêler l'épaisseur des grondements qui nous entourent, et qui nous dit : « Toi aussi, tu es un homme ».

Tu es un homme possédant le pouvoir de lutter contre les obstacles et de les vaincre, tu es un être dont la destinée est de devenir parfait par la souffrance, un être capable de conquérir la nature inférieure.

De même que les métaux précieux ne peuvent être épurés que par une chaleur ardente, c'est le feu de la douleur seul qui peut faire apparaître l'homme réel, la chose précieuse qui devient une nouvelle unité ajoutée au grand corps de l'humanité glorifiée.

Cette découverte de soi est une grande initiation et, comme toutes les initiations, ne peut être atteinte qu'à travers l'épreuve. Les forts peuvent seuls acquérir le pouvoir qui, dans leurs mains, devient un puissant outil pour produire le bien tandis que dans les mains des faibles c'est une arme dangereuse dont ils seront les premiers à ressentir les effets, dont ils se frapperont à mort par incapacité de la manier.

A ce moment suprême l'homme doit choisir, il doit ou rester homme et, pour ce faire, résister sans peur à toutes les forces du monde si elles se coalisaient contre lui, ou retomber dans les ténèbres de son passé, se soumettre à nouveau aux circonstances qui l'environnent, se remettre à suivre les ornières tracées par les foules inconscientes et d'où peut-être aucune occasion de sortir ne s'offrira plus à lui dans cette vie.

Il y a encore deux autres révélations qui jaillissent de la région intime de l'homme sans qu'il s'y attende et qui éclairent subitement les parties les plus secrètes de son âme.

Dans notre vie il se rencontre des moments où nous nous sentons pénétrés d'un étrange sentiment de puissance infinie, où il nous semble que tout nous est possible, que la seule chose qui nous manque pour tout réaliser est le *vouloir d'être et d'agir*.

La scène de notre vie avec ses multiples apparences, avec la variété des couleurs et de ses formes, avec les souvenirs de son passé et les réalités de son présent, s'illumine soudain d'une lueur magique éteignant toutes les lumières qui, auparavant, l'éclairaient et faisant apparaître les splendeurs d'un avenir dans lequel nous sommes un héros vêtu de la gloire de la virilité, un roi, maître de soi, impassible devant les tentations, victorieux de tous ses ennemis ; et autour de nous un chœur grandissant de voix invisibles se met à proclamer : « Sache vouloir et oser et tu régneras aussi. »

De telles illuminations nous arrivent en présence d'une grave question à résoudre ou d'une importante difficulté à surmonter ; ce sont des stimulants pour nous engager à l'action et nous conduire au succès.

La troisième révélation nous arrive quand notre conscience étant le théâtre d'une noble émotion, nous sentons nos cœurs se gonfler du vif désir de faire triompher la justice.

Que celui qui veut se connaître sache se trouver dans ces révélations subites qui jaillissent du noyau de son être.

Elles devraient lui apprendre d'abord que, placé à la tête de toutes les choses visibles, il y a en lui une divine étincelle qui est un germe pouvant se développer à l'infini mais dont le développement ne dépend que de lui-même, entièrement de lui-même. Cela ne peut pas se développer contre sa volonté ; l'illumination lui montre la route, la seule route qui conduise à la vie éternelle, mais il n'y a pas de force autre que sa volonté capable de l'obliger à entreprendre le voyage.

Cela lui montre le pouvoir dont il est possesseur ; cela lui apprend que la foi qui transporte les montagnes est la foi dans la puissance humaine et que le levier d'Archimède est la volonté robuste qu'aucune difficulté ne peut faire reculer.

Et enfin la nature de son émotion lui enseigne qu'il doit employer ses pouvoirs pour le bien, que sa conduite doit être guidée par l'amour et la justice.

Et l'émotion par laquelle cette puissance lui est révélée est elle-même une grande force qui, non maîtrisée, peut ruiner le corps et l'âme, mais qui, contenue et dirigée, joue le rôle de la poudre lançant le projectile avec une force irrésistible et la rapidité de l'éclair.

Dieu fit l'homme à son image, disent les Ecritures hébraïques ; au candidat à l'initiation des anciens mystères, on disait que tous les dieux, même les plus grands, n'étaient que des hommes. Ce sont là deux faces de la même vérité ; pour les comprendre il faut les réunir et dire : l'homme vient de Dieu et retourne à Dieu.

Il y en a qui trouveront déplaisant cet emploi du mot Dieu ; nous nous en servons pour exprimer l'essence infinie qui est au delà de toute conscience, d'où émanent toutes choses existantes ; nous désignons par là ce qui est à la fois le commencement et la fin, l'Unique Vie, l'Esprit universel, et non un tyran omnipotent dirigeant l'univers suivant ses caprices.

Qu'est-ce que c'est donc que l'homme si devant lui s'ouvrent de telles perspectives, s'il est une créature en qui la Divinité se trouve latente ?

L'homme est quelque chose qui se trouve à mi-chemin entre la matière grossière et la divinité, participant de la nature des deux et capable de s'assimiler de plus en plus à l'une ou à l'autre suivant les inclinations qu'il fait suivre à sa volonté. Ni complètement divine ni complètement brutale, mais pouvant monter à la divinité ou descendre au niveau de la brute, l'humanité représente une étape intermédiaire du grand voyage que nous devons tous accomplir le long du cycle de la Nécessité.

Nécessité vraiment, mais combinée avec des possibilités infinies, paradoxe qui ne peut être résolu que par ce qu'Eliphas Lévi a nommé *l'analogie des contraires*.

L'homme a la puissance de devenir plus qu'un homme, de devenir un dieu incarné, mais il doit le devenir par ses propres efforts. Jeté à sa naissance dans le tourbillon de la matière, il se trouve doué de capacités naturelles qui sont ses armes pour la lutte ; il est en même temps limité et enchaîné par les circonstances au milieu desquelles Karma l'a placé.

Mais, laissant de côté la doctrine de Karma, bornons-nous à l'étude de l'homme tel que nous le connaissons, l'individu ordinaire que nous rencontrons journellement, et auquel nous ressemblons tous puisque nous sommes de la même famille.

Nous avons déjà indiqué le but auquel il peut et doit aspirer et sur lequel l'attention d'un si petit nombre d'hommes est fixée. Il se met en route avec ses capacités au milieu des circonstances qui l'environnent ; il a pour tâche de développer ses capacités jusqu'à la perfection en les exerçant sur le milieu. Ce sont les outils avec lesquels il doit travailler et, plus ils seront parfaits, meilleur sera son ouvrage. Les circonstances sont le milieu dans lequel il doit travailler ; bien qu'elles soient en apparence établies par une inflexible fatalité, au fond il n'en est rien.

Dans cet univers toujours évoluant il n'y a rien de fixe autre que le principe animant de toutes choses, les idées qui régissent le monde. Tout le reste est pure manifestation non seulement sujet au changement, à la transformation, mais fluidique de sa nature et pas du tout solide, malgré l'apparence trompeuse que prennent les choses pour celui qui, les regardant superficiellement, pense qu'elles sont des formes immuables.

Il faut considérer les circonstances comme des courants que nous pouvons diriger dans les canaux que nous creusons et dont nous pouvons employer la force pour réaliser nos desseins. C'est folie que de vouloir maîtriser un torrent gonflé par l'orage, de vouloir s'opposer à sa course, mais l'homme sage détourne une partie de ses eaux pour sauver sa propriété de l'inondation ou bien se sert de sa force pour faire mouvoir les roues d'un moulin et de ses eaux pour arroser les champs.

Ici se présentent les questions : Dans quelle mesure cela peut-il être fait ? Comment l'homme peut-il savoir que c'est là son devoir ? Quelle boussole doit donner la direction à son activité ? Où doit-il trouver l'impulsion première qui le fera partir sur la bonne route.

La réponse se trouve dans le fait qu'au travers de tous les hommes l'Unique Vie est incessamment à l'œuvre, qu'elle les pousse toujours en avant et leur indique le droit chemin par cette force directrice que nous appelons la voix de la conscience. La conscience est plus qu'une voix, c'est une impulsion dans un certain chemin qui est la ligne de moindre résistance dans le domaine moral, comme le désir de la sensation indique la voie la plus directe pour aller à l'apparence illusoire du bonheur. Que nous agissions ou que nous nous abstenions cette force est toujours en nous, son activité ne cesse jamais. Qui de nous ne l'a pas sentie ? Qui ne sait pas ce que c'est que faire un faux pas pendant qu'une impulsion intime nous avertit et nous engage à prendre une direction différente ? Et quand le faux pas est fait, comme nous sentons fortement l'impulsion qui voulait nous le faire éviter ! Comme il nous paraît clair ensuite qu'il eût été facile d'agir d'une autre façon, soutenu que nous étions par la force dont l'activité est maintenant sentie pleinement mais trop tard.

L'unité est le premier principe de la Nature comme celui des nombres ; il y a une vie, une force, une loi. Toutes les forces spirituelles et matérielles auxquelles nous donnons tant de noms ne sont que les manifestations d'une force unique ; elles ne sont que quelques-uns des nombreux vêtements qu'elle doit porter pour être visible à nos yeux mortels. Mais ceux qui possèdent une vue pénétrante peuvent percer ces déguisements et percevoir l'unité de toutes choses ; le voile recouvrant cette unité devient de plus en plus mince à mesure que nous nous élevons sur le sentier du développement jusqu'à ce qu'enfin le voyant soit capable de contempler la Vérité sans être ébloui, de voir Dieu face à face.

Dieu est l'Être Absolu d'où toutes choses procèdent ; il est manifesté à l'homme sous l'apparence d'une infinité de forces dont les corrélations et les combinaisons produisent la variété infinie des choses visibles et invisibles. Les anciens Kabalistes le comparaient à l'Unité génératrice de tous les nombres et disaient qu'il produit toutes choses par nombres, poids et mesures.

Au commencement était le Verbe, le Logos, la première manifestation du Non-Manifesté par qui toutes choses furent faites.

Suivant ses capacités, chacun de nous conçoit l'idée de Dieu ; cette idée est la plus haute abstraction à laquelle notre intelligence puisse parvenir et nous la douons des attributs les plus transcendants que nous soyons capable de concevoir. Il suit de là que nous trouvons dans les conceptions de la Divinité une hiérarchie partant des forces naturelles ou des corps célestes pour s'élever jusqu'à Parabrahm, la conception philosophique des Indous, inconscient parce qu'il est sans limites et que la conscience de nous connue est d'un genre limité. Mais partout le Dieu d'un homme est ce qui emplit son âme ; c'est toujours la plus haute de ses conceptions ; si elle est de qualité inférieure c'est seulement parce que sa pensée est incapable de monter plus haut. En chaque homme existe un point de saturation au-delà duquel il ne peut aller ; parvenu à ce point, il contient toute la vérité qu'il est capable d'assimiler.

La faculté d'assimiler la vérité est susceptible d'extension. La vérité contenue en nous à un moment donné est la somme de nos pensées, de nos actions, de notre expérience du passé ; mais en notre intelligence de nouvelles idées peuvent apparaître, nous pouvons exécuter des actions encore jamais faites et récolter une expérience que nous n'avions pas. Il s'ensuit que nous devons considérer notre faculté de recevoir la vérité comme susceptible de variation et capable d'extension. Il est bon de garder ce fait toujours présent à l'esprit afin d'être toujours prêts à augmenter la part de vérité que nous possédons ; par là seulement nous pouvons progresser dans la compréhension des mystères qui nous entourent et arriver graduellement à mieux saisir les causes cachées qui gouvernent et maintiennent l'univers. Malheur à ceux qui ne parviennent point à reconnaître cette loi du progrès. S'ils limitent leur capacité réceptive, s'ils en font une cuve solide d'une contenance déterminée, ils ne pourront plus augmenter en compréhension, et devront s'estimer heureux si cette cuve d'argile ne se rétrécit pas de plus en plus jusqu'à se fendre et à tomber en morceaux qui augmenteront le nombre des épaves jonchant les rives de l'Océan de la vie humaine pour servir d'avertissement aux insoucieux et aux indolents.   .

Nous avons dit que toutes choses sont des manifestations de l'Unique Vie toujours à l'œuvre pour broder le manteau qui le cache à notre connaissance, comme dans le monde matériel toutes les teintes et toutes les nuances des couleurs sont faites de ce qui est contenu dans le rayon blanc, comme les forces étudiées par les savants ne sont que les modes d'une force unique.   .

Dans l'organisme compliqué que nous appelons l'homme, tout comme dans le monde extérieur, les changements corporels et intellectuels sont aussi produits par l'Unique Vie. La pulsation de son cœur, le renouvellement continu des éléments dont il est composé, les pensées qui apparaissent dans son cerveau, les actions qu'il exécute tout cela vient de la Force Unique dirigée par l'Unique Loi.   .

Ici nous devons nous demander quelle part est laissée à l'homme individuel si en lui et par lui l'Unique Vie fait tout.

Nous butons là contre un mystère et un mystère dont la solution ne peut être trouvée que sur un plan supérieur à ceux sur lesquels notre conscience peut être actuellement placée, alors que, débarrassés des limitations de l'existence matérielle et pourvus d'une conscience apte à connaître objectivement ce à propos de quoi nous ne pouvons actuellement faire que de vagues conjectures, nous pourrons voir les choses telles qu'elles sont réellement. Ce mystère, éclairci seulement pour ceux qui ont franchi les plus hautes étapes de l'initiation, est le mystère de la volonté humaine. Tout ce que nous pouvons en savoir présentement, c'est qu'en remontant la chaîne des causes qui produisent les actions se passant sous nos yeux, nous arrivons toujours à trouver que le point de départ de l'activité humaine est le mystère de la volonté qui, pour nous, est la synthèse de l'action de l'Unique Vie. Cela suffit pour que notre activité continue à marcher dans le droit chemin.

Sans la volonté de vivre qui existe en tout homme et qui n'est expérimentalement connue que de ceux qui se sont trouvés en face de la mort, les fonctions du corps cesseraient d'être accomplies. Ces fonctions ne sont qu'un résultat de la volonté, bien que l'habitude de les accomplir les ait rendues automatiques en apparence. Leur origine est prouvée par le fait que certaines personnes peuvent à volonté les ralentir ou les accélérer. L'action de la volonté est très saisissable dans ce que nous appelons les mouvements volontaires.

Pour le moment nous n'avons pas à parler des limites qui sont posées à l'action de la volonté. Les disputes des casuistes sur ce point ont empli de nombreux volumes ; la lutte a été chaude sans produire un résultat valable. Quelle que puisse être l'étendue de notre liberté considérée abstraitement, nous savons que l'individu est toujours capable de choisir entre deux directions, qu'il peut accepter ou refuser de suivre une route ouverte devant son activité. Le choix peut être suivi de conséquences ne dépendant pas de nous, mais l'aptitude à faire le choix initial est *par excellence* le droit de l'humanité.

L'homme n'est pas dépourvu de guide pour l'aider à choisir la bonne route. Il a d'abord sa raison, cet attribut divin qui le sépare de la création inférieure et qui le rend apte à percevoir la vraie nature des circonstances qui l'environnent, à peser tous les motifs qui se présentent pour ou contre une détermination, aussi bien qu'à concevoir les diverses voies dans lesquelles il peut s'engager ; et de plus il a deux principes pouvant servir à guider son choix, l'amour et la justice.

La véritable voie est indiquée par ces deux principes ; par l'amour, parce que, dans son essence, il est la compréhension de l'unité divine de l'humanité, de l'identité de nature qui est sous-jacente à toutes les manifestations individuelles ; par la justice parce qu'elle est la manifestation plus ou moins complète de l'Unique Loi. Ces deux principes qu'on a nommés l'amour de l'humanité et la crainte de Dieu sont les guides infaillibles de tous ceux qui veulent acquérir la conscience du divin. Innés dans l'homme où ils sont souvent obscurcis et déformés par notre volonté pervertie au point de ressembler à des anges de ténèbres et non à des anges de lumière, ces deux principes jumeaux conduisent l'homme à son but véritable et ceux qui les suivent d'un cœur ferme atteindront avec eux l'état divin qui est au-dessus de notre compréhension et dans lequel règne la paix parfaite, apanage de ceux qui sont sortis victorieux du grand combat.

C. J. Wigmore.

VARIÉTÉS OCCULTES

INCIDENTS DE LA VIE DU COMTE DE SAINT-GERMAIN

(*Suite*).

J'étais seule à Paris, M. d'Adhémar étant allé faire visite à quelques-uns de ses parents qu'il avait dans le Languedoc ; nous étions le dimanche à 8 heures du matin. J'ai l'habitude d'entendre la messe à midi, de sorte que j'avais peu de temps à moi pour faire ma toilette et me préparer à sortir. Aussi je me levais à la hâte et j'avais à peine revêtu ma robe de chambre du matin que Mlle Rostande, ma principale femme de chambre en qui j'avais placé toute ma confiance, vint me dire qu'un gentilhomme désirait me parler.

Faire une visite à une femme à 8 heures du matin, c'était agir contre toutes les règles adoptées. « Est-ce mon mandataire, mon homme de loi, demandai-je », car on a toujours un de ces gens à ses talons, quelque peu importante que soit la propriété que l'on possède. « Est-ce mon architecte, mon sellier, ou l'un de mes fermiers ? »

A chaque question une réponse négative.

« Mais qui est-ce alors, ma chère ? » Je traitais ma servante avec familiarité. Elle était née le même jour que moi, dans la même maison, celle de mon père, avec cette différence que j'étais venue au monde dans un bel appartement et elle dans la loge de notre portier, son père, digne Languedocien qui était retraité à notre service.

« J'ai pensé, répondit ma servante, avec tout le respect que je dois à madame la comtesse, que le diable s'est fait depuis longtemps un manteau de ce personnage. »

Je passai en revue ceux de ma connaissance qui avaient pu mériter un pareil traitement de la part de Satan et j'en trouvai tant que je ne sus sur qui faire peser mes soupçons.

— « Puisque Madame ne devine pas, je prendrai la liberté de lui dire que c'est le comte de Saint-Germain.

— « Le comte de Saint-Germain ! m'écriai-je, l'homme des miracles !

— « Lui-même. »

Ma surprise était grande de savoir qu'il était à Paris et dans ma maison. Il y avait huit ans qu'il avait quitté la France et personne ne savait ce qu'il était devenu. N'écoutant que ma curiosité je lui ordonnai de l'introduire.

— « Vous a-t-il dit de se faire annoncer sous son nom ?

— « C'est M. de Saint-Noël qu'il s'appelle maintenant, mais je le reconnaîtrais entre mille. »

Elle partit et un moment après le comte apparut. Il était frais, avait bonne mine et paraissait avoir rajeuni. Il me fit le même compliment, mais on peut douter s'il était aussi sincère que le mien.

— « Vous avez perdu, lui dis-je, un ami, un protecteur dans le dernier roi.

— « Je regrette doublement cette perte, à la fois pour moi et pour la France.

— « La nation n'est pas de votre avis. Elle compte sur le nouveau règne pour son bonheur.

— « C'est une erreur, ce règne lui sera fatal.

— « Que dites-vous? répliquai-je, en baissant la voix et en regardant autour de moi.

— « La vérité... Une gigantesque conjuration est formée qui n'a pas encore de chef avéré, mais il apparaîtra d'ici peu de temps. Le but n'est rien moins que le renversement de ce qui existe pour le rétablir sur un nouveau plan. Il y a de la mauvaise volonté de la part de la famille royale, du clergé, de la noblesse, de la magistrature. Il est cependant encore temps d'étouffer le complot, plus tard ce sera impossible.

— « Où avez-vous vu tout cela? Est-ce en rêve ou éveillé?

— « En partie à l'aide de mes deux oreilles et en partie par le moyen des révélations. Le roi de France, je le répète, n'a pas de temps à perdre.

— « Il faut demander une audience au comte de Maurepas et lui faire connaître vos craintes, car il peut tout, ayant entièrement la confiance du roi.

— « Il peut faire tout, je le sais, excepté de sauver la France, ou plutôt c'est lui qui hâtera sa ruine, cet homme vous perdra, Madame.

— « Vous m'en dites assez pour vous faire envoyer à la Bastille le reste de vos jours.

— « Je ne parle ainsi qu'aux amis dont je suis sûr.

— « Néanmoins, voyez M. de Maurepas; il a de bonnes intentions, malgré son manque d'habileté.

— « Il repousserait l'évidence; d'ailleurs il me déteste; ne connaissez-vous pas le sot quatrain qui a causé son exil :

> Belle marquise il loue vos charmes,
> .Vous êtes belle et très franche
> Mais tout cela n'empêche pas
> Que vos fleurs ne soient que des fleurs.

— « La rime est inexacte, comte.

— « Oh! la marquise n'y fit pas grande attention, mais elle savait que M. de Maurepas en était l'auteur et il prétendit que je lui avais enlevé le manuscrit original pour l'envoyer à la hautaine sultane. Son exil suivit la publication de ces méchants vers, et depuis cette époque il m'a compris dans ses plans de vengeance; il ne me pardonnera jamais. Néanmoins, madame la comtesse, voici ce que je vous propose. Parlez de moi à la reine, des services que j'ai rendus au Gouvernement dans les missions qui m'ont été confiées pour les diverses cours de l'Europe. Si Sa Majesté veut m'écouter, je lui révélerai ce que je sais; alors elle jugera s'il est bien que j'entre en présence du roi, — sans cependant l'intervention de M. de Maurepas, c'est mon *sine qua non*. — J'écoutais attentivement M. de Saint-Germain et je compris tous les dangers qui seraient encore suspendus sur ma tête, si j'intervenais dans une pareille affaire. D'un autre côté, je savais le comte de Saint-Germain parfaitement au courant de la politique européenne et je craignais de perdre l'occasion de servir l'État et le roi. Le comte de Saint-Germain devinant mon incertitude me dit.

— « Réfléchissez à ma proposition, je suis à Paris incognito, ne parlez de moi à personne et si demain vous voulez venir me trouver dans l'église des Jacobins de la rue Saint-Honoré, j'y attendrai votre réponse à 11 heures précises.

— « J'aimerais mieux vous voir chez moi.

— « Volontiers ; à demain, alors, Madame. »

Il partit. Je réfléchis toute la journée sur cette espèce d'apparition, et sur les menaces du comte de Saint-Germain. Quoi ! nous étions à la veille d'une désorganisation sociale ; ce règne, qui avait commencé sous de si heureux auspices, préparait la tempête ! Après avoir longtemps médité sur ce sujet, je me décidai à présenter M. de Saint-Germain à la reine, si elle y consentait. Il fut ponctuel au rendez-vous et fut enchanté de la résolution que j'avais prise. Je lui demandai s'il allait se fixer à Paris ; il me répondit que non, ses projets ne lui permettant pas de vivre plus longtemps en France.

— « Un siècle se passera, dit-il, avant que j'y réapparaisse. »

J'éclatai de rire et il en fit autant. Cette journée-là même, je me rendis à Versailles ; je traversai les petits appartements, et, y ayant trouvé Mᵐᵉ de Misery, je lui demandai de faire savoir à la reine que je désirais la voir aussitôt qu'elle pourrait me recevoir. La première femme de chambre revint avec l'ordre de m'introduire. J'entrai, la reine était assise en face d'un charmant bureau en porcelaine, que le roi lui avait donné ; elle était en train d'écrire, et tournant la tête elle me dit en souriant gracieusement :

— « Qu'avez-vous besoin de moi ?

— « Une bagatelle, Madame ; j'aspire tout simplement à sauver la monarchie. »

Sa Majesté me regarda avec étonnement.

— « Expliquez-vous. »

A cet ordre, je fis mention du comte de Saint-Germain ; je dis tout ce que j'en savais, son intimité avec le feu Roi, Madame de Pompadour, le duc de Choiseul ; je parlai des services réels qu'il avait rendus à l'Etat par son habileté diplomatique ; j'ajoutai que depuis la mort de la marquise, il avait disparu de la Cour, et que personne ne connaissait l'endroit où il s'était retiré. Quand j'eus suffisamment piqué la curiosité de la Reine, je terminai en lui répétant ce que le comte m'avait dit le jour précédent, et qu'il m'avait confirmé le matin.

La reine parut réfléchir, puis elle répliqua :

— « C'est étrange ; hier j'ai reçu une lettre de mon mystérieux correspondant ; il m'a averti qu'une importante communication me serait faite, et que je devais la prendre en sérieuse considération

sous peine des plus grands malheurs ; la coïncidence de ces deux
choses est remarquable, à moins toutefois qu'elle ne vienne de la
même source ; qu'en pensez-vous?

— « Je ne sais qu'en dire, la reine a reçu ces communications
mystérieuses pendant plusieurs années ; et le comte de Saint-Germain n'a réapparu qu'hier.

— « Peut-être agit-il de cette façon pour se mieux cacher?

— « Cela est possible ; néanmoins, quelque chose me dit qu'on
doit avoir foi dans ses paroles.

— « Après tout, on n'est pas triste de le voir, ne fut-ce qu'en passant. Je vous autorise alors à me l'amener demain à Versailles,
habillé dans votre livrée ; il restera dans vos appartements et aussitôt qu'il me sera possible de l'admettre je vous appellerai ; je ne
veux l'écouter qu'en votre présence, c'est aussi mon *sine qua non.* »

Je m'agenouillai profondément et la reine me renvoya chez moi
avec le signal habituel. Je dois avouer cependant que ma confiance
dans le comte de Saint-Germain était diminuée par la coïncidence
existant entre son arrivée à Paris et l'avis reçu la veille par Marie-
Antoinette. Je m'imaginai voir en cela un plan régulier de tricherie
et je me demandais si je devais lui en parler ; mais, tout considéré,
je résolus d'être silencieuse, persuadée qu'il était préparé d'avance
à répondre à cette question.

(*A suivre*).   **Isabelle Cooper Oakley.**

DEMANDES ET RÉPONSES

*Pourquoi certaines personnes récemment décédées réussissent-elles
à se matérialiser et d'autres non? Par exemple dans « Les deux
Frères »* (Theosophical Review, Nov. 1897), *Lancelot qui était mort,
ne pouvait communiquer d'aucune façon, à lui seul, avec son frère
vivant, tandis que dans « Un meurtre Astral »* (Theosophical Review, Déc. 1897), *Tom Price était vu par trois personnes le matin du
jour où il s'empara de la machine pour tuer son rival et cela plus
d'un mois après son décès. La haine et la soif de vengeance seraient-
elles plus puissantes que l'amour, comme sembleraient l'indiquer ces
deux cas?*

Assurément la haine et la vengeance ne sont *pas* plus puissantes
que l'amour, si on les considère comme des forces abstraites,
mais la haine d'un homme peut aisément être plus puissante et
plus concentrée que l'amour d'un autre homme et il ne s'agit là
que de la quantité de force mise en jeu, de la force de volonté et de
la puissance de concentration dont on fait preuve et nullement de
la direction qu'on leur imprime.

Il ne s'ensuit pas toujours que ceux qui recueillent patiemment et étudient un nombre considérable de faits, soient pour cela invariablement à même d'expliquer tout ce qu'ils voient. S'ils sont interrogés sur les faits il leur est possible de répondre, mais les raisons qui se cachent derrière ces faits peuvent n'être souvent que matière à suppositions, comme c'est le cas pour quelques-unes des recherches de la science physique. Je crois que ces deux histoires sont absolument vraies (je *sais* même que l'une d'elles l'est), mais il n'en est pas moins vrai qu'elles sont probablement le résultat de l'action de toutes sortes de forces Karmiques dont je n'ai pas la moindre idée, et pour les expliquer d'une façon parfaite, il serait indispensable de tenir compte de toutes ces forces.

Il n'est naturellement pas difficile de comprendre pourquoi le pauvre Lancelot était incapable de communiquer avec son frère, attendu que cette incapacité ne représente que l'état normal des choses ; l'étonnant c'est que Cyrille *ait été* capable de se matérialiser et non pas que Lancelot ne l'ait *pas* été. Dans le cas de Cyrille, néanmoins, non-seulement le sentiment était probablement plus puissant, mais encore il savait exactement ce qu'il voulait faire, savait que la matérialisation était une chose possible et avait une idée générale des procédés qu'il fallait employer pour arriver à ce résultat, tandis que Lancelot ne connaissait naturellement rien de tout cela.

Si l'un des cas réclame une explication, ce n'est pas celui de Lancelot, mais bien celui de Tom Price. On peut tenir pour certain qu'*il* n'avait aucune notion des procédés ou des possibilités occultes, néanmoins il trouva moyen d'atteindre son exécrable but en les employant. De quelle façon est-il probable que cela se soit passé ?

Il est plus que probable qu'un homme doué de passions aussi violentes et d'une aussi terrible puissance pour le mal avait attiré autour de lui, durant sa vie, de puissantes entités astrales de l'espèce la moins recommandable, qui étaient prêtes à l'assister joyeusement dans l'accomplissement d'une pareille œuvre de destruction, mais il est fort possible que sa méchanceté concentrée et venimeuse ait été assez puissante pour briser à elle seule les barrières, tout comme le fit l'intense compassion de Cyrille dans l'autre cas.

Si inexplicable que cela puisse paraître, on ne peut mettre en doute l'existence dans la nature de cette stupéfiante puissance qu'exerce la volonté sur la matière de tous les plans, de sorte que pourvu que la puissance soit assez forte, *n'importe quel* résultat peut être atteint au moyen de son action directe, sans que l'homme qui met en jeu cette volonté ait aucune connaissance, ou même aucune idée, de la *façon* dont elle accomplira son œuvre. Nous avons eu de nombreuses preuves établissant que cette puissance a tout son effet dans les cas de matérialisation, bien que cela soit un art que l'on doive apprendre tout comme un autre. Il n'est pas douteux qu'un homme ordinaire ne pourrait pas plus se matéria-

liser, sur le plan astral, avant d'avoir au préalable appris comment
il faut s'y prendre, qu'il ne pourrait, sur ce plan, jouer du violon
sans avoir appris à se servir de cet instrument. Il existe toutefois
des cas exceptionnels et si Tom Price n'a pas été aidé, son cas a dû
être l'un de ceux-ci.   **C. W. Leadbeater.**

A la mémoire d'Héléna Petrowna Blavatsky.

(Poésie lue le « Jour du Lotus Blanc », 1899).

Toi que les Maîtres ont choisie,
(Haute et Sainte Fraternité !)
Reçois cette humble poésie,
Messagère de Vérité !

Reçois ces fleurs, et de notre âme
Les pensers les plus précieux,
Toi qui nous révélas le Drame
Immense des êtres et des Cieux !...

Hélas ! notre reconnaissance
Ne peut s'exprimer par des mots ;
Tu nous montras l'Unique Essence,
Tu mis un remède à nos maux...

Car le pire des maux pour l'homme
Qui cherche avec sincérité,
C'est : toujours, toujours vivre, en somme
Dans le Doute et l'Obscurité...

Ton âme (insondable Mystère
Pour nos yeux trop faibles encor !)
Rayonna sur toute la Terre
Comme un astre aux effluves d'or !...

Mais l'Humanité vaine et lâche,
— Restons calmes, c'est le Karma ! —
Inconsciente de la Tâche,
Envieuse, te diffama.

Pourtant, quelques-uns te comprirent
Qui, sans vils découragements,
A tes pieds, de ta bouche, apprirent
Les sublimes enseignements...

Enseignements de ces grands Etres
Pour qui n'existe aucun secret ;
De Ceux qu'on appelle : les Maîtres
De la Science du SACRÉ...

Que ta mémoire soit bénie,
Messagère de Vérité,
De spirituelle Harmonie
De Paix et de Fraternité !...

                                   Maurice Largeris.

ECHOS DU MONDE THÉOSOPHIQUE

France.

La visite de la comtesse Watchmeister aux divers groupes théosophistes français dont nous avons parlé dans notre dernier numéro, n'a pas tardé de porter ses fruits. Quelques-uns de ces groupes se sont constitués en branches proprement dites ; ce sont ceux de Marseille, Grenoble et Lyon. Avec les branches déjà existantes à Nice, Toulon et Paris, nous avons donc enfin réalisé la première des conditions nécessaires à la constitution d'une *section française* de la Société théosophique. C'est aux branches précitées qu'il convient de délibérer dès maintenant sur cette question et de charger le membre français du comité exécutif de la section européenne à laquelle sont encore attachés les groupes français de négocier avec qui de droit la réalisation de l'idéal auquel nous aspirons tous depuis longtemps, celui de nous administrer nous-mêmes, tout en rendant hommage à l'excellence des rapports que nous avons toujours eus avec nos frères de l'étranger.

La comtesse Watchmeister, à son passage dans chacune des diverses villes précitées, a fait une conférence publique sur la *Mort et l'au-delà* d'après la donnée théosophique. A Paris, la conférence a eu lieu au salon Marigay, rue des Mathurins, 40, devant une assistance distinguée de plus de cent cinquante personnes. La conférencière a été très intéressante et très ajustement applaudie.

..

Le printemps de chaque année voit se réunir les assemblées générales de beaucoup de Sociétés. Parmi celles qui intéressent davantage les théosophistes, nous devons signaler la Société pour l'arbitrage entre nations et celle pour le désarmement international. Toutes deux poursuivent un noble idéal que la première réalisera sans doute plus tôt. La seconde a du moins réuni beaucoup de suffrages dans une magnifique fête qu'elle a donnée à la Mairie du IVe arrondissement. Nous avons assisté aussi à l'assemblée annuelle de la Société d'Incinération qui a eu lieu à l'hôtel des Sociétés savantes et nous avons constaté les progrès de cette Société. Nous rappelons que les adhésions y sont recueillies à son siège social, Boulevard Malesherbes, 112 bis. Enfin, l'assemblée de la Société centrale de sauvetage des naufragés, qui a eu lieu le 7 mai dernier, à la Sorbonne, a présenté le spectacle moral le plus réconfortant. Rien de plus théosophique, en effet, au point de vue physique, au moins, que de voir plusieurs milliers de personnes applaudissant de braves gens ayant à leur actif chacun de vingt à trente sauvetages opérés au cours de l'année écoulée et au péril de leur propre vie. Espérons que l'année prochaine l'assemblée générale de la *Société Théosophique de France*, et même un Congrès théosophique sans alliage, viendront s'ajouter aux réunions dont nous venons de parler.

. .

Le huitième anniversaire du décès de H. P. Blavatsky, a été célébré, suivant l'usage, le 8 mai dernier, par les divers groupes théosophistes français. On sait que cet anniversaire porte chez nous le nom de *jour du Lotus Blanc*. La plupart des théosophes de Paris s'étaient réunis au siège de la Branche Ananta où le portrait de Mme Blavatsky était entouré de nombreux bouquets de muguets et de lilas blanc, ses fleurs préférées. Suivant l'usage, aussi, il a été lu des chapitres de la *Bhagavadgita* et de la *Voix du Silence*, plus la remarquable préface du Livre de M. Sinnett sur la vie de Mme Blavatsky. Enfin, M. Maurice Largeris a dit d'une voix émue des vers qu'il avait écrits pour la circonstance et que nous reproduisons d'autre part. Le même jour, le Colonel Olcott, président fondateur de la Société théosophique, découvrait au quartier Central, à Adyar, près de Madras, dans l'Inde, le buste très ressemblant, paraît-il, de sa regrettée collègue, buste élevé par ses soins et par la reconnaissance des Hindous dont le mouvement théosophique tend à relever la nation.

. .

Les journaux scientifiques parlent beaucoup en ce moment de la découverte que le professeur Rychnowski, de Lemberg (Autriche) a faite d'une substance éminemment dynamique à laquelle il a donné le nom de *Electroïde*. D'après les renseignements donnés, cette substance nous paraît être ce que les théosophes avancés connaissent et manient déjà depuis longtemps et à quoi ils ont donné le nom de substance éthérique des derniers sous-plans physiques. C'est ainsi que la théosophie reçoit des corroborations continuelles par la science même du jour. Par contre, elle sait aussi où doivent s'arrêter les découvertes actuelles. C'est ainsi que Keeley, l'inventeur dès 1885 d'une nouvelle force issue des vibrations imprimées à une série de diapasons, force à laquelle il avait donné le nom d'éthérique, que Keeley, disons-nous, vient de mourir aux Etats-Unis sans avoir fait faire un pas à l'ébauche même de sa découverte. Or, Mme Blavatsky a écrit en 1887, que la découverte de Keeley était prématurée et n'arriverait point dans ces années-ci à sa pleine réalisation.

.·.

Au moment de clore ces échos nous apprenons que Mme Annie Besant vient donner une série de conférences théosophiques à Paris. Nous ajournons donc au mois prochain le compte rendu de ces intéressantes réunions.   Pour les échos Français.

D. A. Courmes.

—

ECHOS ÉTRANGERS

Angleterre.

La Branche Blavatsky, de Londres, a eu, pendant le mois d'avril, trois conférences importantes, dont une sur la *Prière* par M. Leadbeater. En traitant cette question, le conférencier a établi une ligne de démarcation entre le stage d'évolution, pendant lequel l'homme prie pour son bénéfice personnel, et le stage supérieur pendant lequel la Prière est devenue cet acte d'adoration envers ce que l'homme a reconnu comme digne de son culte.

Le 27 avril, M. Mead a fait une intéressante conférence sur : *Les Mystères Isiaques et les doctrines d'Hermès trismégiste.*

Mme Hooper a vivement intéressé ses auditeurs en relevant, dans la troisième conférence, les *traces des enseignements secrets existant chez les peuples primitifs.*

Les titres des autres conférences, données dans les autres Branches, montrent que nos frères d'Angleterre poussent leurs recherches théosophiques dans de nombreuses directions.

On a déjà dit que la prochaine convention annuelle de la Section Européenne se tiendra à Londres, les 8 et 9 juillet prochain.

Italie.

La Branche de Rome continue ses réunions mensuelles et les discussions, qui y ont lieu, sont pleines d'intérêt et d'animation.

Les conférences, données pendant le courant du mois de mars, traitèrent du « système solaire et sa chaîne planétaire » et de « La chaîne lunaire et la chaîne terrestre ».

Amérique.

Une lettre, reçue d'Amérique, nous apprend que M. J. C. Chatterji y est de retour.

A peine débarqué, il a fait une belle conférence dans la branche de New-York, présidée par M. Alexander Fullerton, secrétaire général de la section américaine.

Cette lettre donne les meilleures nouvelles du progrès de notre Société dans ce pays. Il y est même question d'y faire venir le colonel Olcott pour achever ses conversions ou tout au moins le retour, dans les rangs de la Société, de travailleurs, qui avaient cru trouver mieux dans d'autres groupements quelque peu différents.

M. Chatterji va d'ailleurs continuer son travail de propagande en

Amérique, et nous sommes convaincus que son zèle et son dévouement, joints à l'éloquence de sa parole si entraînante, exercerait la meilleure influence dans ce pays. Ces qualités, dont nous avons pu expérimenter la valeur à Paris, lui gagnent tous les cœurs et lui créent des amis dans tous les pays.

Nouvelle Zélande.

Mme Richmond a donné une série de conférences pendant trois dimanches successifs, dans le courant du mois de février. Ces conférences eurent pour titre : *L'Origine et les pouvoirs de la pensée dans l'homme, L'homme à la recherche de Dieu,* puis *Evolution et Réincarnation.*

Les deux autres dimanches de février ont été pris par Mme Aiken, qui a parlé de la *Pensée comme force vivante,* et des *trois sentiers.*

Une nombreuse assistance a écouté avec intérêt les instructions données dans les réunions de Wellington et de Christchurch. Ces deux branches travaillent d'ailleurs avec une grande ardeur, comme d'habitude.

Indes.

Le « Jour du Lotus blanc » a été religieusement observé dans tout le Monde Théosophique. Cette journée est regardée partout comme une occasion de ne pas perdre de vue le travail accompli par H. P. Blavatsky, comme pionnier si dévoué du mouvement théosophique. Cet hommage rendu à Mme Blavatsky par tous les membres de la Société Théosophique, a été particulièrement intéressant à Adyar. Après y avoir lu quelques passages de la *Bhagavad Gîta* et de la *Lumière d'Asie,* comme cela se fait généralement, après avoir rappelé quelques souvenirs personnels relativement à sa fidèle et dévouée co-fondatrice, le colonel Olcott a profité de l'occasion pour inaugurer la statue, en grandeur naturelle, de Mme Blavatsky. Cette œuvre d'art, dit le *Theosophist,* est sortie des ateliers de l'Ecole d'Art de Madras, laquelle est d'ailleurs sous la surveillance du colonel Olcott. Rien n'égala la joie avec laquelle notre Président découvrit le voile qui couvrait la statue. La ressemblance est si frappante qu'il croyait retrouver dans cette image, sa vieille amie, sa compagne fidèle dans les luttes entreprises pour fonder la Société.

On annonce la publication des conférences faites par Mme Besant à la dernière convention sur *L'Evolution de la Vie et de la Forme,* ainsi que celles sur *Dharmah* et le Mahâbhârata.

Paul Gillard.

REVUE DES REVUES

Theosophist. *Organe présidentiel.* Mai 99. — Feuilles d'un vieux journal (*suite*), par H. S. Olcott. — Les auras des métaux (*suite*), par A. Marques. — Le système des castes aux Indes, par S. C. Basu. —

Évidences de la conscience suprasensuelle, par Govindacharlu. — Doubles réels et simulés, par H. S. Olcoot.

Vahan. *Section Européenne.* Mai 99. — A propos de la souffrance et de la façon dont on peut l'envisager, par Leadbeater et Wells. — Des rapports avec les Maîtres, par Leadbeater. Le Karma peut-il se transférer d'une personne à une autre ? par le Dr Wells. — Au sujet de Nirvâna, par Leadbeater.

Theosophical Review. *Angleterre.* Mai 99. — Le céleste royaume du Saint Graal, par Mme Cooper-Oaklay. — Utopies sociales, par le Dr Wells. — Littérature trismégiste, par G. R. S. Mead. — La fin du moteur Keeley, par A. M. Glass. — A propos de quelques difficultés de la vie intérieure, par Mme Annie Besant.

Mercury. *San Francisco.* Mars 99. — La Théosophie et la Philosophie allemande, par H. A. W. — Notice sur M. Leadbeater, avec son portrait. — Fonction supérieure de l'imagination (*suite*), par Marie Howland. — L'amour, force suprême, par Bailey.

Theosophic Gleaner. *Bombay.* Avril 99. — La vie humaine et sa mission (*fin*), par Sorabji. — L'espérance de l'immortalité, par Florence Anna Fulcher. — Mystères du son et de la musique.

Prasnottara. *Bénarès.* Février et Mars 99. — Construction de l'Individu, par A. Besant. — Cathéchisme Bouddhique (*suite*).

Theosophy in Australasia. *Sydney.* Mars 99. — Libre pensée ou dogme, par Geo. Peell. — Notes sur la dualité de la Nature, par K. C. Questions et Réponses.

Teosofia. *Roma.* Avril 99. — Le 23e anniversaire de la Société théosophique, par Decio Calvari. — Clairvoyance, par C. W. Leadbeater. — Corrobations scientifiques de la Théosophie, par le Dr A. Marques. — La Réincarnation, par le Dr Pascal. Ces trois derniers articles, font suite à ceux déjà publiés.

Theosophia. *Hollande.* Avril 99. — Suite des traductions de la *cour extérieure*, par Mme A. Besant, et du Tao Te King. — Notice sur Mme A. Besant, accompagnée d'un magnifique portrait. — La vie supérieure, par Bhagawâd Buddha. Notices sur le Fonds du *Lotus Blanc* sur une édition allemande du glossaire Théosophique et de la Doctrine secrète.

Ricerca. *Milan.* Avril 99. — A propos d'une fédération pour les études psychiques. — La Recherche et la Théosophie Hermétique. — Notice sur G. B. Ermacora, avec portrait. — Phénomèmes de Frattaminore, avec illustrations.

L'idée théosophique. *Bruxelles.* Mars 99. — La Prière, par A. Besant. — Pensées choisies. — Un exemple pour nous. — Le mouvement théosophique. — Végétarisme et Théosophie.

C'est toujours avec une grande satisfaction que nous recevons les trop rares numéros de cette revue, si dévouée à la Cause, que son rédacteur a embrassée. Nous souhaitons à M. Berger, notre confrère, tout le succès que méritent ses efforts et sa persévérance.

Revue Spirite. *Paris.* Mai 99. — Christ préexistait-il à sa mission ? par Leymarie. — Les preuves expérimentales de l'existence de l'âme, par A. de Rochas. — Précis historique de la doctrine ésotérique, par J. M. de Vèze. — Les Faiseurs de pluie, par J. de Kronhelm. — Apollonius de Tyane, par J. Larroche. — Fragments de vérités occultes (fin).

Paix Universelle. *Lyon.* Mai 99. — Les dieux reviennent (suite), par J. Bouvéry. — Fondation à Paris d'un Institut psychique. — Sur les Esséniens (suite), par X. — L'orgueil, par Mme Paul Grendel.

Humanité intégrale. *Paris.* 4e année, no 3. — Un écho médianimique de Robespierre, par J. Camille Chaigneau. — Quelle sera l'œuvre du xxe siècle, par S. Dismier. — L'Etre au double point de vue spiritualiste et matérialiste, par Jean.

Spiritualisme moderne. *Paris.* Avril 99. — Rêve et Idéal, par Beaudelot. — La parole de Dieu, par A. Valabrègue. — L'Eglise et le spiritualisme, par L. — IVe instruction, par le Pasteur B.

La Lumière. *Paris.* Avril 99. — Sujets d'actualité, par Lucie Grange. Spiritisme et Religion, par le Dr Marc. — Revue universelle, par le Dr Lux.

Revue du monde invisible. *Paris.* 15 avril 99. — Le vol aérien des corps, par Mgr. Méric. — Hypnotisme et suggestion, par le Dr Alvarez. — La sorcellerie dans le Tarn, par le Dr Gallus. — Perles occultistes, par G. Soulacroix.

Journal du magnétisme. *Paris.* Mai 99. — Congrès spirite et spiritualiste international de 1900. Belle déclaration de M. Alban Dubet, représentant les spiritualistes indépendants. Photographie d'effluves d'animaux et de végétaux, par Tegrad. — Le sommeil et le Rêve, par Rouxel. — La lumière magnétique, par H. Durville. — L'Hérédité, par X.

Nous avons reçu également les revues et journaux suivants : *Arbitrage entre nations, Amazonas, Verdade e Luz, Bulletin des Sommaires*, etc.

Paul Gillard.

BIBLIOGRAPHIE

Le Double, par Ed. Schuré.

Tous les lecteurs de la Revue Théosophique Française connaissent de nom M. Schuré, l'auteur des « *Grands Initiés* » cette œuvre exquise où tant d'âmes ont puisé de nobles et pures émotions. M. Schuré, quoique enfant de l'Alsace, semble ressentir un mystérieux attrait pour les terres et les peuples de l'Orient, attrait qu'un lointain Passé pourrait expliquer peut-être... et qui nous a valu, outre les *Grands Initiés* et quelques études parfaites, celle notamment sur le Bouddha, « *Dans les Sanctuaires d'Orient* », un autre ouvrage d'inspiration forte et de poétique envolée.

M. Schuré nous donne aujourd'hui « *le Double* » et voici un aperçu de cette simple nouvelle où l'intrigue est loin d'être banale, grâce à la manière dont les personnages sont mis en action.

Le peintre Marrias, un ardent et un imaginatif qui a du sang espagnol dans les veines, a été pendant 6 mois victime d'un phénomène étrange. Toutes les nuits il recevait la visite de ce que l'auteur appelle « son double », alors qu'en analyse occulte — car nous savons que cette nouvelle est basée sur un fait réel, — cela nous paraît plutôt avoir été une forme pensée issue du sujet et animée par un élémental, phénomène qui arrive quelquefois. Ce « Double » hostile et narquois, affectait même vis-à-vis de lui l'attitude d'un ennemi.

Ces visites nocturnes ont miné le pauvre Marrias qui vainement a voyagé pour se débarrasser de cette obsession. De retour à Paris, il rencontre un soir, dans le monde, une femme étrange, d'une beauté inquiétante, et qui chante en artiste « le Double » de Schubert. Une conversation s'ensuit dans laquelle Mᵐᵉ Alfort raconte à Marrias qu'elle aussi a vu « son Double » un jour, dans sa seizième année. En se regardant dans un miroir, elle a vu soudain lui apparaître une hideuse tête de gorgone, laquelle, par un effort de sa volonté, s'est ensuite transformée en la femme belle et triomphante qu'elle est aujourd'hui.

On devine qu'une intrigue, prélude d'une passion violente, se noue entre Marrias et la belle Ténébra. Celle-ci est bien l'ange du mal, la Méduse perverse et redoutable qui rêve d'annihiler la volonté du peintre et d'en faire son esclave.

Un jour, heureusement, la défiance s'éveille ; Marrias se révolte du joug imposé, et la douce physionomie de Marion, son modèle, une pauvre et douce ouvrière, fiancée avec un peintre de talent, mais sans le sou, achève la cure que l'orgueil de Marrias avait commencée. Avec un amour pur et désintéressé, tout ce qu'il y avait de noble se réveille dans l'âme du peintre. Ténébra est vaincue par Marion : c'est en vain que la Gorgone tente de reconquérir son amant, et de perdre la pauvre petite ouvrière... Le roman se termine par un sacrifice. Marrias ramène à Marion le fiancé qui la croyait coupable, s'immolant ainsi au bonheur de celle qu'il aimait véritablement. Et toutes les vengeances de Méduse avortent, car « *la haine ne peut rien contre l'amour qui renonce* ». Cette dernière phrase, qui est de l'auteur, est aussi entièrement théosophique.

A. B.

SOUSCRIPTION PERMANENTE
Pour la REVUE THEOSOPHIQUE FRANÇAISE
La publication d'ouvrages théosophiques et la propagande.

LISTE DE JUIN 1899.

Néant. . . . .

Le Directeur-Gérant :
D. A. Courmes.

Saint-Amand (Cher). — Imp. DESTENAY, BUSSIÈRE frères.

27 JUILLET 1899

DIXIÈME ANNÉE   NUMÉRO 5

REVUE THÉOSOPHIQUE
FRANÇAISE

LA RÉINCARNATION [1]

Pour avoir de la Réincarnation une idée plus claire et plus conforme à l'ordre naturel des choses, il faut que nous la considérions
comme universelle en principe, et la réincarnation de l'âme humaine
comme un de ses cas particuliers. Lorsqu'on étudie ce cas spécial, il
est généralement détaché de sa place dans l'ordre naturel et considéré tout à fait à son détriment, comme un fragment isolé. Car toute
évolution consiste en une vie qui évolue, qui passe de forme en
forme en évoluant et accumulant en elle l'expérience acquise au
moyen des formes. La réincarnation de l'âme humaine n'est pas
l'introduction d'un nouveau principe, dans l'évolution, mais l'adaptation du principe universel aux conditions rendues nécessaires
par l'individualisation de la vie continuellement évoluante.

Monsieur Lafcadio Hearn [2] établit ce point en termes parfaits
lorsqu'il étudie l'influence de l'idée de la préexistence sur la pensée
scientifique occidentale.

« Avec l'acceptation de la doctrine de l'évolution, dit-il, les vieilles
formes de la pensée croulèrent, de nouvelles surgirent de toutes
parts et remplacèrent les dogmes usés ; et nous sommes en présence

(1) Extrait d'un livre de Mᵐᵉ Annie Besant intitulé « *l'Ancienne Sagesse* », dont la traduction française paraîtra dans le courant de l'année.

(2) **M.** Hearn s'est égaré dans les expressions dont il se sert, mais
je ne crois pas dans sa manière de voir intime. Certaines parties de son
exposition des vues du Bouddhisme sur cette doctrine et l'emploi qu'il
fait du terme « Ego » peuvent induire en erreur le lecteur du très intéressant chapitre qu'il a écrit sur ce sujet s'il perdait de vue un moment
la différence entre l'égo réel et l'illusoire.

d'un mouvement intellectuel général, suivant une direction singulièrement semblable à celle de la philosophie orientale. La rapidité
sans précédent et les formes multiples du progrès scientifique durant
ces cinquante dernières années ne pouvaient manquer de provoquer
un réveil intellectuel également sans précédent chez les personnes
dépourvues de science. Ce mouvement indique que les organismes
les plus élevés et les plus complexes ont été développés des plus inférieurs et des plus simples ; qu'une simple base physique de vie est
la substance de tout monde vivant ; qu'aucune ligne de démarcation ne peut être tracée entre l'animal et le végétal ; que la différence entre la vie et ce qui en est dépourvu n'est qu'une différence de
degré et non d'espèce ; que la matière n'est pas moins incompréhensible que l'esprit parce qu'ils ne sont tous deux que des manifestations variées d'une seule et même réalité inconnue — ces données
sont déjà devenues les lieux communs de la nouvelle philosophie.
Dès que l'évolution physique fut admise même par la théologie, il
fut facile de prévoir que l'admission de l'évolution psychique ne
pourrait être indéfiniment retardée, car la barrière que les anciens
dogmes avaient élevée pour empêcher les hommes de regarder en
arrière avait été renversée. Et aujourd'hui l'idée de la préexistence
passe pour l'étudiant des sciences psychologiques du royaume de
la théorie dans celui des faits, démontrant que l'explication bouddhiste du système de l'univers est tout aussi plausible qu'une
autre ». « Personne, sinon les penseurs superficiels, écrit feu le professeur Huxley, ne peut la rejeter sous prétexte qu'elle est absurde
par elle-même. Tout comme la doctrine de l'évolution, celle de la
transmigration a ses racines dans le monde de la réalité, et elle peut
revendiquer pour sa défense qu'elle peut offrir le grand argument de
l'analogie». (Evolution et éthique, page 61, édition 1894.)

Considérons la Monade de la forme, Atma-Buddhi. Dans cette
monade, expansion vitale du Logos, sont cachés tous les pouvoirs
divins, mais comme on l'a vu, ils sont latents, non manifestés et
agissants. Ils sont là pour être graduellement éveillés par les chocs
extérieurs, car il est de la nature même de la vie de vibrer en réponse aux vibrations qui agissent sur elle. Comme toutes les possibilités de vibrations existent dans la Monade, toute vibration qui
l'effleure éveille en elle un pouvoir vibratoire correspondant et de
cette manière toutes les forces latentes deviennent successivement
et progressivement actives. C'est en cela que consiste le secret de
l'évolution ; le milieu agit sur la forme de la créature vivante et
cette action transmise au moyen de la forme enveloppante à la vie ;
la Monade qui est en elle éveille des vibrations sympathiques, qui
de la Monade vibrent à l'extérieur au moyen de la forme et mettent
à son tour les particules en vibrations et les rangent de nouveau en
des formes correspondantes ou adaptées au choc initial. C'est
l'action et la réaction entre le milieu et l'organisme, fait qui est
reconnu de tous les biologistes et que quelques-uns parmi eux con-

sidèrent comme donnant une explication mécanique suffisante de l'évolution.

Leurs observations patientes et consciencieuses de ces actions et réactions, ne donnent cependant aucune explication sur le pourquoi de la réaction de l'organisme envers ces stimulants et il faut que nous nous adressions à l'ancienne sagesse pour que le secret de l'évolution nous soit dévoilé ; car elle nous montre le soi au cœur de toutes les formes, comme étant le ressort caché de tous les mouvements de la nature.

Ayant une fois bien compris cette idée fondamentale de la vie contenant la possibilité de répondre à toute vibration qui lui parvient de l'univers extérieur et dont les réponses actuelles sont graduellement développées par le jeu des forces extérieures, il y a une autre idée fondamentale à bien comprendre, c'est celle de la continuité de la vie et des formes. Les formes transmettent leurs particularités à d'autres formes qui dérivent d'elles. Ces autres formes étant une portion de leur propre substance qui s'en est détachée pour mener une existence indépendante, soit par scissiparité, soit par bourgeonnement, soit par l'émission de germes, soit par le.développement de l'embryon dans la matrice maternelle, une continuité physique est conservée, chaque nouvelle forme étant dérivée d'une forme précédente dont elle reproduit les caractéristiques (1).

La science a groupé ces faits sous le nom de loi d'hérédité et ses observations sur la transmission de la forme méritent toute attention car elles éclairent les œuvres de la nature dans le monde phénoménal.

N'oublions pas toutefois que cette loi ne se rapporte qu'à la construction du corps physique dans laquelle entrent les matériaux fournis par les parents.

Les opérations les plus cachées, ces œuvres de la vie, sans lesquelles aucune forme n'existerait, ont été négligées jusqu'ici, n'étant pas susceptibles d'observations physiques, et cette lacune ne peut être comblée que par les enseignements de l'ancienne sagesse donnés par ceux qui emploient depuis longtemps des pouvoirs d'observations super-physiques, enseignements qui peuvent être vérifiés petit à petit par chaque élève qui étudie patiemment dans leurs écoles.

La continuité de la vie existe tout aussi bien que la continuité de la forme et c'est la vie — avec ses énergies latentes, rendues de plus en plus actives par les stimulants reçus à travers les formes successives — qui résume en elle-même les expériences obtenues par ses emprisonnements dans la forme; car lorsque la forme périt, la vie conserve le souvenir de ses expériences dans l'augmentation des énergies éveillées par elles, et elle est prête à se précipiter

(1) L'étudiant ferait bien d'étudier les recherches de Weissmann sur la continuité du plasma-germe.

dans de nouvelles formes qui découlent des anciennes et à y porter
avec elle toute l'expérience qu'elle a acquise. Pendant son séjour
dans la forme précédente, elle agissait par son moyen, la façonnant
de manière à pouvoir exprimer chaque énergie nouvellement
éveillée. La forme transmet les adaptations incrustées dans sa propre
substance à la partie séparée d'elle-même que nous appelons progéniture, et qui étant de sa propre substance doit nécessairement en
avoir les particularités ; la vie se répand elle-même dans cette progéniture avec tous ses pouvoirs acquis et les y moule plus tard ; ce
processus se répète ainsi indéfiniment.

La science moderne prouve de plus en plus clairement que l'hérédité à une action graduellement décroissante dans l'évolution des
créatures supérieures, que les qualités mentales et morales ne sont
pas transmises des parents à leur progéniture et que plus les qualités sont élevées, plus ce fait est tangible, le fils d'un homme de
génie est souvent un imbécile, tandis que des parents très ordinaires
peuvent donner naissance à un génie. Il doit y avoir un substratum
continu dans lequel les qualités mentales et morales sont inhérentes,
pour qu'elles puissent se développer ; autrement la nature dans
cette partie si importante de son œuvre montrerait une production
sans raison et sans cause au lieu de faire voir comme elle le fait
un ordre et une suite parfaits. Sur ce point la science est muette
mais la sagesse ancienne enseigne que ce substratum continu est la
Monade qui est le réceptacle de tous les résultats, le dépôt où sont
emmagasinées toutes les expériences comme pouvoirs doués d'activité croissante.

Ces deux principes de la Monade avec ses potentialités qui deviennent des pouvoirs sont la continuité de la vie et de la forme. —
Une fois bien compris, nous pouvons nous livrer à l'étude détaillée
de leur fonctionnement et nous verrons qu'elle résout bien des problèmes encore insolubles de la science moderne aussi bien que
ceux qui résistent aux plus profondes recherches du philanthrope et
du sage.

Considérons d'abord la Monade lorsqu'elle est soumise au premier choc des niveaux arupiques du plan mental, le véritable
commencement de l'évolution de la forme. Les premières faibles
résonnances que ces chocs font naître en elle attirent autour d'elle
un peu de la matière de ce plan et nous voyons se produire l'évolution du premier règne élémental, dont nous avons déjà parlé. Les
grands types fondamentaux de la Monade sont au nombre de 7 et
sont quelquefois représentés comme les sept couleurs du spectre
solaire qui dérivent des trois primaires (1).

(1) « En haut comme en bas », nous nous rappelons instinctivement
les trois Logoï et les sept Fils primordiaux du Feu ; dans le symbole
chrétien, la Trinité « et les sept Esprits qui sont devant le trône »; dans
celui de Zoroastre Ahura-mazdao et les sept Ameshaspentas.

Chacun de ces types a les couleurs particulières à ses caractéristiques et cette coloration persiste à travers le cycle œonien de
son évolution et influence toutes les séries de choses vivantes
amenées par elle.

Vient ensuite dans chacun de ces types le processus de subdivision
qui se continuera car elle se subdivisera et se subdivisera toujours
jusqu'à ce que l'individualité ait été atteinte. Les courants mis en
mouvement par les énergies naissantes de la Monade rayonnent à
l'extérieur (il nous suffira de suivre une seule ligne d'évolution, les
autres étant semblables à celle-ci en principe), n'ont dans la forme
qu'une vie très courte, mais quelqu'expérience qu'elle puisse acquérir
dans ces formes, elle est représentée par une augmentation de vie
correspondante dans la Monade qui est leur source et leur cause ; et
cette vie réagissante consiste en vibrations qui souvent ne sont pas
isochrones, ce qui provoque dans la Monade une tendance à la séparation ; les forces vibrant harmonieusement se groupent ensemble
comme pour une action simultanée jusqu'à ce que différentes sous-
monades (si pour un instant l'on veut bien nous permettre cette expression) se soient formées identiques dans leurs principales caractéristiques mais différentes dans leurs détails comme des nuances
d'une même couleur.

Par des chocs venus des niveaux inférieurs du plan mental, elles
deviennent les Monades du second règne élémental appartenant à
la région rupique de ce plan ; et le processus continuant, la Monade
ajoutant toujours à son pouvoir de réaction, répand la vie dans
d'innombrables formes par l'intermédiaire desquelles elle reçoit des
vibrations, et quand ces formes se désagrègent elle en anime constamment de nouvelles. Le processus de subdivision se continue
ainsi d'après la cause que nous avons déjà décrite. Chaque Monade
s'incarne ainsi constamment dans des formes et accumule en elle
comme pouvoirs éveillés tous les résultats obtenus au moyen des
formes qu'elle anime. On peut bien considérer ces Monades comme
les Ames des groupes de formes et, à mesure que l'évolution avance,
ces formes montrent des attributs de plus en plus nombreux ; les
attributs étant les pouvoirs de cette âme du groupe monadique manifesté à travers les formes dans lesquelles elle s'est incarnée. Les
innombrables sous-monades de ce second règne élémental arrivent
alors au stage de l'évolution dans lequel elles commencent à répondre aux vibrations de la matière astrale et elles commencent
à agir sur le plan astral en devenant des Monades du troisième
règne élémental ; elles répètent dans ce monde plus grossier tout
le processus déjà accompli sur le plan mental. Elles deviennent de
plus en plus nombreuses comme âmes de groupes monadiques manifestant une diversité de plus en plus grande dans les détails, tandis
que le nombre des formes animées par chacune d'elles devient
moindre à mesure que le caractère particulier devient de plus en
plus marqué. Pendant ce temps, on peut dire que le courant

incessant de vie que projette le Logos produit de nouvelles Monades de formes sur les plans les plus élevés, de sorte que l'évolution se poursuit d'une façon continue et quand les Monades les plus élevées s'incarnent dans les mondes inférieurs, leur place est prise sur les plans supérieurs par celles qui viennent d'émerger.

Par ce processus sans cesse répété de la réincarnation des Monades ou des âmes des groupes monadiques dans le monde astral, leur évolution continue jusqu'à ce qu'elles soient prêtes à répondre aux chocs qu'elles reçoivent de la matière physique.

Si nous nous rappelons que les atomes ultimes de chaque plan ont leurs enveloppes formées de la matière la plus grossière du plan immédiatement au-dessus, il est aisé de voir comment la Monade devient sensible au choc d'un plan après l'autre.

Quand dans le premier règne élémental la Monade s'est habituée à vibrer en réponse aux chocs de la matière de ce plan, elle commence bientôt à répondre aux vibrations reçues à *travers les formes les plus grossières de cette matière*, de la matière du plan qui est immédiatement au-dessous. De sorte que dans ses enveloppes de matière qui étaient les formes composées des matériaux les plus grossiers du plan mental, elle devient sensible aux vibrations de la matière astrale atomique et quand elle est incarnée dans des formes de matière astrale très grossière elle devient également sensible aux contacts de l'éther physique atomique dont les enveloppes sont formées de la plus grossière matière astrale. Alors la Monade peut être regardée comme ayant atteint le plan physique et ici elle commence ou plus justement toutes les âmes des groupes monadiques commencent à s'incarner dans des formes subtiles physiques, doubles éthériques des denses minéraux futurs du monde physique. Dans ces formes vaporeuses, les esprits de la nature construisent les matériaux physiques les plus denses et c'est ainsi que sont formés les minéraux de toutes espèces qui sont les véhicules les plus rigides dans lesquels s'enferme la vie évoluante et à travers lesquels le moindre de ses pouvoirs peut s'exprimer. Chaque âme de groupe monadique a ses propres expressions minérales, (les formes minérales dans lesquelles elle est incarnée) et à ce moment la spécialisation a atteint un degré très avancé. Ces âmes de groupes monadiques sont quelquefois nommées dans leur ensemble : la Monade minérale ou la Monade qui s'incarne dans le règne minéral.

(*A suivre*).   **Annie Besant.**

Le Credo Chrétien

(*Suite.*)

Nous répéterons, encore une fois, que ni le Credo ni les Evangiles, n'eurent à l'origine l'intention de raconter l'histoire de la vie du Grand Maître, le Christ. Mais les Evangiles sont actuellement une si étrange agglomération, un enlacement si inextricable de mythes solaires, du Christ allégorique, de l'initiation commune à presque toutes les religions, et de la tradition de l'histoire réelle d'une partie de la vie terrestre de Jésus, que ce serait une tâche d'une énorme difficulté que d'en faire remonter les divers incidents à leur source respective.

Le crucifiement et la résurrection appartiennent manifestement à l'allégorie du Christ, et cela doit être évident pour tous ceux qui étudient par la seule observation de ce fait que (pour l'Eglise) les dates anniversaires de ces événements ne sont pas des dates fixes, comme le sont celles de tout événement qui a eu lieu, mais sont mobiles et dépendent de calculs astronomiques. Un coup d'œil jeté sur un livre de prières, nous montrera que Pâques se célèbre le dimanche qui suit la date de la pleine lune laquelle vient immédiatement après l'équinoxe du printemps. Cette manière de fixer une date serait grotesque, si elle devait s'appliquer à l'anniversaire d'un fait historique, et elle ne peut s'expliquer que par des modifications apportées à la théorie d'un mythe solaire. Il y a eu indubitablement une tendance en vogue pendant ces dernières années, elle consistait à voir un mythe solaire dans tout fragment de récit préhistorique qui parvenait à rencontrer un chroniqueur. Mais cela ne doit point nous aveugler sur le fait qu'il y a une grande somme de vérité dans la théorie, surtout si nous admettons que le cours annuel du soleil sert d'allégorie pour rappeler à ceux qui peuvent les comprendre les grandes vérités spirituelles qu'il a si longtemps servi à symboliser. De fait, la partie du Credo dont nous nous occupons en ce moment est simplement un extrait de la rubrique de l'ancienne initiation égyptienne, qui à son tour ne servait qu'à montrer les derniers stages de la descente de l'essence monadique dans la matière. Voyons d'abord comment on vint à symboliser cette descente par un crucifiement, et comment on la représentait dans l'antique Khon, aux yeux des néophytes.

. En étudiant le symbolisme du crucifix jusque dans la nuit des temps, on est surpris de voir disparaître la croix, ne laissant qu'une figure, les bras étendus. Aucune pensée de douleur ou de peine ne paraît plus être liée à cette figure, bien qu'elle représente encore l'idée du sacrifice ; elle serait plutôt alors le symbole de la joie la plus pure que le monde puisse contenir, la joie de se donner librement, elle serait alors le type de l'homme divin se tenant debout dans l'espace, les bras levés pour bénir, projetant au loin ses dons à l'humanité tout entière, se projetant librement dans toutes les directions, et descendant dans cette « mer dense » de la matière, dans laquelle il sera renfermé, confiné, emprisonné, afin que par cette descente nous puissions arriver à l'existence.

C'est réellement un sacrifice, sans aucune pensée de souffrance cependant, mais seulement de joie infinie. Car c'est là l'essence de la loi du sacrifice, la loi qui même ici-bas fait mouvoir les mondes. Aussi longtemps qu'une pensée de peine se mêle au sacrifice, le sacrifice n'est pas parfait, aussi longtemps que l'homme se force lui-même à faire ce qu'il préférerait ne pas faire, il n'est que sur la route de l'accomplissement de la grande Loi. Mais quand il se donne lui-même complètement et librement parce qu'il a vu la gloire et la beauté du grand sacrifice, il n'est plus, pour lui, d'autre voie possible que celle de s'y joindre, bien que de loin, et tout faiblement, tout imparfaitement que ce soit. Quand il se donne, sans jamais penser à la peine ou à la souffrance, et vraiment sans aucun retour sur lui-même, en ne songeant qu'à la cause pour laquelle il agit, alors, mais alors seulement, son sacrifice est parfait, car il est de même nature que le sacrifice du Logos, et il participe à l'essence de la loi d'amour qui seule est la loi de la vie éternelle.

Depuis les temps les plus reculés, la croix a été employée comme symbole de la matière et de la manifestation du monde matériel. Il n'y avait alors rien d'extraordinaire que la descente de l'Homme Divin dans la matière soit symbolisée par le corps attaché à la croix, ce qui signifiait aussi assez exactement l'extrême limite de l'action du Logos dans cette descente, et montrait jusqu'à quel point son action était entravée sur le plan physique. Il est certain que les clous, le sang, les blessures et toutes les épouvantables horreurs de la représentation moderne de cette image, ne sont que de simples surcharges dues à l'imagination maladive des moines matérialistes, qui n'avaient ni l'intelligence ni l'instruction nécessaires pour apprécier le sens grandiose caché sous l'allégorie originale. L'ignorance de la plupart des hommes sur de tels sujets est si grande, qu'aujourd'hui encore il y a des milliers de personnes qui regardent la croix comme un symbole purement chrétien, et qui ne se doutent nullement de son usage constant chez les grandes et antiques civilisations de l'Egypte et de l'Atlantide.

Nous avons des preuves cependant qu'un grand nombre d'autres personnes ont mieux compris sa vraie signification. La description donnée dans les actes de Judas Thomas, du Christ debout dans la gloire au-dessus de la croix qui sépare le monde inférieur du monde supérieur, et celle de la sublime vision de la croix de lumière dans laquelle et à travers laquelle on voyait tous les mondes manifestés, tandis que l'Aura de l'Homme Céleste contenait tout, pénétrait tout, et était la vie de tout. Cela prouve avec évidence que la vérité n'était pas entièrement ignorée dans les premiers âges de notre ère, et que sa lumière ne fut complètement obscurcie que lorsque l'épais brouillard de la superstition chrétienne s'appesantit de tout son poids sur l'Europe, et étouffa près de mille ans toute sa vie intellectuelle.

Ce grand sacrifice — la descente du second Logos dans la matière sous forme d'essence monadique — fut quelque peu élaboré en symbole dans le rituel de la forme égyptienne de l'initiation Sotâpatti, et, comme nous l'avons déjà dit, le Christ employait fréquemment la description de la partie exotérique des cérémonies pour démontrer et rendre plus évident son enseignement sur le sujet qu'il expliquait. Il est probable même qu'il récita à ses disciples les termes exacts de la rubrique ou des instructions données à l'hiérophante qui officiait, ce passage du Credo, et les suivants, étant de curieux souvenirs de cette forme, car son seul changement est un changement de mode qui naturellement était nécessaire pour adapter la phrase à son nouveau cadre. Voici la formule que dans les âges bien reculés les Egyptiens reçurent des mages atlantéens :

« Alors le candidat sera lié à la croix de bois, il mourra, il sera enterré et descendra dans le monde inférieur ; après le troisième jour, il sera ramené de la mort et sera transporté dans le ciel pour être à la main droite de Celui duquel il provient, ayant appris à diriger (ou à conduire) les vivants et les morts ».

Dans les temples égyptiens, la salle de l'initiation était souvent sous le sol, probablement sans doute pour tenir plus secret son emplacement, bien que cette disposition ait pu se rapporter aussi au symbolisme de la descente dans la matière, qui jouait un si grand rôle dans tous les anciens mystères. Une pareille salle peut avoir existé sous la grande Pyramide, car c'est à peine si une petite portion de son immense masse a été jusqu'à présent livrée aux investigations, ou devra l'être.

C'était dans ces salles souterraines qu'avaient lieu les cérémonies de l'initiation. Laissant de côté les fatigantes longueurs de sa première partie dont nous n'avons pas à nous occuper actuellement, arrivons au moment important où le candidat se couchait volontairement sur une énorme croix de bois, creusée de manière à recevoir et à supporter un corps humain. Ses bras y étaient attachés par des liens légers, et le bout de la corde était soigneusement laissé libre pour exprimer la nature entièrement volontaire de son sacrifice.

Le candidat tombait alors dans un état profond de transe, il quittait momentanément son corps physique, et pendant ce temps fonctionnait complètement sur le plan astral. Pendant que son corps physique était dans cet état, on le descendait dans un caveau encore plus bas au-dessous du plancher de la salle d'initiation, et

il était déposé dans un immense sarcophage ; pratique qui, quant
à ce qui se rapportait au corps physique, symbolisait assez bien la
mort et la sépulture.

« Il descendit dans les enfers ». Mais tandis que l'enveloppe extérieure de l'homme était ainsi « morte et enterrée », il était lui-même
ailleurs conscient et plein de vie. Nombreuses et étranges étaient
les leçons qu'il avait à apprendre, les expériences qu'il avait à
subir, les épreuves à travers lesquelles il devait passer durant son
séjour dans ce monde astral.

Mais elles étaient toutes soigneusement calculées pour le familia-
riser avec cette nouvelle sphère d'action dans laquelle il se trouvait,
pour le mettre à même de la comprendre, pour lui donner le courage et la confiance en soi, en un mot, pour l'entraîner de telle sorte
qu'il puisse sans danger affronter les périls, user de ses pouvoirs
avec calme et discrétion, et devenir ainsi, sur ce plan, un instrument convenable entre les mains de ceux qui aident le monde.

Telle était la descente dans le monde inférieur, non dans
l'enfer de la grossière conception chrétienne, mais dans le Hadès,
le monde des décédés, où indubitablement, le travail de l'initié
était (parmi bien d'autres devoirs) « de prêcher aux esprits en
prison », comme le dit la tradition chrétienne, non pas cependant
comme cette tradition ignorante le suppose, aux esprits de ceux
qui, ayant eu le malheur de vivre dans un lointain passé, ne peuvent
atteindre le salut qu'en écoutant et en acceptant après leur mort
cette forme particulière de la foi ; il ne prêchait pas à ceux-là,
mais aux esprits de ceux qui viennent récemment de quitter la vie,
et sont encore retenus sur le plan astral par des désirs inassouvis
et des passions non subjuguées.

Chercher à venir en aide à cette vaste armée d'infortunés en
leur montrant le cours réel de l'évolution ainsi que la meilleure
méthode d'en hâter la marche, était alors un des devoirs de l'initié,
comme c'est maintenant celui des élèves des Maîtres. C'est pourquoi, pendant cette cérémonie solennelle qui mettait le candidat
complètement en relation avec la Grande Fraternité, il recevait la
première leçon de ce qui désormais allait former la plus considérable partie de son travail.

Pendant cette même « descente aux enfers », le candidat, d'après
le rite égyptien, avait à passer par ce qu'on appelait les « épreuves
de la terre, de l'eau, de l'air et du feu », à moins qu'il ne les ait
déjà subies à un stage antérieur de son développement. En d'autres
termes, il fallait qu'il apprît avec cette absolue certitude qui ne
vient pas de la théorie, mais de l'expérience pratique, que, dans
son corps astral, aucun de ces éléments n'a la possibilité de lui
nuire, ni d'opposer aucun obstacle à l'accomplissement de l'œuvre
qu'il a à faire.

Quand nous fonctionnons dans le corps physique, nous sommes
parfaitement convaincus que le feu nous brûlera, que l'eau nous

noiera, que le roc solide formera une barrière infranchissable à notre marche, qu'à moins d'être supportés par quelque chose, nous ne pouvons sans danger nous élancer dans l'air. Et cette conviction est si profondément enracinée en nous, qu'il faut à la plupart des hommes de grands efforts pour surmonter l'action instinctive qui en résulte, et pour comprendre que, dans le corps astral, le roc le plus dense n'offre aucun obstacle à la liberté du mouvement, et qu'ils peuvent s'élancer impunément du sommet le plus haut, et plonger avec la plus absolue confiance au cœur même d'un volcan en éruption, ou dans les abîmes les plus profonds de l'insondable océan.

Et pourtant jusqu'à ce que l'homme SACHE cela — le sache suffisamment pour agir d'après sa connaissance, instinctivement et en toute confiance — il n'est à peu près d'aucune utilité pour le travail astral, parce que dans les événements qui surgissent constamment, il est perpétuellement paralysé par une impuissance imaginaire. C'est pour cela que le candidat devait, il y a des milliers d'années, traverser les épreuves de la terre, de l'eau, de l'air et du feu, et c'est pour les mêmes raisons qu'il doit les traverser aujourd'hui. C'est dans le même but qu'il doit passer par plus d'une expérience étrange, afin de pouvoir envisager de sang-froid les apparitions les plus terrifiantes, le milieu le plus odieux, et prouver enfin qu'il peut être livré en toute sécurité à n'importe quels genres de circonstances au milieu desquelles il peut se trouver à tout moment. C'est donc une application, parmi bien d'autres, du rite antique « de la descente dans les enfers ».

(*A suivre*).   **C. W. Leadbeater.**

LA REINCARNATION
ET LA VIE DE CHAQUE JOUR

Le sommeil est frère de la mort.

Une des méthodes employées en occultisme pour arriver à la connaissance de la vérité, consiste à remonter des effets aux causes, des conséquences à leurs principes, et enfin du connu à l'inconnu. C'est le raisonnement par induction opposé à celui de la déduction, qui procède dans le sens contraire. Actuellement, nous ne connaissons du monde que ce que nos sens nous en révèlent par les sensations et les idées qui en sont la conséquence immédiate. Si donc nous voulons aller au-delà du monde objectif, qui est indubitablement un effet, il nous faut pénétrer dans le monde des causes ; et si, dans ce but, nous n'agissons que par le seul moyen de notre mentalité, c'est-à-dire sans le secours de sens appropriés, il nous faut procéder par induction en nous basant sur cet adage hermétique que ce qui est en haut est comme ce qui est en bas.

Nous allons essayer d'appliquer cette méthode à l'étude de la réincarnation, en nous servant de l'analogie, ce procédé de l'esprit qui s'élève, par l'observation des rapports, à la raison de ces rapports.

La question de la Réincarnation est avec celle de Karma, qui en découle, le grand sujet dont l'étude s'impose à tous les esprits de notre temps. Bien des paroles ont été dites à ce propos, bien des lignes écrites, qui devaient avoir résolu le problème, qui l'ont en effet résolu pour beaucoup, mais non pour la masse encore imbue de préjugés, d'autant plus difficiles à extirper qu'ils ont poussé des racines plus profondes. Ces racines ont pénétré dans toutes les manifestations de la pensée, telles que l'art, la philosophie, la littérature et l'histoire, c'est-à-dire dans les principales sources d'information, où l'esprit humain va chercher ses idées, ses opinions, ses croyances et ses convictions. La science elle-même se refuse d'accepter la théorie de la réincarnation parce que son bistouri, son microscope ou sa cornue ne la révèlent point à son esprit d'analyse. Elle a d'ailleurs une méthode de recherche qui lui est propre, et son rôle est d'enregistrer au jour le jour, les progrès réalisés par elle dans la connaissance du plan physique, auquel elle s'est cantonnée de par la nature même de sa méthode. Nous autres, théosophistes, notre programme est plus large, notre méthode moins restreinte ; et nous osons, et pour cause, émettre des théories, avec la conviction qu'elles deviendront des axiomes avec le temps.

En ce qui concerne la réincarnation, nous avons cherché à l'établir par toutes les raisons à notre portée et tirées de toutes espèces de sources ; mais nous n'avons trouvé nulle part l'idée que la vie humaine, telle que nous la connaissons, c'est-à-dire avec ses phases d'activité diurne, interrompues périodiquement par le repos de la nuit, était, par analogie, la plus vivante image de la réincarnation. En examinant le sujet avec plus d'attention, nous verrons jusqu'à quel point cette affirmation est juste.

Examinons d'abord le sommeil et voyons si la vie de l'âme, durant le temps que le corps physique se repose et récupère ses forces, n'a pas quelque rapport avec celle que l'homme mène, après sa mort, selon ce que nous enseigne la Théosophie.

Après la mort, nous dit-elle, l'homme, revêtu d'un corps approprié à son nouvel état, va d'abord dans le monde astral et particulièrement dans le Kama-loka, où il demeure en contact avec ses pensées de nature inférieure, grossière ou passionnelle, puis il passe dans les sous-plans inférieurs du Dévachan, où le meilleur des pensées de sa vie terrestre lui crée une atmosphère heureuse dans laquelle il séjourne plus ou moins longtemps. Quand l'homme a épuisé la source de ces activités, il revient à la terre par une suite de transformations, dont la description n'est pas nécessaire ici. Il reprend alors une incarnation nouvelle, au moyen de laquelle il continuera son évolution, ayant, comme point de départ, les impulsions qu'il rapporte de ses vies précédentes, effets rigoureux de causes antérieures, dont il est seul l'auteur et qui se sont transformées en nouvelles causes dans le monde qu'il vient de quitter.

Voilà, en quelques lignes, l'esquisse de la vie de l'homme après la mort, pendant ce long sommeil qui sépare deux incarnations, et que nous avons d'autant plus le tort d'appeler *la mort*, que l'homme réel y est plus vivant que jamais, plus vivant que lorsque sa conscience était limitée aux sens physiques.

Voyons maintenant en quoi le sommeil ordinaire peut ressembler à ce long sommeil, dont nous venons de décrire les grandes phases.

Il nous est impossible de juger de notre activité pendant le sommeil de la nuit au moyen de notre conscience. Aucun souvenir précis de cette activité n'existe en général dans notre cerveau au réveil, et les rêves, dont nous nous souvenons, sont ordinairement trop vagues pour nous permettre de baser sur eux la preuve de notre activité consciente pendant le sommeil. Si donc nous nous en rapportons à nos impressions cérébrales, nous devons reconnaître qu'elles ne nous apprennent rien à ce sujet. Il nous faut alors recourir tout d'abord au raisonnement pour nous convaincre que cette même conscience, qui est si complète sur le plan physique, que cette mentalité, si active à l'état de veille, ne peuvent sommeiller comme le corps physique et cesser de fonctionner parce que cet instrument grossier cesse momentanément d'être à notre disposition. Si d'autre part nous considérons la constitution de l'homme d'après les enseignements théosophiques, nous ne pouvons songer un seul instant que l'homme vrai, dont l'essence est l'activité même et dont le corps physique est le voile le plus grossier, ne trouve pas, une fois dégagé de cette enveloppe, une liberté qu'il n'avait pas, quand il y était emprisonné. Remarquons en passant que cette étude est faite, non point pour les matérialistes, qui ne veulent rien voir au delà de ce que leurs sens physiques leur révèlent, mais pour des esprits déjà convaincus que l'homme est au moins triple dans sa nature et que, sans entrer dans les subdivisions compliquées de sa constitution, il se compose au moins, en dehors de son corps, d'une âme et d'un esprit. Pour ces derniers, l'activité de l'homme réel, dans le sommeil, est hors de doute. Aussi pouvons-nous pousser plus loin notre étude comparative.

Si le sommeil ordinaire repose le corps, il est également, pour l'Ego, une cause de reconfort ; car si nous admettons qu'il reprenne, dans le sommeil, l'activité qui lui est propre, il est assez logique de penser qu'il trouvera, dans cette activité, les avantages qu'elle comporte, soit par un contact intime avec des Etres plus évolués, dont il ressentira forcément l'influence, soit par cette immersion dans la spiritualité où notre Ego se sent à l'aise et peut se retremper. Tel est d'ailleurs un des résultats les plus positifs de son passage en Dévachan. Que l'homme y séjourne dans les sous-plans inférieurs, où sa mentalité s'épanouit, ou bien dans les plans arupiques, où son Ego, dans le corps causal, revit de sa véritable vie, toujours est-il que l'homme rapporte de ces états d'existence des impressions et des influences, qui réagissent sur sa nouvelle incarnation et lui donnent une impulsion dans le sens du progrès.

L'activité de notre Ego pendant la nuit et son fonctionnement plus ou moins parfait en dehors du corps, sont en rapports avec son degré d'avancement comme tel. Les expériences, faites à ce sujet dans la *London Lodge* de Londres et rapportées dans le Lotus du 27 mars 97, donnent sur cette question des renseignements curieux et significatifs. Maintenant, quand nous sommes séparés de notre corps par la mort, cette activité est également proportionnelle à notre évolution. Ainsi les hommes peu évolués peuvent ne pas avoir de Dévachan et ceux très avancés peuvent ne pas séjourner dans le plan astral, après la mort.

Dans ses belles études sur les plans astral et dévachanique, M. Leadbeater nous a fait voir le rôle que jouent nos pensées terrestres sur l'atmosphère qu'elles nous créent, tant dans le plan astral que dans les sous-plans inférieurs du Dévachan. L'influence de nos pensées diurnes est également considérable sur l'activité de notre mental pendant le sommeil. « Pour recueillir, dit M. Leadbeater à propos des rêves, dans la conscience de l'état de veille ce que l'Ego peut apprendre durant le sommeil, il est absolument nécessaire d'acquérir sur les pensées un parfait contrôle, de dompter la nature kamique, et d'aspirer par le mental aux choses les plus élevées ». Voilà bien indiquée la loi mentale qui préside à notre activité pendant le sommeil. Il ne dépend que de nous que non-seulement elle soit bien dirigée, mais que son influence sur notre vie du lendemain soit pleine et entière.

On nous dit encore que la dernière pensée qui occupe le cerveau de l'homme qui va mourir a une grande influence sur son état *post-mortem ;* et nous le comprenons d'autant mieux que nous savons que cette dernière pensée est une pensée synthétique comprenant le résumé de sa vie entière, dont le panorama se déroule devant l'esprit du moribond avec la rapidité de l'éclair. L'importance de la dernière pensée, qui occupe le mental de l'homme qui s'endort n'est pas moins grande. Ce n'est plus là, comme pour l'homme qui va mourir, une pensée qui va résumer la vie mentale de la journée ; mais, étant donné le lien qui sonde toutes nos pensées personnelles, on peut avancer, sans être accusé de mise au point intéressé, que cette pensée aura de grands rapports avec celles qui auront occupé, dans la journée, le mental de l'homme qui va dormir. « Si donc, dit encore à ce sujet M. Leadbeater, il entre en sommeil avec la pensée fixée sur des choses élevées et saintes, il attire à lui les élémentals créés par d'autres pensées semblables aux siennes ; son repos est paisible, son mental s'ouvre aux impressions d'en haut et se ferme à celles d'en bas. Si, au contraire, l'homme s'endort avec des pensées terrestres (et surtout impures) flottant à travers son cerveau, il attire les créatures mauvaises et grossièrement inférieures ; elles s'approchent de lui, et son sommeil est troublé par les incohérentes et sauvages impulsions de Kama, qui le rend aveugle aux visions et sourd aux sons qui pourraient venir des plans élevés. »

Il n'y a guère que les initiés et les adeptes, qui, pendant le sommeil, entrent consciemment dans le Dévachan ; mais il arrive aussi que les meilleurs d'entre nous y pénètrent inconsciemment et bénéficient de cette pérégrination. Cela est si vrai que les adeptes et initiés reconnaissent facilement si les êtres qu'ils y rencontrent sont encore attachés à leur corps physique ou s'ils en sont séparés.

Il n'est pas nécessaire de pousser plus loin la comparaison du sommeil avec ce que l'on appelle la mort, ce qui vient d'être dit suffit à montrer qu'il ne peut y avoir au fond une grande différence et que l'homme, en s'éveillant le matin, même en reprenant son corps de la veille, peut être comparé, jusqu'à un certain point, à celui qui renaît dans un nouveau corps. Afin de continuer à démontrer la justesse de cette comparaison, nous allons maintenant étudier la vie de l'homme pendant le jour en la comparant avec celle qu'il peut mener pendant une existence entière. Notre étude, dans cet ordre d'idées, sera d'autant plus facile que nous y trouverons des bases objectives, sur lesquelles il nous sera possible d'établir la preuve que l'âme humaine se comporte, dans les deux cas, à peu près de la même façon.

La grande différence entre les deux états provient de ce que, dans le cas de l'incarnation journalière, le cerveau, c'est-à-dire l'instrument qui est le siège de notre conscience sur le plan physique, est le même que celui que nous possédions la veille, et la mémoire, ou tout au moins une partie de la mémoire des expériences précédentes, y est nette et précise. C'est ce qui nous donne le sentiment que nous sommes aujourd'hui le même homme, ou, tout au moins, le même être pensant et sentant que nous étions la veille. Cette mémoire de nos incarnations journalières a pour correspondance, dans un stage plus avancé de notre évolution, le souvenir de toutes les incarnations de ses vies antérieures. Mais revenons à l'analyse de notre vie d'un jour.

Avant d'être complètement réveillés, c'est-à-dire avant d'avoir reconquis notre conscience pleine et entière sur le plan physique, nous nous trouvons dans un état de demi-sommeil, pendant lequel notre conscience flotte indécise entre la vie de rêve et celle de sensation. Nous continuons de rêver tout éveillés. Cette période de demi-conscience correspond, dans une certaine mesure, à l'état de notre première enfance pendant laquelle notre volonté consciente n'est pas encore développée, et où nous vivons sous des influences, dont l'origine est autant astrale que physique. Cet état dure peu chez l'homme, surtout chez celui dont la volonté est développée et qui a conscience de sa valeur. Celui-là, une fois réveillé, s'empresse de reconquérir sa conscience sur le plan physique afin de diriger sa pensée et par suite son activité.

L'homme fait, dans une seule journée, ce qu'il accomplit en grand dans toute une vie. Il reprend son travail de la veille, travail mécanique ou intelligent, volontaire ou obligatoire ; il cède ou résiste à des impulsions qu'il avait déjà la veille ou dans des incarnations précédentes, et continue son évolution au degré où il l'avait laissée, avec des forces et des tendances, que les influences de la nuit sont venues fortifier dans un temps ou dans un autre. Dans ses luttes, il est tour à tour vainqueur ou vaincu ; il gagne ou perd des points pour les luttes du lendemain, ou des vies futures. Ses pensées de chaque instant, suivant qu'elles sont bonnes ou mauvaises, le préparent à une condition immédiate ou lointaine, en rapport avec leur nature et le font agir dans le sens qui leur est propre. Ces mêmes actes, il les répétera le lendemain, ou dans la vie suivante, s'il ne les modifie pas par un tour d'esprit différent. Il est inutile de pousser plus loin cette analyse, tant il est facile de comprendre l'analogie pouvant exister entre la journée d'un homme et sa vie entière, au point de vue évolutif. Sans doute il y a, dans l'ensemble de la vie, des phases de développement plus ou moins marquées telles que la jeunesse, l'âge mûr et la décrépitude. Mais ces phases, quoique plus courtes, existent aussi dans la vie d'un jour. Le matin, l'homme est encore sous l'influence du sommeil ; son activité ne renaît que peu à peu et ne bat son plein que pendant une période du jour, variable chez les individus. Quand le soir arrive, la fatigue commence à se faire sentir, la vitalité diminue et l'homme éprouve le besoin de se reposer et de refaire ses forces dans le sommeil. C'est la sénilité relative, avec sa faiblesse inhérente à la diminution des forces physiques, dépensées dans l'activité journalière. L'homme se couche alors pour dormir, c'est-à-dire pour mourir d'une mort momentanée, pendant laquelle son corps, au repos, se refera une nouvelle provision de vitalité, que l'homme retrouvera à son réveil, c'est-à-dire à sa prochaine renaissance.

Voilà vraisemblablement de suffisantes analogies pour montrer le rapport pouvant exister entre, d'une part, la vie d'un jour et le sommeil d'une nuit, et, d'autre part, une vie entière et la mort réelle qui la termine.

Les lignes qui précèdent n'ont pas la prétention d'établir la réalité de la réincarnation, qui n'est plus à démontrer pour les lecteurs de notre Revue ; elles ne sont qu'un simple essai entrepris pour faire voir combien la nature est semblable dans ses procédés et quels enseignements nous pouvons tirer de l'examen attentif de quelques-uns de ceux qu'elle met à la portée de notre examen.

Paul Gillard.

DIEU, L'UNIVERS & L'HOMME

(*Suite*)

A mesure que la plasticité de la matière s'accroît dans les formes et les sens physiques, les combinaisons subtiles (1) de leurs atomes sont mises en mouvement, et la vibration de l'ambiance se transmet aux combinaisons les plus grossières de la matière immédiatement supérieure, — la matière du plan astral (2). Sous cette influence, le processus général de formation de centres sensoriels se répète sur le plan astral ; la masse informe de matière qui, dans les formes physiques, est le « corps astral », devient plus nette, ses limites se prononcent, des centres y naissent et répondent aux vibrations apportées par les sens grossiers, et cette réponse est ce que nous percevons comme *sensation :* propriété capitale de la matière astrale, attribut fondamental du règne animal.

Quand le développement du corps astral atteint un degré suffisant, les composés atomiques qui constituent ses éléments subtils vibrent sous les impulsions extérieures et transmettent l'activité vibratoire à la matière la plus grossière du plan mental (3) ; la vibration mentale est d'abord une sensation vague, difficile à exprimer, mais que l'on pourrait définir comme la *perception* embryonnaire, — la racine de ce qui, par le développement, deviendra les attributs mentals humains. Sous l'influence vibratoire, l'amas de substance dévachanique (4) qu'on nomme le « corps mental » se modifie, développe des centres, et quand son développement atteint un certain point, sa vibration atteint le plan buddhique : c'est alors que la troisième « vague de vie » peut entrer en action.

Les premiers stages du développement mental s'effectuent avant la rencontre de la troisième « vague », avant l'humanité proprement dite (et nous pouvons en voir un exemple, intensifié par le

---

(1) Les combinaisons des atomes des sous-plans éthériques du plan physique terrestre. C'est à notre évolution *terrestre* que nous nous limitons, dans cette esquisse du développement des formes et de la conscience.

(2) Car l'atome primordial physique est formé de substance appartenant au sous-plan le plus grossier de l'astral, — ce qu'on pourrait appeler la couche physique du plan astral, — et est ainsi lié au plan astral.

(3) L'atome astral primordial est construit avec la matière la plus dense du plan mental ; ce qui, comme dans le cas précédent, explique la transmission de la vibration d'un plan à l'autre.

(4) Le plan devachanique c'est le plan mental.

contact de l'homme, dans les membres élevés du règne animal actuel, — les animaux domestiques). Tout d'abord, la sensation est reçue sur le plan mental comme un choc, une vague *perception* ; par la répétition de ces chocs, des centres responsifs se forment et le « centre de conscience » commence à distinguer les vibrations les unes des autres. Celles qui, vibrant à l'unisson de la Vie, produisent comme un son harmonieux dans la lyre des véhicules humains, sont perçues comme *plaisir* ; celles qui produisent un désaccord, sont perçues comme *douleur*. Dès que cette distinction est faite par le centre mental naissant, l'*impulsion* naît : le plaisir est accepté volontiers, la douleur repoussée. Peu à peu apparaissent les rudiments de la *mémoire* : la douleur est redoutée, le plaisir recherché. Cela devient le *désir* : désir d'éprouver le plaisir, désir d'éviter la souffrance. Perception, impulsion, mémoire, désir *rudimentaires*, telles sont les premières étapes de la mentalité.

L'œuvre de la deuxième « vague de vie » peut donc être ainsi résumée : construction des formes, incarnation en elles comme âme ou élément responsif, densification puis sublimation de la matière, développement progressif des corps et des sens *internes* et *externes*. Cette « vague » continue à agir dans la matière des « blocs » d'essence élémentale, même après que la troisième « vague » les a fertilisés, mais l'homme en est inconscient pendant des âges, — aussi longtemps qu'il n'a pas immergé son « centre de conscience » dans la Vie cosmique qui vibre dans son cœur, c'est-à-dire, tant que le « principe » buddhique n'est pas bien éveillé en lui, tant qu'il n'est pas devenu *un* avec cette Vie. Lorsque cette unité est atteinte, il peut sentir la vie du deuxième Logos partout, dans tous les règnes, il peut la voir dans l'intimité la plus profonde des organes et des cellules, il peut vibrer à l'unisson de la conscience de tous les êtres, il possède le pouvoir de la parfaite sympathie. Mais ce point, entrant spécialement dans la dernière partie du processus évolutif humain, sera traité plus loin.

Quand la Vie a porté la conscience des formes jusque sur le plan mental (ou dévachanique), — après avoir développé les trois règnes élémentals dans l'arc descendant, le règne minéral qui forme le nadir de notre évolution, le règne végétal et le règne animal qui suivent sur l'arc ascendant, — elle rencontre la troisième « vague », celle du « Père » : *Shiva*, le Régénérateur (1).

_____

(1) *Shiva* est souvent appelé le « Destructeur », parce que c'est son énergie qui, *à travers le « Préservateur »* (Vishnou), brise les formes quand elles ne sont plus capables de fournir des vibrations (ou *expériences*) nouvelles à l'âme (la *Vie*) incarnée en elles. Il est « destructeur » en ce sens, mais il est « régénérateur », parce qu'il régénère les âmes *vitales* (les « blocs » animés par la *Vie*) et en fait des âmes *humaines*, c'est-à-dire, *immortelles*. Ce point est si important qu'il demande une explication.

Cette vague qui, pour le moment et pour des raisons qui nous sont inconnues, n'a pas franchi le plan buddhique, représente, par rapport à la vague montante du deuxième Logos, le pôle positif d'un courant imaginaire dont la seconde vague serait le pôle négatif. Quand les deux pôles sont arrivés presqu'au contact, une étincelle jaillit, et la vie du Père pénètre dans les formes que la deuxième

L'on pourrait dire, en un sens, que tout est immortel, puisque tout provient de Dieu et retourne à lui, mais l'immortalité doit être définie. Si tout est immortel au point de vue *potentiel*, puisque tout est réabsorbé en potentialités pendant les *Pralayas* (ou destructions universelles), l'immortalité réelle, — celle dont il s'agit ici, — c'est l'immortalité *individuelle*, la persistance à travers l'Eternité du « centre » soi-conscient créé. Ce « centre », — l'homme vrai, — aussi longtemps qu'il n'est pas complètement développé, aussi longtemps qu'il n'est pas devenu semblable à son Père, peut perdre momentanément sa soi-conscience pendant les *nirvanas* et les *pralayas* pour lesquels il n'est pas encore adapté, mais il persiste comme « centre », comme unité, et c'est le même centre, la même unité qui, à la manifestation cosmique future, reprend sa place dans l'évolution et poursuit son développement. Au contraire, tout ce que la vague atmique n'a pas *individualisé* à la fin d'un univers, se dissout avec la disparition de la matière, et si les qualités acquises sont conservées à l'état latent, ces qualités ne sont pas attachées à un centre véritable, à une *unité*, à un *Moi*, mais seulement à centre *collectif* recueilli dans le premier Logos.

Et maintenant, définissons un peu plus longuement le « centre ».

Un *centre* n'est pas un agrégat de force-matière, — si subtile que soit cette matière, si minuscule que soit cet agrégat ; c'est une *unité* formée *dans l'Unité* suprême, un *point* mathématique (c'est-à-dire ce qui n'a aucune dimension) du Dieu non-manifesté (quoique *personnel*), un point de cette Essence première qui n'est ni force, ni matière (quoique la cause de ces deux apparences illusoires) et qui nous semble le *Rien*, — mais un point qui est devenu *point*, qui s'est séparé en conscience de l'Unité première, par son pèlerinage à travers les « paires d'opposés » du monde, un point qui possède le sentiment d'être à la fois un « moi » et le Moi universel, une partie de l'Infini et l'Infini. C'est ce point qui persiste comme dieu, dans le sein de Dieu, après que toute force et toute matière ont disparu. Il est, à la fois, séparé *conscientiellement* de l'Unité suprême, et intimement uni à Elle. Ce point immatériel, éternel comme Essence, devenu *immortel comme individu*, c'est l'*âme humaine*, — que nul mot fini ne peut définir que paradoxalement.

Cette âme, par son passage à travers les formes, arrive à se connaître, — et quand elle se connaît, le *Tout* est connu, car elle est Tout. Les formes lui servent de miroir ; plus elles sont évoluées, purifiées, dominées, mieux elle s'y reflète, mieux elle se connaît. Quand elle s'est mirée dans une forme, elle la brise et en revêt une plus parfaite, pour la détruire encore, et ainsi de suite, jusqu'à ce qu'elle ait atteint la connaissance parfaite dans le parfait miroir.

Ce développement s'arrête-il avec la perfection dévolue à l'univers au cours duquel l'âme est née ? Nous ne le pensons pas, mais la réponse à cette question dépasse les limites de notre audace.

vague a développées jusqu'au stade de la mentalité rudimentaire.
C'est à ce moment que l'âme qui, jusque là, peut être nommée animale, — ou, si l'on veut être plus générique, *vitale* (1), — devient *humaine* (2).

La naissance de l'homme, pour la majorité des membres de l'humanité terrestre (3), se produisit vers le milieu de notre quatrième
Ronde, *sur le plan mental* (4) ; les formes extérieures animales-
humaines (simiesques) qui contenaient le « vase sacré » (5), avaient
été reconstruites pendant la première moitié de la Ronde, par les

---

(1) *Vitale*, si l'on a en vue sa racine, la *Vie* ou Essence monadique
donnée par le deuxième Logos, Vishnou, le *Fils de Dieu* en incarnation
dans l'Univers.

L'Univers est aussi, parfois, appelé le Fils, parce qu'il est la création
du Père, et aussi parce que le deuxième Logos (le vrai *fils*) est son Ame.
C'est le sens et non la terminologie seule qu'il faut prendre pour guide
dans les enseignements théosophiques, car cette terminologie est encore fort incomplète.

(2) En résumé, la première vague ayant pour racine l'élément intelligent, — ce qui sépare, — crée la *multiplicité*, la matière ; la deuxième
étant l'expression de l'amour, agrège la matière en formes, *unifie* ; la
troisième, effet de la chose profonde, irrésistible que l'on nomme, dans
l'homme, la Volonté, est ce qu'il y a de plus vivant, de plus élevé, et
crée la *soi-conscience* immortelle, l'être proprement dit, le *Sat*.

Chaque personne de la Trinité est, en réalité, *triple* dans son expression, parce que chacune est une facette de la même Unité, et dans
l'action du Démiurge (Saint-Esprit), comme dans celle de la *Vie* (le Fils),
comme dans celle de la Volonté (Dieu le Père), l'on peut distinguer les
trois aspects généraux de l'Etre ; nous essayerons de le montrer quand
nous analyserons l'action de la troisième « vague de vie ».

(3) L'enseignement occulte dit que les ancêtres de l'humanité terrestre sont les *Pitris*, les hommes rudimentaires que l'évolution de la
chaîne lunaire produisit. Ces Pitris ont été dénommés et classés différemment. Certain Instructeurs les répartissent en 7 classes. La 1ʳᵉ classe
atteignit l'individualisation dans un Corps causal *rudimentaire*, sur la
chaîne lunaire ; la 2ᵉ classe ne fit qu'évoluer un organisme approchant
du corps causal ; la 3ᵉ classe avait moins progressé encore, mais possédait, néanmoins, des rudiments de mentalité ; la 4ᵉ et la 5ᵉ n'avaient
développé que le principe kamique ; les 6ᵉ et 7ᵉ classes étaient les moins
avancées.

Dans la *Doctrine Secrète*, H. P. Blavatsky appelle les deux premières
classes *Pitris solaires*, et leur donne parfois d'autres noms : Dhyan Chohans, Dhyanis inférieurs, hommes. La 1ʳᵉ classe des *Pitris lunaires* de
la *Doctrine Secrète* correspond donc à la 3ᵉ classe de la classification
précédente.

(4) Dans le « bloc » d'Essence élémentale, par la fertilisation de la
couche la plus subtile de sa substance *mentale*.

(5) Le « bloc » d'Essence élémentale arrivé au point-limite de la segmentation, le point où il est devenu capable de recevoir l'étincelle divine qui le transforme en Corps causal rudimentaire, ou homme
embryonnaire.

agents des Divinités constructices, et non par l'action procréatrice des animaux (1) de cette époque.

(*A suivre*).   D' Th. Pascal.

VARIÉTÉS OCCULTES

INCIDENTS DE LA VIE DU COMTE DE SAINT-GERMAIN

(*Suite*).

M. de Saint-Germain m'attendait dehors. Aussitôt que je l'aperçus, j'arrêtai ma voiture ; il monta .avec moi et nous rentrâmes ensemble chez moi. Il assista à mon dîner ; mais suivant son habitude, il ne mangea pas. Après cela il proposa de retourner à Versailles ; il dormirait à l'hôtel, ajouta-t-il, et me rejoindrait le lendemain. Je consentis à cette combinaison, dans mon désir de ne rien négliger pour le succès de cette affaire. Nous étions dans mon local, dans les quartiers qu'on appelait à Versailles une suite

(1) C'est en ce point que le transformisme fait surtout erreur, et c'est pourquoi, tout en reconnaissant ce que la science doit à cette école, la Théosophie se sépare d'elle quand elle la voit enseigner que l'homme primitif descend directement d'une espèce animale supérieure. La *forme* humaine fut évoluée, au cours des rondes précédentes, des formes que l'évolution développa avant elle et qui se présentèrent dans l'ordre suivant : les formes minérales furent spécialement créées pendant la première ronde ; les formes végétales appartiennent à la deuxième ronde ; les formes animales furent l'œuvre de la troisième ronde. Les « constructeurs » les bâtissaient et les Pitris lunaires des 3e, 4e et 5e classes (les moins individualisés) les animaient et les développaient en s'y incarnant. La forme la plus parfaite de la troisième Ronde fut simiesque ; elle fut, dans cette troisième Ronde, le corps de la 2e classe de Pitris. Reproduite, dans la ronde actuelle, *par les « constructeurs »*, elle fut le tabernacle dans lequel s'incarnèrent les premiers hommes : les 3e, 4e et 5e classes des *Pitris lunaires* d'abord, la 2e classe ensuite, et la première enfin (l'évolution avait peu à peu poussé toutes ces classes au degré de l'individualisation). Le « missing link » qui unit jadis (durant la 3e Ronde) la forme humaine simiesque (habitée alors par la 2e classe des Pitris, classe individualisée à ce moment) aux formes purement animales qui la précédaient n'existe plus aujourd'hui, parce qu'il n'était plus nécessaire au début de la ronde actuelle (ronde spécialisée au développement de la forme humaine, et dans laquelle les mammifères sont tous *postérieurs* à l'homme).

d'appartements, quand un des pages de la reine vint me demander, au nom de sa Majesté, le 2ᵉ volume du livre qu'elle m'avait demandé de rapporter de Paris ; c'était le signal convenu. Je remis au page un volume d'un nouveau roman quelconque, je ne sais lequel, et aussitôt qu'il fut parti, je le suivis, accompagnée de mon laquais. Nous entrâmes par le cabinet ; Mᵐᵉ de Misery me conduisit dans la chambre privée où la reine nous attendait ; elle se leva avec une dignité affable.

— « Monsieur le comte, lui dit-elle, Versailles est une place qui vous est familière.

— « Madame, pendant près de 20 ans, je fus intimement lié avec le feu roi ; il daigna m'écouter avec bonté ; il fit usage de mes pauvres capacités en plusieurs occasions, et je ne pense pas qu'il regrettât de m'avoir donné sa confiance.

— « Vous avez désiré que Mᵐᵉ d'Adhémar vous amenât à moi ; j'ai une grande affection pour elle, et je ne doute pas que ce que vous avez à me dire ne mérite d'être écouté.

— « La reine, répondit le comte d'une voix solennelle, pèsera dans sa sagesse ce que je vais lui confier ; le parti encyclopédique désire le pouvoir ; il ne l'obtiendra que par la chute absolue du clergé, et pour assurer ce résultat, il renversera la monarchie. Ce parti, qui cherche un chef parmi les membres de la famille royale, a jeté les yeux sur le duc de Chartres : ce prince deviendra l'instrument d'hommes qui le sacrifieront quand il aura cessé de leur être utile; la couronne de France lui sera offerte, il trouvera l'échafaud au lieu du trône ; mais avant ce jour de la rétribution, quelles cruautés, quels crimes !! Les lois ne seront plus longtemps la protection des bons et la terreur des méchants ; ce sont ces derniers qui saisiront le pouvoir avec leurs mains teintées de sang ; ils aboliront la religion catholique, la noblesse, la magistrature.

— « De sorte, qu'il ne restera rien que la royauté, interrompit la reine avec impatience.

— « Pas même la royauté, mais une république avide, dont le sceptre sera le couteau de l'exécuteur. »

A ces mots, je ne pus me contenir moi-même et prenant sur moi d'interrompre le comte en présence de la reine :

— « Monsieur, criai-je, pensez-vous à ce que vous dites, et devant qui vous parlez ?

— « En vérité, ajouta Marie-Antoinette, un peu agitée, ce sont des choses que mes oreilles ne sont pas habituées à entendre.

— « Et c'est dans la gravité des circonstances que j'ai trouvé cette hardiesse, répliqua froidement M. de Saint-Germain. Je ne suis pas venu avec l'intention de rendre à la reine un hommage dont elle doit être fatiguée, mais pour lui montrer les dangers qui menacent sa couronne, si de promptes mesures ne sont pas prises pour les éloigner.

— « Vous êtes positif, Monsieur, dit la reine avec pétulance.

— « Je suis profondément peiné de déplaire à Votre Majesté, mais je ne puis dire que la vérité.

— « Monsieur, répliqua la reine en affectant un ton jovial, le vrai peut quelquefois n'être pas vraisemblable.

— « J'admets, Madame, que tel est le cas en ce moment, mais Votre Majesté me permettra de vous rappeler à mon tour que Cassandre a prédit la ruine de Troie et que l'on a refusé de la croire ; je suis Cassandre, la France est le royaume de Priam. Plusieurs années passeront encore dans un calme trompeur, puis de toutes les parties du royaume accourront des hommes avides de vengeance, de pouvoir et d'argent ; ils renverseront tout sur leur chemin ; la populace séditieuse et quelques grands personnages de l'Etat leur prêteront leur aide ; un esprit de délire s'emparera des citoyens ; la guerre civile aura lieu avec toutes ses horreurs ; elle entraînera avec elle le meurtre, le pillage, l'exil. Alors on regrettera de ne pas m'avoir écouté, peut-être me demandera-t-on encore, mais le temps aura passé... la tempête aura tout détruit devant elle.

— « J'avoue, Monsieur, que ce discours m'étonne de plus en plus et si je ne savais que le feu roi eut de l'affection pour vous et que vous l'avez servi fidèlement... Vous désirez parler au roi ?

— « Oui, Madame, mais sans le concours de M. de Maurepas. Il est mon ennemi ; d'ailleurs je le range parmi ceux qui contribueront à la ruine du royaume, non par malice, mais par incapacité.

— « Vous êtes sévère pour un homme qui a l'approbation de la majorité.

— « Il est le premier ministre, et à ce titre il est sûr d'avoir des flatteurs.

— « Si vous l'écartez de vos rapports avec le roi, je crains que vous n'ayez de la peine à approcher de Sa Majesté qui ne peut agir sans son principal conseil.

— « Je serai à la disposition de leurs Majestés aussi longtemps qu'elles désireront m'employer ; mais je ne suis pas leur sujet, toute obéissance de ma part est un acte gratuit.

— « Monsieur, dit la reine, qui à cette époque ne pouvait traiter aucun sujet sérieux pendant longtemps, où êtes-vous né ?

— « A Jérusalem.

— « Et quelle était... quand ?

— « La reine me permettra d'avoir une faiblesse commune à beaucoup de personnes. Je n'aime jamais dire mon âge, cela porte malheur.

— « Comme pour moi, l'almanach royal ne fait aucune allusion au mien. Adieu, Monsieur ; le plaisir du roi vous sera communiqué. »

C'était un congé, nous nous retirâmes et en revenant à la maison avec moi, M. de Saint-Germain me dit :

— « Je suis sur le point de vous quitter, Madame, et pour longtemps, car je n'ai pas l'intention de rester plus de 4 jours en France.

— « Qu'est-ce qui vous décide à partir si vite.

— « La reine répétera au roi ce que je lui ai dit ; Louis XVI le redira à son tour à M. de Maurepas. Ce ministre délivrera une lettre de cachet contre moi, et le chef de la police aura des ordres pour la mettre à exécution ; je sais comment ces choses se passent et je ne désire pas aller à la Bastille.

— « Que vous importerait. Vous passeriez à travers la geôle.

— « Je préfère ne pas avoir besoin de recourir à un miracle ; adieu, Madame.

— « Mais si le roi vous demandait ?

— « Je reviendrais.

— « Comment le saurez-vous ?

— « J'ai le moyen de le savoir, ne vous tourmentez pas pour cela.

— « En attendant je serai compromise.

— « En aucune façon ; adieu. »

Il partit aussitôt qu'il se fut débarrassé de ma livrée. Je restais fort troublée. J'avais dit à la reine que pour être plus apte à satisfaire ses désirs, je ne quitterais pas le château. Deux heures après, Mme de Misery vint me chercher au nom de Sa Majesté. Je n'augurais rien de bon de cet empressement ; je trouvai le roi avec Marie-Antoinette. Elle me parut embarrassée ; Louis XVI, au contraire, vint à moi franchement et me prit la main qu'il baisa avec une grâce infinie, car il était charmant quand il voulait.

— « Madame d'Adhémar, me dit-il, qu'avez-vous fait de votre sorcier ?

— « Le comte de Saint-Germain, Sire ? Il est parti pour Paris.

— « Il a sérieusement alarmé la reine ; vous avait-il auparavant tenu le même langage ?

— « Pas avec autant de détails.

— « Je ne vous en veux pas pour cela, ni la reine non plus, car vos intentions sont bonnes ; mais je blâme l'étranger pour avoir osé nous prédire des revers que les quatre coins du globe ne pourraient offrir dans le courant d'un siècle. Avant tout, il a tort de se cacher du comte de Maurepas qui voudrait savoir comment détruire ses inimitiés personnelles, si cela était nécessaire, pour les sacrifier aux intérêts de la monarchie. Je lui parlerai de la chose, et s'il me conseille de voir Saint-Germain, je ne refuserai pas de le voir. Il a la réputation d'être intelligent et habile ; mon grand-père aimait sa société, mais avant de lui accorder un entretien, j'ai voulu vous rassurer sur les conséquences possibles de la réapparition de ce mystérieux personnage. Quoi qu'il puisse arriver, vous serez mise au courant. »

Mes yeux se remplirent de larmes à cette preuve frappante de la bonté de leurs Majestés, car la reine me parla aussi affectueusement que le roi. Je revins plus calme, mais tourmentée néanmoins de la tournure que cette affaire avait prise, je me félicitais intérieurement que M. de Saint-Germain eut tout prévu.

Deux heures plus tard, j'étais encore dans mon boudoir, absorbée dans mes pensées, quand il y eut un coup frappé à la porte de ma modeste chambre. J'éprouvai une commotion extraordinaire, et presque immédiatement, les deux battants de la porte s'ouvrirent et Monseigneur le comte de Maurepas fut annoncé. Je me levai pour le recevoir avec bien plus de vivacité que s'il avait été le roi de France. Il s'avança avec le sourire aux lèvres.

— « Pardonnez-moi, Madame, dit-il, pour le manque de cérémonie de ma visite, mais j'ai quelques questions à vous faire, et la politesse a exigé que je vinsse vous chercher. »

Les courtisans de cette époque montraient une politesse exquise envers les femmes, politesse qui ne dura pas longtemps dans toute sa pureté après la tempête qui renversa tout. Je répliquais, comme je devais le faire, à M. de Maurepas et après ces préliminaires.....

— « Bien, reprit-il, alors notre vieil ami, le comte de Saint-Germain, est revenu ? Il en est encore à ses vieux trucs, et il a recommencé sa jonglerie ? »

J'étais sur le point de me récrier. Mais m'arrêtant avec un geste de prière,

— « Croyez-moi, ajouta-t-il, je connais le coquin mieux que vous, Madame. Une chose seulement me surprend ; les années ne m'ont pas épargné, et la reine déclare que le comte de Saint-Germain a l'apparence d'un homme de 40 ans. Quoi qu'il puisse être, nous devons savoir à quelle source il a pris cette information si précise, si alarmante ; il ne vous a pas donné son adresse, je le garantirais ?

— « Non, monsieur le comte.

— « Il sera découvert, nos policiers ont un flair très fin..., le roi vous remercie pour votre zèle, rien de mauvais n'atteindra Saint-Germain, sauf qu'il sera enfermé dans la Bastille où il sera bien nourri, bien chauffé jusqu'à ce qu'il veuille bien nous dire où il a recueilli tant de choses curieuses. »

A ce moment notre attention fut détournée par le bruit de la porte de ma chambre qui s'ouvrait...

C'était le comte de Saint-Germain qui entrait. Un cri m'échappa, pendant que M. de Maurepas se leva précipitamment, et je dois dire que sa contenance changea un peu. Le thaumaturge s'approchant de lui, dit :

— « Monsieur le comte de Maurepas, le roi vous a sommé de lui donner un bon avis, et vous ne pensez qu'à maintenir votre autorité en vous opposant à ce que je voie le monarque ; vous perdez la monarchie, car je n'ai qu'un temps limité à donner à la France, et ce temps écoulé je ne serai plus revu qu'après trois générations consécutives. J'ai dit à la reine tout ce qu'il m'était permis de lui dire;

mes révélations au roi auraient été plus complètes ; il est malheureux que vous soyez intervenu entre Sa Majesté et moi. Je n'aurai rien à me reprocher quand l'horrible anarchie dévastera la France entière. Quant à ces calamités, vous ne les verrez pas ; mais les avoir préparées, sera suffisant pour votre mémoire... N'attendez aucun hommage de la postérité, ministre frivole et incapable ! vous serez rangé parmi ceux qui font la ruine des Empires. »

M. de Saint-Germain ayant ainsi parlé sans reprendre haleine revint vers la porte, la ferma et disparut.

Tous les efforts pour trouver le comte furent inutiles.

(*A suivre*).   **Isabel Cooper Oakley.**

ECHOS DU MONDE THÉOSOPHIQUE

France.

Comme nous l'avons dit dans notre dernier numéro, Mᵐᵉ Annie Besant, à peine de retour de son voyage annuel dans l'Inde, a bien voulu venir passer quelques jours à Paris. Cette visite inespérée s'est effectuée, du 23 au 27 mai, dans les meilleures conditions. Entretiens privés et collectifs, visites aux Branches, conférences sur invitations et publiques, tel a été le bilan bien rempli des quatre journées dans lesquelles notre honorée sœur a dépensé sans compter ses forces, son esprit et son cœur.

Mᵐᵉ Besant a reçu, pendant son séjour à Paris, l'hospitalité la plus généreuse et la plus fraternelle de la part de la famille Blech, famille théosophe, s'il en fut. Dans les vastes salons de l'avenue Montaigne, un grand nombre de personnes ont pris part à l'entretien, par demandes et réponses, du mardi 23, et aux deux conférences privées, du 25, sur *le Christianisme au point de vue théosophique*, et du 26, sur *l'Idéal théosophique*.

D'autres entretiens collectifs ont eu lieu, à des heures appropriées : le 23, pour la branche parisienne *Ananta ;* le 24, au siège de notre Revue ; le 25, à la Branche le *Sentier ;* et le 26, à la *Section Ésotérique.*

C'est le 24, au soir, qu'a été donnée la conférence publique, à l'hôtel des Sociétés Savantes. Le temps était très mauvais, gros vent et pluie battante, et cependant une foule considérable assiégeait les portes de l'Hôtel avant l'heure et la grande salle fut plus que comble. Il est vrai que la grande presse, — à l'exception de l'*Eclair*, que nous avions cependant prié, — avait bien voulu annoncer gracieusement, à la population parisienne, « la parole de paix, de libération et de lumière » qui allait se faire entendre. Nous devons ajouter que les comptes-rendus postérieurs furent moins nombreux que les annonces de la réunion : il y avait tant et de si passionnants sujets d'actualité, hélas !... *La Fronde*, toutefois, a donné une excellente analyse des trois conférences mêmes.

Le sujet de celle du 24 était une esquisse rapide et générale de la théosophie, sous le titre de *la Sagesse antique* qui lui convient à plusieurs égards. Nous en donnerons le plus tôt possible le compte-rendu sténographié, ainsi que celui des deux autres conférences. Malgré la complexité du sujet et la variété de composition de l'auditoire, dont un bon nombre de personnes, sans doute, entendaient parler théosophie pour la première fois, la conférence fut religieusement écoutée, et les applaudissements qui suivirent montrèrent que Mᵐᵉ Besant avait été comprise. Mais, c'est à la conférence du 26, au soir, sur l'*Idéal théosophique*, la dernière, du reste, que se manifestèrent d'une façon merveilleuse l'inspiration magistrale d'Annie Besant et sa communion ou son effet extraordinaire sur son auditoire ; on eût dit que des ondes spirituelles émanant d'elles comme foyer s'irradiaient dans l'assistance et la pénétraient profondément. Ce fut donc avec grande raison, qu'avant de clore cette dernière réunion, Mᵐᵉ Besant fut publiquement remerciée du grand bien, qu'en ces courtes journées, si bien remplies, cependant, elle avait fait à tous les Français, théosophes ou non, qui avaient eu le bonheur de l'entendre, c'est-à-dire, à notre patrie que nous aimons d'autant plus qu'elle subit davantage, en ce moment, les coups de l'inéluctable *Karma*.

⁂

La comtesse Wachtmeister, qui se trouvait à Paris avant l'arrivée de Mᵐᵉ Besant, nous a quittés une semaine après cette dernière. Sur la fin de son séjour, elle a donné une deuxième conférence, sous les auspices de la Branche Parisienne *Ananta*, devant près de deux cents personnes. Son sujet principal était *De la meilleure manière de prier*, sur quoi elle dit des choses très intéressantes. La comtesse Wachtmeister aura fait, elle aussi, un bon travail théosophique, en France, dont nous lui sommes reconnaissants.

⁂

Enfin nous avons eu le plaisir de voir pendant quelques jours, à Paris, notre cher collègue et ami, le docteur Pascal, que sa santé, entièrement restaurée par le voyage qu'il a fait dans l'Inde, met à même de poursuivre plus entièrement que jamais l'action théosophique à laquelle il s'est depuis longtemps voué. C'est sur lui que nous comptons pour prendre en mains la direction de la *Section française* que nous sommes en voie de constituer. Il est relativement jeune, plein de forces et de connaissance : il ne faillira point à la tâche qui lui incombera.

•

C'est le moment de revenir sur les premiers résultats des travaux ci-dessus relatés, à savoir sur la formation des nouvelles Branches dont le nombre croissant nous permet dès maintenant de viser la constitution de la Section française.

Dans ces temps derniers s'est successivement constituée une Branche nouvelle, dans chacune des villes suivantes : Grenoble, Lyon et Marseille, plus deux autres à Paris. Quand la Section française sera formée et que les circonstances le permettront, il sera sans doute publié un *petit Bulletin théosophique* spécialement affecté à ce qui concernera le mouvement français et les affaires des Branches.

.·.

Un mot personnel pour terminer, en nous excusant de l'exception. Nous avons repris dans le dernier numéro, et nous continuons, ce mois-ci, la rédaction d'une partie, au moins, pour commencer, de la chronique mensuelle de notre revue. C'est que la grave affection à laquelle nous a conduit le surmenage intellectuel de ces dernières années semble s'approcher de son terme, bien que nous n'ayons pas encore recouvré toutes nos forces passées. En reprenant ainsi contact direct avec nos chers lecteurs, nous avons le devoir, nous aussi, de remercier publiquement les amis qui nous ont assisté aux longs jours de l'épreuve. Parmi ceux-ci, nous devons citer particulièrement M. Paul Gillard qui nous a généreusement prêté sa plume dans cette revue, et sa voix dans nos réunions de cet hiver, plus M. le docteur Jules Grand dont la connaissance parfaite des maladies nerveuses et la patiente douceur avec laquelle il en applique le traitement approprié, ont si fortement contribué à nous ramener à la santé.

Une observation se présente encore sous notre plume, à ce sujet. Les maladies nerveuses sont certainement des troubles ou des désordres dont le siège principal réside dans ce que les théosophes appellent le *corps éthérique*. Et, comme la science actuelle ne connaît pas encore de ce très important élément de la constitution physique de l'homme, il s'ensuit que cette science reste dans l'empirisme en ce qui concerne les maladies nerveuses et certaines autres sans doute. Imaginons dès lors, que, même sans avoir encore acquis la vision éthérique, laquelle procède d'ailleurs de la culture théosophique, le médecin connaisse positivement la totalité des diverses parties de l'organisme physique, ainsi que leurs correspondances avec les principes hyperphysiques, et combien différentes seront les conditions dans lesquelles il se trouvera pour traiter ses malades ! Il est donc désirable de voir augmenter le nombre, si restreint encore, des médecins théosophes.

Pour les Echos français,
D. A. Courmes.

—

PAYS ETRANGERS

Angleterre.

La neuvième convention annuelle de la Section Européenne a eu lieu à Londres les 7, 8 et 9 juillet dernier. Il en sera rendu compte dans le prochain numéro de notre Revue.

Mᵐᵉ Besant a inauguré la nouvelle série des cinq conférences qu'elle doit donner à Londres, en traitant de l'*Ascension de l'homme*.

Italie.

La Branche de Rome a fait des conférences, sur : *La terre, ses continents et la race humaine ; l'aura sous ses divers aspects : l'aura des métaux et des plantes.*

Allemagne.

L'événement du mois est, en Allemagne, à notre point de vue, la publication de la traduction de *Karma* ; ce qui élève à quatre le nombre des manuels théosophiques produits en allemand.

Hollande.

Nombreuses conférences à Amsterdam sur la *Théosophie et les problèmes sociaux.*

Autres conférences à Rotterdam sur la *Théosophie à la maison* ; à Haarlem sur *Nos Archives.*

La Hollande est malheureusement attristée par la perte que nos frères viennent d'y faire dans la personne de Mᵐᵉ Auguste Obreen, morte subitement à la fin d'avril dernier. Elle était un des plus anciens et des plus dévoués membres, parmi les Théosophes Hollandais, et sa coopération au Journal *Theosophia* était des plus importantes.

Amérique.

M. Chatterji a visité New-York, Buffalo, Toronto et Toledo en allant à la convention de Chicago. Il avait l'intention d'aller ensuite en Californie.

Nouvelle Zélande.

Le principal intérêt de cette section est dans l'arrivée à Auckland, de Miss Edger.

Elle a dû arriver dans cette ville le 24 avril et y commencer une série de conférences, qu'elle a continuées à Wellington, Christchurch et Dunedin.

Inde.

Le colonel Olcott vient d'adresser une circulaire dans laquelle il rappelle que les chefs des sections de la S. Th. n'ont d'autorité que dans les limites géographiques spécifiées dans leurs chartes, et que, par suite, ils n'ont pas le droit de délivrer des chartes et des diplômes à des personnes habitant des pays non compris dans leur juridiction. Cette circulaire a été délivrée pour éviter les erreurs pareilles à celles qui se produisent actuellement entre les membres sud-africains et ceux de l'Amérique du sud. Cette règle ne s'applique pas aux membres appartenant à des branches dépendant de sections organisées et qui pouvaient avoir émigré dans un pays n'ayant pas encore sa section, et désirent conserver leurs anciens liens jusqu'à ce qu'une branche locale soit formée et qu'ils aient pu en faire partie.

Le collège spécial, fondé par la S. Th., à Bénarès, a été rattaché à l'Université d'Allahabad. Trois nouvelles classes y ont été inaugurées.

Pour les Echos étrangers,
Paul Gillard.

REVUE DES REVUES

Theosophist. *Organe présidentiel.* Juin 99. — Feuilles d'un vieux journal (*suite*), par H. S. Olcott. — Les auras des métaux, par A. Marques. — Axiomes théosophiques (*suite*), par W. A. Myers. — Evidences de la conscience supra-sensuelle (*suite*), par Govindacharlu. — La future maison d'H. P. B.

Vahan. *Section Européenne.* Juin 99. — La convention de la section européenne annoncée pour les 7, 8, 9 et 10 juillet. — Formation de deux nouvelles branches françaises. — De la propagande spirituelle faite aux Indes par les Européens. — De la possibilité de transférer le Karma d'une personne à une autre. — De l'influence du Karma d'un disciple sur son entourage, par C. W. Leadbeater. — Notes sur les Esséniens, par G. R. S. Mead.

Theosophical Review. *Angleterre.* Juin 99. — Littérature trismégiste (*suite*), par G. R. S. Mead. — A propos des difficultés de la vie intérieure (*suite*), par Annie Besant. — Les dieux irlandais et leurs adorateurs, par Mme Hopper. — Un Yogui indien, par G. R. — Vestiges de l'influence orientale dans les légendes espagnoles, par Miss Hardcastle. — La Yoga Vâsishtha.

Prasnottara. *Bénarès.* Mai 99. — Construction de l'individualité (*suite*). — Catéchisme de l'hindouisme (*suite*). — A propos de la création et du libre-arbitre, par D.

Theosophic Gleaner. *Bombay.* Mai 99. — Qu'est-ce que la conscience et comment la développer? — Les hommes et leurs institutions. — La cérémonie *Pirit* des Bouddhistes. — Hindouisme et loyauté.

Mercury. *San-Francisco.* Mai 99. — Portrait de Mme Blavatsky. — Influences planétaires et leurs effets sur les êtres humains, par G. Wright. — La loi de Karma, par Fullerton. — Sympathies secrètes, par Ward. — Vérité et Mensonge, par Kranc. — Lettre du comité national à toutes les branches de la Section américaine.

Theosophy in Australasia. *Sydney.* Avril 99. — Darwinisme, par Kela. — Libre-pensée ou dogme, par Tiffer. — Rapport de la cinquième convention de la section australienne. — But de l'évolution, par Harold Bogg.

Maha-Bodhi. *Calcutta.* Mai 99. — Anniversaire de la naissance, de l'illumination et du Paranirvan de Bouddha. — Nous ne sommes pas seulement nés pour nous, par Harischandra. — Reliques du corps de Bouddha.

Sophia. *Madrid*. Mai 99. — Problèmes religieux (*suite*), par Annie Besant. — Clairvoyance (*suite*), par C. W. Leadbeater.

Teosofia. *Roma*. Mai 99. — L'aura et ses différentes espèces, par Decio Calvari. — Qualités requises pour travailler sur le plan astral, par C. W. Leadbeater. — Corroborations scientifiques de la Théosophie (*suite*), par A. Marques. — La réincarnation, par le docteur Pascal.

Theosophia. *Hollande*. Mai 99. — Notice biographique sur *Afra*, par la rédaction. — Le jour du lotus blanc, par Manen. — Le Tao-te-King, par Manen. — H. P. Blavatsky, par V. P. Jelihovsky.

Philadelphia *Buenos-Aires*. Mai 99. — Théosophie, par Hartman. — Loi de causalité, par Shakou Soyen. — Son, couleur et lumière, par A. Marques. — La création est-elle possible? par Dr Pascal. — Le mouvement théosophique, dans la République Argentine.

Ricerca. *Milan*. Mai 99. — Suspension volontaire de la vie. — La recherche et l'éclectisme. — William Crookes et Katie King.

Revue spirite. *Paris*. Juin 99. — Caractère de l'unité, la loi nouvelle, par Leymarie. — Les apports de la villa Carmen, par la Générale C. Noël.

Le spiritualisme moderne. *Paris*. Mai 99. — L'envie et la jalousie, par Beaudelot.

La paix universelle. *Lyon*. Mai-Juin 99. — Articles divers, sur le congrès de l'humanité. — Congrès des sociétés savantes, par le Dr Boucher. — La fin du Cycle. — Une prophétie.

Revue du monde invisible. *Paris*. Mai 99. — L'hypnotisme médical, par E. Méric. — Les frontières de la physique, par de Rochas. — La mystique des hindous, par Bottero.

Journal du Magnétisme. *Paris*. Juin 99. — L'homme nouveau, par Alban Dubet. — Société magnétique de France, par H. Durville. — Expériences effluviographiques, par Tegrad.

Nous avons reçu également les revues suivantes, dont nous ne pouvons, faute de place, mentionner que les titres : *Réforme alimentaire, L'Université de Paris, Verdade e Luz, Revista Espirita, Es Werde Light. — Amazonas, Bulletin des Sommaires.*

Paul Gillard.

BIBLIOGRAPHIE

La Voix du Silence.

Nous sommes heureux d'apprendre aux lecteurs de la Revue qu'une nouvelle édition de la *Voix du silence* vient d'être mise en vente, chez notre libraire-éditeur M. Bailly, 10, Rue St-Lazare.

L'éloge de ce petit livre n'est plus à faire. Il est ou devrait être entre les mains de tous ceux qui sont épris d'un idéal élevé, dont il contient toutes les formules, et il n'en est pas qui mérite mieux l'épithète de *Livre de chevet*. Le prix de cette seconde édition a été réduit à un franc.

Paul Gillard.

SOUSCRIPTION PERMANENTE

Pour la REVUE THEOSOPHIQUE FRANÇAISE

La publication d'ouvrages théosophiques et la propagande.

LISTE DE JUILLET 1899.

D. A. Courmes	50 fr.	(*Lotus Bleu*)
Dr Th. Pascal	50	—
M. Renou	2	—
Dr Boullangier	5	—
Madame A. (Marseille)	3	—

AVIS

Le *Paradis hôtel* est un établissement de montagne situé à Dingy Saint-Clair, près Annecy (Haute-Savoie), à 600 mètres d'altitude. L'établissement est très bien tenu par Mme veuve Gâcon, M. S. T. ; ses prix sont modérés et il est fréquenté par certains de nos amis.

Nous le signalons volontiers à nos lecteurs.

Le Directeur administrateur de la revue :

D. A. Courmes.

Saint-Amand (Cher). — Imp. DESTENAY, Bussières frères.

27 AOUT 1899

DIXIÈME ANNÉE   NUMÉRO 6

REVUE THÉOSOPHIQUE
FRANÇAISE

L'Idéal théosophique [1]

MESDAMES, MESSIEURS,

Le monde moderne ignore à peu près l'immense importance de l'Idéal. On peut lire dans la sainte Écriture de l'Inde : « L'homme est créé par la pensée ; ce qu'un homme pense il le devient ; il faut penser à Brahma, c'est-à-dire à Dieu ». La même idée se trouve dans la Bible où on lit : « L'homme *est* ce qu'il pense ».

Mais c'est sans doute parce que l'on ne saisit pas tout à fait comment la pensée a le pouvoir de créer l'homme, que l'on ignore cette grande importance de l'idéal ; on ne comprend pas les forces créatrices de la pensée. Que l'on me permette donc ici d'expliquer comment la pensée construit le mental :

La pensée produit des vibrations dans la matière extrêmement fine et subtile dont le corps mental de l'homme est composé. Ce corps mental, invisible aux yeux de la chair, peut être créé, soit par la matière la plus grossière, soit par la matière la plus éthérée du plan mental. Je veux dire par là que l'on peut trouver, sur le plan mental, la même différenciation de la matière, quant à sa finesse ou à sa densité, qu'ici-bas, sur notre plan physique. Nous avons ici de la matière solide, mais nous avons aussi de cette matière que l'on appelle éther ; sur le plan mental, on observe également ces différences, c'est-à-dire que l'on y trouve une sorte de matière aussi différente de l'éther du plan mental, que la matière solide est différente de l'éther du plan physique. Et ces diverses sortes de matières s'inter-pénètrent et forment le corps mental, aussi bien que les autres constituent le corps physique.

(1) Conférence faite par Mme Annie Besant à l'Hôtel des Sociétés savantes, rue Serpente, le mercredi 24 mai 1899.

11

Or, chaque fois que l'on pense, on produit un groupe de vibrations : ces vibrations de la pensée expulsent du corps mental la matière qui ne peut vibrer en accord avec elles, et y attirent la matière qui peut leur répondre ; par conséquent, si la pensée est grossière, elle attire au corps mental de la matière grossière du plan mental ; si la pensée est pure, élevée, sublime, elle expulse la matière grossière du corps mental et y attire de la matière subtile. C'est ainsi que les vibrations de la pensée construisent le corps mental ; et lorsqu'on pense, on travaille à créer la mentalité. Voyons maintenant comment se produisent les vibrations de la pensée...

Ces vibrations commencent par des impulsions qui viennent du dehors, par les idées d'autrui qui se communiquent à nous soit par la lecture, soit par la parole ou encore par la compagnie d'hommes intellectuels. Toutes ces vibrations extérieures frappent la conscience de l'individu et y éveillent des vibrations correspondantes. Ainsi, en lisant l'œuvre de quelque génie, de quelque homme véritablement grand, la conscience du lecteur est frappée par les vibrations de ces pensées et subit, par là, des modifications qui provoquent de nouvelles vibrations dans la matière du mental. Nous voyons donc, qu'au contact de grandes idées, la conscience de l'homme se transforme et produit, par le fait même de ces modifications, des vibrations qu'elle n'aurait pas créées autrement, vibrations qui, à leur tour, transforment le corps mental.

Voilà donc les avantages que l'on trouve à lire de beaux livres et à rechercher la société des hommes dont les idées sont grandes, pures et sublimes. Leur contact nous améliore, nous élève, ainsi que nous en trouvons l'affirmation dans tous les livres sacrés. Nos pensées sont plus hautes lorsque nous nous trouvons avec des âmes véritablement grandes ; nous sommes à même de répondre à des idées que nous n'aurions pas comprises autrement, et quand nous avons répondu à ces idées, il est en notre pouvoir de les reproduire.

C'est ainsi que l'on peut agrandir un idéal continuellement réfléchi sur la conscience. Si nous pensons à cet idéal, les vibrations qui en proviennent jouent sur la conscience ; nous répondons à ces vibrations ; la conscience s'en trouve modifiée ; le corps mental se construit, et ce pouvoir de l'idéal transforme, et la conscience, et le corps mental par lequel nous pensons. Il faut donc avoir : 1° un grand idéal si l'on veut progresser : ensuite il faut penser à cet idéal... ou plutôt il faut méditer.

La méditation est une pensée bien arrêtée, suivie, pleine de volonté et d'énergie. Ordinairement les pensées flottent au gré des impulsions ; elles vont et viennent, transformant perpétuellement le mental. Il est bien difficile de penser avec fixité, mais vous ne saurez jamais combien il est plus difficile *de penser véritablement*, à moins que vous n'en fassiez l'expérience par vous-même. D'habitude, nous ne pensons pas, *nous ne savons pas penser ;* nous ne sommes que des miroirs réfléchissant la pensée d'autrui. Nous reproduisons les pensées du monde où nous vivons, de la nation dont nous faisons partie ; c'est une reproduction perpétuelle... mais la pensée définie, forte, lucide, est chose rare, et la raison pour laquelle nous ne pouvons la comprendre, la raison qui nous empêche de penser par nous-mêmes, c'est que nous ne sommes pas maîtres de ces pensées extérieures qui pénètrent continuellement dans notre mental. On pourrait comparer notre corps mental à une maison ouverte à tous ceux qui veulent y entrer ; maison dont, seuls, nous n'avons pas la clef.

Lorsque nous commençons à penser par nous-mêmes, nous découvrons que nous sommes vraiment les esclaves de ce corps mental formé des idées d'autrui ; et si nous désirons la tranquillité complète d'esprit, nous sentons que le corps mental vibre toujours avec une telle passion et une telle rapidité, qu'il nous est impossible de le dominer et de le rendre parfaitement calme.

La méditation nous enseigne à maîtriser le mental ; il faut méditer tous les jours, chaque matin, avant de faire autre chose ; jamais il ne nous faut recommencer la vie sans avoir médité pendant un quart d'heure, une demi-heure, une heure même si nous le pouvons ; et cela afin que cette reprise de nos occupations quotidiennes soit pleine de calme et d'équilibre. Cette habitude de méditer chaque matin donne de l'énergie à l'âme et la rend maîtresse du corps.

Il faut donc avoir, en premier lieu, un noble idéal ; puis il faut pratiquer la méditation, et la pratiquer avec persévérance : voilà les trois choses nécessaires pour se construire un bon corps mental, un instrument pour l'âme et non un tyran.

La théosophie nous donne cet idéal et je crois qu'on ne saurait en trouver de plus beau : l'homme parfait, l'homme équilibré, l'homme dont le corps, les émotions, l'intelligence et la conscience se sont également et parfaitement développés, et dont l'évolution fait penser à une harmonieuse symphonie.

Voilà l'idéal de l'individu : quelle est maintenant la société idéale ?

C'est une société fraternelle où les frères aînés, c'est-à-dire les âmes les plus âgées, les plus grandes et les meilleures guident les plus jeunes avec un esprit de sagesse, de générosité et de sacrifice ; ces frères aînés portent les fardeaux les plus lourds... car ce sont toujours les plus forts qui doivent supporter le poids des responsabilités...

Dans cette société tous les hommes s'entr'aiment, tous les hommes sont frères en accomplissant leurs devoirs respectifs : devoir des aînés de guider les plus jeunes, de les soutenir ; devoir des plus jeunes d'écouter les aînés, de leur obéir, de s'instruire par leurs leçons et de progresser. Voici l'idéal dans la société comme dans l'individu.

C'est de ce dernier plutôt dont je veux parler ce soir, car il nous touche de plus près. On ne peut édifier un bâtiment si l'on n'a pas réuni tout ce qui est nécessaire à sa construction ; on ne peut de même organiser une société parfaite si l'on ne possède pas des individus avancés. Il faut donc *faire* l'individu avant d'organiser la société et je n'ai pas le temps d'expliquer ces deux points.

La première chose est d'étudier la nature de l'homme, car on ne peut former un idéal sans avoir acquis la connaissance de la nature humaine ; il faut *savoir* afin de *pouvoir agir ;* quand on veut agir sans la connaissance, on commet toujours des erreurs. Il faut donc étudier la nature de l'homme pour savoir comment il peut et doit se développer.

La théosophie nous enseigne : premièrement que l'homme est une conscience qui se développe ; deuxièmement, que cette conscience est une unité possédant trois aspects, trois faces, lesquelles, en se réfléchissant sur les plans inférieurs, se présentent comme : 1° la raison, c'est-à-dire le mental inférieur ou reflet de l'intelligence supérieure ; 2° les émotions ou reflet de l'amour ; 3° la vie physique, l'existence illusoire du corps, ou reflet de l'existence réelle, de la vie spirituelle. Voilà donc la conscience et ses reflets sur les plans inférieurs.

Parlons un instant du corps physique ; le corps aussi peut être idéalisé ; l'on peut atteindre cet idéal en le construisant d'après les principes et les lois de la nature. La santé est un don naturel, mais on ne peut la posséder dans notre société moderne, car elle est le complément d'une vie régulière et non celui d'une existence où tous les désirs déréglés du corps sont satisfaits, où l'on ne cherche qu'à créer des désirs afin de les satisfaire ; d'une existence où l'on aspire au luxe et à de continuels et nouveaux besoins ; où le corps devient le tyran de l'âme au lieu d'en être l'esclave et l'instrument ; d'une existence où le corps s'impose à la volonté humaine et s'irrite s'il ne jouit pas d'un parfait confort. Le corps qui ne peut agir s'il a faim, s'il a soif, s'il est fatigué, le corps incapable de faire quoi que ce soit parce qu'il souffre, est-ce un corps humain ou un corps animal ?... La civilisation moderne en fait un roi..., il ne doit être qu'un instrument.., mais c'est un instrument admirable quand il est bien dirigé.

Pour avoir la santé, il faut donc discipliner ce corps au lieu de se complaire à tous ses désirs sans frein, mais si c'est une chose difficile à accomplir dans notre société contemporaine, elle est absolument nécessaire à la réalisation de l'idéal humain. On ne peut avoir un corps sain et beau sans la santé : or la santé est ruinée par les excès.

La modération, voilà la seule garantie de santé. On lit dans la Bhagavad Gita que « l'Union divine n'est pas pour ceux qui mangent trop ni pour ceux qui mangent trop peu, pour ceux qui dorment ou qui veillent trop longtemps ». Il faut de la modération en toutes choses ; il est nécessaire d'être équilibré pour avoir la santé, la beauté, la pureté physiques. Un corps impur ne peut être sain et beau ; il vieillit avant le temps, et l'on ne peut être pur si l'on mange des aliments impurs, si l'on boit des boissons impures, si l'on a des pensées impures. La pensée agit sur le cerveau, et le cerveau agit à son tour sur les nerfs, et sur le corps entier ; par conséquent, les pensées ruinent le corps. Or il nous faut la santé, la beauté, la pureté physiques.

Et l'obéissance absolue du corps à la volonté humaine n'est pas chose si difficile que l'on pense, car le corps est automatique, le corps a ses habitudes et cède assez facilement à la volonté, si celle-ci se montre ferme pendant quelque temps. Nous aurons peut-être des difficultés à l'assujettir pendant deux ou trois semaines, ou deux ou trois mois, puis ces difficultés disparaîtront.

Le luxe est une chose artificielle ; si le corps s'y accoutume et le réclame au temps où on lui permet de satisfaire tous ses désirs, il le réclame de plus en plus instamment. Si on lui refuse ce luxe, alors il y a révolte. Il s'agit donc d'assujettir le corps et de l'habituer à l'obéissance ; il s'y accoutume petit à petit et finit par se trouver beaucoup plus heureux dans la modération qu'il ne l'était par les excès. Lorsque nous sommes arrivés à le maîtriser, les circonstances extérieures ne peuvent plus ébranler notre équilibre, et nous sommes plus heureux en réalité, car notre bonheur est intérieur et ne dépend plus de ces circonstances... C'est ainsi que nous trouvons le calme et la sérénité.

Voilà donc un idéal à réaliser pour le corps, et il faut mettre en pratique cet idéal, c'est-à-dire y penser le matin en prenant cette résolution : « Je ne veux pas être dominé par mon corps aujourd'hui : c'est moi le maître et non pas lui : il n'est que mon instrument ». Si l'on se pénètre chaque matin de cette idée, l'on s'aperçoit bien vite que le corps commence à faire sa soumission et que la pensée en devient maîtresse.

Au tour des émotions, maintenant. Il nous faut d'abord les analyser afin de voir ce qu'elles sont. Nous vivons dans la famille et dans la société aussi bien que dans l'Etat ; les émotions sont les liens qui resserrent l'un à l'autre ces différents côtés de la nature humaine ; elles recherchent les objets afin de s'y attacher et constituent les liens qui unissent un individu à un autre individu. La société est fondée sur les émotions et sur les liens qui se forment par leur action ; les devoirs que nous avons à remplir vis-à-vis du prochain proviennent d'elles encore, et ce que nous appelons vertus ou vices n'en sont que des modes permanents. Chaque vertu est une capacité permanente de répondre à quelque devoir basé sur des liens. Lorsqu'on étudie les émotions d'après ce point de vue, on commence à les comprendre un peu. Voyons maintenant comment une vertu peut être le mode permanent d'une émotion :

L'amour est une émotion, et quand nous l'analysons, nous nous apercevons que, de même que toute autre émotion, il se divise en trois catégories : On peut avoir de l'amour pour ses inférieurs, soit pour les hommes, soit pour les bêtes ; quand l'amour se manifeste envers les inférieurs, il devient bienveillance, charité, compassion. Chaque fois que l'amour se manifeste, il se manifeste sous l'aspect d'une vertu, et toutes les vertus provenant de l'amour et qui se montrent dans les relations des supérieurs vis-à-vis des inférieurs, sont invariablement des modes et des capacités de cet amour. Entre égaux, l'amour prend la forme de l'amitié, de l'affection, de la tendresse ; et l'amour envers les supérieurs devient dévouement, admiration, vénération. Nous divisons invariablement les individus en trois classes ; ils sont, ou nos égaux, ou nos inférieurs, ou nos supérieurs. On trouve ainsi dans la nature émotionnelle de l'homme une base scientifique, une base véritable à la morale, et l'on voit que l'éthique tout entière est basée sur les émotions, et qu'il faut absolument comprendre ces dernières pour établir une morale saine et s'imposant par elle-même.

Or il faut cultiver ces émotions et les cultiver avec intelligence ; c'est grâce à elles que nous pouvons nous élever des plans inférieurs jusqu'aux plans supérieurs, puisqu'elles sont le reflet de l'âme. Elles sont aussi les ailes de l'oiseau,... mais en les exerçant, il faut, avant tout, les purifier de l'égoïsme. N'écoutons pas ceux qui nous conseillent de les détruire... les occultistes de la main gauche ou magiciens noirs, ainsi qu'on les appelle, tuent en eux la nature émotionnelle pour anéantir la souffrance, agissant ainsi dans un but égoïste. Il faut se munir de beaucoup de courage, il est vrai, pour cultiver les émotions lorsqu'on souffre continuellement ; mais la souffrance est nécessaire à l'âme qui veut se purifier, à l'âme qui désire embrasser tout être et toute chose dans sa sympathie.

Le disciple qui veut marcher sur le droit sentier doit donc cultiver les émotions, mais en les purifiant absolument de l'égoïsme. Lorsqu'il aura vaincu l'égoïsme, ses souffrances disparaîtront par cela même qu'elles proviennent de la personnalité. C'est donc en purifiant les émotions de l'égoïsme, et non en les tuant, comme le disent les magiciens noirs, qu'il faut arriver à vaincre la souffrance.

Nous avons étudié la nature du corps et des émotions : voyons maintenant celle de l'intelligence. Comment nous faut-il traiter l'intelligence ? Il est nécessaire de la cultiver chaque jour, afin qu'elle se développe de plus en plus. Il faut lire chaque jour, ne fût-ce que vingt lignes, d'un ouvrage sérieux, et après lecture faite, méditer sur ce que l'on a lu. Il arrive quelquefois, lorsqu'on commence à développer son intelligence, que l'on lise trop et que l'on ne pense pas assez. C'est un danger actuel que de lire toujours sans penser ; on s'instruit en lisant, aussi veut-on lire toujours et toujours davantage... Mais on ne devient sage, véritablement sage, qu'en pensant, qu'en réfléchissant aux idées que l'on récolte dans les livres. Si l'on veut réellement développer son intelligence, il faut méditer deux minutes pour une minute de lecture ; autrement dit, il faut que la méditation dure deux fois plus longtemps que la lecture. Et si nous donnions, chaque jour, ne fût-ce que dix minutes, à une lecture suivie et difficile pour méditer ensuite sur ce que nous avons lu, nous nous apercevrions, après quelques mois de cet exercice, que notre intelligence aurait beaucoup gagné et acquis en pouvoir. Ce n'est donc que par ces exercices pratiques de lecture et de méditation que nous pouvons développer notre intelligence ; en nous y astreignant, il nous est même impossible de ne pas arriver à ce résultat : c'est là une vérité toute scientifique ; c'est la loi...

Il est vrai que dans le monde où nous vivons, c'est chose bien difficile que de penser sérieusement, et nos difficultés proviennent de notre entourage et des objets avec lesquels nous sommes en contact. Par exemple les journaux. En lisant continuellement les journaux, on dissipe son intelligence, on la disperse. Il est naturel d'en parcourir un afin de voir ce qui se passe dans le monde, mais en lire quatre ou cinq par jour, ne lire que *cela*, voilà ce qui nuit beaucoup à l'intelligence. S'il vous arrive d'étudier votre mental, vous pourrez en faire la remarque vous-mêmes. En lisant toujours les journaux, où l'on passe si rapidement d'une chose à l'autre, d'un pays à l'autre, d'un événement à un autre événement, vous trouverez que les pensées deviennent encore plus instables, plus fugitives qu'elles ne le sont habituellement, et que de moins en moins vous arriverez à les concentrer. De plus, en lisant continuellement de ces choses brèves qui ne nécessitent point une attention suivie, on arrive à détruire la force de l'intellect. Afin de développer cet intellect il importe de suivre un raisonnement, c'est-à-dire de pouvoir passer d'une chose à une autre sans briser les liens qui rattachent ces choses entre elles. Si, voulant obéir à la tendance moderne, vous ne lisez que de courts paragraphes au lieu de vous attacher sérieusement à une lecture suivie, votre intelligence s'affaiblira de jour en jour, au lieu de s'agrandir. Il faut donc chercher à corriger cette tendance mentale en évitant les lectures superficielles et courtes et en vous faisant un devoir de lire chaque jour quelques pages d'un ouvrage sérieux et difficile, pour méditer ensuite sur ce que vous avez lu.

Mais il faut faire encore davantage : il ne faut plus vivre sans chercher à comprendre la vie, sans chercher à étudier et à approfondir les lois de la nature, autrement on risque de se préparer une évolution bien lente ; et il faut songer qu'après cette évolution humaine nous avons encore l'évolution surhumaine et l'évolution divine à accomplir. Afin de ne pas perdre de temps, il faut donc travailler à cette évolution humaine, c'est-à-dire au développement de l'intelligence et de la raison ; il faut chercher à comprendre les lois qui président à cette évolution. . . . .

. . . .

Quand notre intelligence est suffisamment développée, lorsque nous comprenons les lois de la nature, lorsque nous pouvons méditer avec fruit et pratiquer la concentration, et que notre corps mental a été convenablement édifié par la pensée, nous commençons à nous préparer pour la seconde évolution ; et cette préparation se fait par la pratique nette et précise des qualités et des vertus nécessaires à cette seconde évolution.

Il est des capacités mentales et morales qu'il faut absolument développer en nous, avant de pouvoir nous présenter à la porte de l'Initiation ; et c'est au delà de cette porte que commence l'évolution surhumaine. Mais il nous est possible de nous mettre à ce travail, aussitôt que nous avons connaissance de ces capacités indispensables.

Il faut développer en soi, premièrement, ce qu'on appelle *Viveka* (1), c'est-à-dire le discernement, la distinction entre ce qui est illusoire et ce qui est réel, entre ce qui est transitoire et ce qui est éternel, entre la forme et la vie. *Viveka*, c'est discerner en tout objet, dans tout ce qui nous entoure, ces deux choses différentes: la vie qui est réelle, la forme qui est passagère. Voilà donc le premier pas à faire.

Lorsqu'on a commencé à savoir discerner ce qui est éternel de ce qui est transitoire, on est prêt à faire vers l'Initiation le second pas, ou *Vairâgya* (indifférence), car le discernement conduit tout naturellement à l'indifférence envers ce qui est passager. Aussi longtemps que la forme s'impose à nous ; aussi longtemps que la forme nous cache la vie et que le transitoire dérobe à nos yeux ce qui est éternel, il ne nous est pas possible d'avoir de l'indifférence pour les objets qui se brisent autour de nous. Nos souffrances aussi dépendent souvent de ce fait que nous nous attachons à la forme et non à la vie. Or, la forme se brise, et si nous en sommes désolés, c'est que nous avons manqué de discernement en nous y attachant, au lieu de regarder à la vie qui, seule, est éternelle.

Après avoir travaillé à acquérir ces deux grandes capacités du discernement et de l'indifférence, nous trouvons encore des attributs à développer en nous ; c'est-à-dire *Schama* ou le contrôle des pensées qu'il faut absolument posséder, et *Dhama* ou le contrôle des actions, la conduite devant être parfaitement réglée, obéissant à la volonté.

Observez ceci : il faut premièrement exercer le contrôle de la pensée, ensuite celui de la conduite. Dans le monde on attache seulement de l'importance à la conduite et on omet le contrôle de la pensée, de beaucoup le plus nécessaire, car si les pensées sont

---

(1) La théosophie a remis en lumière, et rapporte au monde moderne toutes ces lois de l'antiquité ; la plupart d'entre elles sont enseignées dans les ouvrages sanscrits. *Viveka* et les termes qui suivront sont des mots sanscrits.

bonnes, la conduite le sera tout naturellement. Mais il se peut que
la conduite extérieure soit bonne, alors que les pensées sont mauvaises ; dans ce cas, nous avons affaire à un homme qui circule
dans la société, rongé de quelque mal contagieux, car on empoi-
sonne beaucoup plus dangereusement son prochain avec de mauvaises pensées qu'avec des maladies physiques. Il y a des hommes
et des femmes, reçus partout et considérés de tous et qui sont infiniment dangereux car ils répandent autour d'eux le poison de
leurs pensées, un poison qui tue les âmes. Il est donc urgent de
pratiquer le contrôle des pensées avant le contrôle des actions.

Il faut ensuite apprendre ce qu'on appelle *Uparah* c'est-à-dire la
tolérance parfaite, une des vertus les plus rares et les plus difficiles
à acquérir. Il ne s'agit point seulement de la tolérance religieuse
qui ne veut ni emprisonner, ni forcer la main à personne, mais de
cette tolérance qui voit tout homme à son point actuel d'évolution
et ne lui demande pas les qualités que l'on peut trouver à un degré
supérieur. Avec cet esprit de tolérance on peut regarder le criminel
avec compassion en lui disant : « Vous êtes mon frère, quoique plus
jeune et plus ignorant que moi ; vous apprenez les leçons que j'ai
apprises il y a des siècles. Je ne demande de vous ni les qualités
d'un saint, ni celles d'un héros, pas même celles d'un homme respectable de la société. Je puis vous venir en aide afin de hâter
votre développement moral ; je n'ai ni haine ni répulsion pour vous ;
je vous accepte tel que vous êtes, parole du Dieu vivant balbutiée
par une voix d'enfant... »

Voilà la tolérance, la tolérance qui comprend la nécessité pour
tel ou tel homme d'apprendre une telle leçon à un tel moment,
parce qu'en apprenant cette leçon il deviendra meilleur qu'il ne
l'est actuellement. Il faut avoir pour guide cette pensée divine, cette
tolérance qui ne demande à l'homme pas plus que Dieu même ne lui
demande, c'est-à-dire une lente et graduelle évolution. Vous et moi,
nous avons été des criminels dans des vies antérieures ; peut-être
maintenant sommes-nous des saints.... et le criminel d'aujourd'hui
sera un saint dans les siècles à venir. Pourquoi haïrait-on l'enfant
qui commence son éducation dans le monde ?... La tolérance est
là : accepter ce qu'une créature humaine veut et peut donner, mais
ne rien exiger d'elle. Par exemple ne demandez pas à la femme
frivole toute la sagesse que comporte une grande âme ; comprenez que cette femme, elle aussi, a ses expériences à faire et qu'elle
ne les fera pas plus vite si des êtres plus âgés, plus avancés qu'elle
dans l'évolution, lui témoignent du dédain. Ne demandez jamais à
une âme que ce qu'elle ne peut donner, à son point actuel de développement ; soyez toujours indulgents avec les autres autant que
sévères envers vous-mêmes. Exigez de votre part tout ce que vous
pouvez faire ; aux autres ne demandez que ce qu'ils peuvent
donner ; ne leur demandez que la bonne volonté ; voilà en occultisme ce que l'on entend par la tolérance.

Ensuite il nous faut apprendre *titiksha* ou l'endurance ; c'est-à-dire le pouvoir de tout supporter sans faiblesse, tout..., absolument tout. C'est une patience infinie, c'est une absence complète de ressentiment envers qui que ce soit. Lorsqu'on connaît la loi, c'est-à-dire la justice absolue, au lieu d'éprouver de l'irritation ou du ressentiment contre un être humain, on se dit : « Nul ne peut me nuire, si je n'ai, par mon passé, provoqué une action d'autrui qui puisse me nuire actuellement ; nul ne peut me blesser si je n'ai donné, par ma conduite dans le passé, l'occasion à quelqu'un de me blesser aujourd'hui. Ainsi, lorsque j'ai à souffrir de quelque injure, c'est une dette que je paye et j'en suis content. Cette dette, il me faudrait la payer d'ici quelque temps, autant le faire tout de suite, j'en serai quitte. Et si quelqu'un me fait un tort très sérieux, je lui dirai : « Je vous remercie, mon ami, de ce que vous avez agi ainsi ; j'avais une grande dette à payer, vous m'avez donné l'occasion de le faire et j'en suis heureux ».

Si nous regardions nos ennemis à ce point de vue-là, ils seraient pour nous des bienfaiteurs ; car nos amis, eux, ne font que payer les dettes dont ils étaient nos débiteurs ; et ce n'est qu'en payant soi-même, en souffrant par soi-même que l'on peut se libérer.

Il nous faut donc regarder tout homme dans la société, tout homme qui nous fait du mal, comme un simple agent de la loi ; par conséquent, en se montrant docile à la loi, on ne peut éprouver de ressentiment contre celui qui n'est que son agent. Notre attitude, dans ces conditions, devient infiniment calme et paisible vis-à-vis des autres ; nous savons qu'ils ne peuvent nous faire du mal ; qu'ils ne nous font même que du bien, soit en nous payant leurs dettes, soit en nous donnant l'occasion de payer les nôtres... Voilà ce qu'on appelle l'endurance.

Pour terminer, il faut avoir la confiance et l'équilibre. La confiance en soi, *Shraddha*, et par conséquent en Dieu ; la confiance, non en l'animal que nous habitons, mais dans *le Soi divin* qui nous anime. Il faut absolument posséder cette confiance en soi, comme dans les grandes âmes qui sont les sauveurs de l'Humanité. Et en dernier lieu il nous faut avoir conquis *Samâdhâna*, ou l'équilibre qui ne peut être détruit et qui nous empêche d'être ébranlés, soit par le malheur, soit par le bonheur.

.   .   .   .

Sur le sentier de l'épreuve, ainsi que nous l'avons vu, il faut donc travailler à acquérir toutes ces qualités déjà mentionnées. Elles ne sont point encore exigées en perfection du candidat, mais elles doivent être développées dans une certaine mesure, car ce sont elles qui lui servent de passe-port pour la première Initiation. Il importe donc à tout aspirant-candidat de commencer ce travail, c'est-à-dire de s'exercer à l'acquisition de ces facultés. Comme vous le voyez, on exige uniquement de lui des qualités mentales et morales ; on ne lui demande ni la lecture de l'avenir ni la connaissance de son passé. Les dons psychiques ne sont pas toujours une preuve de l'avancement d'une âme ; bien souvent ils ne sont que le résultat de pratiques corporelles exercées dans une vie précédente, dans le but de développer ces possibilités de l'astral ; et les Maîtres n'attachent guère d'importance à ces facultés dont pas une seule n'est nécessaire pour recevoir la première Initiation.

Nous arrivons maintenant à l'Initiation, c'est-à-dire au début de l'évolution surhumaine qui a quatre degrés à franchir. On est d'abord le nouveau-né (1) l'enfant du Maître, et dans ce premier degré il faut accomplir trois choses, et les accomplir parfaitement, car l'imperfection n'est plus permise à l'Initié. Il faut donc perfectionner chaque qualité avant de passer à une autre. En premier lieu, il faut détruire la personnalité, c'est-à-dire abolir tout vice, toute passion, tout désir : être absolument pur, le corps n'étant plus qu'un instrument ; en second lieu, il faut rejeter la superstition, soit l'idée que sans la vie, la forme puisse être bonne à quelque chose ; en troisième lieu, il faut avoir une conviction complète au sujet des grands principes de la nature, l'existence de Dieu, l'immortalité de l'âme, la réincarnation ; sur ces questions, il faut posséder une conviction absolue, inébranlable avant de pouvoir se présenter à la porte de la seconde Initiation.

Entre la seconde et la troisième Initiation, on travaille au développement des facultés psychiques qui peuvent se manifester icibas, en y ajoutant le calme, la sérénité, l'équilibre parfaits. C'est en scrutant le caractère moral et intellectuel que vous distinguerez le disciple du psychique ordinaire. Chez le disciple qui a évolué les véritables sciences spirituelles, vous trouverez toujours un moral élevé, le calme, la sérénité et une haute intelligence, tandis que chez le psychique ordinaire, celui qui a quelque pratique du monde astral, vous trouverez généralement un système nerveux déréglé, une tendance à l'irritation, à l'hystérie, une sensibilité sans contrôle et parfois même une intelligence peu évoluée. Quand vous verrez les dons psychiques joints à ces défauts, vous saurez qu'ils ne proviennent pas du développement de l'âme, mais plutôt des pratiques de la Hatha Yoga, auxquelles cette âme s'est livrée dans une existence précédente.

Entre la troisième et la quatrième Initiation, il faut anéantir toute ombre de désir — je ne parle pas des désirs se rapportant à d'autres que soi-même, mais de tous ceux qui dérivent de la personnalité. —Désormais on ne vit plus que pour servir les autres…, et ici encore est exigée, dans sa perfection, la vertu de tolérance que je mentionnais tout à l'heure. Il n'y a rien qui puisse attirer, rien qui puisse répugner, on voit Dieu partout, par conséquent on ne peut avoir de répugnance pour aucune de ses manifestations.

(1) Voir la conférence précédente sur *le Christianisme au point de vue théosophique.*

Il en est ainsi de toute autre qualité, ébauchée sur le sentier de l'épreuve ; il faut s'étudier maintenant à la posséder dans sa perfection.

... Et après la quatrième Initiation, avant que l'homme devienne le Maître, il lui reste encore quelques défauts à rejeter entièrement. Il lui faut abolir le désir de vivre dans une forme quelconque comme celui de vivre libéré de toute forme ; la volonté du disciple doit être absolument unie à la Volonté divine ; on n'a plus le choix ; on veut ce que Dieu veut ; on désire aller là où l'on est nécessaire, là où, de par les mondes, une mission se trouve à remplir ; on s'en va occuper la place vide qui réclame un dévouement ; on ne peut plus agir autrement qu'identifié avec la Volonté divine.

Il importe aussi d'anéantir le dernier vestige d'orgueil, de détruire l'idée de la séparativité, celle qui porte à se croire différent des autres, plus pur, plus élevé, plus intelligent qu'eux ; il faut comprendre et accepter l'idée que l'on est *soi-même une partie des autres* et qu'il faut partager avec eux tout ce que l'on possède ; il faut accepter l'idée que l'on peut fraterniser avec l'âme ignorante et partager son ignorance tout comme on lui fait part de sa propre sagesse. On ne sent plus ces différences car on ne possède rien *pour soi-même* ; on se dit : « Si j'ai la sagesse, elle appartient aussi à l'ignorant, car nous sommes *un* ; cette idée même est supérieure à la fraternité, car des frères sont encore séparés, tandis que nous sommes *un*, que je suis identifié avec lui ».

Finalement il faut être en possession de l'équilibre absolu ; ne plus avoir la possibilité d'être ébranlé quand même la terre et les cieux devraient être anéantis.

L'ignorance a disparu quand l'homme a atteint ce degré ; il sait tout parce que les yeux de l'esprit se sont ouverts en lui ; il sait tout et il comprend toute chose...

Lorsqu'il est arrivé à cet idéal de la perfection, au seuil même de la divinité, l'homme devient le Maître..., dès lors tous les liens sont brisés : la prison du corps est ouverte ; l'homme a la bonté, la sagesse parfaites, le pouvoir sans bornes, l'intelligence la plus haute et la plus étendue, l'amour infini..., l'homme est divin, il n'est plus astreint aux renaissances : il est libre de quitter le monde à jamais, libre de s'unir complètement à Dieu..., mais il ne le fait pas toujours...

Il en existe de ces hommes qui possèdent la liberté absolue, qui ont la sagesse et la puissance sans limites, et qui, ayant atteint la perfection, pourraient entrer dans le bonheur éternel. Mais ces grandes âmes regardent avec compassion notre monde de souffrance, notre Humanité qui se débat dans les fers et ils se disent : « Je suis libre, mais je veux porter les fers puisque l'Humanité les porte ; je sais tout... eh bien ! je veux partager ce que je sais avec mes frères ; j'ai la joie parfaite... je veux la donner aux hommes ; j'ai la force...

je veux la partager avec la foule ; j'ai la pureté... je veux l'apprendre à ceux qui sont impurs. Je ne veux pas être sauvé, je ne veux pas être libre pour moi-même ; je suis *un* avec l'Humanité et je ne veux pas l'abandonner à sa misère... »

... Et ils reviennent sur la terre revêtus du corps physique ; libérés, ils redescendent en prison afin de délivrer les prisonniers. Ils envoient partout leurs disciples pour instruire l'Humanité et pour lui venir en aide. Ce sont là les grandes âmes que nous appelons les Maîtres..., tels sont ceux qui ont fondé la Société théosophique.

Annie Besant.

Le Credo Chrétien

(*Suite.*)

« Qui est ressuscité le troisième jour. »

Tout étudiant réfléchi doit sûrement avoir été frappé du récit évangélique adopté, lequel mesure l'intervalle entre vendredi soir et la première heure du dimanche, comme trois jours complets, ce qui implique un certain degré de licence poétique.

On pourrait bien suggérer que cet intervalle n'est nullement en désaccord avec l'affirmation du Credo qui dit qu'il ressuscita « vers le troisième jour » ; mais celui qui se servirait de cet argument, quelque peu de mauvaise foi, ignorerait entièrement l'assertion bien définie attribuée à Jésus : « que le Fils de l'Homme restera trois jours et trois nuits dans le sein de la terre ».

La véritable explication de ces contradictions extraordinaires en apparence, paraît assez claire quand on en accepte l'interprétation exacte. Pendant les derniers jours de décadence des Mystères, alors qu'on s'efforçait d'en diminuer les conditions et d'en faciliter l'entrée à des candidats moins dignes, et incapables de passer par l'état de transe, on trouva bientôt que passer en une aussi sévère retraite sur le plan physique, les soixante-dix-sept heures qui à l'origine étaient si bien employées sur le plan astral, c'était pour certaines intelligences une fatigue intolérable ; aussi les hiérophantes sycophantes des derniers temps firent-ils l'agréable découverte que soixante-dix-sept était simplement une erreur cléricale, pour vingt-sept, et que la forme originale de la rubrique « APRÈS le troisième jour » ne signifiait en réalité rien de plus que « SUR le troisième jour », épargnant ainsi à leurs nobles patrons deux jours entiers d'un emprisonnement solitaire.

Cette forme dernière et dégénérée est représentée avec assez
d'exactitude par le symbolisme employé dans les évangiles ; mais
elle n'aurait jamais pu être acceptée si on n'avait complètement
oublié le sens exact du rituel original. Ce n'était qu'après avoir
passé trois jours entiers, trois nuits et une partie du quatrième jour
dans l'état de transe, que le candidat, dans les temps anciens,
était tiré du sarcophage dans lequel il était couché, et était transporté en plein air à l'est de la pyramide ou du temple, de façon que
les premiers rayons du soleil levant tombaient sur son visage et
le réveillaient de son profond sommeil. Et si nous nous rappelons
que ce rituel tout entier figurait la descente du Second Logos dans
la matière, il ne nous sera pas difficile de voir pourquoi on avait
choisi ce laps de temps particulier.

Pendant trois longues rondes et une partie de la quatrième,
l'essence monadique s'enfonce toujours plus profondément dans le
bourbier de la matière dense, et ce n'est seulement que dans la
quatrième ronde, lorsque le soleil se lève — quand les Seigneurs
de la flamme apparaissent sur la terre — que cette essence s'élève
de la mort, et commence enfin à s'avancer sur cette immense courbe
de l'arc ascendant, au terme de laquelle elle parviendra à la droite
de son Père.

« Il est monté au ciel ». Aucune explication n'est nécessaire pour
exprimer la signification de cette phrase par rapport à l'évolution
progressive de l'âme humaine ; mais la place qu'elle occupait dans
l'ancien rituel égyptien mérite qu'on s'y arrête. Les leçons que le
candidat avait à apprendre dans son initiation ne se bornaient pas
à ses expériences sur le plan astral ; il lui était nécessaire, à ce
stage de son évolution, d'être mis en contact avec quelque chose
de plus grand et de plus élevé. Ceux qui ont étudié cette partie de
la littérature théosophique qui traite du Sentier de la Sainteté se
rappelleront que le Sotâpanna, « l'homme qui est entré dans le
courant », reçoit, comme faisant partie de son initiation, le premier
contact de la conscience s'éveillant sur le plan buddhique.

C'était aussi ce qui se passait dans le rite Egyptien, et c'était
cette expérience transcendante qui transformait entièrement la
conception de la vie et de l'évolution de l'homme, et c'est d'elle
dont il est parlé comme de la montée au ciel. Par cette expérience,
l'homme réalisait, pour la première fois, cette grande doctrine dont
la théorie nous est si familière — la fraternité spirituelle de l'homme,
et l'unité de tout ce qui vit.

La différence est si grande, entre accepter simplement cette
doctrine comme une théorie ou la connaître comme un fait absolu
de la nature, que, ainsi qu'il a été dit, cette expérience change
complètement toute la vie de l'homme et sa conduite, si bien
qu'après il ne peut plus jamais voir les choses du monde comme
il les voyait auparavant. Quelque profonde que soit sa sympathie
pour ceux qui souffrent, le chagrin qu'il en ressent n'est plus sans

espérance, car il sait que celui qui souffre est une partie de la grande vie, et que par conséquent tout doit, à la fin, arriver au bien.

« *Et est assis à la droite de Dieu le Père Tout-Puissant, d'où il viendra juger les vivants et les morts* ». Ici, comme on le verra, nous trouvons, pour la première fois, une divergence d'opinion bien marquée entre le texte du Credo, tel que nous l'avons aujourd'hui et la rubrique égyptienne. Dans cette dernière, cet article n'est simplement que l'extension de l'article précédent, qui nous montre clairement et avec grandeur le but du cours entier et immense de l'évolution, « il sera transporté au ciel, à la droite de Celui duquel il reviendra, ayant appris à guider les vivants et les morts ». Il nous est resté un indice qui est à la portée de l'étudiant ordinaire, et qui nous confirme dans l'idée que tel devait avoir été le texte original, car dans le *Regula* d'Apelles, le disciple de Marcion, cette phrase est ainsi exprimée : « la droite du Père d'où il est venu pour guider les vivants et les morts ». Ainsi se trouve écartée toute allusion à l'attente d'un second avènement du Christ, et nous avons là une affirmation capitale qui non-seulement insiste avec plus de force sur ce fait important que la vie qui est projetée retourne tout entière à Celui de qui elle vient, mais qui déclare aussi que le vaste processus de l'évolution s'effectue afin que l'humanité, en retournant à sa source, devienne la droite du Père Tout-Puissant dans son œuvre de guider les vivants et les morts. La grande vérité que tout pouvoir acquis ne doit être qu'un dépôt que nous devons employer comme un agent pour aider les autres, a rarement été exprimée avec plus de clarté et de grandeur.

La confusion qui a été introduite dans le Credo n'a pas seulement causé de grands malentendus, mais ces malentendus ont été encore accentués davantage par l'emploi du mot « juger ». Il ne manque pas d'exemples pour montrer que dans l'anglais de l'époque où ces documents furent traduits, la signification de ce mot était plus étendue que celle qu'on lui assigne actuellement ; ce dont on peut se rendre compte par quelques exemples tels que ceux-ci : « En ce temps-là Déborah jugeait Israël » (Juges IV, 4), et « Après lui se leva Jaïre, un Gileadite qui jugea Israël vingt-deux ans » (Juges X, 3), etc. Il est évident d'après ces citations que juger est simplement le synonyme de gouverner — signification qui nous rapproche bien davantage de la conception de guider et d'aider du formulaire égyptien. C'est avec raison que l'on peut dire en employant les termes mêmes qui furent ajoutés dans le symbole de Nicée pour exprimer la sublime conception d'un gouverneur dont le seul but est de guider et d'aider : « Son royaume n'aura pas de fin ».

« Je crois au Saint-Esprit ». Dans cet article, le dernier du Credo original du Concile de Nicée, nous nous reportons encore une fois à la formule qui aurait été donnée par le Christ. Nous avons déjà expliqué dans la première partie de cet article que le Saint-Esprit correspond au troisième Logos ou Mahat. « L'Esprit de Dieu qui féconde la surface des eaux » de l'espace, et amène ainsi à l'existence la matière telle que nous la connaissons aujourd'hui.

C'est à son énergie que sont dues toutes les combinaisons des atomes ultimes de nos plans ; et les atomes dont s'occupe la science moderne sont les résultats de son opération. Son action les amène à l'existence dans un certain ordre déterminé, ordre qui paraît correspondre, autant que les recherches sur ce sujet ont été poussées, avec celui de leur poids atomique, de sorte que les substances ayant un poids atomique élevé, tels que le plomb, l'or ou le platine sont d'une formation plus récente que les éléments de poids atomique plus léger, tels que l'hydrogène, l'hélium ou le lithium.

Au Concile de Constantinople, en 381 après Jésus-Christ, la simple déclaration de l'existence du Saint-Esprit, qui était contenue dans le Credo des Apôtres, ou dans la forme originale du Credo de Nicée, fut considérablement augmentée, et c'est alors que lui fut donné, pour la première fois, le beau titre de « Dispensateur de la Vie ». La version anglaise, malheureusement, se prête à un malentendu très fréquent, et bien des gens en récitant ces mots « Seigneur et Dispensateur de la Vie », supposent probablement que cela signifie (si toutefois ils réfléchissent à leur signification) : Le Seigneur de la Vie et le Dispensateur de la Vie.

Si l'on se reporte au texte grec original, on se rend compte immédiatement que cette construction est entièrement injustifiable, et que la traduction exacte est simplement : « Le Seigneur, le Dispensateur de la Vie ». Un tel titre peut Lui être justement donné, non seulement à cause de l'œuvre immense qu'il exécuta quand le système solaire vint à l'existence, non seulement parce que c'est de Lui que procède toute la vie qu'il nous est donné de connaître, car le Jiva omniprésent n'est que sa manifestation sur les plans inférieurs, mais aussi à cause de l'œuvre également prodigieuse qu'Il accomplit encore maintenant. Nous ne savons pas si l'effet de cette grande première émission d'énergie est complet actuellement, ou si des éléments chimiques d'une espèce plus compliquée sont encore en voie de formation, mais ce qu'il y a de certain, c'est qu'autour de nous une évolution s'accomplit sur une échelle si vaste dans son ensemble, et cependant si infiniment minutieuse dans sa méthode, que nous qui vivons au milieu d'elle, nous en sommes absolument inconscients.

Nous ne parlons pas de l'évolution spirituelle de l'âme immortelle dans l'homme, car celle-là est l'œuvre du premier Logos de notre système, ni de l'évolution que la science reconnaît comme en progrès incessant dans le règne animal et le règne végétal, ni du développement de l'intelligence et des facultés au moyen d'expériences répétées, et de la modification correspondante des formes extérieures qui en est le résultat. Nous ne parlons pas même de l'évolution du pouvoir de combinaison du règne minéral, qui fait que des composés chimiques de plus en plus complexes arrivent graduellement à l'existence ; car toutes ces choses font partie de l'activité merveilleuse du Second Logos ; mais en de-çà et au de-là de tout cela, il y a l'évolution de l'atome lui-même.

Pour expliquer la méthode de cette évolution, il nous faudrait beaucoup plus de place que nous ne pouvons lui en consacrer ici, et ce serait également quelque peu en dehors des limites d'un article sur le Credo ; mais une indication du sens dans lequel cette évolution travaille, sera donnée volontiers à ceux qui ont lu l'article sur « La Chimie Occulte » d'Annie Besant, dans le Lucifer de Novembre 1895 (1). Nous rappellerons que dans la planche qui accompagne cet article, l'atome est représenté comme formé d'une série de tubes en spirale disposés d'après un certain ordre, et il fut expliqué que ces tubes eux-mêmes étaient composés à leur tour de tubes plus fins enroulés en spirale, et que ces tubes plus fins étaient également formés par d'autres plus fins encore, et ainsi de suite. Ces tubes les plus fins ont été nommés respectivement spirilles des 1er, 2e et 3e ordres. Et l'on a trouvé qu'avant de remonter au filament ou ligne droite des atomes astrals par les dix enroulements desquels l'atome physique ultime est formé, nous avons à dérouler 7 séries de spirilles, chacune desquelles est enroulée à angles droits avec celle qui la précède.

Quand l'atome physique aura atteint sa perfection, ce qui aura lieu à la fin de la Septième Ronde, toutes ces séries de spirilles seront pleinement vitalisées et actives, chacune sera traversée par un courant de force d'un ordre différent ; et c'est ainsi que s'accomplira cette partie distincte de l'œuvre du Saint-Esprit. Étant actuellement dans la 4e Ronde, il n'y a seulement que quatre de ces séries de spirilles qui soient en activité, de sorte que même la matière physique dans laquelle nous agissons, est encore bien loin d'avoir développé pleinement ses capacités. Cet immense processus de l'évolution atomique qui interpénètre tout, et se meut néanmoins dans une voie absolument indépendante de toutes conditions, est toujours également poussée en avant par l'impulsion merveilleuse de la première émission du Troisième Logos.

« Qui procède du Père et du Fils ». C'est à cette doctrine de la procession du Saint-Esprit, que se rapporte le grand schisme qui sépara en deux parties l'Eglise Chrétienne. Il s'agissait de savoir si la Troisième Personne de la Trinité procède de la Première seule, ou de la Première et de la Seconde. En considérant comme nous le faisons la signification ésotérique du symbole, nous voyons que l'Eglise Occidentale n'a en rien amplifié ou corrompu la doctrine originale en insérant sa célèbre clause « Filioque », mais simplement exprimé par des mots, ce qui dès le principe avait paru évi-

(1) *Lotus bleu ;* chimie occulte, février 1896.

dent à tous ceux qui avaient su lire au delà de la simple lettre de
la formule.

C'est peut-être la formule de Saint-Jean Damascène qui s'approche
le plus de la vérité :

« Qui procède du Père au moyen du Fils » (De *Hymmo* Trisag.
n° 28) cependant il semble qu'il eût été encore mieux de changer,
dans le document original, les mots employés pour exprimer l'origine du Second et du Troisième Logos, et que l'on eût écrit par
exemple que le Fils procède du Père et que le Saint-Esprit est
engendré du Fils. Nous avons déjà expliqué que la réelle signification
de μονογενής est engendrée d'un seul et non par l'action réciproque
d'une paire.

Toutes les choses que nous connaissons dans la nature sont produites par l'action combinée de deux facteurs, que ces facteurs
soient des entités séparées comme cela se présente habituellement,
ou qu'ils soient simplement deux pôles contenus dans le même
organisme, comme dans le cas de la reproduction parthénogénétique
des générations alternées des aphidiens.

Ce qu'on appelle communément la procession du Saint-Esprit
n'est aucunement une exception à cette règle, car la dualité du
Second Logos a toujours été clairement reconnue, et quoique, dans
le système chrétien moderne, les deux pôles ou aspects soient
exprimés seulement comme divinité et humanité, dans les croyances
plus anciennes, et même dans les traditions Gnostiques, ces deux
aspects ont été souvent considérés comme mâle et femelle, et on a
souvent parlé du Second Logos comme contenant en Lui les caractéristiques des deux sexes, il fut même appelé le Père-Mère.

« Qui est avec le Père et le Fils adoré et glorifié ». Cela signifie
simplement que les Trois Logoï doivent être également considérés
dignes du plus profond respect, et également en dehors de toute
chose dans le système auquel ils ont donné naissance — « que
dans cette Trinité aucun n'est au-dessus ni au-dessous de l'autre,
aucun n'est ni plus grand ni moins grand que les autres, mais que
les trois personnes sont à la fois co-éternelles et co-égales », en tout
ce qui concerne cet œon jusqu'à un certain point — toutes également doivent être glorifiées par l'homme, puisque sa dette de
gratitude, pour le travail et le sacrifice prodigieux renfermés dans
son évolution, est due à tous les trois à la fois.

« Qui parla par les prophètes ». Cet article, qui fut un des premiers que le Concile de Constantinople incorpora au Credo, renferme une erreur très ancienne qu'il n'est pas difficile de faire
ressortir, et bien qu'elle ne se rapporte pas directement à l'histoire
de Jésus, elle n'en est pas moins attribuée à la tendance dont nous
avons parlé plus haut. Le sens de l'expression originale que cet
article représente pourra sans doute être fidèlement rendu en
français par « Qui se manifesta au moyen des anges », et si nous
nous rappelons qu'en Grec les mots : anges et messagers sont iden-

tiques, nous comprendrons facilement comment, dans l'esprit d'un traducteur Juif, très désireux d'accentuer le rapport du nouvel enseignement avec sa propre religion, ce qui aurait été pour lui un passage obscur se rapportant à « la manifestation à travers ses messagers », vint à être interprété comme signifiant l'inspiration des prophètes Hébreux.

La foi juive, quoique corrompue et grossièrement matérielle comme elle l'était, conservait encore quelque tradition des messagers au moyen desquels le Logos se manifestait Lui-Même dans la matière : ainsi les sept grands archanges, appelés plus tard « les sept esprits devant le trône de Dieu », ou les sept Logoï inférieurs (inférieurs seulement par comparaison avec l'ineffable splendeur de la Trinité) sont la première émanation de la Divinité. Mais il était matériellement impossible que ce qui se rapporte à eux dans le passage considéré, pût être compris par un esprit déjà obsédé par l'idée que tout ce qui est dit du second Logos devait être pris seulement comme la description d'un instructeur humain. Si le Second Logos n'était qu'un homme, et le Troisième une influence vague procédant de lui, alors les messagers au moyen desquels cette influence s'était déjà manifestée devaient être évidemment aussi des hommes, et il fut tout naturel que l'inspiration supposée de ses propres prophètes revînt immédiatement à l'esprit d'un Israélite.

La grandeur de la conception véritable était bien au-dessus de sa portée ; il l'avait déjà dégradée au delà de toute expression, aussi ne vit-il rien d'inconvenant dans le fait de regarder les prédicateurs nomades de son insignifiante tribu comme directement inspirés par l'influence du Dieu Suprême.

« La sainte Église catholique. » Cet article se présente dans le Credo de Nicée comme « une Église catholique et apostolique » et il a toujours été compris comme signifiant le corps des fidèles croyants du monde entier, le mot catholique voulant simplement dire universel. Ceci est en effet la déclaration de la fraternité de l'homme, car cet article proclame combien la communauté d'intérêt dans les choses spirituelles, unit les hommes de diverses nations, « sans distinction de race, de croyance, de caste, de sexe et de couleur », ainsi que l'établit notre premier but. Et si nous mettons de côté les fausses conceptions que les idées sectaires des derniers temps ont accumulées autour de ces mots, et si nous réfléchissons à ce qu'ils signifient réellement, nous verrons bientôt la beauté de cette expression.

L'Église est le ἐκκλησία — le corps de ceux qui sont « appelés hors » la vie mondaine ordinaire, hors l'énergie mal dirigée par la connaissance vulgaire qu'ils possèdent des grands faits cachés de la nature — des hommes qui, parce qu'ils connaissent leur importance relative, ont « établi leur affection dans les choses d'en haut, et non dans les choses de la terre ».

Qu'il y en ait cependant qui ne reconnaissent aucunement leur fraternité, que beaucoup d'entre eux se méfient les uns des autres et ne s'entendent pas, quelque triste que cela soit, cela n'altère en aucune façon ce grand fait que parce qu'ils s'occupent plutôt de choses spirituelles que de choses temporelles, parce qu'ils se sont définitivement rangés du côté du bien au lieu du côté du mal, du côté de l'évolution plutôt que de la rétrogression, il y en a entre eux un lien de communauté de but qui est plus fort que toutes les divisions extérieures qui les séparent, plus fort parce qu'il est spirituel et appartient à un plan supérieur à celui-ci.

C'est là la véritable Eglise du Christ, et est elle catholique parce que parmi ses membres se trouvent des hommes de toutes races, de toutes croyances, « de toutes nations, de toutes espèces, de tous peuples et de toutes langues » ; elle est sainte parce que ses membres s'efforcent de rendre leur vie plus sainte et meilleure ; elle est apostolique parce qu'en vérité tous ses membres sont des apôtres — des hommes envoyés (quoique beaucoup d'entre eux ne le sachent pas) par le grand Pouvoir qui dirige tout, afin qu'ils puissent être son expression sur la terre, qu'ils soient ses émissaires pour aider leurs frères plus ignorants par le précepte et l'exemple, pour leur apprendre l'importante leçon à laquelle ils ont déjà participé dans leur existence. — Et quelles que soient ses divisions extérieures, cette Eglise est fondamentalement une — « formée de la fleur de chaque nation et cependant une sur toute la terre » — une en essence, bien qu'il puisse s'écouler encore plusieurs siècles avant que tous ses membres réalisent leur unité spirituelle.

(*A suivre*). C. W. Leadbeater.

LA RÉINCARNATION

(*Suite*).

A partir de ce moment les énergies éveillées de la Monade jouent un rôle moins passif dans l'évolution ; elles commencent jusqu'à un certain point à chercher à se manifester activement quand elles sont excitées à fonctionner et à exercer distinctement une influence qui modifie les formes dans lesquelles elles sont emprisonnées. Quand elles deviennent trop actives pour que les incorporations minérales leur suffisent ; on voit se manifester les formes plus plastiques du règne végétal. Les esprits de la nature aident à cette évolution à travers les règnes physiques. Dans le règne minéral se manifeste déjà une tendance vers l'organisation définie de la forme

et l'établissement de certaines lignes (1) le long desquelles procède la croissance. Cette tendance dirige à partir de ce moment
toutes la construction des formes, c'est elle qui est la cause de cette
exquise symétrie des objets naturels familière à tout observateur.
Les âmes de groupe monadique dans le règne végétal se divisent
et se subdivisent avec une rapidité croissante par suite des chocs
plus variés et plus nombreux auxquels elles sont soumises. L'évolution des familles, des genres et des espèces est due à cette invisible subdivision. Quand un genre quelconque avec son âme de
groupe monadique est soumis à des conditions très diverses, c'est-
à-dire quand les formes qui lui servent d'instrument reçoivent des
chocs très différents, une nouvelle tendance à la subdivision prend
naissance dans la Monade et de nouvelles espèces sont évoluées
ayant chacune sa propre et spéciale âme de groupe monadique.
Quand la Nature est livrée à elle-même, le processus est lent, bien
que les esprits de la nature agissent beaucoup dans la différenciation des espèces ; mais quand l'homme a été évolué et quand il a
commencé ses systèmes artificiels de culture, et qu'il encourage le
développement de certaines forces, en écartant les autres, cette différenciation peut se produire avec une bien plus grande rapidité
et des différences spécifiques sont promptement obtenues. Aussi
longtemps qu'une division réelle n'a pas eu lieu dans l'âme du
groupe monadique, l'assujettissement des formes à des influences
semblables aux influences premières peut encore détruire la tendance à la séparativité ; mais quand cette division est effectuée,
les espèces nouvelles sont définitivement et fermement établies et
prêtes à produire leurs propres progénitures.

Chez quelques-uns des végétaux à longue existence, l'élément de
la personnalité commence à se manifester, car la stabilité de l'organisme le rend possible. Dans les arbres dont la vie dure des centaines d'années, la répétition de conditions semblables produisant
les mêmes chocs, les saisons se succédant d'année en année, les
mouvements internes et consécutifs qu'elles occasionnent, la montée de la sève, la poussée des feuilles, les effets du vent, des rayons
solaires, de la pluie, toutes ces influences extérieures avec leur
progression et leur rythme, font naître des vibrations concordantes
dans l'âme du groupe monadique et comme elles s'y impriment
périodiquement, par leur répétition continuelle, le retour de l'une
de ces résonnances produit l'attente encore obscure de celles qui
ont été si souvent répétées. La Nature ne produit pas brusquement
des qualités, et ce sont là les images premières et imparfaites de
ce qui sera plus tard la mémoire et la prévision.

Dans le règne végétal apparaissent également les premières
ébauches de la sensation, et parmi ses représentants plus élevés

(1) Les axes de formation qui déterminent la forme. Ils apparaissent
d'une façon déterminée dans les cristaux.

elle représente ce que les psychologues européens appelleraient la *sensation massive* (1) du plaisir et de la peine. Il faut se rappeler que la Monade s'est entourée de la matière des plans à travers lesquels elle est descendue, ce qui la rend apte à ressentir leurs chocs et les premiers à être sentis sont les plus forts, et ceux qui sont du ressort des formes les plus grossières de la matière.

Le soleil et le froid causé par son absence finiront par impressionner la conscience monadique, et le faible ébranlement de son revêtement astral donnera naissance à cette espèce de sensation massive légère dont il a été question. La pluie et la sécheresse affectant le mécanisme constitutif de la forme et sa faculté de transmettre les vibrations à la Monade qui anime l'arbre, forment une autre *paire d'opposés* dont l'action éveille la connaissance des différences, source de toute sensation, et plus tard, de toute pensée. C'est par ces incarnations répétées dans les plantes que les âmes des groupes monadiques du règne végétal accomplissent leur évolution, jusqu'à ce que celles qui animent les sujets les plus élevés de ce règne soient prêtes à franchir le degré suivant.

Ce degré les mène au règne animal. Là, elles développent lentement une personnalité tout à fait distincte, dans leurs véhicules matériel et astral. L'animal qui est libre de se mouvoir à son gré, est soumis à une variété plus étendue de conditions que celles que subit la plante qui reste attachée au même endroit et, comme toujours, cette variété provoque la différenciation. L'âme du groupe monadique qui anime un certain nombre d'animaux sauvages du même genre ou du même sous-genre, se différencie lentement, malgré la variété infinie de chocs qu'elle reçoit, car la plupart d'entre eux se répètent continuellement en affectant tous les membres du groupe. Ces chocs favorisent le développement des corps matériel et astral, et grâce à eux l'âme du groupe monadique recueille beaucoup d'expériences. Lorsque la forme de l'un des membres du groupe périt, l'expérience qui avait été récoltée par elle s'amasse dans l'âme du groupe et la colore, en quelque sorte ; la vie de l'âme du groupe se trouve légèrement accrue et se répand dans toutes les formes de ce groupe, pour leur distribuer l'expérience laissée par la forme détruite ; ce sont ces expériences répétées sans cesse et accumulées dans l'âme du groupe monadique qui apparaissent, comme instincts, dans les formes nouvelles. Ainsi, par exemple, d'immenses quantités d'oiseaux ayant été la proie des éperviers, les petits, au sortir de l'œuf se blottiront de peur, à l'approche du premier venu de leurs ennemis héréditaires, parce que la « vie » incarnée en eux connaît le danger : cette connaissance s'exprime par l'instinct inné. C'est de cette façon que se sont formés

(1) La *sensation massive* remplit l'organisme entier et ne se fait pas sentir dans une partie plutôt que dans une autre, c'est l'antithèse de la *sensation aiguë*.

les instincts merveilleux qui protègent les animaux contre quantité de dangers habituels, tandis qu'ils sont surpris et déroutés si un danger nouveau les surprend. Quand l'animal subit l'influence de l'homme, l'âme de son groupe évolue beaucoup plus vite, et, pour les mêmes causes qui affectent les plantes cultivées, la segmentation de la portion de Vie incarnée s'accélère. La personnalité se développe et s'affirme de plus en plus ; elle est, pour ainsi dire, composée, dans les stages primitifs : un troupeau d'animaux sauvages agira en bloc comme s'il était mû par une seule personnalité, tant les formes sont dominées par l'âme commune et tant, à son tour, celle-ci est influencée par les impulsions extérieures. Les animaux domestiques du type le plus élevé comme l'éléphant, le cheval, le chat, le chien, possèdent une personnalité plus individualisée : deux chiens, par exemple, agiront de façon bien différente en des circonstances identiques. L'âme du groupe monadique s'incarne dans un nombre décroissant de formes quand elle s'approche du point où l'individualité complète est atteinte. Le corps du désir ou véhicule kamique prend beaucoup d'extension, persiste quelque temps après la mort du corps matériel et jouit d'une existence indépendante dans le Kâma-loka. Enfin, le nombre des formes animées par l'âme du groupe monadique, décroissant de plus en plus, arrive à l'unité et cet âme n'anime plus qu'une succession de formes uniques, condition qui diffère de la réincarnation humaine par l'absence du Manas c'est-à-dire des corps mental et causal. La matière mentale de l'âme du groupe commence à avoir la propriété de répondre aux chocs venus du plan mental, et l'animal se trouve prêt à recevoir la troisième grande émission de Vie du Logos, le tabernacle est disposé pour abriter la Monade humaine.

Comme nous l'avons vu, la Monade humaine est triple dans sa nature, ses trois aspects sont dénommés l'Esprit, l'âme spirituelle et l'âme humaine ou *Atma*, *Buddhi* et *Manas*. Sans doute, au cours des longs âges de l'Evolution, la Monade de la forme aurait pu, dans sa marche ascensionnelle et sa croissance progressive, développer le Manas par ses seuls efforts, mais ce n'est pas cette voie qu'a suivie la Nature, soit pour la race humaine, dans le passé, soit pour la race animale, dans le présent. Ce n'est que lorsque l'édifice a été prêt que son habitant y est entré. La Vie atmique descendue des plans les plus élevés de l'existence, s'est voilée dans Buddhi comme dans un réseau d'or, et Manas, son troisième aspect, s'est montré sur les sommets les plus hauts du monde arupique de plan mental. Le Manas qui existait en germe dans la forme, s'y est alors développé et de leur union est sorti l'embryon du corps causal. C'est là l'individualisation de l'esprit et son emprisonnement dans la forme ; cet esprit enfermé dans le corps causal c'est l'âme, l'individu, l'homme réel. C'est là l'heure de la naissance, car bien que l'essence soit éternelle, qu'elle ne naisse ni ne meure, elle naît dans le temps, comme individualité. De plus, cette émission de vie atteint les formes évoluantes, non pas directement, mais par des intermédiaires. La race humaine étant parvenue au point voulu de réceptivité, de grandes âmes appelées Fils de l'Intelligence (1) projetèrent en l'homme l'étincelle monadique (atma-buddhi-manas) nécessaire à la formation de l'âme embryonnaire. Quelques-unes d'entre elles se sont même incarnées dans les formes humaines, pour guider et instruire l'humanité enfant. Ces Fils de l'Intelligence avaient terminé leur évolution intellectuelle sur d'autres globes et vinrent sur celui de notre Terre plus jeune, pour aider l'évolution de la race humaine. Ils sont réellement les pères spirituels de notre humanité prise en bloc. D'autres Intelligences d'un rang bien inférieur, qui avaient évolué comme hommes, dans des cycles antérieurs, sur un autre globe, s'incarnèrent de la manière déjà décrite, dans les descendants de la race qui avait reçu ces âmes-enfants. A mesure que la race avançait, les tabernacles humains se perfectionnaient et des myriades d'âmes qui attendaient l'occasion de s'incarner, pour continuer leur évolution, prirent naissance parmi ces descendants. Dans les Ecritures anciennes, ces âmes en partie évoluées portent aussi le nom de Fils de l'Intelligence, car elles possédaient un mental, si peu développé qu'il fût. On pourrait les appeler des âmes-enfants pour les distinguer des âmes embryonnaires de l'ensemble de l'humanité et des âmes en maturité des Grands Instructeurs. Les âmes-enfants, en raison de leur intelligence plus grande, ont composé les classes dirigeantes, les classes supérieures en mentalité et par leur faculté d'acquérir facilement la connaissance, classes dominatrices des masses des hommes moins avancés. C'est ainsi que se sont produites, dans notre monde, les différences énormes dans les capacités mentales et morales qui séparent les races les plus évoluées de celles qui le sont le moins et qui séparent, dans la même race, le philosophe méditatif aux vues élevées de l'homme dépravé qui est presque une brute. Ces différences ne sont toutefois que des différences de degrés d'évolution et d'âges des âmes et elles ont toujours existé dans l'histoire du genre humain de notre globe. Remontez aussi loin que possible dans l'histoire et vous trouverez toujours l'intelligence la plus éclatante à côté de l'ignorance la plus stupide ; vous lirez la même chose dans les annales occultes qui nous reportent aux premiers âges de l'humanité. Il ne faut pas s'en affliger comme si les uns étaient indûment favorisés pour la lutte pour la vie et les autres injustement délaissés. L'âme la plus sublime a eu son enfance et son adolescence dans d'autres mondes où se trouvaient des âmes plus avancées qu'elle ; l'âme la plus basse atteindra, à son tour, les

(1) En sanscrit le nom technique est *Manasâ-putra*, Fils de l'Intelligence.

hauteurs où planent, de nos jours, les plus sublimes et d'autres âmes qui ne sont pas encore nées viendront occuper leur place dans l'Evolution. Les choses nous semblent injustes parce que nous retirons notre monde de sa place et que nous l'isolons sans lui donner ni prédécesseurs, ni successeurs. C'est notre ignorance qui y voit l'injustice. La Nature a des voies égales pour tous, tous ses enfants ont à passer par l'enfance et l'adolescence avant d'arriver à la virilité. Ce n'est pas sa faute si nous avons la folie de demander que toutes les âmes occupent, au même moment, le même stage évolutif et si nous crions à l'injustice quand notre demande n'est pas exaucée.

Pour mieux comprendre l'évolution de l'âme, il faut la prendre au point où nous l'avons laissée, au moment où l'homme-animal est prêt à recevoir et reçoit l'embryon de l'âme. Afin d'éviter tout malentendu, il est bon de dire qu'il n'y a pas, à partir de ce moment, deux monades en l'homme : l'une qui a construit le tabernacle humain, l'autre qui y est descendue. Empruntons une nouvelle comparaison à H. P. Blavatsky qui dit : de même que deux rayons de soleil peuvent passer par le même trou d'un écran et se fondre de façon à ne faire qu'un seul rayon, de même on peut concevoir quelque chose d'analogue du soleil suprême qui est le Seigneur divin de notre univers. Le second rayon, en pénétrant dans le tabernacle humain, s'est joint au premier en lui apportant une énergie nouvelle et un surcroît d'éclat, mais c'est comme unité que la monade humaine commença son œuvre grandiose de développement, en l'homme, des hauts pouvoirs de la Vie Divine d'où elle sortait.

L'âme embryonnaire, le Penseur, a eu, au commencement, pour corps mental embryonnaire, l'enveloppe de substance mentale que la Monade de la forme avait apportée avec elle, sans l'avoir encore organisée pour l'action. C'était un simple germe de corps mental attaché à un simple germe de corps causal et, pendant de nombreuses existences, le désir, par sa puissance et sa volonté domina cette âme, la faisant tourbillonner sur la route des passions et des appétits et lançant contre elle les vagues impétueuses d'une animalité sans contrôle.

Quelque répulsion qu'offre cette vie première de l'âme regardée du point élevé où nous sommes aujourd'hui, elle n'en fut pas moins nécessaire pour faire germer les semences du mental. Reconnaître la distinction, percevoir ce qui fait qu'une chose diffère d'une autre, est une nécessité qui précède toute pensée. Pour éveiller cette perception en l'âme qui ne pensait pas encore, il fallait la frapper par de rudes contrastes, y faire pénétrer de force la distinction par les chocs répétés de plaisirs exagérés et de peines écrasantes. C'est par le désir que le monde extérieur a ainsi martelé l'âme, pour y produire lentement la perception, et c'est après des répétitions sans nombre que chaque existence a accumulé, dans le Penseur, le peu qui était acquis, et qu'elle a opéré lentement le progrès.

Progrès lent, en effet, car il y avait bien peu de chose comme *pensée* et que presque rien ne venait, par conséquent, organiser le corps mental. Ce n'est qu'après l'enregistrement d'un grand nombre de perceptions, comme images mentales, qu'il y eut assez de matériaux pour établir les fondations de l'action mentale venue de l'intérieur. Cette opération a commencé quand deux images mentales ou plus sont arrivées à se grouper et à permettre une déduction, si élémentaire qu'elle fût. Cette déduction a été le principe du raisonnement, le germe de tous les systèmes de logique que l'esprit humain a conçus et s'est assimilés depuis. Au début toutes les déductions étaient utilisées par le désir, pour augmenter le plaisir et diminuer la souffrance, mais elles n'en servaient pas moins à intensifier l'activité du corps mental et à le pousser à des opérations plus rapides.

Il est facile de comprendre qu'à cette époque de son enfance l'homme n'avait connaissance ni du bien ni du mal et que le juste et l'injuste n'existaient pas pour lui. Ce qui est juste est ce qui est en harmonie avec la volonté divine, ce qui aide au progrès de l'âme, ce qui fortifie ce qui est élevé en elle et subjugue ce qui est bas en elle. Le mal est ce qui retarde l'évolution, ce qui retient l'âme dans les stages inférieurs après qu'elle y a appris les leçons qu'elle devait y apprendre, ce qui tend à mettre la nature supérieure sous la domination de l'inférieure et qui rend l'homme semblable, non pas au dieu qu'il doit devenir, mais à la brute qu'il doit conquérir. Avant de connaître ce qui est bien, l'homme avait à connaître l'existence de la Loi et il ne pouvait y arriver qu'en suivant les attractions du monde extérieur, qu'en s'emparant de tout objet qui lui paraissait désirable, et en jugeant ensuite par les résultats bons ou mauvais de l'expérience, si son plaisir avait été en harmonie ou en conflit avec la Loi. Prenons, comme exemple frappant, le plaisir de la nourriture et voyons comment, grâce à lui, l'homme-enfant est arrivé à comprendre l'existence d'une loi naturelle. En prenant de la nourriture, il apaise sa faim et contente son goût, cette expérience ne lui procure que du plaisir, car elle est en harmonie avec la Loi. Mais voici que, voulant augmenter son plaisir, il mange plus qu'il ne faut, et cette transgression de la Loi lui occasione une souffrance. Pour cette intelligence naissante, l'expérience du plaisir qui se change en peine, par son excès, a été d'abord confuse, et bien des fois le désir a entraîné l'homme à des excès, mais chaque fois il en a subi les douloureuses conséquences, jusqu'à ce qu'il ait appris enfin ce qu'est la modération. Il a appris à conformer ses actes corporels à la loi physique, il a compris qu'il était soumis à des conditions qu'il ne pouvait changer et que ce n'était qu'en les observant qu'il pouvait s'assurer le plaisir matériel. Par chacun des organes de son corps il est arrivé à imprimer constamment et régulièrement des résultats semblables en son esprit et à comprendre que ses désirs impulsifs lui causaient de la joie ou de la peine, suivant qu'ils agissaient avec les lois naturelles ou contre elles, et son expérience grandissante a commencé à le guider et à influencer son choix. A chaque existence nouvelle il n'avait pas à recommencer les mêmes expériences, car il apportait en naissant des facultés mentales accrues de toutes celles qu'il avait accumulées précédemment.

J'ai dit qu'à cette époque primitive le développement de l'âme avait dû être très lent et que son action mentale était encore à son aurore. Quand l'homme mourait, il passait la plus grande partie de son temps en Kâma-loka et dormait pendant un court séjour en dévachan, lequel était alors une période d'assimilation inconsciente d'expériences mentales très petites, car l'Ego n'était pas assez avancé pour l'activité de la Vie céleste qui devait se présenter à lui beaucoup plus tard.

(*A suivre*).   **Annie Besant.**

DIEU, L'UNIVERS & L'HOMME

(*Suite*)

Le grand Architecte de l'Univers, — la *Vie*, — a des milliards d'agents pour exécuter ses ordres, et si par un long.entraînement, — un entraînement capable de rendre définitifs, par leur impression profonde sur le bloc d'essence élémentale, les changements imprimés par la culture à certaines propriétés très secondaires des espèces, — l'on peut produire de légères modifications dans les plantes ou les animaux, jamais le *type* ne peut être changé par la voie physique ; ce type persiste tant qu'il est nécessaire à la Vie qui l'anime, et c'est la Vie qui le rejette quand il ne peut plus servir à ses expériences : elle choisit alors, parmi les types créés par l'Intelligence du monde (1), le modèle qui lui sera le plus utile, et les « constructeurs » le réalisent sur les plans inférieurs, — y compris le plan physique.

Mais la fleur divine (2) ne s'épanouit que lentement. Elle développe, d'abord, le troisième aspect de la divinité, — l'Intelligence.

(1) Le troisième Logos.
(2) L'Etincelle (de la troisième vague) enveloppée dans un fil radieux de substance buddhique, est semée comme germe dans le « bloc » d'Essence élémentale, et développe les possibilités divines qui existent en elle à l'état potentiel. Tout vient d'un germe ; c'est la Loi.

Les premiers pas, comme précédemment, sont dus exclusivement à l'action du dehors ; les vibrations passent du plan physique au plan astral, du plan astral au plan mental (1), et comme le réceptacle qui protège et nourrit l'œuf humain spirituel est constitué par de la substance mentale, la transmission peut s'effectuer jusqu'à l'intérieur du germe. Cette évolution préliminaire se poursuit lentement et de nombreuses incarnations sont nécessaires avant que l' « humanité » véritable apparaisse dans l'homme primitif. Tout d'abord, il participe, en apparence, beaucoup plus de l'animal que de l'homme ; ses sensations doivent avoir libre cours pour que les rudiments d'intelligence qui existent dans son véhicule mental augmentent. Le plaisir et la souffrance sont, à cette période, les deux arbitres nécessaires de sa conduite : il recherche le plaisir, il fuit la douleur. Peu à peu, l'expérience lui apprend que le plaisir ne doit pas dépasser certaines limites, sous peine d'être suivi par la douleur : il règle ainsi les limites permises aux appétits du corps. Tout d'abord, il n'est sollicité efficacement que par les mobiles externes, — les besoins matériels ou tout autre aiguillon ayant sa source au dehors ; par exemple, il ne cherche de la nourriture que lorsqu'il a faim, et, sa faim assouvie, il ne songe pas au repas prochain. Mais quand cette faim l'a pressé des milliers de fois, le germe de la prévoyance s'éveille, et il commence à songer la veille à ce qui lui sera nécessaire le lendemain. Et c'est ainsi que, par l'action de l'ambiance, le « centre de conscience » humain se développe, et que, peu à peu, des vibrations spontanées se produisent en lui : c'est alors que commence le véritable « moi », le « Je », la soi-conscience, attribut du corps causal.

La conscience peut être définie la faculté qu'un centre possède de recevoir des vibrations venant du dehors, — de vibrer à l'unisson avec elles ; la soi-conscience consiste en le pouvoir que ce centre possède de créer, de son propre mouvement, des vibrations et de les transmettre à l'extérieur. Quand la soi-conscience est atteinte, l'évolution se poursuit avec beaucoup plus de rapidité, et les facultés humaines se montrent. L'homme apprend, par la souffrance ce qui est bien et ce qui est mal, — le mal est ce qui va contre la Loi et produit, par conséquent, des vibrations discordantes dans l'individu ; le bien est un producteur d'harmonie, parce qu'il va avec la Loi. Sa vie en Kama Loca (2) devient consciente et augmente le nombre et l'importance de ses expériences ; ainsi, s'il a tué l'un de ses semblables et si son crime, puni par la loi humaine ou par la vengeance d'un parent de la victime, le jette brutalement dans l'autre monde, il apprend qu'il a mal fait, et par la douleur physique et morale qui précède sa désincarnation, et par la souffrance qu'il éprouve dans le Kama-Loca, car, à ce stade de développement,

(1) Plan mental est synonyme de plan dévachanique.
(2) Le purgatoire chrétien.

les désirs sont intenses et le supplice de Tantale, — la soif des plaisirs physiques impossibles à éprouver sans un corps grossier, — attend toutes les âmes jetées prématurément et violemment dans l'au-delà.

Une action plus complète du « centre » manifeste les attributs mentals, — mémoire, comparaison, jugement, raison, imagination, — et à mesure que l'Ego grandit sur son plan, la vibration de l'intelligence agit non seulement sur les quatre sous-plans de la matière dévachanique qui lui servent d'instrument inférieur (1), mais aussi, progressivement, sur chacun des trois sous-plans supérieurs, les plans qui constituent le « corps causal » (2), et c'est alors que se montrent les attributs les plus élevés de la mentalité humaine : la « voix de la conscience », l'induction, la déduction, la synthèse, l'abstraction. Peu à peu, la matière du corps causal s'organise en le radieux organisme qu'il doit devenir, et un nouveau pas peut être fait : le deuxième *aspect* de l'Etincelle atmique projetée par le « Père » vitalise la substance buddhique qui fait partie du corps causal à titre d'Essence *monadique*, l'éveille dans le cœur, et l'homme *naît pour la seconde fois*, il devient un disciple. Dès lors, les attributs du principe buddhique (3) se manifestent : compassion, amour, dévotion, dévouement, intuition pure, sentiment 'de l'unité de la Vie en tous les êtres, union avec tout ce qui vit, sympathie profonde pour tout ce qui respire, désir de la libération pour obtenir l'union parfaite avec cette vie qui est Dieu.

Plus tard, enfin, l'heure sonne pour l'action du premier *aspect* d'Atma, ce quelque chose impossible à comprendre pleinement tant que l'homme n'est pas monté jusqu'au seuil de la Libération (4), mais qu'on peut sentir vaguement au fond du cœur comme la Volonté, la force suprême, la vie proprement dite, l'ETRE. Cet *aspect* vivifie, individualise, pour ainsi dire, la substance atmique contenue dans le corps causal (5), et l'Homme est complet, le germe divin est devenu un dieu, l'être a les trois côtés : il est

(1) Le corps mental proprement dit, — l'instrument nécessaire à l'Ego pour agir sur les véhicules inférieurs (l'astral et le physique), — est constitué avec de la matière prise aux quatre sous-plans inférieurs du plan dévachanique.

(2) Le Corps causal est la racine permanente des corps mentals successifs, lesquels sont détruits après les périodes dévachaniques et construits à chaque incarnation nouvelle.

(3) Distinguer l'*aspect* buddhique de l'étincelle atmique, du « principe » buddhique qu'elle crée en éveillant à la soi-conscience la matière buddhique du Corps causal. Cette matière est un principe *universel*, le Buddhi collectif du Cosmos ; elle ne devient « principe » *humain* que par son éveil *individuel*.

(4) Laquelle fait du disciple un Maître.

(5) L'action de la « vague » projetée par le premier Logos (*ou plutôt par ses Agents*) dans les formes portées par le deuxième Logos au stade

humain par l'intelligence, angélique par l'amour, divin par la force. Ces trois stages ont été appelés : l'homme, le christ, le dieu. L'humanité actuelle est à peine au stage humain ; quand un homme passe par les portes de l'Initiation (laquelle allume en lui le principe buddhique), un « christ » vient de naître ; lorsque le disciple, devenu parfait, se libère, un « dieu » fait son ascension vers le plan nirvanique.

Et l'évolution ne s'arrête pas là. Quand la perfection dévolue au cycle terrestre est acquise, d'autres étapes se présentent sur l'échelle sans fin suspendue dans l'abîme de l'ÊTRE, et ces stades, qui ne peuvent être soupçonnés par nos facultés bornées, sont sans limites dans la splendeur glorieuse de l'Ineffable.

II

Tel est le résumé de la Vie évoluant dans l'Infini en manifestation. Mieux l'esprit humain est capable d'apprécier ce prodigieux ensemble et de le réduire à l'unité, c'est-à-dire d'en faire une synthèse de potentialités condensées dans un Potentiel total, unique, suprême, mieux il peut abstraire ce potentiel ou unité mathématique et le transmuer en le mystérieux Zéro, mieux il peut avoir,

de l'individualisation rudimentaire, peut être résumée dans le schéma suivant :

A. — Le « bloc » d'Essence élémentale dans lequel est projetée l'Etincelle atmique est composé de :

substance atmique
   »   buddhique
   »   manasique

contenues dans l'*Essence monadique* qui l'anime par la matière dévachanique appelée (souvent manasique, ou, encore, mentale) dans laquelle l'Essence *monadique* est incarnée.

B. — L'Etincelle atmique s'incarne dans ce « bloc » en . . . . .

(1) s'*unissant* à la substance *atmique* du « bloc » : deux rayons de lumière qui n'en font, dès lors, qu'un seul. En . . . .

(2) s'*enveloppant* dans la substance *buddhique* du « bloc », laquelle est appelée, dans la *Doctrine secrète*, le « fil le plus ténu de *Fohat* ». Elle atteint, à travers ce véhicule, la matière *manasique* du « bloc ».

C. — L'Etincelle atmique a trois *aspects*. D'abord, son . . . . .

aspect manasique fertilise la matière manasique du bloc, et en fait le « Corps causal ». Plus tard, son . . . .

aspect buddhique fertilise la substance buddhique du bloc, et en fait le *principe* buddhique humain. Enfin, son . . . . . .

aspect atmique fertilise la substance atmique (du bloc) à laquelle elle s'est unie, et produit le *principe* atmique *humain*.

Par « principe », nous entendons tout agrégat de matière servant de véhicule individuel au « centre » personnel qui est le Soi humain, que ce Soi soit devenu, ou non, soi-conscient dans ce véhicule.

sur le plan intellectuel, un vague pressentiment de ce que peut être l'Etre (1).

Nous croyons utile, maintenant, de revenir sur certains points importants de ce processus général, et, tout d'abord, de la méthode employée pour la production des « centres ».

Du Zéro suprême, — l'Infini, — sort l'Unité, source de tous les nombres ; dans le Cercle sans bornes, apparaît le « point » qui devient successivement la ligne, la surface, le solide ; du Potentiel inconnaissable naît le potentiel qui nous apparaît triple (2). Ce potentiel, par son énergie propre, — la *Maya*, reflet de la puissance de l'Inconnaissable, — crée l'illusion que nous appelons la force-matière, — la multiplicité, — et par sa réflexion de plus en plus concrète et limitée dans sa création, accomplit le mystère de la production de centres *soi*-conscients dans le sein de l'Etre.

Il paraît certain que le nombre des processus différents, capables d'opérer cette œuvre sublime, est aussi illimité que l'Illimité de qui ils procèdent, mais nous sommes incapables d'en concevoir d'autre que celui qui agit sous nos yeux, et dans lequel la Volonté suprême produit les multiples par les « contraires ». De l'Unité abstraite procèdent les deux grands « Opposés », que, selon les époques et les pays, les religions et les philosophies ont dénommés différemment (3), et ces deux opposés primordiaux deviennent tous les sous-multiples, les êtres innombrables de l'Univers. Au cœur de chacune des parties, sommeille la potentialité du Tout suprême, et cette potentialité est la source de toutes ses possibilités; dans chaque fragment de force-matière brille l'étincelle divine. Cette Etincelle est le Potentiel absolu animant les formes, résultat du jeu des « contraires », le Mouvement pur se montrant dans la matière comme mouvement limité ; son action dans les véhicules humains y produit ce que l'on a nommé les « principes », — la vie physique (*Prana*) résulte de son action sur le corps physique, la sensation de son action sur le corps astral (*Kama*), la mentalité concrète de son action sur le corps mental (*Manas inferieur*), la mentalité abstraite de son action sur le corps causal (*Manas supérieur*), les attributs angéliques de son action sur le véhicule

----

(1) La connaissance de l'Etre ne s'obtient, avons-nous dit, que par la *Yoga*, c'est-à-dire, par la purification des véhicules à travers lesquels la *Lumière* divine doit être transmise, par le développement de ces véhicules, et enfin par la stabilisation complète de celui (le *mental*) qui doit recevoir (sur les plans inférieurs) la projection de lumière et la réfléchir sur le cerveau (sur la conscience physique). Il faut qu'il n'y ait ni *coloration*, ni *déformation* de l'image, — ce qui exige la pureté des véhicules et le contrôle du mental.

(2) Le premier Logos, ou Logos non manifesté : le Père.

(3) Le Dieu et le Démon des chrétiens : la force qui unit et la force qui sépare, forces impersonnelles qui peuvent être personnalisées par les hommes qui s'unissent volontairement et consciemment à elles.

buddhique, les qualités de la divinité de son action sur la substance atmique. Cette étincelle (1) qui est tout et rien, qui est la source *immatérielle* de tout, est le *Soi* individuel; lorsqu'on fait abstraction des véhicules particuliers dans lesquels elle agit et qu'on la considère en action dans le véhicule total, — l'Univers, — on l'appelle le *Soi cosmique*, Dieu. Elle est l'ETRE éternel, omniprésent, infini, omnipotent, inconnaissable, en action dans les formes illusoires; l'ETRE sans lequel rien ne serait; la Cause incausée et qui, quoique causant tout, n'agit pas, car c'est l'Immuable; la Présence incompréhensible nécessaire à la vie limitée; l'Obscur qui se montre partout comme lumière; le Repos (2) source de tous les mouvements; le Potentiel qui crée le réel; l'Absolu (3) qui produit le relatif; le mystérieux Inconnu qui est germe et fruit, qui sème et récolte, et développe ainsi en lui des centres sans nombre soi-conscients, — des centres gardant comme essence cette soi-conscience, quand les véhicules qui ont permis son développement ont disparu, des centres se connaissant chacun comme le *Tout*, se sentant chacun le centre de tout, le possesseur de toutes les possibilités du Tout sous leurs aspects de potentiel et de réel, d'infini et de limité, de relatif et d'absolu.

(*A suivre*).   Dr Th. Pascal.

COSMOGÉNÈSE DU SOURYA SIDDHANTA

Le Sourya Siddhanta est attribué à Mâyâ, un grand magicien atlante dont parle H. P. B. dans la *Doctrine Secrète*. Cet ouvrage est considéré comme une grande autorité par les astronomes hindous contemporains. Le symbolisme employé dans cette œuvre est celui des Vishnouïtes l'école Pancharatra.

1. Vasoudéva (ce qui se manifeste partout et en toutes choses) est Parabrahm. Sa manifestation éternelle est le plus haut Pouroucha ou Paramatma; elle est inconcevable, sans gounas, sans changement, indestructible au delà des vingt-cinq Tatouas.

2. Vasoudéva est à l'intérieur, à l'extérieur et partout dans l'uni-

(1) Ce mot est mauvais pour exprimer ce qui nous semble le *Rien*, mais la définition que nous en donnons empêchera les lecteurs de la matérialiser.

(2) Le Repos peut être considéré comme le Mouvement absolu, car il n'existe nulle part dans le monde manifesté. Une fois les termes définis, il ne peut se produire de confusion.

(3) Il est difficile à l'intellect de distinguer le Logos non manifesté de l'Inconnaissable, *Parabrahm*.

vers manifesté. On l'appelle Sankarchana (ce qui attire le mieux).

3. Au commencement Sankarchana fit paraître les eaux et versa en elles son énergie par quoi il les rendit aptes à évoluer l'univers.

4. Cela devint un œuf radieux entouré de tous côtés par Tamas (chaos). Dans l'œuf, Anirouddha (ce qui ne peut pas être arrêté), l'essence éternelle de Sankarchana se manifesta.

5. Dans les Védas, le seigneur Anivouddha est appelé Hiranya garbha ; il est au centre de l'œuf radieux ; Aditya est la première manifestation et Sourya depuis que le monde en est sorti.

6. C'est la lumière des lumières, bien au delà de Tamas ; on l'appelle aussi Bhouta-bavana parce qu'il est toujours en mouvement au centre de l'œuf radieux, donnant la lumière à tout l'univers.

7. Anirouddha, la glorieuse lumière et le destructeur de Tamas est appelé Mahat dans les Pouranas et dans les autres écritures.

8. Il est le soleil védique (spirituel) aux trois formes ; les mantras du Rig sont sa demeure ; ceux du Soma sont ses rayons et ceux du Yajour Véda sont sa manifestation extérieure.

9. C'est l'esprit de Kala (le temps) et sa cause, pénétrant tout, âme de toutes choses, subtil et impondérable. Toute chose existe en lui.

10. L'univers est son char ; l'année humaine de douze mois est la roue de son char ; les sept Chandas sont les chevaux attelés à son char.

11. Les trois quarts de Lui, qui est l'Atma des Védas, sont manifestés dans les sphères supérieures et ne sont connus que des Dévas. C'est un mystère pour nous. Sa quatrième partie est notre univers manifesté composé de choses mobiles et immobiles.

12. Anirouddha a créé Brahma, le principe d'Akankara, dans le but de former le monde. Il a placé Brahma au centre de l'œuf et lui a présenté les Védas suprêmes. Il est toujours en mouvement dans sa propre sphère, manifestant sa gloire à tout l'univers.

13. Brahma eut alors le vouloir de créer le monde et fit sortir Chandra (la lune) de son manas ; il fit sortir Sourya, le donneur de lumière, de ses yeux, akasa de son manas, vayou d'akasa, agni de vayou, apas d'agni, et prithvi d'apas, chacun d'eux ayant un attribut de plus que le précédent.

14. Le soleil et la lune sont faits d'agni et de Soma (feu et eau) ; les autres planètes sont formées : Mars de téjas, Mercure de prithvi, Jupiter d'akasa, Vénus d'apas et Saturne de vayou.

15. Il se divisa ensuite en douze parties appelées les signes du zodiaque, et subdivisa ces douze parties en vingt-sept composées d'étoiles.

16. Après avoir produit son propre système il créa ce monde de choses mobiles et immobiles, d'abord les Dévas, ensuite l'homme et enfin les asouras au moyen de la triple Prakriti, la supérieure, la moyenne et l'inférieure (Satoua, Radjas et Tamas).

17. Les ayant créés suivant les Gounas et les Karmas bons ou mauvais (produits dans le précédent Kalpa), il leur assigna leur temps et leurs fonctions comme c'est indiqué dans les Védas.

18. Il prescrivit alors les devoirs des planètes, des constellations étoilées, et du monde entier des Dévas, des hommes, des Asouras et des Siddhas.

19. Ce Brahmanda (œuf de Brahma) est dans l'espace comme une sphère creuse ; la moitié de cette sphère est vide. Le cercle équatorial de la sphère est appelé Vyomakakcha et c'est l'orbite du soleil.

20. Au-dessous de lui, Saturne, Jupiter, Mars, Vénus, Mercure et la lune tournent dans leurs orbites : au-dessous de la planète la lune vivent les Siddhas et les Vidyadharas.

21. Ce globe de terre est au centre de la sphère logée dans l'espace et supportée par le pouvoir de Parabrahm qui est lui-même sans support.

Ramanouja Charri.

VARIÉTÉS OCCULTES

INCIDENTS DE LA VIE DU COMTE DE SAINT-GERMAIN

(Suite).

II

M. de Saint-Germain, nous le voyons, essaya de prévenir la famille Royale des dangers qui la menaçaient. Il fut le mystérieux donneur d'avis dont on a si souvent parlé, et veillait évidemment sur la malheureuse jeune reine depuis son entrée en France. Il chercha à faire comprendre au Roi et à la Reine que M. de Maurepas et leurs autres conseillers ruinaient la France. Ami de la Royauté, l'abbé Barruel ne l'en accusa pas moins de mener la Révolution. Mais « le temps dévoile toute chose », l'accusateur est oublié, et l'accusé a pris rang d'ami fidèle et de vrai prophète. Écoutons maintenant Mᵐᵉ d'Adhémar.

« L'avenir s'assombrissait ; nous touchions à la catastrophe ter-
« rible qui allait bouleverser la France ; l'abîme était sous nos pas
« et nous détournions la tête ; frappés d'un fatal aveuglement nous
« courions de fête en fête, de plaisirs en plaisirs, c'était comme une
« sorte de démence qui nous poussait gaiement à notre perte...

« Hélas ! comment conjurer la tempête quand on ne la prévoit pas ?»

« Pourtant, de loin en loin, des esprits chagrins ou observateurs
« tentaient de nous arracher à cette sécurité funeste. J'ai déjà dit
« que le comte de Saint-Germain avait cherché à dessiller les yeux
« de LL. MM. en leur faisant entrevoir l'approche du péril ;
« mais M. de Maurepas, ne voulant pas que le salut du royaume
« vint d'un autre que de lui, évinça le thaumaturge et il ne repa-
« raissait plus. »

Ceci se passait en 1788, la catastrophe finale n'arriva qu'en 1793,
mais les attaques dirigées contre le Roi et le Trône devenaient plus
virulentes d'année en année, grâce au fatal aveuglement signalé
par notre auteur. La frivolité de la cour marchait de pair avec la
haine de ses ennemis et la malheureuse Reine s'efforçait mais en
vain de comprendre l'état des affaires. Mᵐᵉ d'Adhémar nous dit à
ce propos :

« Je ne peux résister à copier ici, pour donner une idée de ces
« tristes débats, une lettre écrite par M. de Sallier, conseiller au par-
« lement à la chambre des requêtes, et adressée à l'un de ses amis,
« membre du parlement de Toulouse...... Cette relation fut répandue
« et lue avec avidité, nombre de copies en circulèrent dans Paris.
« Avant que l'original parvint à Toulouse, on en parla chez la du-
« chesse de Polignac. La reine s'adressant à moi, me demanda si je
« l'avais lue et me pria de la lui procurer ; cette demande me jeta
« dans un embarras réel ; je souhaitais obéir à Sa Majesté et en
« même temps je craignais de déplaire au ministre dirigeant ; ce-
« pendant mon attachement pour la reine l'emporta.

« Marie-Antoinette lut devant moi cette pièce et alors soupirant :

— « Ah ! Madame d'Adhémar, dit-elle, que toutes ces attaques à
« l'autorité du Roi me sont cruelles ! nous marchons sur un terrain
« qui tremble ; je commence à croire que votre comte de Saint-Ger-
« main avait raison, nous eûmes tort de ne pas l'écouter, mais
« M. de Maurepas nous imposait une dictature adroite et despotique.
« Où va-t-on ? »

« ..... La reine me fit appeler ; j'accourus à son ordre sacré. Elle
« tenait à la main une lettre.

— « Madame d'Adhémar, dit-elle, voici encore une missive de
« mon inconnu ! N'avez-vous pas entendu parler de nouveau du
« comte de Saint-Germain ?

— « Non, répondis-je ; je ne l'ai pas vu, et rien de sa part ne
« m'est arrivé.

— « Cette fois, ajouta la Reine, l'oracle a pris le langage qui lui
« convient, l'épître est en vers ; ils peuvent être mauvais, mais ils
« sont peu réjouissants. Vous les lirez à votre loisir, car j'ai promis
« une audience à l'abbé de Ballivières. Je voudrais que mes amis
« vécussent en bonne intelligence.

— « D'autant, osai-je ajouter, que leurs ennemis triomphent de
« leurs querelles.

— « L'inconnu dit comme vous ; mais qui a tort ou raison ?

« ..... On vint informer Marie-Antoinette que l'abbé de Balli-
« vières était rendu à ses ordres. Je passai dans les petits cabinets,
« où, ayant demandé du papier, des plumes et de l'encre à
« Mᵐᵉ Campan, je copiai la pièce suivante, obscure alors, et qui,
« depuis, est devenue trop claire :

« Les temps vont arriver où la France imprudente,
« Parvenue aux malheurs qu'elle eût pu s'éviter
« Rappellera l'enfer tel que l'a peint le Dante.
« Reine, ce jour est proche, il n'en faut plus douter.
« Une hydre lâche et vile, en ses orbes immenses
« Enlèvera le trône, et l'autel, et Thémis.
« Au lieu du sens commun, d'incroyables démences
« Règneront. Aux méchants, lors tout sera permis,
« Oui, l'on verra tomber sceptre, encensoir, balance,
« Les tours, les écussons, et jusqu'aux blancs drapeaux.
« Ce sera désormais dol, meurtre, violence,
« Que nous retrouverons au lieu d'un doux repos.
« De longs fleuves de sang coulent dans chaque ville,
« Je n'entends que sanglots, je ne vois que proscrits,
« Partout gronde en fureur la discorde civile,
« Et partout la vertu fuit en poussant des cris.
« Du sein d'une assemblée un vœu de mort s'élève.
« Grand Dieu ! qui va répondre à des juges-bourreaux !
« Sur quels augustes fronts vois-je tomber le glaive !
« Quels monstres sont traités à l'égal des héros !
« Oppresseurs, opprimés, vainqueurs, vaincus... l'orage
« Vous atteint tour à tour dans ce commun naufrage.
« Que de crimes, de maux, et d'affreux attentats
« Menacent les sujets, comme les potentats !
« Plus d'un usurpateur en triomphe commande,
« Plus d'un cœur entraîné s'humilie et s'amende
« Enfin, fermant l'abîme, et né d'un noir tombeau
« Grandit un jeune lis plus heureux et plus beau. »

« Ces vers prophétiques écrits d'une plume qui nous était déjà
« connue, m'étonnèrent. Je me creusai la tête pour en deviner le
« sens ; car le moyen de croire que c'était à leur expression la plus
« simple à laquelle il fallait s'attacher ?

« Comment s'imaginer, par exemple, que ce serait le Roi et la
« Reine qui périraient de mort violente, et à la suite de jugements
« iniques ? Nous ne pouvions, en 1788, avoir tant de perspicacité ;
« c'était une chose impossible.

« Lorsque je revins auprès de la Reine et que nul indiscret ne put
entendre :

— « Que vous semble de ces menaces rimées ?

— « Elles sont effrayantes ! Mais qui regardent-elles ? Cela ne

« peut toucher Votre Majesté ? On annonce des choses incroyables,
« des folies ; que sais-je ? Si tout cela se réalise, ce sera l'affaire de
« nos arrière-neveux.

— « Plût au ciel que vous disiez vrai, madame d'Adhémar, répar-
« tit la reine ; cependant ce sont des rencontres étranges. Quel est ce
« personnage qui s'intéresse à moi depuis tant d'années sans se faire
« connaître, sans demander aucune récompense, et qui, pourtant,
« m'a dit toujours vrai ? Il m'annonce maintenant le renversement
« de tout ce qui existe, et s'il fait luire l'espérance, c'est dans un
« lointain où je ne parviendrai peut-être pas.

« Je tâchai de consoler la Reine ; surtout je lui dis qu'elle devait
« contraindre ses amis à bien vivre ensemble, et surtout à ne pas
« révéler au dehors les querelles du dedans. Marie-Antoinette me
« répondit ces paroles mémorables : Vous vous imaginez que j'ai
« du crédit ou du pouvoir dans notre salon ; vous vous trom-
« pez. J'ai eu le malheur de croire qu'il était permis à une Reine
« d'avoir des amis. Il en résulte que tous prétendent me gouverner
« ou m'employer à leur avantage personnel. Je suis le centre d'une
« foule d'intrigues auxquelles j'ai de la peine à me soustraire. Cha -
« cun se plaint de mon ingratitude. Ce n'est pas là le rôle d'une
« reine de France. Il y a un très beau vers que je m'applique en y
« faisant une variante :

« Les rois sont condamnés à la magnificence.

« Je dirais avec plus de raison :

« Les rois sont condamnés à s'ennuyer tout seuls.

« Ainsi je ferais si j'avais à recommencer ma carrière. »

Passant sur les événements où il n'est pas question du comte de
Saint-Germain, nous arrivons à la proscription des Royalistes de
1789. L'infortunée Reine reçut encore une fois un avis de son conseiller inconnu, qui frappa, hélas ! des oreilles incapables de comprendre. Apprenant ce qui se tramait contre les Polignac, Marie-
Antoinette envoya prévenir la duchesse de sa chute prochaine. Re-
prenons ici le journal de Mme d'Adhémar.

« .... Je me levai, et manifestant le chagrin que me causait cette
« commission, je m'en allai vers Mme de Polignac. J'aurais voulu
« qu'elle fût seule ; j'y rencontrai le duc son mari, sa belle-sœur, le
« comte de Vaudreuil, M. l'abbé de Ballivières. A l'air solennel que
« je mis à me présenter, au gonflement de mes yeux, encore hu-
« mides des pleurs mêlés à ceux de la reine, on se douta que je
« venais pour une triste cause ; la duchesse me tendit la main.

— « Qu'avez-vous à m'annoncer ? me dit-elle ; je suis préparée à
« tous les malheurs.

— « Non pas, dis-je, à celui qui va fondre sur vous hélas ! ma
« douce amie, acceptez-le avec résignation et courage....

« Les mots expirèrent sur mes lèvres, et la comtesse reprenant la
« parole :

— « Vous faites mourir mille fois ma sœur par vos réticences ;
« eh bien, Madame, de quoi s'agit-il?

— « Oui, dit la duchesse, puisqu'il faut que je le sache.

— « La Reine, dis-je, veut que pour éviter la proscription qui
« vous menace, vous et les vôtres, vous alliez pour quelques mois
« à Vienne.

— « La Reine me chasse, et vous me l'annoncez ! s'écria la du-
« chesse en se levant.

— « Injuste amie, repris-je, laissez-moi vous dire tout ce qu'il me
« reste à vous communiquer.

« Alors je poursuivis, et répétai mot pour mot ce que Marie-
« Antoinette m'avait chargée de rapporter.

« Ce furent d'autres larmes, d'autres cris, d'autres désespoirs, je
« ne savais à qui entendre ; M. de Vaudreuil ne montra pas plus de
« fermeté que les Polignac.

— « Hélas, dit la duchesse, obéir est mon devoir, je partirai sans
« doute, puisque la Reine le veut, mais ne me permettra-t-elle pas
« de lui renouveler de vive voix ma gratitude pour ses bontés sans
« nombre.

— « Jamais, dis-je, elle n'a pensé que vous partiriez avant
« qu'elle vous ait consolée ; allez donc dans sa chambre, son ac-
« cueil vous dédommagera de cette défaveur apparente.

« La duchesse me pria de l'accompagner, j'y consentis ; mon
« cœur se brisa à la triste entrevue de ces femmes qui se chéris-
« saient si ardemment...

« Dans ce moment on remit à la Reine une lettre cachetée bizar-
« rement ; elle y jeta les yeux, frémit, me regarda et dit :

— « C'est de notre inconnu.

— « En effet, dis-je, il me semblait étrange que, dans des circons-
« tances pareilles à celles-ci, il se tint tranquille ; au reste, ce n'est
« pas faute de m'avoir prévenue.

« Mᵐᵉ de Polignac, par sa contenance, semblait avide de connaî-
« tre ce qui m'était si familier. Un signe que je fis en instruisit la
« Reine. S. M. alors se mit à dire :

— « Dès mon arrivée en France, et à chaque événement important
« auquel mes intérêts sont mêlés, un mystérieux protecteur m'a dé-
« voilé ce que j'avais à craindre. Je vous en ai dit quelque chose,
« et, aujourd'hui je ne doute pas qu'il ne me conseille ce que je
« dois faire. Tenez, madame d'Adhémar, me dit-elle, lisez cette let-
« tre ; vos yeux sont moins fatigués que ceux de Mᵐᵉ de Polignac
« et les miens.

« Hélas, la Reine voulait parler des larmes qu'elle ne cessait de
« répandre. Je pris le papier, et en ayant ouvert l'enveloppe je lus
« ce qui suit :

Madame,

« J'ai été Cassandre ; mes paroles ont frappé en vain vos oreilles,
« et vous êtes arrivée à ces temps que je vous avais annoncés. Il ne
« s'agit plus de louvoyer, mais d'opposer l'énergie à la tempête qui
« gronde : il faut, pour cela, et afin d'augmenter votre force, vous
« isoler des personnes que vous aimez le plus, afin d'enlever tout
« prétexte aux rebelles. D'ailleurs ces personnes courent danger de
« vie ; tous les Polignac et leurs amis sont voués à la mort et si-
« gnalés aux assassins qui viennent d'égorger les officiers de la
« Bastille et M. le prévôt des marchands, M. le comte d'Artois, pé-
« rira ; on a soif de son sang, qu'il y fasse attention. Je me hâte de
« vous dire ceci, plus tard je vous en communiquerai davantage. »
« Nous étions dans la stupeur où plonge nécessairement une pa-
« reille menace lorsqu'on nous annonça M. le comte d'Artois. Nous
« tressaillîmes tous ; lui-même était anéanti. On le questionna et
« lui, ne pouvant se taire, nous dit que le duc de Liancourt venait
« de lui apprendre ainsi qu'au Roi que les hommes de la Révolu-
« tion, pour la consolider, en voulaient à sa vie (celle du comte
« d'Artois) et à celle de la duchesse de Polignac, du duc, de
« MM. Vaudreuil, de Vermont, de Guiche, des ducs de Broglie, de
« la Vauguyon, de Castries, baron de Breteuil, MM. de Villedeuil,
« d'Amecourt, des Polastrons, en un mot une proscription réelle...
« .... En rentrant chez moi, on me remit un billet ainsi conçu :
« Tout est perdu, madame la comtesse, ce soleil est le dernier qui
« se couchera sur la monarchie, demain elle n'existera plus ; il y
« aura un autre chaos, une anarchie sans égale. Vous savez tout ce
« que j'ai tenté pour imprimer aux affaires une marche différente,
« on m'a dédaigné, aujourd'hui il est trop tard. J'ai voulu voir
« l'ouvrage qu'a préparé le *démon* Cagliostro, il est infernal ; tenez-
« vous à l'écart, je veillerai sur vous ; soyez prudente et vous exis-
« terez après que la tempête aura tout abattu. Je résiste au désir
« que j'ai de vous voir, que nous dirions-nous ! vous me deman-
« deriez l'impossible ; je ne peux rien pour le Roi, rien pour la
« Reine, rien pour la famille royale, rien même pour M. le duc
« d'Orléans qui triomphera demain, et qui, tout d'une course, tra-
« versera le Capitole pour trébucher du haut de la roche tarpéienne.
« Cependant, si vous teniez beaucoup à vous rencontrer avec un
« vieil ami, allez à la messe de huit heures, aux Récollets, et en-
« trez dans la seconde chapelle, à main droite.

« J'ai l'honneur d'être...

                                        « Comte de SAINT-GERMAIN. »

(*A suivre*).   Isabel Cooper Oakley.

DEMANDES ET RÉPONSES

D. — *Est-ce qu'un Égo hautement développé, celui d'un Maître par exemple, est restreint aux limites imposées par le cerveau physique, lorsqu'il descend sur le plan physique pour y poursuivre son œuvre ?*

R. — A coup sûr, lorsqu'un tel Ego est occupé sur le plan physique, il ne peut qu'être restreint aux limites que lui impose son cerveau physique ; mais si nous prétendons comparer, en quoi que ce soit, les limites qui lui sont imposées avec celles auxquelles nous restreignent nos propres cerveaux, nous nous tromperons étrangement. Il ne faut pas oublier que le Maître s'est élevé, au moins, au rang d'Asekha — rang que l'humanité doit atteindre à la fin de la septième ronde — et, qu'en conséquence, son corps physique est infiniment plus évolué et infiniment plus sensible que ne le sont les nôtres.

Outre l'évolution de l'atôme physique, auquel nous avons déjà fait allusion, on constate aussi chez l'adepte un développement très frappant des moyens de communication entre les cellules du cerveau et les principes supérieurs. Il est très difficile de décrire clairement cela sans l'aide d'un diagramme, mais il est possible d'en donner une idée, en faisant appel à l'imagination du lecteur.

Supposons que la matière grise du cerveau soit étendue sur une surface plane, de façon que la couche n'ait que l'épaisseur d'une molécule — c'est-à-dire supposons que nous la regardions d'en haut, suivant la « quatrième dimension » puisque c'est exactement l'aspect qu'elle aurait, si on l'examinait en se plaçant à ce point de vue. Supposons aussi que les molécules correspondantes du corps astral et du corps mental soient également disposées en couches semblables sur leurs plans respectifs et que les lignes de communication entre elles soient représentées par des fils joignant chaque molécule physique à sa contre-partie astrale et chacune de ces molécules astrales à sa contre-partie du corps mental.

Si nous nous représentions le cerveau d'un homme ordinaire et ses contre-parties, disposés de cette façon, nous constaterions qu'étonnamment peu de ces communications seraient parfaites — probablement pas plus d'une ou deux vingtaines sur de nombreux milliers. Pour la grande majorité des molécules, il n'y aurait simplement pas de fils du tout, ce qui fait que de larges surfaces de matière cérébrale ne pourraient jamais recevoir la moindre impression directe transmise par les véhicules supérieurs. En ce qui concerne le reste des molécules, le fil pourrait, pour les unes, exister entre le corps mental et le corps astral, sans se prolonger jusqu'au corps physique, tandis que pour d'autres le fil pourrait être complet entre le corps physique et le corps astral et ne pas se prolonger plus haut.

Or, comme les différentes facultés de l'homme trouvent leur expression ici-bas au moyen des parties du cerveau dont elles dépendent, il est évident que l'état de choses qui vient d'être décrit entraîne des conséquences assez curieuses. Pour le moment, nous ne tenons aucun compte des énormes différences qui existent entre les divers Egos et entre le degré de sensibilité du corps mental de chacun d'eux ; on voit pourtant que la disposition des fils de communication peut varier à l'infini rien qu'entre les véhicules inférieurs.

Prenons, par exemple, la faculté d'émettre des pensées métaphysiques. Nous trouverons de nombreux Egos chez lesquels cette faculté n'existe pas du tout, mais, lors même qu'elle commencerait à se développer, ce ne serait qu'avec la plus grande difficulté qu'un lien pourrait s'établir avec la portion de matière cervicale que cela concerne. Jusqu'à ce que l'Ego ait évolué les fils de communication proprement dits, il ne pourra agir sur cette partie du cerveau que par le procédé maladroit et détourné qui consisterait à faire passer son message par un autre fil, absolument impropre à cela, et à le transmettre ensuite latéralement, par une sorte de transport d'une cellule à l'autre, dans le cerveau physique. Nous pouvons nous rendre immédiatement compte de la situation toute différente dans laquelle se trouverait l'homme qui aurait développé ne fut-ce qu'un seul des fils répondant à ce genre de pensée et comprendre à quel point la situation serait encore améliorée, si tous les fils servant à la nutrition de cette portion du cerveau se trouvaient en pleine activité. La situation que nous venons de décrire en dernier lieu représenterait, cela va sans dire, l'état idéal de cette portion du cerveau dans un corps de la septième ronde, aussi est-il inutile d'ajouter que les penseurs philosophiques les plus hautement évolués de notre époque sont eux-mêmes encore bien loin de ce haut degré.

C'est, pourtant, à ce point de développement que l'Asekha a amené, non pas une partie de son cerveau physique, mais ce cerveau tout entier. De sorte que s'il est absolument vrai qu'il soit restreint aux limites que lui impose son cerveau physique, puisqu'il possède des trésors de savoir que *ce cerveau* est incapable d'exprimer, nous n'en commettrions pas moins une erreur colossale en supposant que les restrictions auxquelles il se trouve soumis soient le moins du monde comparables à celles contre lesquelles nous luttons sans cesse. Nous ne devons pas oublier que notre quatrième ronde n'est pas spécialement affectée au développement du Manas et que, pour le moment, nous ne pouvons nous faire une idée des sublimes hauteurs qu'il atteindra dans sa propre cinquième ronde, pas plus que nous ne pouvons nous rendre compte du piteux effet que produira sur nous l'intelligence dont nous sommes si fiers aujourd'hui, lorsque nous jetterons un coup d'œil rétrospectif sur elle, du haut du point que nous aurons alors atteint.

ECHOS DU MONDE THÉOSOPHIQUE

France.

Les théosophes des pays d'Europe n'appartenant pas à d'autres sections constituées que celle dont le centre est à Londres, se sont réunis dans cette ville, le 8 juillet, dernier. C'est ce que la terminologie théosophique, naturellement influencée par la langue de ses premiers partisans, appelle la *Convention* de la section dite Européenne. En fait, et pour nous Français, c'est l'Assemblée générale annuelle de cette section.

Nous avons eu l'honneur d'y représenter la presque totalité des Branches Françaises et nous l'avons fait avec d'autant plus d'empressement que cette année est la dernière où nous appartiendrons à la dite section.

Suivant l'usage, une brillante réception a précédé les séances mêmes, de la convention. Dans la grande salle des fêtes de la mairie de Westminster, plusieurs centaines de personnes de diverses nationalités se trouvaient réunies, le soir du 7 juillet, et échangeaient leurs amicales salutations. Le lendemain matin, 8, les séances d'affaires avait lieu, sous la présidence de M. Sinnett, vice-président de la société théosophique. Au cours du développement des diverses questions, dont le détail nous importe moins actuellement, il fut rendu hommage au grand progrès accompli par la théosophie, en France, durant la présente année, à la suite de quoi nous remerciâmes publiquement Mⁿᵉ Annie Besant et la comtesse Wachtmeister de la part qu'elles y avaient prise. Nous confirmâmes, ensuite, la prochaine constitution de la section française et nous témoignâmes hautement les excellents rapports que nous avions toujours eus et que nous aurions toujours avec la section que nous allions quitter. Nous confirmâmes, enfin, le *Congrès théosophique proprement dit*, qui doit avoir lieu l'an prochain, à Paris, et pour lequel le commissariat général de l'Exposition nous a promis une introduction dans le Palais même des congrès, en fin juin, probablement. Nous exprimâmes l'espoir que les théosophes du monde entier, particulièrement ceux des pays limitrophes, voudraient bien apporter au dit Congrès, qui sera d'ailleurs très probablement présidé par le colonel Olcoot, en personne, le concours de leur présence et de leurs paroles.

Dans l'après-midi, autre réception au quartier d'Avenue Road, où la photographie des présidents de branches et des délégués fut prise dans le jardin. Après quoi vint le tour des conférences, et, comme il faut reconnaître que c'est le privilège actuel de l'Angleterre de compter les théosophes les plus avancés de l'Europe, les assistants de la Convention eurent l'inexprimable plaisir d'entendre développer, deux soirs de suite, les thèses théosophiques les plus intéressantes.

D'abord, comme entrée en matière, Mme Buffingdon Davis parla *sur les vues de l'occident*, sorte d'exposé de la situation mentale, en Europe, sujet qui doit nous être familier puisque c'est notre propre manière de voir. Ensuite, M. Bertram Keightley, traita des *leçons de l'Orient*, montrant que les populations de l'Inde, en particulier, vivaient déjà une partie des principes théosophiques avant même la dispensation nouvelle qui leur est faite actuellement. M. G. R. S. Mead parla à son tour *sur les origines du Christianisme*, sujet sur lequel il poursuit depuis longtemps des recherches couronnées de si importants résultats qu'il nous paraît très désirable que l'auteur veuille bien les communiquer, l'an prochain, *au congrès de l'histoire des Religions* qui doit se tenir à Paris. M. G. R. S. Mead a notamment trouvé dans certains documents que le premier christianisme était bien plus conforme que l'actuel aux principes mêmes de la Religion Sagesse. On voit l'intérêt qui peut s'ensuivre de pareils aperçus. Le lendemain, 9, M. Leadbeater esquissa le très intéressant sujet de *l'expansion de la conscience humaine*, c'est-à-dire de l'accession graduelle aux divers plans de la nature à laquelle conduit la culture théosophique. Enfin, Mme Annie Besant clôtura la convention par un développement magistral de la question *Théosophie et Evolution sociale*. La théosophie, dit-elle, n'a pas pour seul but de servir l'homme personnel, elle doit surtout faire avancer les sociétés, c'est-à-dire l'humanité entière, en rectifiant sa ligne de conduite, totalement oblitérée, en la remettant dans la voie droite, en lui imprimant enfin une impulsion capable d'assurer son arrivée au but, ce qu'on appelle son salut. Les théosophes, a-t-elle ajouté, qui acceptent de coucourir à ce grand œuvre, ne sont rien moins que des collaborateurs des Maîtres, des agents de la Loi divine ; ils sont les plus favorisés des mortels ! Or, chacun y est appelé, et il ne dépend que de nous tous de répondre à un tel appel.

.·.

M. Camille Flammarion, aussi universellement connu par ses beaux travaux astronomiques que par ses intéressants ouvrages spiritualistes, vient de publier, dans les *Annales politiques et littéraires*, un article qui a eu beaucoup de retentissement, c'est au sujet de ses recherches spirites et de leur résultat définitif pour lui.

L'auteur, après une étude sincère des phénomènes auxquels il s'est associé, avec les plus éminents spirites, depuis une cinquantaine d'années, est arrivé à des conclusions dont quelques extraits peuvent donner une idée.

« Les observations spirites, dit-il, sont en concordance intime avec le milieu dont elles ne sont qu'une émanation directe. Elles correspondent aux idées, aux convictions, aux impressions dominantes dans l'assemblée.

. . . .

« L'âme humaine serait une substance spirituelle douée d'une force psychique qui peut agir en dehors des limites de notre propre corps.

. . . .

Et il ajoute : « C'est absolument le reflet immédiat ou éloigné, précis ou vague, de nos sentiments ou de nos pensées. *Toutes mes expériences pour constater l'identité d'un esprit ont échoué* ».

- Là-dessus, les adversaires du spiritisme, en particulier, et du spiritualisme, en général, ont fait grand tapage, pensant y trouver le triomphe exclusif de leurs propres idées à savoir : d'un côté, du matérialisme sans épithète, d'un autre, de la limitation catholique qui n'attribue à Dieu que ce qui soutient sa cause, et au diable... tout le reste.

C'est aller trop vite en besogne. Si les négateurs empressés du spiritualisme, avant de chanter pleine victoire, voulaient bien se tenir au courant de la donnée théosophique, ce qu'ils ne font pas, ils verraient que, d'après la véritable connaissance, les manifestations de défunts ne sont pas impossibles, bien qu'en fait elles soient généralement limitées à la portion la moins élevée de l'humanité, ils sauraient aussi quel est le mode d'action de l'influence des assistants dans les communications spirites, ce que nous appelons l'action des élémentals artificiels; ils y apprendraient, enfin, des notions sur l'immiscion fréquente, dans les séances spiritiques, d'entités distinctes de l'homme et que le catholicisme, qui ne les connaît plus, a beau jeu d'appeler des « diables », alors que ce sont simplement des « Esprits de la Nature », dits *élémentins*, dont les-uns peuvent effectivement n'être pas dénués de malice, alors que les-autres ne sauraient tout au moins plus être considérés que comme de bons « diables ».

En résumé, M. Camille Flammarion a reconnu l'insuffisance de la donnée spirite et l'a déclaré loyalement. Si nos amis spirites veulent s'éviter des constatations ultérieures du même genre, ils n'ont qu'à ajouter à leurs éléments d'étude, en le reconnaissant sincèrement aussi, ceux que leur offre fraternellement la théosophie.

D. A. Courmes.

—

Pays étrangers

Angleterre.

La convention de la section Européenne a eu lieu, comme nous l'avions annoncé, les 7, 8 et 9 juillet, avec son succès ordinaire. Il en est parlé d'autre part.

L'activité des conférenciers de Londres ne s'est pas ralentie pendant le mois de juin. Signalons, parmi les plus importantes : Données sur l'évolution par MM. Ward et Mead ; corroborations théosophiques par Miss Arundale ; et Dharma, c'est-à-dire le devoir religieux, par Annie Besant.

Hollande.

La 3me convention annuelle de la section hollandaise a eu lieu les 15 et 16 juillet.

Amérique.

La convention américaine de cette année a eu lieu en mai, à Chicago.

Nouvelle Zélande.

Miss Edger continue son apostolat théosophique avec grand succès.

Inde.

Les aménagements du collège hindou de Bénarès suivent leur cours régulier et tout fait supposer qu'ils seront achevés avant la réouverture des cours.

Le colonel Olcott était à Adyar, en partance pour le sud de l'Afrique, attendant que la situation de ce pays devint certaine. Notre président compte venir en Europe l'an prochain.

AUTRES PAYS

Rien de particulier à mentionner.

Paul Gillard.

REVUE DES REVUES

Theosophist. *Organe présidentiel*. Mai 99. — Feuilles d'un vieux journal (*suite*), par H. S. Olcott. — La pensée, son origine et son pouvoir dans l'homme, par Mᵐᵉ Richmond. — L'homme multiple, par Alexander Wilder. — Marcher dans le feu, sans être brûlé, par W. Will. — Quelques vérités occultes, par J. Sorabji. — Que puis-je faire pour la société théosophique? par C. W. Sanders.

Vahan. *Section Européenne*. Juillet 99. — Sur les ascètes Indiens et le principe de la Réincarnation par C. W. Leadbeater? — L'enseignement des Gnostiques comprend-il ou exclue-t-il chez l'homme une nature divine et une nature humaine, par G. R. S. Mead? — A propos de l'excessive destruction de la vie, comme élément indispensable de l'évolution, par A. A. W. — De l'emploi de l'hypnotisme, au point de vue curatif, par G. R. S. Mead.

Theosophical Review. *Angleterre*. Juillet 99. — Littérature Trismégistique (*suite*), par G. R. S. Mead. — Compréhensibilité, par le colonel R. Ellias. — Philosophie de Plotin, par W. C. Ward. — La yoga Vâsishtha (*fin*). — Le royaume céleste du Saint-Graal, par Mᵐᵉ Cooper-Oakley. — La *Gîta* comme livre de dévotion, par Bertram Keightley. — Le Christ, historique, mystique et mythique, par Annie Besant.

Mercury. *San Francisco*. Juin 99. — Etude de M. G. Wright sur les influences planétaires et leur effet sur les êtres humains. — Divers autres articles.

Theosophic Gleaner. *Bombay*. Juin 99. — Ce que c'est que la conscience et comment la développer (*suite*), par Vasudeva Rao. — L'archéologie et la Théosophie dans l'Asie centrale. — Mystères du son et de la musique (*fin*). — Etude sur la liquéfaction de l'air.

Prasnottara. *Bénarès*. Juin 99. — Suite du catéchisme de l'hindouisme, l'étude sur la construction de l'Individu.

Theosophy in Australasia. *Sydney*. Mai 99. — Notes sur la Théosophie et le mouvement Théosophique, par W. G. John.

Teosofia. *Rome*. Juin 99. — Conscience objective et subjective, par Jug. G. Aureli. — L'aura et ses différentes espèces, par Decio Calvari.

Theosophia. *Hollande*. Juin 99. — Ce que sont les Théosophistes, par H. P. Blavatsky. — Tao-te-King (*suite*). — Les libres penseurs dans l'Islam. — La communion des saints, par Chatterji, etc...

Sophia. *Madrid*. Juin 99. — Clairvoyance, par Leadbeater. — Notes sur les rapports de Mᵐᵉ Blavatsky avec ses maîtres, etc...

Revue spirite. *Paris*. Juillet 99. — La Religion, par P. G. Leymarie. — E. Bosc. — Au sujet d'Annie Besant, par Mˡˡᵉ Blech.

Sous ce dernier titre, l'auteur fait une belle étude sur Mᵐᵉ Annie Besant, à propos de son dernier séjour parmi nous. Ces lignes, empreintes d'un grand sentiment de fraternité, sont un nouveau témoignage des sentiments qui animent les théosophes envers leurs frères spirites.

Paix universelle. *Lyon*. Juin 99. — L'article capital de ce numéro est signé de M. J. Bouvery et traite de la question relative aux déclarations que M. Camille Flammarion vient de faire à propos du spiritisme.

Dans ce long et intéressant article, M. Bouvery, tout en cherchant à réduire à néant les attaques et les déclarations de M. Flammarion, reconnaît que dans l'œuvre regardée comme la plus *scientifique du spiritisme orthodoxe*, — la Genèse, par Allan Kardec, — il se trouve des erreurs, des omissions.... formidables.

Bulletin des sommaires. *Paris*. Mai 99. — Mentionne tout ce qui se publie.

Nous avons reçu également le *Spiritualisme moderne*, le *Journal du Magnétisme*, le *Bulletin de la Société* pour la *propagation de l'incinération*, fondée en 1880, reconnue d'utilité publique par décret du 12 octobre 1897, et à laquelle devraient appartenir tous les théosophes.

Paul Gillard.

—

BIBLIOGRAPHIE

Deux livres végétariens. — Voici deux livres susceptibles d'intéresser les lecteurs de cette Revue.

L'un, la *Table du Végétarien*, par Carlatto Schülz, est la traduction française d'un ouvrage assez répandu en Allemagne. L'auteur, qui est à la tête du principal établissement végétarien de Leipzig, a réuni dans son livre les résultats de sa longue expérience sur la matière. On y trouve, en effet, *sept cents* recettes culinaires, adaptées, sans doute, au goût d'outre-Rhin, mais qui ne laisseront pas de pouvoir servir chez nous. Cette partie essentiellement végétarienne de l'ouvrage est accompagnée d'une sorte de mélange littéraire dont la valeur est plus contestable, parce que, sous prétexte d'hygiène et de thérapeutique, l'auteur y préconise certaines pratiques qui peuvent être utiles à une catégorie de personnes, mais dont on ne saurait recommander l'emploi à tout le monde, sans encourir une sérieuse responsabilité. A signaler aussi, sans trop insister, quelques indications peu sérieuses sur le régime alimentaire qu'il conviendrait d'apposer, suivant l'auteur, à quelques affections ou symptômes particuliers (maladies de l'estomac, des nerfs, du sang, cancer, morsure de serpent, etc.)

L'autre livre que nous annonçons est la *cuisine végétarienne*, par le Dr Bonnefoy (du Vexin). C'est la simple réédition de l'un des ouvrages depuis longtemps déjà publiés par le savant docteur, actuellement décédé, mais qui fut l'un des premiers apôtres du végétarisme en France. Le principal des ouvrages du Dr Bonnefoy est un gros volume intitulé le *Végétarisme*. La *cuisine végétarienne* est un livre plus court et d'un tour plus pratique : il n'en constitue pas moins un véritable traité de l'art de l'alimentation où se trouvent magistralement exposés les principes qui doivent guider dans le choix et l'association des diverses substances alimentaires, plus une foule de notions et de conseils relatifs à leur composition chimique et à leur richesse nutritive, ainsi que les règles à suivre pour leur cuisson et leur préparation en vue de les rendre plus assimilables et plus agréables au goût.

Les deux ouvrages se trouvent à la librairie de l'Art Indépendant, 10, rue Saint-Lazare, à Paris (1).

                                        Dr Jules Grand.

Nous avons reçu aussi quelques opuscules, que le manque de place ne nous a pas encore permis de présenter, mais que nous nous reprocherions de passer sous silence. Ce sont les suivants :

Principes généraux de science psychique, par Albert Jounet. — Rien à en dire.

Application de l'aimant au traitement des maladies, avec portraits et figures dans le texte, par H. Durville, directeur de l'école pratique de Magnétisme et de massage.

Le Bouddhisme éclectique, par Bourgoint-Lagrange. Analyse de la doctrine Bouddhiste, telle qu'elle ressort des ouvrages et des conférences de M. Léon de Rosny. Inutile d'ajouter que cet aspect diffère du véritable bouddhisme.

La Révolution religieuse du xix° siècle, conférence faite par Mme O. de Bezobrazow à la salle de la nouvelle encyclopédie.

                                        P. G.

(1) Celui de Schulz, au prix de 2 fr. 50, en librairie, ou 3 fr. 50, par la poste ; celui du Dr Bonnefoy, à 3 fr. 50.

COURRIER de la PRESSE. — Pouvoir recueillir dans les Journaux du monde entier tout ce qui paraît sur un sujet quelconque, sur une question dont on aime à s'occuper ; — surtout savoir ce que l'on dit de vous et de vos œuvres dans la presse, qui ne le souhaite parmi les hommes politiques, les écrivains, les artistes ?

Le **COURRIER de la PRESSE**, fondé en 1880, par M. GALLOIS, 21, Boulevard Montmartre, à Paris, répond à ce besoin de la vie moderne avec autant de célérité que d'exactitude.

Le **COURRIER de la PRESSE lit 6,000 Journaux par jour.**

Le **COURRIER de la PRESSE reçoit sans frais les ABON-NEMENTS et ANNONCES** pour tous les Journaux et Revues.

ERRATUM

Dans le numéro de Juillet de cette *Revue*, page 130, ligne 41, lire :

« Cette action transmise, au moyen de la forme, à la vie ou monade qui est en elle, éveille des vibrations, etc. »

SOUSCRIPTION PERMANENTE

Pour la REVUE THEOSOPHIQUE FRANÇAISE

La publication d'ouvrages théosophiques et la propagande.

LISTE D'AOUT 1899.

Madame Fabre.	1 fr. 50	(*Lotus Bleu*)
Myriam	12 fr. 00	—
M. Holbé.	11 fr. 00	—
M. Paul Gillard.	10 fr. 00	—
Dr Salvy.	50 fr. 00	—
M. Aze-Piat.	5 fr. 00	—

Le Directeur administrateur :

D. A. Courmes.

Saint-Amand (Cher). — Imp. DESTENAY, Bussière frères.

27 SEPTEMBRE 1899

DIXIÈME ANNÉE
NUMÉRO 7

REVUE THÉOSOPHIQUE

FRANÇAISE

La Section française de la Société Théosophique.

C'est avec joie que nous annonçons à nos frères et à nos lecteurs que le Président fondateur de la S. T. nous a accordé la charte de section que notre doyen, M. le Commandant D. A. Courmes, lui avait demandée au nom des Branches françaises.

Ce résultat était prévu, mais nous ne pensions pas le voir se réaliser si tôt. Il est dû au concours de tous, et aux efforts spéciaux d'un grand nombre ; parmi ceux-ci nous devons adresser un hommage spécial de gratitude à notre vénérée H. P. B. qui alluma la Torche ; au colonel H. S. Olcott qui construisit l'instrument qui devait véhiculer la Lumière ; à la section européenne qui a guidé nos premiers pas et n'a cessé un instant de favoriser notre développement par son aide, sa sympathie et sa générosité ; aux ouvriers de la première heure : le C¹ D. A. Courmes, Parmelin, A. Arnauld, E. Coulomb, G. R. S. Mead, Mᵐᵉ Cooper Oakley ; à tous ceux qui, depuis, ont aidé ces efforts, et tout particulièrement à Mᵐᵉ la Comtesse C. Wachtmeister et à Mᵐᵉ Annie Besant.

La section nouvelle a été réalisée pour adapter le grand mouvement théosophique au tempérament français, et lui donner ainsi son maximum de force et d'utilité. Voici l'esquisse *probable* de quelques-uns de ses points importants :

Son organisation sera établie, dès l'automne, par la constitution d'un conseil d'administration qui dressera les statuts et nommera le bureau ; son année théosophique commencera avec l'année civile, — le 1ᵉʳ janvier ; les cotisations payées en mai de la présente année, et pour la dernière fois, à la section européenne, dispenseront les M. S. T. français actuels de toute cotisation jusqu'en janvier 1900 ; ces cotisations seront désormais de 5 francs par an,

14

et donneront droit au *Bulletin de la section française* que l'on se propose de faire paraître aussitôt que l'état des fonds le permettra ; le droit d'entrée sera de 5 francs, pour les personnes qui, à l'avenir, entreront dans la section française de la S. T.

Nous avons accepté les fonctions de Secrétaire général de la Section que les Branches ont bien voulu nous offrir ; nous les remercions de leurs unanimes suffrages parce qu'ils sont un témoignage de confiance et d'affection auquel nous ne pouvons être insensible, et surtout, parce que ces fonctions nous fourniront de nouvelles occasions de servir la Cause.

Nous ne nous dissimulons point combien nous sommes au-dessous de la tâche que nous acceptons, mais nous pensons que l'aide de nos Instructeurs et la sympathie de nos frères nous la rendront plus facile.

L'avenir théosophique s'annonce excellent pour notre pays, pour Paris surtout. Coopérer à l'œuvre des Grandes Ames est une faveur sans prix dont nous devons tous être heureux, car nous travaillons avec la Loi suprême qui opère l'évolution et divinise les hommes par la Lumière et l'Amour.

Dr Th. Pascal.

LA SCIENCE OCCULTE

ET LES SCIENCES MODERNES

Parmi les objections faites à la Science occulte (je parle des objections sérieuses et qui valent d'être discutées), il en est une, très fréquente, qui provient d'une conception inexacte de la nature de l'ésotérisme ; c'est celle qui consiste à repousser la nécessité du mystère et à vouloir que la Science occulte s'enseigne comme les sciences modernes. Or, il y a, entre elles, des différences fondamentales telles, que la réalisation de ces *desiderata* est absolument impossible dans tous les cas.

On a dit, pour justifier le mystère de l'occultisme, que les expériences magiques présentaient de grands dangers et qu'il était imprudent de les mettre à la portée de tous. L'argument n'est pas sans valeur ; on n'enseignera pas à un homme sans moralité à fabriquer de la dynamite ; on ne fera pas connaître à un monsieur quelconque les détails des alliances secrètes ou des plans de mobilisation. Pour la sécurité publique, pour la sauvegarde de la morale, certains secrets — ou mystères — sont indispensables, et beaucoup des secrets de l'occultisme sont dans ce cas.

Mais il y a toute autre chose et c'est sur cette autre chose que nous voudrions appeler l'attention.

Vous dites : « Plus de mystères » ! Soit ! Mais nous vous répondrons alors : « Plus d'aveugles » !

Le mystère est ce qu'on ne comprend pas ; il existe en toute chose ; il est l'âme de toute chose, et rien ne saurait exister sans mystère. L'occultisme est l'étude du mystère ; au fur et à mesure que l'étudiant arrive à comprendre un mystère, ce mystère n'existe plus pour lui, mais il subsiste, intact, pour tous ceux qui ne l'ont pas encore compris.

Or, personne ne peut comprendre que pour et par soi-même : quand deux individus parlent ensemble d'une vérité qui leur est commune, ils peuvent discuter sur les conséquences possibles de cette vérité.

Vous me dites : 2 + 2 = 4.

Je le crois comme vous ; j'y assens ; et je puis alors suivre les déductions que vous tirez de cette vérité.

Mais allez donc parler de neige et de glace à un nègre du Congo ! Vous verrez comme il vous rira au nez si vous lui dites que, dans votre pays, l'eau devient tellement dure qu'on peut marcher dessus ! Il n'a jamais vu ça, le nègre ! il est aveugle à ce point de vue et, pour lui, la glace est un mystère ; tout comme l'âme pour l'anatomiste dont le scalpel n'a jamais disséqué l'objet en question.

Aveugle, l'anatomiste !

Aveugle, le nègre !

Certains répondent : « Il faut les convaincre par le fait » !

Est-ce bien suffisant ? Est-ce même nécessaire ?

D'un côté, beaucoup de personnes croient à l'âme sans l'avoir jamais vue.

De l'autre, bien des gens ne croient pas même aux faits qu'ils voient, touchent, palpent, scrutent en tous sens. N'est-ce pas du sein des Académies qui enseignent la foi aveugle au fait, la superstition expérimentale, que s'est échappé maintes fois — notamment à propos des phénomènes magnétiques ou spirites — ce remarquable cri du cœur : « Je le verrais, que je n'y croirais pas » ! Et le plus navrant, c'est qu'ils font comme ils le disent !

Ainsi, de même que la démonstration, le fait ne comporte l'évidence que pour celui qui a préalablement assenti à une vérité-principe du même ordre que ce fait ou cette démonstration. Et, d'autre part, la croyance peut entraîner une certitude au moins aussi forte que l'expérience.

Le fait et la démonstration ne peuvent donc servir qu'à la confirmation, à la vérification, au contrôle d'une évidence antérieure à l'expérience ou au raisonnement ; et encore le fait et la démonstration ne peuvent eux-mêmes être considérés comme tout à fait probants que lorsqu'ils ont été soumis au calcul. L'histoire des sciences enseigne que des faits innombrables sont restés inobservés jusqu'au jour où l'esprit humain a été mûr pour leur étude ; on peut même dire que tous les faits existent de toute éternité, seulement nous ne les découvrons qu'au fur et à mesure de notre évolution. Mais cette évolution est, en un sens, irréductiblement personnelle ; les vérités auxquelles j'adhère, personne ne me les a enseignées que moi-même ; je suis né susceptible de connaître un certain nombre de vérités de tel ou tel ordre, et l'enseignement que j'ai reçu ou l'expérience que j'ai acquise n'a fait que développer en moi ces germes, que confirmer ces intuitions innées. Si je veux acquérir de nouvelles vérités, je ne le puis que par moi-même ; personne ne peut accomplir pour mon compte ce travail d'assimilation, de même que personne ne peut digérer pour moi ; et, si mon estomac est encore trop faible pour digérer telle ou telle nourriture, on aura beau me la cuisiner de mille et mille façons différentes, je ne la digèrerai pas.

Eh bien ! la Science occulte c'est la chair du sanglier symbolique dont parla le Bouddha dans ses derniers moments : il faut, pour la digérer, des estomacs robustes. C'est, avons-nous dit, l'étude du mystère ; c'est également la recherche de la vérité, car toujours la vérité habite au fond d'un puits. Les sciences modernes, loin de chercher des vérités nouvelles, n'ont d'autre raison d'être que la démonstration de vérités assenties en l'intime, que la consécration, la proclamation de principes perçus ; elles ont pour but de faire passer en expérience et en raisonnement les objets de certaines croyances, mais rien de plus.

Et cela est si vrai que tel savant célèbre, qui croit maintenant au fait spirite après l'avoir combattu, se refuse toujours à admettre la théorie spirite ; peut-être n'est-il pas encore mûr pour les vérités de cet ordre.

Il ne saurait donc y avoir de professeur de Science occulte, comme il y a des professeurs de latin ou de gymnastique ; en occultisme ces professeurs existent certainement, mais avant d'avoir accès auprès d'eux, il faut avoir monté au point où l'on peut comprendre les choses qui sont de leur ressort, il faut avoir étudié longuement déjà le mystère et être devenu capable d'assimiler des aspects élevés de la vérité ; il faut avoir évolué, pour ainsi dire, son estomac pour digérer et avoir ouvert ses yeux pour voir. Que tout le monde ait des sens suffisamment développés et il n'y aura plus de mystères, et l'on pourra enseigner l'occultisme un peu comme l'arithmétique ou les autres sciences. — D'ici là, on ne pourra — fort imparfaitement — enseigner à la foule que quelques « arts occultes » inférieurs.

Car le mystère est seulement en nous, et rien n'est mystérieux pour qui sait tout comprendre.

Comme on dit en plaisantant : « Ce que vous voyez n'est pas caché ». Sachez voir ; rien n'est caché.

Est-ce donc à dire que les étudiants de la science divine s'imaginent être supérieurs au commun des mortels ? Nullement. Il n'y a là-dedans aucune question de supériorité, mais seulement d'aptitudes et de généralisation, — ce qui est un résultat de l'âge des âmes et des efforts qu'elles ont faits. Newton qui fut un grand mathématicien était exécrable poète, le marin dont l'excellente vue scrute puissamment l'horizon ferait sans doute, s'il ne s'y était point exercé préalablement, un piètre usage du meilleur des microscopes. On peut être très brave homme et même très grand homme sans être occultiste et réciproquement ; mais si l'on veut étudier la Science occulte, il faut se placer dans les conditions nécessaires, et subir les inconvénients inhérents au sujet même. On ne joue pas du piano avec un ciseau de sculpteur, ni même avec un archet de violoniste ; on ne découvre pas les vérités mystiques avec les méthodes démonstratives ou expérimentales des sciences modernes.

Or, ceux qui voient en ces méthodes démonstratives ou expérimentales le critérium du vrai absolu reprochent encore à la méthode mystique son manque de certitude ; car, disent-ils, tandis que le fait objectif porte en lui-même sa preuve irréfutable, la contemplation subjective des choses expose à tout coup le contemplateur à l'hallucination et à l'erreur, desquelles il ne peut en rien se défendre, et qu'il ne peut même pas constater. — Cet argument provient encore d'une fausse conception de la manière dont on acquiert la Science du divin ; la contemplation subjective, seule, n'y est pas plus utile que l'expérimentation objective seule, mais l'union des deux méthodes y est indispensable. On n'accède à une vérité nouvelle que par de longues et persévérantes recherches en soi-même, par l'exercice continuel du raisonnement et par des expériences sans cesse répétées sur soi et sur l'extérieur ; et lorsque, à la suite de ces travaux qui peuvent durer de très nombreuses années, on est parvenu à développer suffisamment la faculté interne correspondant à la vérité cherchée, alors la lumière se fait, éclatante, vivante, imposant son évidence de façon telle que le contemplateur illuminé douterait plutôt de sa propre vie que de la vérité qui vient de lui apparaître *avec toutes ses preuves*.

Du reste, ce procédé (qu'il est impossible de ne pas appliquer dans l'étude pratique de la théosophie) peut s'employer à la recherche de toute vérité, de quelque ordre qu'elle soit. Un ingénieur de talent me conta qu'il était resté pendant toute son enfance et jusqu'au moment d'entrer à l'Ecole Centrale sans pouvoir rien comprendre aux mathématiques ; à force de travail et de volonté, il parvenait tant bien que mal à effectuer les calculs faisant partie du programme scolaire ; mais il n'avait jamais compris ce qu'il faisait, jusqu'au jour où, subitement, comme en un éclair, il eut la révélation du sens des mathématiques ; et, dans l'espace de quelques jours, il repassa, seul, tous les cours dont la compréhension demande d'ordinaire plusieurs années.

D'ailleurs, ce ne sont pas les mêmes centres d'activité qui sont en jeu dans l'étude des sciences officielles et dans celle de la Science occulte. Le fait correspond au corps ; la démonstration, et la morale qui s'en dégage, sont l'affaire de l'âme ; le calcul satisfait le mental ; mais l'évidence de la vérité est du ressort de la spiritualité.

Or, c'est un fait d'observation courante que des spiritualistes, des mystiques relativement développés ont été tout à fait médiocres au point de vue intellectuel. Et inversement — cela se voit tous les jours — de très grands savants, de très profonds philosophes, des hommes de la plus haute valeur sur les plans externes du mental sont d'une nullité navrante en mystique. Cela n'enlève rien du tout à leur mérite particulier.

Mais peut-être n'est-il pas exagéré de dire qu'on ne peut exceller en rien sans un peu d'ésotérisme (conscient ou non), puisque la Science occulte est la science du divin qui se cache en l'intime de chaque chose, tandis que les sciences de nos académies modernes ne s'occupent que de l'externe de certaines choses dont, par ailleurs, on a déjà pressenti l'interne.

Et cette double définition nous conduit à préciser que les différents phénomènes mystiques, psychiques, magiques, qu'on réussit (plus ou moins) à étudier expérimentalement, selon des méthodes empruntées aux sciences modernes, ne sont que le côté non divin de la science divine. On sait, au reste, que ces phénomènes appartiennent très souvent aux plans inférieurs de l'astral, où l'illusion est si fréquente (ce qui justifie le désir d'un contrôle expérimental méthodique), alors que les phénomènes de la vraie mystique pure sont du domaine supérieur, et ne trompent jamais, ainsi qu'en témoignent *tous* ceux qui ont pu les étudier sous n'importe quelle forme. Il est assez facile de distinguer les uns des autres, et l'Eglise catholique a formulé pour cet objet des règles intéressantes quoique fort incomplètes et d'un esprit, naturellement, plus étroit qu'on le désirerait.

Les sciences modernes, dites exactes, encore qu'imparfaites, ont leur valeur bien précise qu'il serait injuste et fâcheux à tous points de vue de mettre en doute ; mais cette valeur n'est appréciable que par rapport à l'objet même des dites sciences, c'est-à-dire le plan physique. En deçà et au-delà, elles sont nulles et de nul effet, parce que pour aborder les plans supérieurs au plan physique, il faut se servir des sens qui leur correspondent : ce n'est point avec une rétine physique qu'on peut voir les êtres de l'astral ou ceux des plans plus élevés encore.

Marius Decrespe.

LA RÉINCARNATION

(Suite).

Cependant le corps causal permanent était là pour être le réceptacle de ces qualités et les transporter sur la terre, où une nouvelle vie leur faisait acquérir un développement plus prononcé. Le rôle que joue l'âme du groupe monadique dans les premiers stages de l'évolution, est rempli, dans l'homme, par le corps causal, et c'est cette entité continue qui rend l'évolution possible. Sans lui, l'accumulation des expériences mentales et morales se manifestant comme facultés, serait aussi impossible que serait l'accumulation des expériences physiques regardées comme caractéristiques de la race et de la famille, sans la continuité du plasma physique. Des âmes sans passé derrière elles, surgissant soudain du néant dans la vie, avec des particularités mentales et morales diverses, sont une conception aussi monstrueuse que celle d'enfants apparaissant soudainement, sans lien avec qui que ce soit, et montrant cependant des signes de race et un type familial. Ni l'homme, ni son véhicule physique ne sont incausés, ou causés directement par le pouvoir créateur du Logos ; ici, comme dans tant d'autres cas, les choses invisibles se voient clairement par leur analogie avec les choses visibles, celles-ci n'étant en vérité que des images, des réflexions des premières.

S'il n'existait pas de continuité dans le plasma physique, l'évolution des particularités physiques serait tout aussi impossible que l'évolution des qualités morales et mentales sans la continuité de l'intelligence. Dans les deux cas, l'évolution se trouverait arrêtée à ses débuts, et le monde deviendrait un chaos de commencements innombrables et isolés, au lieu d'être un Kosmos en continuel « devenir ».

Il ne faut pas oublier de remarquer qu'à ces époques primitives, le milieu produisait une grande variété dans le type et dans la nature du progrès individuel. Toutes les âmes sont appelées à développer finalement la totalité de leurs pouvoirs, mais l'ordre dans lequel le développement de ces pouvoirs a lieu, dépend des circonstances dans lesquelles l'âme se trouve placée. Le climat, la fertilité ou la stérilité de la terre, la vie sur les montagnes ou dans la plaine, dans les forêts ou sur les bords de l'océan, et bien d'autres facteurs encore mettent en activité tel ou tel groupe d'activité mentale. Une vie de labeur extrême, de combats incessants contre la nature donnera naissance à des pouvoirs bien différents de ceux évolués par le luxe et l'abondance d'une île tropicale — ces deux genres de pouvoirs sont nécessaires, car l'âme doit conquérir toutes les régions de la nature ; mais des différences frappantes peuvent être produites ainsi, même dans des âmes de même âge, et l'une peut paraître plus avancée que l'autre, selon que l'observateur donne le premier rang aux facultés « pratiques » ou « contemplatives » de l'âme, aux énergies actives tendant vers l'extérieur ou aux calmes facultés méditatives qui opèrent dans l'intimité de l'être.

L'âme parfaite possède toutes les qualités ; l'âme en formation ne les développe que successivement, et c'est là une autre cause de l'immense variété trouvée parmi les êtres humains.

Il faut se souvenir, répétons-le, que l'évolution humaine est individuelle. Chez tous les individus d'un groupe animé par une seule âme de groupe monadique, les mêmes instincts se manifesteront car c'est dans cette âme de groupe monadique que s'accumulent les expériences, et c'est elle qui répand la vie dans toutes les formes qui dépendent d'elle ; tandis que chaque homme possède son propre véhicule physique, et n'en possède qu'un à la fois, et d'autre part, le réceptacle de toutes les expériences est le corps causal, lequel répand sa vie dans le véhicule physique qui lui est personnel, et n'en peut affecter d'autre, parce qu'il n'est lié qu'à celui-là. D'où il s'ensuit que les différences qui séparent les hommes individuels sont bien autrement marquées que celles qui séparent les animaux d'une même famille ; c'est une des raisons pour lesquelles l'évolution des qualités ne peut être étudiée dans la masse des hommes, mais seulement dans l'individu. L'impossibilité pour la science de poursuivre cette étude la laisse impuissante à expliquer pourquoi certains géants intellectuels et moraux planent à de si formidables hauteurs au-dessus des autres ; elle ne peut suivre la trace de l'évolution intellectuelle d'un Shankaracharya ou d'un Pythagore, ni comprendre l'évolution morale d'un Bouddha ou d'un Christ.

Considérons maintenant les facteurs de la réincarnation, car il est urgent de bien les comprendre pour expliquer quelques-unes des difficultés, — telle que la prétendue perte de la mémoire, — que rencontrent ceux à qui cette doctrine n'est pas familière.

L'homme, par la mort physique et pendant son séjour en Kama-Loca et en Dévachan, perd successivement ses différents corps : le corps physique, le corps astral et le corps mental. Ces corps se désagrègent l'un après l'autre, et leurs particules retournent à la substance de leurs plans respectifs. Le lien qui unit l'homme à son véhicule physique est entièrement brisé, mais les corps astral et mental lui transmettent les « germes » des facultés et des qualités développées au cours de la vie terrestre écoulée, et ces germes sont emmagasinés dans le corps causal où ils forment les semences des prochains corps mental et astral. Ce n'est qu'à ce moment que l'homme proprement dit, le Penseur, demeure seul, sans corps, semblable au laboureur qui a rentré sa récolte, et en a vécu jusqu'à ce qu'il l'ait mise en sûreté dans sa maison. L'aurore d'une vie nouvelle se lève alors et le laboureur doit retourner à ses travaux jusqu'au nouveau soir. Cette vie commence par la vivification des germes mentals ; ceux-ci attirent à eux la substance des couches inférieures de leur plan de façon à former un corps mental qui représente exactement le stage de la mentalité de l'homme et qui exprime par ses organes toutes ses facultés mentales. Les expériences du passé n'existent pas comme images mentales dans ce nouveau corps, car elles ont péri avec l'ancien corps mental, mais il reste leur essence et leurs effets sur les facultés développées ; elles étaient jadis la nourriture de l'intelligence, les matériaux qu'elle transformait en facultés ; et maintenant, dans le nouveau corps, elles réapparaissent comme pouvoirs, elles déterminent la nature de la substance et des organes du corps mental. Quand l'homme, le Penseur, s'est ainsi revêtu d'un nouveau corps pour vivre à nouveau sur les plans mentals inférieurs, il continue le processus réincarnateur en vivifiant les germes astrals et en se formant un corps astral pour vivre sur ce plan. Ce corps représente exactement sa nature passionnelle et reproduit les qualités évoluées dans le passé avec la même fidélité que la semence refait l'arbre d'où elle provient.

L'homme se trouve alors prêt à se réincarner, et la mémoire des événements passés reste dans le corps causal qui est la seule forme durable, le seul corps qui passe de vie en vie.

En même temps, grâce à une action extérieure à lui-même, l'homme est pourvu d'un corps physique approprié à l'expression de ses facultés. Dans ses existences passées il avait créé des liens, contracté des dettes envers d'autres créatures humaines, et quelques-uns de ces liens détermineront le lieu de sa naissance et sa famille. Il a été pour les autres une source de bonheur ou de malheur ; c'est là aussi un facteur des conditions de sa prochaine existence. Son corps des désirs peut être bien discipliné, ou déréglé et porté aux excès ; on en tiendra compte dans l'hérédité physique du nouveau corps. Si l'Ego a cultivé particulièrement certaines facultés mentales ou artistiques, ces facultés seront prises en considération, car l'hérédité physique est un facteur important là où doit se trouver unie à une grande délicatesse d'organisation nerveuse, une grande sensibilité tactile. Et ainsi de suite. L'homme pourra avoir, — il aura même sûrement en lui, — bien des caractéristiques discordantes, dont quelques-unes seulement pourront s'exprimer par l'intermédiaire du corps dont il sera doué ; pour utiliser ces caractéristiques au mieux, on les groupera avec des facultés pouvant s'exprimer simultanément.

Cela est fait par de puissantes intelligences spirituelles, désignées souvent sous le nom de « Seigneurs du Karma », parce que leurs fonctions consistent à diriger les effets des causes continuellement engendrées par les pensées, les désirs et les actes des hommes. Ils tiennent dans leurs mains les fils de la destinée tissés par chacun, et guident l'homme en réincarnation vers le milieu déterminé par son passé, et inconsciemment choisi par les actes de sa précédente existence.

La race, la nation, la famille étant ainsi déterminées, ce qui peut être appelé le « moule » du corps physique (moule approprié à l'expression des qualités de l'homme et aux causes qu'il a produites) est donné par ces Puissances, et le nouveau « double éthérique » qui en est une copie, est construit dans le sein de la mère, par l'intermédiaire d'un élémental dont le pouvoir moteur est la pensée des « Seigneurs du Karma ».

Le corps physique est construit dans le « double éthérique », molécule par molécule ; il le suit exactement, et la loi d'hérédité physique trouve son entière application au moyen des matériaux fournis. De plus, les pensées et les passions des personnes qui l'entourent, — surtout du père et de la mère qui sont continuellement présents, — influencent dans son œuvre l'élémental constructeur. Les individus avec lesquels l'homme en réincarnation avait formé des liens dans le passé, affectent ainsi les conditions physiques de sa nouvelle vie terrestre. De très bonne heure, le nouveau corps astral s'unit au nouveau « double éthérique », et exerce une influence considérable sur sa formation ; par ce corps astral, le corps mental agit sur le système nerveux et le prépare à devenir, dans l'avenir, un instrument approprié à son usage personnel.

Cette influence s'exerce déjà dans la vie pré-natale, — de sorte que lorsqu'un enfant naît, la conformation de son cerveau révèle l'étendue et l'équilibre de ses facultés mentales et morales, — et elle se continue après la naissance. La construction du cerveau et des nerfs, et la corrélation de ces appareils avec les corps astral et mental, se poursuit jusqu'à l'âge de sept ans, époque à laquelle l'union entre l'homme et son véhicule physique est assez complète pour que l'on puisse dire qu'à partir de ce moment l'Ego opère à travers lui plutôt que sur lui. Jusqu'à cet âge, la conscience du Penseur est plus sur le plan astral que sur le plan physique ; ce fait est souvent prouvé par les facultés psychiques des jeunes enfants. Ils voient des camarades invisibles, des paysages féériques, ils entendent des voix que ne perçoivent pas ceux qui sont plus âgés ; ils sont impressionnés par de délicieuses et charmantes chimères qu'ils reçoivent du plan astral. Ces phénomènes disparaissent généralement quand le Penseur commence à agir réellement par l'intermédiaire du corps physique, et souvent l'enfant rêveur devient alors un garçon ou une jeune fille ordinaires, à la grande satisfaction des parents effrayés de l'étrangeté de leur enfant, parce qu'ils en ignoraient la cause.

La plupart des enfants ont au moins quelques marques de cette « étrangeté », mais ils apprennent vite à les cacher à leurs aînés, peu sympathiques à leurs imaginations et à leurs visions ; ils craignent beaucoup le blâme qu'on jette sur ce qu'on appelle leurs

« contes », et surtout le ridicule, — car ceci est ce que l'enfant craint le plus.

Si les parents pouvaient voir le cerveau de leurs enfants vibrer sous un inextricable mélange de contacts physiques et astrals qu'ils ne peuvent distinguer par eux-mêmes, — et ils sont parfois tellement malléables qu'ils reçoivent des vibrations venant des plus hautes régions, lesquelles leur donnent la vision d'une beauté sublime ou d'un acte héroïque, — ils auraient plus de patience et de sympathie pour le bavardage confus de ces petits êtres qui essaient d'exprimer par le moyen difficile de mots auxquels ils ne sont pas habitués, les délicates impressions, dont ils sont conscients et qu'ils cherchent à saisir et à retenir.

Si la réincarnation était comprise et admise, la vie de l'enfant serait aidée dans son aspect le plus pathétique, — celui d'une âme sans soutien, qui cherche à se servir de ses nouveaux véhicules et à se mettre en rapport avec ses corps les plus denses, sans perdre le pouvoir d'influencer les plus subtils, et de les faire transmettre leurs fines vibrations aux corps grossiers.

Les stages ascendants de conscience par lesquels passe le Penseur, lorsqu'il se réincarne, au cours de son long cycle de vies dans les trois mondes inférieurs, sont clairement marqués ; d'autre part, la nécessité de nombreuses existences dans lesquelles ce Penseur doit évoluer pour acquérir de l'expérience, fournit aux esprits réfléchis la conviction nette de la vérité de la réincarnation. Le premier de ces stages est celui dans lequel toutes les expériences sont sensationnelles et où le seul rôle du mental consiste à reconnaître que le contact avec certains objets est suivi d'une sensation de plaisir, tandis que le contact avec d'autres est suivi d'une sensation de douleur. Ces objets forment des images mentales agissant comme stimulants pour faire rechercher les objets associés au plaisir, quand ces objets ne sont pas présents : dès lors, les rudiments de la mémoire et de l'initiative mentale commencent à paraître.

Cette première et grossière division du monde extérieur est suivie d'une idée plus complexe dont il a déjà été fait mention, celle de la quantité du plaisir et de la peine.

A ce stage de l'évolution, la mémoire est très restreinte, en d'autres termes, les images mentales sont très éphémères. L'idée de prévoir l'avenir au moyen du passé, — ne fût-ce que de la manière la plus rudimentaire, — n'éclaire pas encore le Penseur, lequel n'est alors qu'un enfant, et ses actions ne sont guidées que par des mobiles extérieurs, — par les contacts qui l'atteignent du monde ambiant, par les impulsions de ses propres appétits ou de ses passions cherchant à se satisfaire. Pour un plaisir immédiat, il rejettera toute chose, quelque nécessaire que cette chose puisse être à l'avenir ; le besoin du moment domine en lui toute autre considération. Dans les récits de voyage, on trouve de nombreux exemples d'âmes humaines à cet état embryonnaire, et la nécessité de nombreuses existences ne peut manquer de s'imposer à l'esprit de quiconque a étudié les conditions mentales des sauvages les moins évolués, et les a comparées à celles de la majorité des hommes. .

Inutile de dire que les capacités morales ne sont pas plus évoluées que les capacités mentales ; l'idée du bien et du mal n'est pas née ; il n'est même pas possible à ce mental presque sans développement, d'en avoir la notion la plus élémentaire.

Bien et agréable sont synonymes pour le sauvage ; le cas de l'aborigène australien cité par Charles Darwin en est un exemple. Ce sauvage, pressé par la faim, ne trouva rien de mieux pour l'assouvir que de frapper la créature vivante la plus proche pour en faire sa nourriture ; il se trouva que c'était sa femme. Un Européen lui fit de vives remontrances mais elles ne produisirent aucune impression sur lui ; car du reproche que c'était très mal de manger sa femme, il tira la conclusion que l'étranger pensait que la chair humaine était d'un mauvais goût ou indigeste ; aussi le rassura-t-il d'un calme sourire et, se frappant l'abdomen avec satisfaction : « Elle est très bonne, lui dit-il ».

Mesurons par la pensée l'abîme moral qui sépare un tel homme d'un saint François d'Assise, et nous en conclurons qu'il doit y avoir une évolution pour les âmes, comme il y a une évolution pour les corps ; sinon il faut admettre qu'il y a, dans le royaume de l'âme, des miracles constants et des créations monstrueuses.

Deux sentiers permettent à l'homme de sortir graduellement de cette condition mentale embryonnaire. Il peut être directement conduit et dirigé par des hommes beaucoup plus évolués que lui, ou être abandonné à se développer lentement et sans aide. Ce dernier cas impliquerait une course à travers d'incalculables siècles, car, sans le bon exemple et de sages règles de conduite, l'homme, guidé par les contacts changeants de l'ambiance et par ses seules relations avec d'autres hommes sans développement, n'évoluerait ses énergies internes qu'avec une terrible lenteur.

(*A suivre*).   **Annie Besant.**

Le Credo Chrétien

(*Suite.*)

« La Communion des Saints ». Cet article est interprété de deux façons par l'orthodoxie moderne. La première le considère simplement comme une extension de l'article précédent. « La sainte Église Catholique (qui est) la communion des saints ». C'est-à-dire que l'Eglise consiste dans la réunion en un seul corps des saintes âmes de tout pays (ainsi que nous l'avons déjà expliqué), excepté que, dans le système orthodoxe, nul autre que le Chrétien de toutes nations n'est reconnu comme un frère ! L'autre méthode d'interprétation donne un sens un peu plus mystique au mot communion, et démontre que cet article signifie l'association intime qui existe entre les Chrétiens de la terre et ceux qui ont traversé la mort bénie, mais plus spécialement ceux qui ont possédé des vertus transcendantes, et qui sont appelés habituellement : les saints.

Comme il arrive souvent, la vérité renferme les deux hypothèses, et cependant elle est beaucoup plus grande que l'une et l'autre, car la vraie signification de la croyance en la communion des saints est l'affirmation de l'existence et des fonctions de la Grande Fraternité des Adeptes, chargée en grande partie de l'évolution de l'humanité. Et, en vérité, c'est une extension de l'idée de la fraternité de l'homme, impliquée dans la foi en la sainte Eglise Catholique. Elle comprend également la plus intime association possible et même la communication avec la portion la plus noble de ceux qui nous ont précédés. Mais c'est encore bien plus que cela, car ceux qui saisissent réellement et commencent même obscurément à comprendre ce que cela signifie, reçoivent un sentiment de paix et de sécurité qui surpasse toute compréhension, et qui ne peut plus jamais être ébranlé ni perdu, malgré tous les changements et toutes les vicissitudes de cette vie mortelle.

Quand un homme a une fois réalisé cela, quelle que soit la force de sa sympathie pour les souffrances sans nombre de l'humanité, et bien qu'il ne puisse réussir à comprendre grand'chose autour de lui, l'élément de désespérance, qui auparavant lui avait tout rendu si terrible, s'est enfui, et s'est enfui pour jamais. Car il sent confusément que sur ces mystères redoutables repose plus d'un acte du grand drame de l'histoire du monde, et bien que des questions s'élèvent parfois au-dedans de lui, questions auxquelles l'homme ne peut répondre et auxquelles les pouvoirs plus élevés n'ont pas répondu jusqu'ici, cependant il sait, avec la certitude absolue que donne l'expérience, que le pouvoir, la sagesse et l'amour, qui dirigent l'évolution de laquelle il fait partie, possèdent plus que la force nécessaire pour amener cette évolution à une fin glorieuse. Il sait que nulle sympathie humaine ne peut être aussi grande que la leur, que nul ne peut aimer l'homme, comme l'aiment ceux qui se sacrifient eux-mêmes pour lui. Il a la conviction qu'ils connaissent tout, du commencement à la fin, et il est satisfait.

« La rémission des péchés » ; ou comme on pourrait traduire plus littéralement le grec : l'émancipation des péchés. Pour le côté mystique de l'idée symbolisée dans la doctrine ecclésiastique du soi-disant pardon des péchés, le lecteur peut se reporter à l'article de Mme Besant, paru dans le numéro de novembre de cette Revue. Ici nous n'avons pas à nous occuper des développements récents du dogme, mais plutôt de la signification attachée à cet article dans la formule originale, laquelle était relativement simple. Aucune idée, pouvant même de loin ressembler à celle qui est suggérée par ie mot moderne « rémission », ne peut en aucune façon se rapporter à cette formule ; elle consistait en la déclaration formelle que le candidat reconnaissait la nécessité de se libérer de la domination de tous ses péchés avant d'essayer ses pas sur le sentier du progrès occulte. On rendrait plus exactement l'esprit de la formule en exprimant la foi dans la *démission* des péchés, plutôt que dans leur *rémission*. Cette formule fut écrite primitivement pour rappeler, d'une façon bien définie, le principe qui exigeait le développement moral comme condition absolue d'avancement, et c'était aussi un avertissement contre le danger des écoles de magie noire qui n'exigeaient pas une moralité rigoureuse comme qualification nécessaire, pour devenir un de leurs membres.

Mais elle avait aussi une signification différente et cachée, se rapportant à un stage plus élevé du développement de l'homme, et qui est plus clairement exprimé par la forme donnée à cet article dans le symbole de Nicée : « Je confesse un baptême pour la rémission des péchés ». Naturellement nous devons de nouveau substituer l'idée d'émancipation à celle de pardon, et nous rappeler que le baptême a toujours été le symbole de l'initiation. Nous avons devant nous une conception qui peut être exprimée ainsi par la phraséologie Boudhiste plus familière aux étudiants théosophistes : « Je confesse une initiation pour le rejet des chaînes ». Le candidat proclame par ces paroles qu'il a pris définitivement pour but l'initiation Sotâpatti, — initiation unique donnée par la Fraternité seule au nom du Grand Initiateur — dans laquelle et au moyen de laquelle il acquiert le pouvoir de rejeter entièrement les trois chaînes du doute, de la superstition et de l'illusion du soi.

Je dis exprès : il acquiert le pouvoir, car quelque claires que puissent avoir été auparavant ses convictions intellectuelles sur ces sujets, il n'avait pas atteint la certitude qui provient d'une connaissance définie, tant qu'il n'avait pas expérimenté ce contact de la conscience buddhique qui fait partie du rituel de cette première initiation — le Portail du Sentier de la Sainteté.

A ce contact, quelque court qu'il soit, il n'obtient pas seulement cette vaste augmentation de connaissance qui lui fait voir la nature entière sous un autre aspect ; mais aussi, dès ce moment, il entre en relation avec son Maître d'une façon bien plus intime que tout ce qu'il avait pu concevoir auparavant. Et dans ce contact rapide comme un éclair, il reçoit vraiment un baptême réel qui inonde tellement son âme de pouvoir, de sagesse et d'amour, qu'il est subitement fortifié pour accomplir le travail qui avant lui eût paru inconcevable. Non que le sentiment ou l'attitude du Maître ait changé, mais c'est que, par le développement de cette nouvelle faculté, l'élève devient capable de mieux voir ce que le Maître est réellement et de recevoir davantage de Lui.

En un sens réel, cette initiation Sohan est alors « un baptême pour l'émancipation des péchés », et le baptême administré aux enfants sitôt après leur naissance n'est qu'un symbole et une prophétie de cette initiation ; c'est une cérémonie représentant comme une sorte de consécration de la jeune vie, vers l'effort nécessaire pour entrer dans le Sentier. Aussitôt après que la tendance matérialiste se fut répandue dans la vraie signification de tout, ce sens fut obscurci, et il devint nécessaire d'inventer une raison quelconque à cette cérémonie baptismale. Quelques traditions du rapport existant entre le baptême et la rémission des péchés survivaient encore, et comme il parut évident, même à un Père de l'Eglise, qu'un enfant ne pouvait avoir commis quelque offense grave, la doctrine extraordinaire du péché originel fut inventée, et elle produisit beaucoup de mal dans le monde.

« La résurrection de la chair ». Ici se présente de nouveau un cas semblable au précédent, le cas où une doctrine parfaitement simple et raisonnable en elle-même, tombe graduellement dans l'oubli et sa fausse interprétation parmi les ignorants, jusqu'à ce qu'un dogme monstrueux et absurde soit érigé et prenne la place de la vérité oubliée. Que de livres écrits, que de sermons prêchés pour la défense de cet enseignement scientifiquement impossible de la résurrection du corps physique — la « restauration de la chair », ainsi qu'il est dit dans un credo anglais datant environ de 1400 — tandis que l'article n'est ni plus ni moins qu'une affirmation de la doctrine de la réincarnation.

Cette doctrine qui fut, dans les temps plus lumineux, une croyance universelle, disparut petit à petit de la connaissance populaire en Egypte et sur la terre classique de la Grèce et de Rome, bien que, naturellement, on ne la perdit jamais de vue dans l'enseignement des Mystères. Elle était très nettement exposée dans la formule originale donnée par le Christ à ses disciples, et ce ne fut que la grossière ignorance des époques suivantes, qui dénatura cette simple explication : qu'après la mort l'homme apparaîtrait de nouveau sur la terre dans une forme corporelle, et la transforma en cette théorie, que, dans un temps futur, il rassemblerait les mêmes particules qui constituaient son véhicule physique au moment de sa mort, et reconstruirait de nouveau son corps d'autrefois.

Cet article est exprimé sous une forme plus compréhensible dans le Credo de Nicée : « J'attends la résurrection des morts », quoique dans quelques-unes de ces variantes primitives, il parle aussi de la résurrection de la chair. Toutefois la simple idée que ce qu'il voulait dire était la résurrection dans un corps, non la résurrection de ce même corps, n'était pas suggérée par aucune de ces expressions.

En considérant impartialement le sujet, il semble certain que rien autre ne peut mieux satisfaire aux conditions de l'enseignement donné.

Mais la raison nous conduit à supposer que le corruptible ne peut se lever de nouveau ; par conséquent ce qui se lève doit être l'âme incorruptible. Et puisque cette âme doit se lever dans un corps, il faut qu'elle se lève dans un corps nouveau, c'est-à-dire dans le corps d'un enfant.

Il ne manque pas d'évidence, même sur le plan physique, pour affirmer la théorie (que nous savons être vraie par d'autres sources) que cette croyance en la réincarnation était professée par bien des personnes à l'époque du Christ, qui la professait également lui-même et l'enseignait. La métempsychose des âmes est un trait distinctif de la Kabale juive ; nous avons le témoignage de Josèphe que les Pharisiens croyaient au retour sur la terre dans d'autres corps des âmes des justes, et la question posée à Jésus touchant l'aveugle de naissance, prouve clairement une connaissance du fait de la réincarnation, il en est de même de la remarque qu'il fit sur la renaissance d'Elie en la forme de Jean-Baptiste.

Jérôme et Lactance rendent tous deux témoignage au fait que la foi en la métempsychose existait dans l'Eglise primitive. Origène n'exprime pas seulement sa croyance en la réincarnation, mais il prend soin de dire que ses idées sur ce sujet ne sont pas tirées de Platon, mais qu'il en fut instruit par Clément d'Alexandrie qui lui-même avait étudié sous Panténus, disciple des hommes apostoliques. En effet, il ne semble nullement impossible que cette doctrine de la réincarnation ne constituât l'un des « mystères » de l'Eglise primitive, mystères enseignés seulement à ceux qui en étaient jugés dignes.

« Et la vie éternelle ». La forme semi-poétique, par laquelle les traducteurs ont rendu cet article, a conduit le chrétien orthodoxe à y voir une allusion à la vie éternelle dans le ciel, mais en réalité il ne renferme pas une telle signification ; c'est simplement la déclaration explicite de l'immortalité de l'âme humaine. Dans le credo celtique, la forme est plus simple encore, « Je crois en la vie après la mort », tandis que le symbole de Nicée l'exprime comme « la vie du monde à venir », ou si on le traduit plus textuellement : « la vie du temps futur ».

Maintenant que nous avons examiné les différents articles du Credo de Nicée et du Credo des Apôtres, il nous reste à élucider certains points du credo d'Athanase, que nous n'avons pas eu à étudier dans les symboles primitifs.

                                        C. W. Leadbeater.

DIEU, L'UNIVERS & L'HOMME

(Suite)

Examinons, maintenant, les conditions de l'immortalité des « centres ».

Pour que les « centres » acquièrent ce pouvoir de la soi-conscience immortelle, de la soi-conscience capable de résister à la force qui dissout dans le sein de Dieu toutes les choses imparfaites, il leur faut un puissant développement. Pour les créer, on leur donne d'abord un abri, — le Corps causal (ou bloc d'Essence élémentale fertilisé dans sa couche la plus subtile par l'étincelle atmique projetée par la troisième « vague de vie »). C'est dans ce milieu protégé contre les courants qui tourmentent sans cesse le plan mental que le germe humain éclot, entre en germination, puis devient le brillant Intellect qui s'éveille successivement sur tous les sous-plans de la mentalité, et atteint enfin le point où il peut sans danger détruire l'enveloppe qui a permis son développement et atteindre à la Libération.

Jusqu'à ce moment, l'Intelligence a été un fléau, — l'instrument de la séparation et par conséquent de la lutte, — mais un fléau nécessaire parce que la conscience ne peut se localiser que par la séparation (1), et parce que le centre du « moi » ne peut grandir et devenir puissant que par la nourriture et l'exercice. Sa nourriture, c'est la multiplicité et l'intensité des expériences qui lui permettent de réaliser sa séparation apparente du reste de l'univers ; sa gymnastique, c'est la lutte, source de tous les maux, la terrible lutte qu'il entreprend contre tout ce qui n'est pas lui, contre tout ce qui s'oppose à lui, contre tout ce qui gène ses désirs, sa volonté. Et le sentiment du « moi », du « Je » grandit sans cesse dans le centre en construction, et avec son intensification, les désastres de l'Egoïsme bouleversent le monde, mais de ce stage terrible, de cette lutte effrayante dépend le But final, et le moment (2) vient où, dans le cœur de ce centre glacé, la « Lampe mystique » commence à brûler, où le divin Buddhi s'éveille, et l'appel de l'amour se fait entendre, et l'homme s'arrête et écoute, réfléchit et comprend. Le « moment du choix » atteint sa phase définitive, le « Je » doit se déterminer pour toujours.

D'un côté, s'offre la voie de l'isolement, la cristallisation du « moi » dans la substance des plans inférieurs de l'univers, — les plans où les formes peuvent devenir si denses qu'elles emprisonnent le véhicule subtil qui leur transmet la Vie : *Kama* peut emprisonner *Manas* (inférieur); de l'autre, la voie de l'union, de l'expansion du « centre » dans la vie divine, sur les plans où

(1) L'on ne peut devenir conscient de *soi* qu'en subissant, au préalable, l'illusion de la « Séparativité ».

(2) Ce moment a commencé bien avant l'achèvement de l'évolution du « centre ». De même que la lueur de l'aurore précède la lumière éclatante du jour, le développement des « principes » est progressif, et quoique chacun d'eux ait une période spéciale dans laquelle il se développe plus particulièrement, il n'y a pas de séparation nette entre le commencement de l'évolution de l'un et la fin de l'évolution du précédent.

la forme est l'esclave obéissante, que la Volonté devenue impersonnelle crée et détruit selon ses besoins. Si les « choix »
sans nombre que l'Ego (1) a faits avant ce moment n'ont pas
été sur la ligne de la renonciation, s'il a travaillé pour lui sans
penser aux autres, s'il n'a aimé que son « Je » et s'il a rejeté loin
de lui les étincelles divines qui ont évolué à ses côtés, le choix final
ne fera que sceller à jamais les tendances d'une évolution dont les
forces ont été sans cesse dirigées vers le centre personnel ; le
« Moi » (2), dans l'Ego, sera plus fort que l'appel divin du Soi, (3)
il refusera de se donner à la Vie qui l'a créé, il se retirera dans la
coquille qui l'abrite et la transformera volontairement en un rempart capable d'arrêter toute vibration de l'amour infini faisant
appel à son cœur, il s'enfermera vivant dans le sépulcre (4) qu'il a
construit, et le sépulcre le gardera et la Vie rejetée filtrera de moins
en moins à travers l'épaisseur toujours croissante de ses parois (5),
et la Lumière n'y pénètrera bientôt plus. Et cet homme se mourra
dans la plus lente, la plus progressive, la plus douloureuse, la plus
terrifiante, la plus désespérante des agonies, — l'agonie prévue de
l'annihilation et de l'Avitchi (6).

Si les « choix » du passé ont été conformes à la Loi ; s'il a cultivé les premières vibrations de la divinité en action dans son cœur ;
s'il a développé la compassion, le dévouement et l'amour ; s'il s'est
efforcé de réaliser l'unité de la Vie sous la diversité des formes et
de voir une étincelle sœur dans le cœur de tout être, le choix
final fera de lui un disciple de la Bonne Loi, un futur Sauveur du
monde. Et dès ce moment, consciemment, volontairement et en
pleine connaissance de cause, il dirigera la totalité de ses forces
vers la destruction de cette enveloppe qui fut jadis indispensable,
mais qui est maintenant une gêne, un instrument d'illusion qu'il
faut abattre. Progressivement il laissera filtrer en lui les eaux de
la Vie supérieure, et la lumière qu'il a acquise et la force qu'il pos-

(1) L'Ego c'est l'Intelligence, — *Manas* libre de s'associer, par sa partie inférieure, avec la force de séparation qui isole et détruit, — le Démon ; et, par sa partie supérieure, avec la force d'amour qui unit et
fait vivre, — Dieu. Avec *Buddhi*, en haut, et avec *Kâma*, en bas.

(2) L'aspect inférieur de Manas, ce qui agit dans les plans inférieurs
et plus spécialement dans le principe kamique.

(3) L'aspect supérieur de Manas, ce qui est naturellement uni à la Vie
divine des plans supérieurs, et plus spécialement au principe buddhique.

(4) *Kâma*, le corps astral dont les forces ont conquis la portion de
Manas incarnée en lui, et qui la garde comme dans un sépulcre où elle
se dissociera peu à peu.

(5) Ce qui veut dire que la vibration kamique est devenue si dominante que la vibration de la Vie supérieure (la Vie des principes buddhique et manasique) n'a plus aucune action sur le Manas conquis.

(6) Il est *malsain* de spéculer sur cet état de « spiritualité dans le
mal » qui est le véritable Enfer (quoique non éternel) ; c'est pourquoi
nous n'en donnons que le nom.

sède serviront à hâter cette destruction nécessaire du rempart de l' « Egoïsme », et le moment arrivera où le « centre » pleinement épanoui sera transféré dans le véhicule immédiatement supérieur, le véhicule buddhique, sur le plan où la Vie est un océan sans limites dont les eaux puissantes sont comme si elles avaient plus de densité que les formes qui baignent en elles, car elle est, sur ce plan, l'Unité visible, dominante, illimitée, et les formes ne sont plus qu'une gaze transparente, incapable de produire l'illusion de la « Séparativité ». Sur ce plan, l'on reconnaît que le *Soi* c'est le Tout, l'on réalise qu'on est la Vie, l'on reçoit dans le « centre » conservé toute vibration désirée et l'on peut sentir ce qui se passe dans la conscience de tout être : c'est la divine sympathie, laquelle permet de donner, sans erreur, aux âmes défaillantes ou en danger, l'aide particulière qui leur est nécessaire. C'est sur ce plan que les grands Etres agissent avec une immense efficacité, projetant de leur vie dans les unités en détresse, calmant parfois subitement les angoisses les plus aiguës, redonnant l'espérance perdue, laissant un moment de repos au pèlerin épuisé et lui permettant de reprendre quelques forces pour poursuivre la route douloureuse du Golgotha évolutif.

Profondément joyeux est ce pouvoir d'aider, mais son essence est le sacrifice, la douleur : sacrifice de toutes les forces que l'on possède à l'œuvre de l'évolution spirituelle de l'humanité ; tristesse profonde, écho des cris de douleur, des appels ininterrompus de la souffrance. Et cela jette un voile d'obscurité sur la joie ineffable qui remplit ce plan, et malgré la perspective du glorieux terme commun du Pèlerinage, ce n'est que par intervalles que la Lumière éclaire cette nuit à laquelle s'est volontairement condamnée l'âme qui a choisi le sentier de la Compassion.

Mais la « Voie » a une fin. Quand tous ses stages sont franchis, quand d'autres ouvriers de la Bonne Loi ont pris place sur les degrés que le disciple quitte à mesure qu'il passe plus haut, quand celui qui doit le remplacer sur le dernier échelon s'est présenté et que la chaîne d'amour qui lie l'humanité à la divinité reste complète, alors sonne le moment suprême, — l'heure de la délivrance, — le dernier fil « du moi » est rompu, la dernière pierre du rempart rejetée : le disciple devient Maître, le « Chrestos » souffrant (1) devient le Christ glorieux, et l'Ascension le porte en Nirvana.

* *

Quelques mots, avant de terminer, sur la Libération prématurée (2).

(1) Encore appelé, dans les Ecritures chrétiennes, l' « Homme de Douleur », parce que la vie du disciple, — le *chrestos*, — est une vie de souffrance, et surtout de souffrances volontairement acceptées dans l'intérêt de l'Humanité.

(2) La libération se produit, soit par la destruction *du désir seul*, — et

Parfois une âme se libère avant l'heure. Ce résultat se produit tantôt par l'intensité de la dévotion, tantôt par la lassitude qui accable l'homme brisé par les coups du Karma, parfois la libération est la fille de l'égoïsme spirituel. Autrement dit, certains Egos rejettent la vie physique parce qu'ils n'aspirent qu'à l'union en Dieu ; d'autres ont le dégoût d'une terre trop inhospitalière pour eux, et leur pensée se concentre uniquement sur la paix qu'ils espèrent dans le ciel ; certains, enfin, ont un intellect assez perçant pour réaliser l'illusion de la vie et découvrir le moyen de rompre ses attaches.

Chez tous, la libération est atteinte par la suppression du *désir*, et pour tous, s'ils persévèrent, quand la dernière dette karmique est payée, la délivrance ouvre les portes du royaume du repos. Mais leur état diffère alors. Dans la première classe de « muktis (1) », le « centre » que la dévotion a libéré est insuffisamment développé pour résister aux immenses forces du plan sur lequel il passe (2) lorsque la coquille qui l'abritait est détruite : il est paralysé par l'intensité du tourbillon et entre dans l'inconscience. Les deux dernières classes n'obtiennent qu'une libération relative ; le « moi », dans ces cas, ne s'est pas *donné* à Dieu, à la vie supérieure ; la coquille qui l'abrite n'est pas détruite ; il cesse simplement de se réincarner parce qu'il a supprimé le désir de vivre sur le plan physique et sur le plan astral (3). Mais que la destruction du désir soit due au dégoût intense, à la lassitude profonde, ou simplement à la connaissance intellectuelle du moyen d'éviter les peines de l'incarnation, le résultat final dans ces deux cas est le même, et quand le dernier lien du passé se brise, la Psyché (4) s'élève vers le plan qui est sa demeure, le plan dévachanique (5) ; l'Ego y vit un long Ciel, d'ordinaire, et quand la période heureuse est achevée et le corps mental rejeté, il passe, dans le Corps causal, sur les sous-plans supérieurs du plan, y jouit, pendant un temps qui varie avec son développement, d'une vie consciente plus ou moins nette, et quand cette conscience s'efface, le « centre » reste à l'état latent et attend qu'un univers futur vienne lui offrir un champ d'expérience en rapport avec ses facultés, et la LOI le relance alors sur le nouveau courant évolutif, lui permettant de compléter la tâche et d'ar-

alors l'enveloppe du « centre » (le Corps causal persiste et retient l'Ego sur le plan dévachanique, — soit par la destruction du désir *et du rempart qui abrite le « centre »* en développement, — et dans ce cas l'Ego passe sur le plan buddhique.

(1) Ceux qui se libèrent.

(2) Ce plan, dans ce cas, qui est très rare, est le plan buddhique, comme le dit la note de la page précédente.

(3) La vie, sur ces deux plans, est la vie du désir ; quiconque supprime le désir arrive à se libérer de ces deux plans.

(4) L'Ame, l'Ego, le *Manas* supérieur.

(5) Et non sur le plan buddhique, comme dans le premier cas.

river au but. Le même sort est en réserve pour la première classe des libérés avant l'heure.

D^r Th. Pascal.

VARIÉTÉS OCCULTES

INCIDENTS DE LA VIE DU COMTE DE SAINT-GERMAIN

(*Suite*).

« A ce nom déjà deviné, un cri de surprise m'échappa : lui en-
« core vivant, lui qu'on faisait mort dès 1754, et dont je n'avais
« plus entendu parler depuis de longues années, reparaissait tout à
« coup, et en quel moment, à quelle époque ? pourquoi venait-il en
« France, ne devait-il donc jamais en finir avec l'existence, car je
« connaissais des vieillards qui l'avaient vu portant sur ses traits
« quarante à cinquante ans, et cela dès le commencement du
« xviii° siècle ?

« Il était une heure de nuit, lorsque je lisais sa lettre ; celle du
« rendez-vous était matinale, je me couchai : je dormis peu, des
« songes affreux me tourmentèrent et dans leur hideuse bizarrerie,
« je vis l'avenir sans toutefois le comprendre. Aux approches du
« jour, je me levai harassée ; j'avais commandé à mon premier
« valet de chambre du café très fort, j'en pris deux tasses qui me
« ranimèrent. A sept heures et demie je fis avancer une chaise à
« porteur, et suivie de mon grison de confiance, je me transportai
« aux Récollets. L'église était déserte, je postai mon Laroche en
« sentinelle, et j'entrai dans la chapelle désignée ; peu de temps
« après, et comme à peine je me recueillais devant Dieu, voici ve-
« nir un homme.... C'était lui en personne... Oui, lui, avec le même
« visage de 1760, tandis que le mien s'était chargé de rides et de
« marques de décrépitude... J'en demeurais frappée ; lui me sourit,
« s'avança, prit ma main et la baisa galamment ; j'étais si troublée,
« que je le laissai faire malgré la sainteté du lieu.

— « Vous voilà, dis-je, d'où sortez-vous ?

— « Je viens de la Chine et du Japon.

— « Ou plutôt de l'autre monde !

— « Ma foi ! à peu près ; ah ! Madame, *là-bas* (je souligne l'expres-
« sion) rien n'est aussi singulier que ce qui se passe ici. Comment
« arrange-t-on la monarchie de Louis XIV ? Vous qui ne l'avez vue
« n'en pouvez faire la comparaison, mais moi...

— « Je vous y prends, homme d'hier.

— « Qui ne connaît pas l'histoire de ce grand règne ! Et le cardinal
« de Richelieu, s'il revenait... il en deviendrait fou ; quoi, le règne
« de la canaille ! Que vous disais-je, ainsi qu'à la Reine, que M. de
« Maurepas laisserait perdre tout, parce qu'il compromettait tout ;
« j'étais Cassandre, un prophète de malheur, où en êtes-vous ?

— « Eh ! monsieur le comte, votre sagesse sera inutile.

— « Madame, qui sème du vent, recueille des tempêtes ; Jésus
« l'a dit dans l'Evangile, peut-être non pas avant moi, mais enfin
« ses paroles restent écrites, on n'a pu que profiter des miennes.

— « Encore !... dis-je en essayant de sourire ; mais lui sans ré-
« pondre à mon exclamation :

— « Je vous l'ai écrit, *je ne peux rien*, j'ai les mains *liées par plus*
« *fort que moi*, il y·a des périodes de temps où reculer est possible,
« d'autres où quand *il* a prononcé l'arrêt il faut que l'arrêt s'exé-
« cute : nous entrons dans celle-là.

— « Verrez-vous la Reine ?

— « Non, elle est vouée.

— « Vouée ! à quoi ?

— « *A la mort !*

« Oh ! cette fois je ne pus retenir un cri, je me soulevai sur mon
« siège, mes mains repoussèrent le comte, et d'une voix tremblante :

— « Et vous aussi ! vous, quoi ! vous aussi !

— « Oui, moi,... moi, comme Cazotte.

— « Vous savez....

— « Ce que vous ne soupçonnez même pas. Retournez au château,
« allez dire à la Reine de prendre garde à elle, que ce jour lui sera
« funeste ; il y a complot, préméditation de meurtre.

— « Vous me remplissez d'épouvante, mais le comte d'Estaing a
« promis...

— « Il aura peur et se cachera.

— « Mais M. de Lafayette ?...

— « Ballon gonflé de vent, à l'heure qu'il est on détermine ce
« qu'on fera de lui, s'il sera instrument ou victime ; à midi tout
« sera décidé.

— « Monsieur, dis-je, vous pourriez rendre de grands services à
« nos souverains, si vous le vouliez.

— « Et si je ne peux pas ?

— « Comment ?

— « Oui, si je ne peux pas ; je croyais n'être point entendu.
« L'heure du repos est passée ; les arrêts de la providence doivent
« recevoir leur exécution. En définitive, que veulent-ils ?

— « La ruine complète des Bourbons ; on les chassera de tous les
« trônes qu'ils occupent, et en moins d'un siècle ils rentreront dans
« le rang de simples particuliers dans leurs diverses branches.

— « Et la France ?

— « Royaume, république, empire, état mixte, tourmenté, agité,

« déchiré ; de tyrans habiles, elle passera à d'autres ambitieux sans
« mérite ; elle sera divisée, morcelée, dépécée ; et ce ne sont point
« des pléonasmes que je fais, les temps prochains ramèneront les
« bouleversements du Bas-Empire ; l'orgueil dominera ou abolira
« les distinctions, non par vertu mais par vanité ; c'est par vanité
« qu'on y reviendra. Les Français, comme les enfants jouent à la
« poucette et à la fronde, joueront aux titres, honneurs, cordons ;
« tout leur sera hochet, jusqu'au fourniment de garde nationale ;
« des gens de grand appétit dévoreront les finances. Quelque cin-
« quante millions forment aujourd'hui un déficit au nom duquel on
« fait la Révolution ; eh bien, sous le dictatorat des philantropes,
« des rhéteurs, des beaux diseurs, la dette de l'Etat dépassera plu-
« sieurs milliards .
   — « Vous êtes un terrible prophète ; quand vous reverrai-je.
   — « Encore cinq fois, ne souhaitez pas la sixième.
   « J'avoue qu'une conversation si solennelle, si lugubre, si terri-
« fiante, m'inspirait peu d'envie de la continuer ; M. de Saint-
« Germain me pesait sur le cœur comme un cauchemar ; il est
« étrange combien nous changeons avec l'âge, combien nous
« voyons avec indifférence, dégoût même, ceux dont la présence
« nous charmait autrefois. Je me trouvai en ce cas dans la cir-
« constance présente ; d'ailleurs les périls présents de la Reine
« me préoccupaient, je n'insistai pas assez auprès du comte, peut-
« être en le sollicitant il serait venu vers elle ; il y eut un temps
« de silence, et lui, reprenant la parole :
   — « Que je ne vous retienne pas plus tard, il y a déjà de l'agitation
« dans la ville, je suis comme Athalie, *j'ai voulu voir, j'ai vu* ; main-
« tenant je vais reprendre la poste et vous quitter ; j'ai un voyage à
« faire en Suède ; un grand crime s'y prépare, je vais tenter de le
« prévenir ; S. M. Gustave III m'intéresse, il vaut mieux que sa re-
« nommée.
   — « Et on le menace ?
   — « Oui ; on ne dira plus heureux comme un roi, ni comme une
« reine surtout.
   — « Adieu donc, Monsieur. En vérité, je voudrais ne pas vous
« avoir entendu.
   — « Ainsi nous sommes gens de vérité, on accueille des trom-
« peurs, et fi ! à qui dit ce qui sera.
   — « Adieu, Madame, au revoir.
   « Il s'éloigna, je restai ensevelie dans une méditation profonde,
« ne sachant si je devais ou non instruire la Reine de cette visite ;
« je me déterminai à attendre la fin de la semaine, et à me taire si
« celle-ci était féconde en malheurs. Je me levai enfin, et lorsque je
« retrouvai Laroche je lui demandai s'il avait vu le comte de Saint-
« Germain à son passage.
   — « Le ministre, Madame ?
   — « Non, il est mort depuis longtemps, l'autre.

— « Ah ! l'habile escamoteur, non, Madame ; est-ce que Madame la
« comtesse l'a rencontré ?

— « Il vient de sortir tout à l'heure, il a passé contre vous.

— « Il faut que je sois distrait, car je ne l'ai pas aperçu.

— « C'est impossible, Laroche, vous vous amusez.

— « Plus les temps sont mauvais et plus j'ai de respect pour Ma-
« dame.

— « Quoi, à cette porte, là, près de vous, il n'a point passé ?

— « Ce n'est point ce que je nie, mais il n'a pas frappé mes yeux.

« Il s'était donc rendu invisible, je m'y perdais. »

Là s'arrêtent les détails que nous a laissés Mme d'Adhémar sur le
comte de Saint-Germain. On se souvient de la note importante
qu'on trouva épinglée sur le manuscrit de la comtesse, note écrite
de sa main.

« J'ai revu M. de Saint-Germain, et toujours à mon inconcevable
« surprise, à l'assassinat de la Reine, aux approches du 18 bru-
« maire, le lendemain de la mort de M. le duc d'Enghien, en 1815
« dans le mois de janvier, et la veille du meurtre de M. le duc de
« Berri. J'attends la sixième visite quand Dieu voudra. » (12 mai 1821).

C'est le dernier mot de Mme d'Adhémar sur le comte.

Tout ce qui a été cité réfute les diatribes lancées contre ce maître, et les assertions sans base du Dr Biester, qui, nous l'avons vu,
place sa mort en 1784. Les passages les plus intéressants sont peut-
être ceux qui ont trait à l'avenir de la France. Voilà 110 ans que le
comte de Saint-Germain prononça ces paroles et nous savons
qu'elles se réalisèrent de point en point. Les Bourbons ne sont plus
que de simples particuliers. L'honneur de la France a été souillé
par les gens sans caractère qui se sont emparés des hautes situa-
tions et des postes de confiance. Les derniers scandales peuvent être
cités comme un triste accomplissement de la prédiction faite par
l'Envoyé Mystique du siècle dernier. Il aurait pu dire comme le
Précurseur : « Je suis la voix de celui qui crie dans le désert. »
Mais hélas, rien ne servit à la France, ni les avertissements, ni les
prophéties — et sa destinée n'a que trop confirmé les paroles de
l'homme envoyé vers elle, pour la détourner du malheur.

(A suivre).   **Isabelle Cooper Oakley.**

LA LOI DE KARMA

Toute seule dans l'Un, rayon d'immensité,
Je me retrempe en Lui, du monde détachée.
Ma fleur d'illusions fut bien vite arrachée ;
Marguerite d'amour au regard argenté,

Ses pétales tombaient sous le destin Karmique !
Loin des bruits d'ici-bas je me recueille en paix,
Saintement résignée, encor je me repais
De mes sombres douleurs... Tel un effet magique,
Inexorable, étrange et puissant, est le fait
Qui nous force à subir d'innombrables épreuves,
Les Seigneurs du Karma, nous en avons les preuves,
Tissent de nos passés le présent imparfait.
Avant d'avoir au front la couronne perlée
De roses d'or, il faut se déchirer, hélas !
Aux épines ; il faut que sonne creux le glas
Des terrestres bonheurs ! L'âme prend sa volée
A travers un chemin bien plus noir que la nuit,
Qui s'ouvre, un beau réveil, sur la Lumière même
Par un ébrasement magnifique et suprême.
L'aile victorieuse en plein azur s'enfuit,
Passant l'arc de triomphe étoilé du mystère.
Avant il faut ramper, lutter, crier, mourir.
Nous devons mériter, donc nous devons souffrir,
Rien ne commence et rien ne finit à la terre.
Qu'ai-je fait, qu'ai-je fait pour avoir ces frissons,
Ces doutes, ces terreurs, ces peines, cette vie,
Ces sanglots ! Je ne sais, mais il faut que j'expie,
Que je suive la pente où tous, tous nous glissons
Avant de remonter en un effort pénible,
L'échelle de Jacob aux divins échelons.
Nous venons du passé, vers un but nous allons,
Et nous ne servons pas au sort brutal de cible,
Quel est le prix ? Un Dieu, l'Infini... Sois vainqueur,
Homme, et sache-le bien, il n'est pas d'injustice ;
Résignons-nous ; buvons, courageux le calice ;
C'est notre propre main qui versa la liqueur.

                                        Noelle Herblay.

ECHOS DU MONDE THÉOSOPHIQUE

France.

Le mois dernier a vu le terme de la série des efforts entrepris à la Haye en faveur de la pacification universelle. Le résumé en est bien fait par les paroles suivantes de la reine d'Angleterre : « La conférence réunie par l'empereur de Russie, afin de considérer quelles mesures il convenait de prendre en faveur du maintien de la paix, vient de clore ses séances. Bien que le résultat de ses délibérations n'ait pas complè-

tement répondu au but élevé proposé, elle a néanmoins réussi dans une
large mesure. L'institution d'un tribunal arbitral ne peut manquer de
diminuer la fréquence de la guerre, et l'extension des attributions de la
convention de Genève en mitigera les horreurs ».

En fait, c'est peu de chose, et l'on ne pensait guère qu'il en advînt
davantage. Au moral, c'est plus considérable, le temps ne manquera
pas d'en accroître les conséquences. Comme l'a dit le principal représentant de la France à la conférence : « Toute force qui naît d'une idée a
besoin d'heures et d'espace pour se développer. Un fait matériel se juge
sur place, mais l'idée tend toujours à grandir ». Voilà une figure qui
rappelle singulièrement la donnée théosophique sur la nature des formes
pensées dont les idées ne sont que les expressions. L'élévation d'esprit
de M. Léon Bourgeois rend, il est vrai, une telle comparaison naturelle
dans sa bouche.

Aussi bien, la noble tentative du Czar est plutôt un symptôme qu'une
solution, et nous ne croyons pas que la question pût être résolue de la
manière dont on l'a essayé. La guerre n'est, en somme, que la manifestation suprême de la haine, et la haine n'est pas supprimée par une
convention quelconque. La haine ne peut disparaître que sous l'action
de l'amour.

Comment réaliser cela ? La *Bhagavad Gita*, ce splendide évangile
des siècles, nous l'indique simplement en son chapitre IV : *en n'agissant
que sous l'impulsion du devoir et en renonçant au fruit des œuvres.* C'est
le fruit de l'œuvre, en effet, qui produit le Karma, c'est-à-dire la réaction de l'action.

Que les nations qui détiennent les fruits de guerres passées les abandonnent donc d'elles-mêmes, ou que celles qui subissent encore des spo-
liations s'en remettent, non par crainte, mais dans la plénitude même
de leurs forces, à la seule action de la loi divine ; qu'elles pardonnent
à leurs anciens adversaires... et les choses rentreront d'elles-mêmes dans
l'ordre, et les conséquences, dont nul ne saurait prévoir le détail, deviendront celles de l'évolution, c'est-à-dire *bonnes* pour tous !

Quant aux peuples qui auront pris l'initiative de telles mesures, ils
remporteront ainsi des victoires qui n'auront pas de lendemains contraires et qui ne feront couler au monde que des larmes de joie. Qui
pourrait ne point briguer un tel rôle pour la patrie qui lui est chère !

.·.

Le Congrès théosophique proprement dit est définitivement rattaché
à la série des Congrès qui auront lieu, avec le concours de la direction
générale de l'Exposition universelle de 1900, dans le Palais même des
Congrès, à Paris. De la sorte, la parole théosophique sera simplement,
mais nettement, présentée, sans pouvoir donner lieu à méprise, aux
grandes assises intellectuelles de l'aube du xxᵉ siècle. Le comité d'organisation du Congrès théosophique international poursuit actuellement
ses travaux et en publiera prochainement les résultats. Nous pouvons
dire dès maintenant que notre congrès sera très probablement présidé

par le colonel H. S. Olcott qui doit venir en France l'an prochain, que
les théosophes les plus avancés y feront entendre leur voix, que tout
membre de la société théosophique, de quelque nation qu'il soit, en sera,
de droit, membre participant, et que toute autre personne pourra assister
aux séances générales. Les demandes de renseignements peuvent être
adressées à la Direction de cette revue.

Le Congrès théosophique *proprement dit* est naturellement celui auquel
les théosophes s'intéressent le plus et réservent, en général, la plus
grande partie de leurs forces. Nous n'en suivons pas moins, avec une
sympathie plus ou moins efficiente, selon le cas, nombre d'autres projets
analogues dont quelques-uns visent des questions en rapport direct ou
indirect avec la théosophie.

Tel le *Congrès Végétarien;* tel celui de l'*Histoire des religions*, et celui
de l'*Humanité* que quelques personnes semblent vouloir reprendre, dans
des conditions différentes, il nous semble, de celles qui accompagnaient
le premier lancement de l'idée, mais auquel nous souhaitons de se réaliser avec l'ampleur qu'il convient ; tel, aussi, le Congrès dit *Spirite et
Spiritualiste*, tout court, sur lequel nous dirons un mot. Ce dernier congrès a été organisé par des spirites parisiens, des magnétistes et des
martinistes qui ont ensuite invité les théosophes à se joindre à eux pour
faire entendre, disent-ils, les doctrines de quatre écoles occultistes. C'est
donc une sorte de concours où, sur certaines questions, celles, par
exemple, de la mort, des corps subtils de l'homme, et bien d'autres,
quatre solutions différentes pourront être données aux mêmes assistants.
On conçoit dès lors que les uns puissent trouver de l'intérêt intellectuel
à la comparaison, et d'autres, n'y voir qu'une reproduction réduite de
la « tour de Babel », c'est-à-dire de la confusion des langues. Quoiqu'il
en soit, un certain nombre de théosophes comptent prendre la parole
au Congrès spirite et spiritualiste et sont représentés, dans son comité
d'organisation, par M. Paul Gillard, rue de Verneuil, 38.

Le *Lotus Bleu* de juillet annonçait que le Dr Th. Pascal devait être
le secrétaire général de la section théosophique française en voie de
formation. Le vote unanime des théosophes français l'a effectivement
proposé pour ce poste, et le président de notre société l'a ratifié en déli-
vrant la charte de la dite section. Nous en sommes tous très heureux.

En vue de se consacrer pleinement aux nouvelles fonctions qui lui sont
dévolues, le Dr Th. Pascal a quitté Toulon–sur–mer, où il occupait une
situation médicale des plus avantageuses, et s'est établi à Paris, où il
convient mieux qu'il soit désormais pour l'action théosophique à venir.
Le docteur doit continuer l'exercice de sa profession médicale (ligne
homéopathique) en son domicile actuel, 116, rue Saint-Dominique.
Nous ne doutons pas que l'élévation de son esprit, la droiture de son
cœur et l'étendue de son savoir, ne soient autant appréciées à Paris

qu'elles l'ont été ailleurs. Mais nous devons reconnaître qu'en abandonnant volontairement une situation faite, pour une autre.... à faire,
notre digne ami ajoute le sacrifice à tout ce qu'il a déjà fait pour la
théosophie, et qu'à ce titre encore il a plus que jamais droit à notre
reconnaissance, à tous. La bonne loi fera le reste, car l'essence du
véritable altruisme est le sacrifice et sans le sacrifice nul effort n'est
efficace.

.•.

PAYS ÉTRANGERS

Peu de faits théosophiques saillants dans les autres pays, à cette époque
de l'année.

Angleterre

Après la convention de la section Européenne dont nous avons rendu
compte dans notre dernier numéro, Mme Annie Besant a fait une tournée
de visites sur le continent, en Allemagne et en Belgique principalement.
Elle devait effectuer ensuite son voyage accoutumé aux Indes, avec pro-
longation, peut-être, en Australie.

Miss Goodrich-Freer qui, sous le nom de plume de Miss X., a si bien
secondé M. Stead dans la direction de la brillante mais trop éphémère
revue *Borderland*, vient de publier, à Londres, le résultat de plusieurs
années de recherches psychiques qui lui sont propres, sous la forme de
deux volumes.

Chacun de ces ouvrages est l'objet d'un long et favorable compte
rendu inséré dans *The Theosophical Review*, l'un sous la signature d'Annie
Besant, et l'autre de C. W. Leadbeater. C'est le plus bel éloge qu'on
puisse faire du travail du sympathique écrivain qui nous est personnellement connu.

Hollande.

La section Néerlandaise a eu son assemblée générale de cette année,
le 15 et 16 juillet dernier, à Amsterdam. On y comptait 223 théosophes.

Allemagne.

Une nouvelle revue théosophique vient de s'y fonder sous le nom de
Der Vahan.

République Argentine.

La semence théosophique y germe tous les jours davantage. Il a été
dit que la sixième sous-race à venir poindrait sur le nouveau continent,
mais non pas que ce serait forcément la descendance directe des habitants actuels des Etats-Unis du Nord. Dans ces conditions, l'intérêt avec
lequel on suit les progrès de la théosophie en Amérique se répand d'un
bout à l'autre du dit continent.

Australie.

Le Dr Marques, dont nous avons publié plusieurs intéressants travaux

et· qui a été nommé secrétaire général de la section d'Australie, vient
de faire une grave maladie. Il en est heureusement rétabli.

Inde.

Notre honoré président, le colonel H. S. Olcott, a définitivement ajourné
son voyage au sud de l'Afrique, et se trouvait, aux dernières nouvelles
à Ceylan. Rectifions en même temps deux erreurs légères commises
dans l'un de nos précédents Echos. L'école des beaux-arts de Madras n'est
point dirigée par le colonel Olcott, et ce n'a pas été un buste, mais une
statue en pied de H. P. B. que le président fondateur de notre société
inaugurait, à Adyar, le 8 mai dernier.

D. A. Courmes.

REVUE DES REVUES

Theosophist. *Organe présidentiel*. Août 99. — Feuilles d'un vieux
journal, par H. S. Olcott. — Vérités occultes, et l'occulte en regard du
manifesté, etc. — Le président Olcott répond ensuite à l'objection
faite par quelques M. T. S. français à propos de l'éloge que H. P. B.
aurait indûment fait de la découverte de Keely. Nous ignorions cette
objection, mais nous y avons répondu dans un précédent numéro
comme le *Théosophist*, lui-même.

Vahan. *Section Européenne*. Août 99. — Questions sur les planètes
Mars et Mercure, sur l'état en dévachan, sur le rapport des sens physiques avec le corps kamique, etc.

Theosophical Review. *Angleterre*. Août 99. — Le Christ, par Annie
Besant. Notre revue publiera cet important travail. — Intéressantes
études sur Plotin, sur la philosophie de l'Inde et sur Maeterlinck par
Ward, B. Keightley et Synge, etc... La *Théosophical Review* tient aujourd'hui indiscutablement la tête parmi les périodiques théosophistes
du monde entier parce que l'Angleterre a le grand avantage de compter
en ce moment dans son sein les théosophes les plus avancés, et que
cette revue a la primeur de leurs travaux.

Sophia *Espagne*. Août 99. — Science pré-chrétienne, par Soria.

Teosofia. *Italie*. Août 99. — La théosophie à Rome.

Theosophia. *Hollande*. Juillet 99. — Etude sur le Tao-te-King. — Théosophie et occultisme.

Mercury. *États-Unis d'Amérique*. Juillet 99. — Nouvelle étude sur l'aura
humaine, par Barber. — Sociologie, par Palm.

Philadelphia. *Argentine*. Juillet 99. — Sur la prière, par Annie Besant. — Pourquoi nous sommes frères, par Amaravella. — Cas de prévision du futur, par *Lotus Bleu*.

Theosophy in Australasia. Juin 99. Sur le Darwinisme.

Theosophie Gleaner et **Prasnottara.** *Inde.* Juillet 99. — Etudes
sur l'hindouisme.

Revue spirite. *France.* Août 99. — Adhésions à l'existence de l'au-delà,
par P. G. Leymarie. — Intéressante étude sur Mᵐᵉ Pipers, par Metz-
ger. — Apparitions par de Kronheim. — Fragments de vérités occultes, etc... La revue spirite est le seul périodique spiritualiste français qui veuille bien continuer à publier mensuellement dans ses colonnes, le sommaire du *Lotus Bleu.*

Nous en remercions son honorable directeur et le félicitons de la largeur
de ses vues.

Annales psychiques. *Paris.* Juin 99. — Localisations cérébrales, par
Albert de Rochas.

La paix universelle. *Lyon.* Août 99. — Questions d'actualité.

Revista psychica de *Sao Paulo, Brésil.* Juillet 99. — Petite revue
trimestrielle traitant des divers aspects de l'occultisme. Le genre ne
permet dès lors que d'effleurer chacun de ces aspects, mais cela suffit
dans un pays qui n'est pas encore au courant. et cette feuille s'acquitte
très bien de sa tâche.

Réforme alimentaire. *Société végétarienne de France.* Août 99. — La
chimie des aliments, par le Dʳ Nyssens. — Adhésion d'un membre de
l'académie de médecine de Paris.

Bulletin des sommaires. *Paris.* — Mentionne très bien tout ce qui
se publie.

Reçu également les périodiques suivants :

**Spiritualisme moderne, Humanité intégrale, Journal du
magnétisme, Luz astral,** etc. etc.

D. A. C.

BIBLIOGRAPHIE

—

Enseignements Spiritualistes, par William Stainton Moses.

Les *Enseignements spiritualistes* sont une série de ce que la littérature
spirite appelle des communications « Médianimiques », c'est-à-dire obtenues par l'écriture consciente ou automatique d'une personne placée
sous une influence spéciale plus ou moins occulte. Les spirites croient
que cette influence est exclusivement celle d'un défunt. Les théosophes
ne sont pas complètement du même avis, et ont des raisons pour trouver la question plus complexe par ce que l'on peut écrire, analoguement,
sous l'influence d'une personne vivante, éloignée ou non, et, aussi, sans
imitation étrangère, mais sous l'empire d'une exaltation anormale de ses
propres facultés qui peut faire attribuer, de la meilleure foi du monde, la
communication à autrui, alors qu'elle peut n'émaner que du tréfond même

de l'individu. Or, le discernement direct, c'est-à-dire la pierre de touche nous fait généralement défaut, et telle est la raison pour laquelle les théosophes ne prennent d'ordinaire pas toujours en grande considéraration les productions de ce genre. Nous faisons cependant exception pour celles du présent livre, parce qu'elles ont été produites dans des conditions particulières. Non seulement, ainsi que le marque la préface, l'écrivain responsable, William Stainton Moses, était un homme de haute valeur intellectuelle et morale, mais les intéressants mémoires du Colonel Olcott, président de la société théosophique, parlent des productions de Stainton Moses en laissant pressentir l'élévation particulière des intelligences qui l'assistaient. Si l'on se rappelle, d'autre part, ce qui a été dit par certains écrivains théosophes ; dans le Plan Astral, notamment sur les origines du mouvement spirite, on pourra induire l'intérêt qui dérive de telles communications, intérêt corroboré par la conformité de bien des points des « enseignements spiritualistes » avec les données théosophiques proprement dites, à certains aspects près, toutefois, attenant moins au fond qu'à la forme.

Les « Enseignements Spiritualistes » (1) ont été traduits de l'anglais par l'une des Dames les plus distinguées de notre société théosophique française qui prépare maintenant la réapparition du *Monde occulte*, par M. Sinnett, dont l'édition est depuis longtemps épuisée.

D. A. Courmes.

—

La Bhagavad Gita

avec les commentaires de Sri Ramanuyacharya

Nous devons au pandit A. Govindacharya (2), disciple du yogi Parthasarathi Aiyangar, la traduction en excellent anglais de cette œuvre remarquable. De nombreuses notes explicatives éclairent la signification des noms des héros qui combattirent sur le champ des Kourous, près de la moderne Delhi, et rendent très compréhensibles une foule de passages qui ont trait à bien des points secondaires du grand poème. L'auteur de ce commentaire fut, au xie siècle, le chef de l'une des grandes écoles de la Védanta, — la *Visisthâdvaita*. Réformateur important, initié très élevé, il fit résonner brillamment la note du cœur, et traça la voie des *baktis*, la voie de la dévotion : c'est-à-dire la valeur de l'œuvre qui vient de pénétrer l'occident. Nous en conseillons vivement la lecture à ceux de nos lecteurs qui connaissent l'anglais. Nous leur ferons savoir, en même temps, que le chef de l'école Advaita, le grand Shankaracharya, a laissé aussi un commentaire sur le même poème, et que ce commentaire a été traduit en Anglais, il y peu de temps, par un autre pandit.

D^r Th. Pascal.

(1) Se trouvent à la librairie, 10, rue Saint Lazare, prix 3,50.
(2) M. Govindacharlu, à Veda Griham (Mysore). Inde.

SOUSCRIPTION PERMANENTE

Pour la REVUE THEOSOPHIQUE FRANÇAISE

La publication d'œuvrages théosophiques et la propagande.

LISTE DE SEPTEMBRE 1899.

Madame A. (Marseille). . . . .   1 fr. 50   (*Lotus Bleu*)

ERRATUM

La conférence de Mme Besant sur l'*Idéal Théosophique* a été donnée, avenue Montaigne, 21, le Vendredi, 26 mai dernier. C'est celle sur la *Sagesse antique* qui a eu lieu à l'hôtel des Sociétés Savantes, le mercredi 24. Vu l'abondance des matières, notre revue ne donnera que le texte déjà paru de l'*Idéal Théosophique* ; mais ceux de la conférence sur la *Sagesse antique* et de celle sur le *Christianisme au point de vue Théosophique*, cette dernière, en date du 25 mai, sont publiés à part dans un opuscule qu'on peut se procurer à la librairie théosophique, 10, rue Saint-Lazare, à Paris.

Le Directeur administrateur :
D. A. Courmes.

Saint-Amand (Cher). — Imp. DESTENAY, BUSSIÈRE frères.

27 OCTOBRE 1899

DIXIÈME ANNÉE NUMÉRO 8

REVUE THÉOSOPHIQUE
FRANÇAISE

LES PITRIS LUNAIRES

Les théories scientifiques sur les origines de l'homme admettent généralement que, dans le passé, l'homme a eu pour point de départ une forme inférieure quelconque, bien que la période assignée à ce processus par les physiciens et les biologistes varie de quelques millions à des centaines de millions d'années. Toutes ces théories supposent que ce développement a eu lieu sur la terre. Dans un sens, il en fut ainsi, car l'on ne peut guère dire que l'homme soit devenu un être vraiment humain avant qu'il ait conquis Manas dans la 3ᵉ race.

Mais le développement en question n'est pas le simple processus imaginé par nos médecins et biologistes. Le fait le plus important à noter dans cet ordre d'idées, c'est le triple caractère de ce développement, si bien que l'inextricable entrelacement de ces trois systèmes d'évolution et leur mélange rendent cette étude aussi complexe que difficile.

Même en ce qui concerne le moins élevé de ces trois systèmes, — le développement ou plutôt le revêtement de l'homme physique — le corps en un mot — l'évolution a été infiniment plus lente que la science ne l'imagine, et l'on peut trouver les traces des ancêtres de l'homme physique à une époque bien antérieure à son apparition sur cette planète.

Les deux autres systèmes d'évolution dans l'arc ascendant peuvent être donnés comme représentant le développement de la conscience par les expériences kamiques (1) et ahankariques (2), et celui de la

(1) Les expériences obtenues par l'intermédiaire du corps kamique ou âme animale de l'homme. N. D. L. R.

(2) Les expériences qui donnent les rudiments de la conscience du *moi*. N. D. L. R.

16

soi-conscience par les expériences manasiques, et ce qui anime et donne l'impulsion à ces trois éléments (Rupa, (1) Kama (2) et Manas (3)) est, naturellement, la monade divine, Atma (4) Buddhi (5), chez l'homme.

Le mot évolution est un terme assez correct pour l'ensemble du processus ; mais il ne faut pas oublier qu'il existe un profond abîme entre la conscience kamique de l'animal et la *soi*-conscience manasique de l'homme. Cet abîme existe même après que l'Anhankâra (ou l'aurore de la soi-conscience) a été atteint et alors même qu'il a été comblé par une conséquence naturelle du développement, après des siècles sans nombre. Le changement en vertu duquel l'homme devint possesseur des pouvoirs inhérents à la pensée et à la raison ne fut achevé qu'à cette époque reculée, grâce à des puissances extérieures à notre chaîne planétaire. Toutefois comme ces puissances, que nous ne connaissons que sous le nom de Dhyânis solaires ou Agnishvâttas, furent, sous l'empire de la *loi éternelle*, poussées à agir quand le moment fut arrivé, l'ensemble du processus de l'évolution peut être envisagé comme un développement régulier, bien que ses phases soient d'inégale longueur et qu'un secours extérieur ait pu être nécessaire pour combler un abîme particulièrement profond.

Après cette courte introduction, nous allons essayer de donner, naturellement dans une esquisse grossière, le procédé d'évolution à travers les âges sur cette terre, sur les planètes précédentes de la ronde actuelle, à travers les trois rondes précédentes de notre Manvantara (6) et, plus loin encore, jusque dans le précédent Manvantara ou Manvantara lunaire.

Comme les étudiants en théosophie le savent, sept globes constituent le champ (et forment une partie) de notre système d'évolution. Notre terre est le quatrième globe de cette chaîne. C'est autour de cette chaîne de mondes que circule sept fois la vague de vie, et l'ensemble de ce processus est appelé un Manvantara.

Si nous pénétrons plus avant dans le sujet, nous voyons que notre chaîne planétaire fait partie de sept autres chaînes dont la septuple période de manifestation est quelquefois appelée Mahamanvantara (7). De même que cette terre est le quatrième et le plus matériel des sept globes qui constituent le champ de ce Manvantara spécial, de même la chaîne entière de mondes occupe la même place dans le vaste système auquel elle appartient : c'est-à-dire que

(1) Le corps, la *forme* extérieure.
(2) L'âme animale. — N. D. L. R.
(3) L'âme humaine. N. D. L. R.
(4) L'Esprit universel.
(5) L'âme divine.
(6) Un grand cycle contenant l'évolution d'une chaîne planétaire. — (N. D. L. R.)
(7) *Maha*, grand ; grand Manvantara. — N. D. L. R.

la vague de vie qui circule maintenant dans notre Manvantara, a une origine qui lui est bien antérieure. Il y a eu trois Manvantaras avant celui-ci, et il y en aura trois autres quand l'évolution de ce dernier sera terminée.

Les sept globes qui constituent notre chaîne planétaire se trouvent sur trois plans différents de conscience, et il en est naturellement de même pour les sept chaînes de mondes. Le diagramme suivant, relatif à notre chaîne, expliquera ce que nous voulons dire.

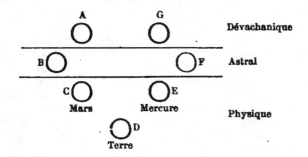

Le globe A sur lequel le processus évolutif commence, et le globe G sur lequel il finit, se manifestent, comme on peut le voir, sur le plan spirituel de conscience. B et F se manifestent sur le plan astral, tandis que Mars, — planète que nous avons précédemment occupée, — la Terre — que nous habitons maintenant, et Mercure — qui se prépare à nous recevoir — se manifestent sur le plan physique de la conscience, et celui de la Terre, qui est le point tournant du cycle entier, est d'une matérialité plus grande que celui des deux autres planètes.

Le dernier Manvantara a été appelé lunaire en raison de ce fait que le globe mort, qui maintenant se trouve être notre lune, fut autrefois une planète pleine de vitalité et joua le rôle de la Terre, c'est-à-dire de quatrième globe, pendant cette période. Les « principes » qui alors animaient la lune se réincarnèrent (pour ainsi dire), à la fin de son activité, dans notre Terre.

Les deux planètes qui correspondaient dans la chaîne lunaire à Mars et Mercure ne sont plus visibles maintenant. Elles peuvent s'être déjà désintégrées, ou bien, malgré leur constitution physique, n'avoir jamais fonctionné comme corps objectifs ; car il ne faut pas oublier que la chaîne lunaire était sur l'arc descendant du Maha-manvantara et que, par suite, elle n'a pas atteint le nadir de matérialité qui caractérise le quatrième Manvantara actuel.

Notre lune, nous a-t-on dit, ne disparaîtra finalement et ne se désintégrera qu'après que le milieu de la septième ronde de notre chaîne aura été dépassé, c'est-à-dire quand la vague de vie humaine aura encore circulé deux fois autour de la chaîne complète et dépassé le milieu (ou point tournant) de la septième ronde de la quatrième planète, qui est notre Terre.

Sous ce rapport, il peut être intéressant de noter que la disparition de la lune de Vénus, que quelques astronomes (1) des XVIIᵉ et XVIIIᵉ siècles déclarent avoir observée, bien qu'elle ne soit plus visible maintenant, peut être expliquée par ce fait que l'évolution sur la chaîne de Vénus — Vénus étant, comme la Terre, la 4ᵉ de sa série — a dépassé le milieu ou point tournant de sa septième ronde. Il faut cependant ne pas oublier que la chaîne de Vénus n'a auc[une] rapport direct avec notre système d'évolution. Sa chaîne et la nôt[re] représentent deux des sept chaînes qui constituent notre syst[ème] solaire, et l'on peut dire qu'elles reçoivent toutes également de n[otre] soleil leur vie, leur lumière et leur énergie. Quant à la ressembl[ance] qui peut exister entre l'humanité de notre chaîne et celle de V[énus] il est impossible d'en parler, mais le haut développement qu[e cette] dernière a atteint et le rôle que quelques-uns des êtres qu[i en font] partie ont joué comme divins bienfaiteurs de notre [humanité nais-] sante, sera indiqué plus loin dans cette étude.

Mᵐᵉ Blavatsky, dans la *Doctrine Secrète*, désig[ne] de la chaîne lunaire sous le nom de Pitris Lunaires, e[n] sept classes : trois spirituelles ou « Arûpa » (2) et q[uatre] relles ou « Rûpa » (3). Dans un passage, elle consid[ère] Arûpa comme appartenant à un plan différent d'évol[ution] assimile aux Agnishvâttas, Kumâras, etc., tandis qu[e dans une] autre partie du même volume, elle paraît les envisager [comme] résultat de l'évolution lunaire. Bref, elle traite le sujet, [si néces-] samment compliqué, d'une manière si confuse que n[ous nous] sommes proposé, dans cette étude, de traiter la question à [nouveau,] en n'employant que des citations appropriées de la *Doctrine* et d'essayer de ranger les Pitris autant que possible dans u[ne clas-] sification plus claire, plus simple et en concordance avec les [ensei-] gnements reçus depuis.

La totalité de la « vague de vie » qui arrive de la chaîne lunaire à la chaîne terrestre, peut être divisée en sept grandes classes représentant les sept règnes : l'humain, l'animal, le végétal, le minéral et les trois règnes élémentals. Le mot Pitri a été réservé uniquement aux entités qui ont atteint le règne humain. Celles-ci peuvent être subdivisées en trois grandes légions. La première comprend ceux qui avaient le plus progressé durant le Manvantara lunaire et avaient presque atteint l'individualité complète ; venant d'entrer en contact avec Manas, ils peuvent être considérés comme de véritables Egos. La seconde comprend ceux qui étaient en pleine possession de la conscience Ahankâra, ce qui constitue le *com-*

---

(1) De Cassini, Hort, Montaigne, Roedkier, Horrebo, Montbarri et Lambert.

(2) Sans forme. N. D. L. R.

(3) Possédant une forme. N. D. L. R.

mencement de l'individualité et crée une entité séparée susceptible de réincarnation. Pour connaître le mode en vertu duquel la loi de l'incarnation opère au-dessous de ce plan, il faut se reporter à une publication précédente de la *London Lodge* intitulée « le Karma dans le règne animal ». La troisième légion consiste dans ceux qui avaient à peine atteint l'Ahankâra et furent, jusqu'à un certain point, des *insuccès*, attendu qu'ils n'avaient pas atteint le développement moyen spécial à ce Manvantara.

Pour faciliter davantage les références, nous appellerons ces légions séparées : Pitris du groupe 1, du groupe II, du groupe III.

Nous n'avons rien à voir pour le moment avec les groupes I et II. On peut les envisager comme restant dans le Nirvâna, qui sépare les Manvantaras jusqu'à ce que le processus évolutif de la nouvelle chaîne arrive à un point correspondant à leur développement et favorable à leur progrès.

Première Ronde.

Nous nous trouvons, en ce moment, à l'aurore de la chaîne terrestre, avec ses sept planètes attendant leurs habitants et avec les archétypes de tous les types futurs déjà préparés dans le mental divin de l'esprit planétaire qui se trouve être le Manou-semence du Manvantara, et dont le vaste plan est mis à exécution à travers une suite d'æons (1) d'évolutions par les Manous-semences et les Manous-racines de chaque ronde. Ce qui revient à dire que les Manous-semences préparent l'archétype et que les Manous-racines le transforment en types.

La vague de vie arrive donc au globe A de la chaîne terrestre — la première planète, la plus spirituelle — et le plus bas des règnes élémentals fait son apparition, mais *non* comme essence non différenciée, ainsi qu'il arrive habituellement dans ce règne et dans tous les règnes inférieurs. Dans l'espèce, ce sont les Pitris que nous sommes convenus d'appeler le groupe III qui se manifestent dans les formes de ce règne, sous la direction de cet esprit planétaire qui, dans cette première ronde, agit à la fois comme Manou-semence et Manou-racine. Ces Pitris, pour ainsi dire, *préparent les formes* pour les monades qui se pressent derrière eux et passent ensuite au règne élémental suivant, abandonnant leurs formes aux monades du grade précédent (essence animale monadique non différenciée) qui arrivent de la chaîne lunaire.

Les Pitris du groupe III parcourent tous les règnes sur le globe A, — élémentals, minéral, végétal et animal, — parvenant de nouveau au règne humain à la fin de leur séjour sur ce globe.

Sur le globe B, ils continuent leur chemin en repassant encore à travers le règne élémental inférieur et travaillent, comme auparavant, pour atteindre l'humanité. Ce processus a lieu sur chaque

(1) De longues périodes de temps. N. D. L. R.

globe. Ils continuent leur chemin sur *chacun de ces derniers* en passant par tous les règnes, gardant toujours la conscience ahankarique, et toujours suivis à travers chaque règne par des légions de monades qui se pressent sur leurs pas. On remarquera que, comme elles n'atteignent le niveau humain qu'au moment de quitter chaque planète, les légions de monades qui les suivent n'ont pas le temps, pour ainsi dire, d'atteindre ce niveau, et c'est seulement au début de la seconde ronde que les monades les plus rapprochées (essence monadique animale non différenciée de la chaîne lunaire) atteignent le règne humain.

Après la première ronde, les Pitris du groupe III ne passent plus par les règnes inférieurs. Ils conservent leur humanité pendant le reste du Manvantara. Leur passage à travers les règnes inférieurs durant la première ronde ne doit pas être regardé comme un pas en arrière, attendu que la chaîne terrestre, même dans ses stages inférieurs, est en avance sur la chaîne lunaire ; et ce mouvement rétrograde apparent n'est tout simplement, pour ainsi dire, qu'une spirale revenant chaque fois en arrière sur un niveau supérieur. Aussi, bien que ces Pitris du groupe III aient conservé la conscience de leur identité, celle-ci n'était pas suffisamment profonde pour leur faire conserver leur état de séparativité, même dans les plus basses formes.

On peut trouver une comparaison dans le fait, bien connu de la science, que le fœtus humain passe par toutes les formes appartenant à chaque règne avant d'atteindre la forme humaine, et les livres orientaux nous amènent à croire que l'organisme nouvellement créé possède un certain degré de conscience au milieu des transformations qui précèdent sa naissance. Cette conscience doit nécessairement être fort limitée, en raison de l'imperfection des formes dans lesquelles elle fonctionne. Cependant l'égo n'a à souffrir ni mouvement rétrograde, ni dégradation, attendu que chaque nouvelle incarnation est un progrès dans l'évolution. C'est le cas des Pitris du groupe III qui, dans la première ronde, furent forcés de repasser par chaque forme et chaque stage des règnes inférieurs. Cet état de choses n'était pas une descente réelle dans l'échelle de la nature, mais simplement un prélude à une évolution supérieure de *l'homme* vrai. La fin de la ronde amène les Pitris du groupe III au niveau atteint par les Pitris du groupe II dans le Manvantara lunaire.

Deuxième Ronde.

A l'aurore de la deuxième ronde, les Pitris du groupe II (ceux qui ont atteint complètement l'Ahankâra) commencent à entrer en activité. Jusqu'alors ils étaient restés dans un état subjectif, puisque, à cause de leur degré plus haut de leurs progrès, ils avaient échappé à la nécessité de passer à travers les règnes sous-humains dans la première ronde. Ils *s'infiltrent* continuellement à travers la seconde ronde, qui embrasse alors dans son règne humain les Pitris des groupes II et III et cette partie des légions monadiques qui étaient prêtes à sortir du règne animal à la fin de la première ronde.

Sur le globe A de la seconde ronde, les Pitris des groupes II et III accomplissent leur cycle évolutif sous la conduite du Manou. C'est ici qu'il convient de donner une brève explication du mot de Manou.

Ainsi qu'on l'a établi ci-dessus, les types afférents au Manvantara entier sont formés dans le mental du grand esprit planétaire, qui est le Manou-semence de la chaîne entière, et qui a fonctionné également comme Manou-racine de la première ronde. Mais à chaque ronde suivante, un Manou-semence et un Manou-racine inférieurs réalisent en détail ce que le Manou manvantarique a esquissé en grand. Le Manou-semence prépare les formes archétypes sur le plan subjectif durant le Pralaya et les Manous-racines les rendent objectifs dans la nouvelle ronde.

Il y a aussi des Manous dont c'est le devoir d'agir de la même façon pour chaque race-mère sur chaque planète de la ronde, le Manou-semence projetant le perfectionnement du type que chaque race-mère inaugure successivement, et le Manou-racine s'incarnant réellement dans la nouvelle race comme chef et maître pour en diriger le progrès et en assurer le perfectionnement.

On nous a donné à entendre que, sauf une exception (le Manou-racine de notre cinquième race actuelle) ces Manous de race (et encore plus, naturellement, les Manous de ronde) n'ont pas appartenu à notre humanité, mais ont été jusqu'ici le résultat de systèmes d'évolution différents et vraisemblablement plus élevés. Un de ces systèmes, qui a procuré de divins gardiens à notre évolution, comparativement jeune, est la chaîne de Vénus, à laquelle il a été fait allusion au début de cette étude. Cette chaîne, on nous l'a donné à entendre, n'appartient pas à une évolution d'un ordre supérieur ; mais se trouvant dans sa septième ronde, elle a naturellement atteint un bien plus haut degré dans son développement que celui auquel nous sommes actuellement arrivés. Il paraît probable cependant que nous avons maintenant atteint un point tel que le secours extra-planétaire deviendra de moins en moins nécessaire, attendu que le Manou-racine de le sixième race-mère doit être, paraît-il, un adepte élevé qui a atteint ce niveau dans notre humanité.

Du plan spirituel du globe A de la seconde ronde, les deux légions de Pitris, suivies par les nouveaux venus dans le règne humain et les autres règnes de la nature, continuent leur course à travers le globe astral B, le globe demi-physique C et le globe entièrement physique D, notre Terre. Ici les règnes, y compris le règne humain, sont encore éthérés et gigantesques. L'homme devient graduellement un être plus physique, avec un corps plus solide et plus serré dans son tissu ; cependant il est encore moins intelligent que spirituel, car il ne faut pas oublier que « le mental évolue plus lentement et plus difficilement que la forme physique ». En quittant le globe D, le cycle d'évolution se continue sur une courbe élevée de l'échelle en spirale, dans les globes E, F et G, et quand la ronde est complète, le Pralaya a lieu.

Troisième Ronde.

La 3ᵉ ronde est maintenant mise en activité sous la conduite de ses Manous-semence et racine, et suit son cours à travers les planètes. Arrivé sur cette terre, l'homme devient entièrement physique, avec un corps tout à fait solide et compact. Il est gigantesque, ressemble à un singe, et possède plus d'intelligence que de spiritualité ; car il a maintenant atteint le point où sa spiritualité primordiale est obscurcie et va bientôt être éclipsée par sa mentalité naissante. Dans les dernières races de cette troisième ronde sur la terre, sa gigantesque nature décroît, le corps perfectionne son enveloppe, et ses os se solidifient. Il devient aussi un être plus raisonnable. Vers la fin de la ronde les monades qui ont pénétré du règne animal dans le règne humain pendant les rondes précédentes atteignent l'Ahankâra, le précurseur du Manas.

(*A suivre*).   **A. P. Sinnett** et **W. Scott Elliot.**

LA RÉINCARNATION

(*Suite*).

En réalité l'homme a évolué au moyen de l'enseignement direct, de l'exemple, et des lois qui lui ont été imposées. Nous avons vu que lorsque la masse de l'humanité ordinaire reçut l'étincelle qui engendra le Penseur, quelques-uns des plus grands « Fils de l'Intelligence » s'incarnèrent comme Instructeurs ; une longue succession de « Fils de l'Intelligence » moins élevés et occupant différents stages d'évolution s'incarnèrent aussi comme tête de vague de la marée montante humaine. Ils dirigèrent les hommes les moins évolués, guidés eux-mêmes par la bienveillante surveillance des grands Instructeurs, et l'obéissance obligatoire aux lois élémentaires d'une bonne vie, — lois bien élémentaires, en vérité, au commencement, — hâta beaucoup le développement des facultés mentales et morales dans les âmes embryonnaires. En dehors de tous les autres témoignages, les restes gigantesques de civilisations depuis longtemps disparues, — restes qui prouvent, à eux seuls, un art mécanique et des conceptions intellectuelles bien au-dessus des possibilités d'une humanité enfant, — suffisent à prouver qu'il y avait alors sur la terre des hommes dont l'intelligence était capable de penser grandement et d'exécuter magnifiquement.

Continuons à étudier le premier stage de l'évolution. La sensation était la dominatrice absolue du mental ; les premiers efforts de ce dernier furent stimulés par le désir. C'est ainsi que l'homme arriva lentement et péniblement à percevoir et à concevoir.

Il commença à reconnaître une association définie de certaines images mentales, et quand l'une lui apparaissait il attendait la venue de celle qu'il savait la suivre invariablement. Puis il tira des déductions et, plus tard, basa ses actions sur la certitude que ces déductions lui fournissaient : ce fut là un grand progrès. Il en arriva ensuite à hésiter, de temps à autre, à suivre les sollicitations du désir, parce qu'il avait reconnu par maintes expériences, que la satisfaction de ce désir était suivie de souffrance. Ce travail fut très accéléré par la pression que des lois exprimées verbalement exercèrent sur lui ; il lui fut défendu, par exemple, de céder à certaines jouissances, et on le prévint que la douleur suivrait la désobéissance ; et lorsque cédant à la passion, il savourait l'objet de ses désirs et trouvait ensuite la douleur qu'on lui avait dit devoir suivre le plaisir, la constatation faisait sur son mental une impression bien plus forte que ne l'aurait fait une chose imprévue, — et par conséquent fortuite pour lui, — paraissant se produire accidentellement. Ainsi s'élevait un continuel conflit entre le souvenir et le désir, et cette lutte donnait au mental plus d'activité et un meilleur fonctionnement. Le combat, en effet, marqua la transition entre le premier et le second grand stage.

A ce moment, le germe de la volonté commençait à se montrer. Le désir et la volonté guident les actions des hommes, et l'on a toujours défini la volonté comme un désir qui sort triomphant de la lutte des désirs. Mais c'est là une manière de voir grossière, superficielle, qui n'explique rien. Le désir c'est l'énergie du Penseur se portant vers l'ambiance ; sa direction est déterminée par l'attraction des objets extérieurs.

La volonté c'est aussi l'énergie du Penseur, mais son énergie dirigée soit par les conclusions que la raison a tirées des expériences passées, soit par l'intuition directe du Penseur lui-même. Autrement dit, le désir est dirigé par le dehors ; la volonté, par le dedans.

Au commencement de l'évolution humaine, le désir règne en souverain ; il pousse l'homme, le ballotte à son gré ; au milieu de cette évolution, le désir et la volonté sont en lutte continuelle, et la victoire reste tantôt à l'un, tantôt à l'autre ; quand l'évolution est terminée, le désir est mort, et la volonté règne en souveraine absolue. Tant que le Penseur n'est pas suffisamment développé pour voir directement par lui-même, la volonté est guidée par la raison ; or, comme la raison ne peut tirer ses conclusions que de son stock d'images mentales (ses expériences), et que ce stock est limité, la volonté ordonne constamment des actions sans sagesse. La souffrance qui résulte de ces actions folles, augmente le nombre des images mentales, et donne à la raison son plus grand approvisionnement pour en tirer des conclusions. Ainsi s'accomplit le progrès, et se développe la sagesse.

Le désir se mêle souvent à la volonté, de sorte que ce qui paraît la conséquence d'une décision intérieure est, en réalité, largement motivé par la nature inférieure qui désire les objets qui lui procurent de la satisfaction. Au lieu d'entrer ouvertement en conflit avec la nature supérieure, la nature inférieure s'insinue subtilement dans son courant et en détourne le cours. Les désirs de la personnalité vaincus dans les combats au grand jour, conspirent contre leur vainqueur, et obtiennent souvent par ruse ce qu'ils n'avaient pu conquérir par force. Pendant toute la durée de ce second stage, — stage dans lequel les facultés du mental inférieur sont en pleine évolution, — la lutte est la condition normale, lutte entre la sensation et la raison.

Le problème à résoudre pour l'humanité c'est de mettre fin à la lutte, tout en conservant la liberté de la volonté ; c'est-à-dire fixer irrévocablement la volonté vers le meilleur tout en laissant ce meilleur dans une question de choix. Le bien doit être choisi, mais choisi par une volonté qui se détermine elle-même et se manifeste avec toute la certitude de quelqu'un qui exécute une action de nécessité absolue, préétablie. La certitude de l'existence d'une loi obligatoire s'obtient par l'exercice d'innombrables actes de volonté, dont chacun s'est effectué librement. La solution de ce problème est simple quand on l'a comprise, tandis qu'elle paraît contradictoire et inacceptable au premier abord. Quand l'homme est laissé libre de choisir ses propres actions, et que chacune de celles-ci amène un résultat inévitable ; quand il s'élance au milieu de tous les objets désirables, choisit ce qu'il veut, et éprouve tous les résultats agréables ou pénibles des choix qu'il a faits, il ne tarde pas à rejeter de lui-même tous les objets dont la possession lui a finalement occasionné de la peine, et il ne les désire plus quand, par l'expérience, il a appris qu'ils occasionnent régulièrement de la souffrance. Qu'il lutte maintenant pour avoir le plaisir et pour éviter la peine, il n'en sera pas moins broyé sous la meule de la loi, et cette leçon lui sera donnée autant de fois que ce sera nécessaire ; d'ailleurs, la réincarnation fournira autant de vies qu'il en faudra, quelque paresseux que soit l'écolier. Peu à peu, le désir, pour un objet dont la possession amène de la souffrance, s'éteint, et quand cet objet, avec son charme captivant, se présente de nouveau, il est repoussé non par un choix forcé, mais par un choix libre. N'étant plus désiré, cet objet a perdu tout pouvoir. Il en sera de même objet après objet, et le choix s'harmonisera de plus en plus avec la loi. « Les voies de l'erreur sont nombreuses ; la voie de la

vérité est une » ; quand tous les sentiers de l'erreur out été foulés,
quand l'homme a trouvé qu'ils aboutissent tous à la douleur, le
choix du sentier de la vérité devient définitif parce qu'il est basé
sur la connaissance. Les règnes inférieurs œuvrent harmonieusement parce qu'ils y sont contraints par la loi ; le règne humain est
un chaos de volontés en conflit, de volontés luttant, se révoltant
contre la Loi ; mais il en résulte bientôt une plus noble unité, et un
choix harmonieux d'obéissance volontaire, une obéissance volontaire, parce qu'elle est basée sur la connaissance et sur le souvenir
des résultats de la désobéissance passée, une obéissance stable,
parce qu'aucune tentation ne peut plus la détourner. Un homme
ignorant et inexpérimenté, courrait sans cesse le risque de
faillir ; mais un homme Dieu, connaissant par expérience le bien et
le mal, a définitivement choisi le bien et a dépassé à jamais toute
possibilité de changement.

La volonté, dans le domaine moral, est généralement appelée
conscience, et elle y est sujette aux mêmes difficultés que dans ses
autres activités. Aussi longtemps qu'il s'agit d'actions répétées
nombre de fois déjà et dont les conséquences sont familières soit à
la raison, soit au Penseur lui-même, la conscience parle vivement
et avec fermeté ; mais quand se présentent des problèmes qui n'ont
pas encore été compris et sur la solution desquels l'expérience ne
sait rien, la conscience ne peut s'exprimer avec certitude. La raison
donne, il est vrai, une réponse, mais d'une voix hésitante, expression d'une conclusion douteuse, et le Penseur ne peut parler s'il n'a
pas assimilé dans une précédente expérience les circonstances qui
viennent de se présenter. C'est pourquoi il arrive souvent que la
conscience décide mal ; c'est-à-dire que la volonté, n'ayant pas une
direction certaine donnée par la raison ou l'intuition, guide l'action
dans une fausse direction.

Il nous faut aussi considérer les influences extérieures qui agissent
sur le mental, provenant des formes-pensées de l'ambiance, — des
amis, de la famille, de la communauté, de la nation. Elles entourent
le mental et le pénètrent de leur propre atmosphère, défigurant
l'apparence des choses en empêchant ainsi qu'elles soient vues dans
leurs réelles proportions. Ainsi influencée, souvent la raison, au
lieu de juger avec calme, d'après sa propre expérience, arrive à de
fausses conclusions, parce qu'elle étudie le sujet à travers un milieu
déformant.

L'évolution des facultés morales est très grandement aidée par
les affections, quelque animales et égoïstes qu'elles soient, pendant
l'enfance du Penseur. Les lois de la morale sont établies par la raison éclairée qui discerne les lois qui dirigent la nature, et qui place
la conduite humaine en accord avec la volonté divine. Mais l'impulsion à obéir à ces lois, quand aucune force humaine n'y con-
traint, a sa racine dans l'amour, dans cette divinité cachée dans
l'homme et qui cherche à se répandre au dehors, à se donner aux

autres. Chez le Penseur enfant, la morale commence quand il est,
pour la première fois, poussé par l'amour pour sa femme, son enfant ou son ami, à accomplir un acte qui ne servira qu'à l'être
aimé, sans association aucune de pensée d'intérêt personnel. Voilà
la première conquête sur la nature inférieure ; son asservissement
complet forme la perfection morale. De là la grande importance
de ne jamais détruire ni de chercher à amoindrir les affections, —
ce qui est fait dans bien des genres inférieurs d'occultisme. Car
quelque impures et grossières que puissent être les affections, elles
offrent des possibilités d'évolution morale desquelles l'homme au
cœur froid et qui s'isole en lui-même se prive. Il est plus facile de
purifier l'amour que de le créer, c'est pourquoi de Grands Maîtres
nous ont dit que « les pécheurs » étaient plus près du royaume des
cieux que les Pharisiens et les scribes.

Le troisième grand stage de conscience voit le développement
des pouvoirs intellectuels les plus élevés. Le mental ne s'occupe
plus exclusivement d'images mentales formées par les sensations,
il ne raisonne plus uniquement sur des objets purement concrets ni
sur les attributs qui les différencient les uns des autres ; ayant appris à distinguer clairement les objets d'après leurs différences, il
commence maintenant à les grouper d'après quelque attribut particulier qui apparaît dans un certain nombre d'entre eux différents
sous tous les autres aspects, et forme un lien entre eux. Il sépare,
extrait cet attribut commun, et place tous les objets qui le possèdent en dehors de ceux qui en sont privés. Il évolue ainsi le pouvoir
de reconnaître l'identité dans la diversité ; il avance ainsi d'un pas
vers ce qu'il acquerra beaucoup plus tard : la reconnaissance de
l'Unité cachée sous la pluralité. L'homme classifie ainsi tout ce qui
l'entoure, développant la faculté synthétique, et apprenant à construire tout aussi bien qu'à analyser. Il avance bientôt d'un nouveau
pas ; il conçoit une propriété commune, comme une idée, abstraction faite des objets chez lesquels cette propriété apparaît, et il
construit ainsi une image mentale d'une espèce plus élevée que
l'image de l'objet concret, — l'image d'une idée qui n'a pas d'existence phénoménale dans les mondes de la forme, mais qui existe
sur les couches plus élevées du plan mental et fournit au Penseur des
matériaux sur lesquels il peut agir. Le mental inférieur arrive à
l'idée abstraite par la raison, et c'est là sa plus haute envolée ; il
touche le seuil du monde sans forme et entrevoit vaguement ce qui
se trouve au delà !

Le Penseur voit ces idées et vit habituellement au milieu d'elles,
et quand il a développé et exercé le pouvoir du raisonnement abstrait, il devient une entité effective dans son propre monde et y
commence une vie d'activité. De tels hommes s'inquiètent peu de
la vie des sens, se soucient peu d'observer ce qui se passe autour
d'eux, ou de fixer leur mental sur les images des objets extérieurs ;
leurs pouvoirs sont enfermés à l'intérieur et ne se précipitent plus à

la recherche de leur propre satisfaction. Ils demeurent en eux-
mêmes avec calme, absorbés par les problèmes de la philosophie,
par les aspects les plus profonds de la vie et de la pensée, préoccu-
pés de comprendre les causes plutôt que de se perdre à la fatigante
recherche des effets, et s'approchant de plus en plus de la connaissance de l'Unité cachée sous les innombrables formes de la Nature
extérieure.

Au quatrième stage de la conscience, l'homme voit l'Unité ; franchissant les barrières élevées par l'intellect, la conscience s'étend,
embrasse le monde, voit toutes choses en elle et faisant partie
d'elle ; elle se voit elle-même un rayon de *Logos*, et par conséquent
sait qu'elle est une avec Lui. Où est alors le Penseur ? Il est devenu
la Conscience, et tandis que l'âme spirituelle peut, à volonté, faire
usage de ses véhicules inférieurs, il n'est plus limité à leur usage,
ils ne lui sont plus nécessaires pour une pleine et consciente vie. A ce
moment l'homme n'est plus astreint à se réincarner ; il a détruit la
mort, — il a véritablement atteint l'immortalité. Il est devenu « un
pilier du temple de mon Dieu et n'en sortira plus ».

Pour compléter cette partie de notre étude, il faut que nous comprenions les vitalisations successives des véhicules de conscience,
et que nous sachions comment ils sont devenus successivement des
instruments actifs et harmonieux de l'âme humaine.

Nous avons vu que, depuis le début de sa vie individuelle, le Penseur possède des vêtements de matière mentale, astrale, éthérique
et aussi de lourde substance physique. Ils forment les milieux au
moyen desquels sa vie vibre à l'extérieur, le pont, pour ainsi dire,
de la conscience, pont au moyen duquel toutes les impulsions du
Penseur peuvent atteindre jusqu'au grossier corps physique et par
lequel tous les contacts extérieurs peuvent lui arriver. Mais cet emploi général de corps successifs faisant partie d'un tout complet est
une chose bien différente de la vitalisation de chacun de ces corps
dans le but de servir de véhicule de conscience spécial, indépendant
de ceux qui sont au dessous de lui. C'est de cette vitalisation, de
cet éveil des véhicules, dont nous avons à nous occuper maintenant.

Le véhicule le plus inférieur, le lourd corps physique, est le premier à être amené à fonctionner harmonieusement ; le cerveau et
le système nerveux doivent être perfectionnés et devenir capables de
répondre instantanément et avec précision à toute vibration qui
entre dans les limites de leur pouvoir vibratoire. Dans les premiers
stages, quand le corps physique n'est encore composé que de matériaux grossiers, la gamme de ses vibrations est des plus limitées,
et l'organe physique de l'intelligence ne peut répondre qu'aux plus
grossières des vibrations d'en haut. Il répond bien plus promptement, comme c'est naturel du reste, aux contacts du monde extérieur, contacts causés par des objets de substance semblable à la
sienne. Ce n'est que lorsqu'il est devenu sensible aux vibrations gé-

nérées à l'intérieur qu'il s'éveille comme véhicule de conscience, et la rapidité de cet éveil dépend de la coopération de la nature inférieure avec la nature supérieure, et de sa loyale soumission au service de son maître intérieur. Quand après de nombreuses, très nombreuses périodes de vie, la nature inférieure commence à comprendre qu'elle n'existe que pour développer l'âme, que toute sa valeur dépend de l'aide qu'elle peut donner à l'âme, et qu'elle ne peut gagner l'immortalité qu'en s'immergeant dans l'âme, alors son évolution marche à pas de géant. Jusque-là, son évolution avait été inconsciente. Au commencement, la satisfaction de la nature inférieure était le but de la vie, et si ce fut, à ce stage, un préliminaire nécessaire pour éveiller les énergies du Penseur, cela ne fit rien de direct pour rendre le corps un véhicule de conscience ; cette action directe ne commence que lorsque l'homme a établi son centre de vie dans le corps mental et que la pensée domine la sensation.

L'usage des pouvoirs mentals agit sur le cerveau et sur le système nerveux, et graduellement la substance grossière de ces appareils est remplacée par une substance plus fine pouvant vibrer à l'unisson des vibrations que lui envoie la pensée.

Le cerveau devient d'une constitution de plus en plus parfaite, et les circonvolutions, en se compliquant de plus en plus, augmentent la surface de matière nerveuse apte à répondre aux vibrations de la pensée. Le système nerveux devient plus subtil, plus équilibré, plus sensitif, plus alerte dans sa réponse à tout mouvement d'activité mentale.

Et quand l'homme a reconnu que son corps n'est qu'un instrument de l'âme, comme nous l'avons dit plus haut, il commence à coopérer activement à cette fonction. La personnalité se discipline délibérément et fait passer les intérêts permanents de l'individualité immortelle avant ses propres satisfactions passagères ; elle consacre le temps qu'elle pourrait employer à la poursuite des plaisirs inférieurs, à l'évolution des facultés mentales ; chaque jour un temps spécial est consacré aux études sérieuses ; le cerveau se condamne avec plaisir à recevoir les contacts de l'intérieur au lieu de ceux de l'extérieur, il est entraîné à répondre à une pensée suivie et à s'abstenir de créer ces images inutiles et sans suite provenant des impressions passées. Le cerveau apprend à rester en repos quand son maître n'a pas besoin de lui, à répondre à des vibrations et non à en produire (1). Il faut, en plus, procéder avec discrétion et discernement au choix de la nourriture, puisqu'elle fournit des matériaux physiques au cerveau. Il faut abandonner l'usage des substances

(1) Un des signes qui font reconnaître que ce but est atteint, c'est la cessation de cette mêlée confuse d'images brisées formées pendant le sommeil par l'activité indépendante du cerveau physique. Quand le cerveau commence à subir le contrôle, cette espèce de rêves est très rarement éprouvée.

grossières, telles que la viande des animaux, le sang, l'alcool, car des aliments purs peuvent seuls construire un corps pur. Petit à petit, les vibrations inférieures ne trouveront plus de matériaux capables de leur répondre, et le corps physique deviendra de plus en plus complètement un véhicule de conscience répondant avec précision à toutes les impulsions de la pensée et extrêmement sensible aux vibrations projetées par le Penseur.

Le double éthérique suit si intimement la constitution du corps physique grossier, qu'il n'est pas nécessaire d'étudier séparément sa purification et sa vivification ; il ne sert pas normalement comme véhicule spécial de conscience, mais il agit synchroniquement avec son lourd associé et quand il en est séparé, soit par un accident, soit par la mort, il ne répond que très faiblement aux vibrations venant de l'intérieur. En vérité, sa fonction n'est pas de servir de véhicule à la conscience mentale, mais de véhicule du Prâna, de la force vitale spécialisée, et sa séparation des particules denses auxquelles il distribue les courants de sa vie est très nuisible et peut occasionner de graves désordres.

Le second véhicule de conscience à vivifier c'est le corps astral, et nous avons déjà vu les changements à travers lesquels il passe à mesure qu'il s'organise pour cette œuvre (1).

(*A suivre*).   Annie Besant.

FOI, DOUTE ET CERTITUDE

Quoi de plus doux, de plus vivifiant que la Foi ! Quoi de plus amer, de plus déprimant que le Doute ! La foi sans limites, profonde, aveugle qui jaillit dans le cœur de l'enfant et berce sa vie riante ; le doute subtil, torturant, qui s'infiltre dans l'âme avec l'éveil du mental et devient, dans plus d'un cas, le monstre sans pitié qui dissèque désormais avec son scalpel glacé tout ce qu'il y a de vivant en nous : c'est le vautour qui dévore le cœur et que Prométhée, — l'homme, — doit étouffer s'il ne veut perdre sa vie spirituelle et devenir un squelette moral.

Mais Prométhée est enchaîné sur le rocher terrestre, — l'Esprit est actuellement l'esclave du corps, la divinité (2) est encore impuissante sur le plan matériel, et le vautour (3) est le maître. Le feu (4) que le géant déroba au ciel est le présent terrible qui précipite

(1) Voir « Le Plan Astral », dans *La Sagesse Antique*, chapitre II.
(2) La triade divine en l'homme : *Atma-Buddhi-Manas*.
(3) Le mental uni aux passions : *Kama-Manas*.
(4) L'intelligence (*Manas*) qui fait de l'homme-animal l'homme vrai.

l'homme dans l'abîme, ou fait de lui un dieu immortel ; oiseau
vorace, il doit subir la transformation spirituelle et devenir le
Phénix (1) ou mourir dans le sépulcre à côté de l'animal son compagnon (2). Mais quelle que soit sa destinée, qu'il se divinise ou qu'il
se perde, ses premiers mouvements sont fertiles en troubles et en
dangers ; tant qu'il sommeille, tout, dans l'homme, est calme et
heureux : dès qu'il s'éveille le tourment se présente. Il dort pendant
l'enfance du cycle humain de vie, il s'éveille durant l'adolescence,
il domine la jeunesse et il ne s'assouplit, quand il doit être dompté,
qu'au cours de la maturité. Avant lui, c'est la foi vierge, l'harmonie pure de l'Etre s'exprimant par le bonheur inconscient des jeunes
années ; après lui, c'est l'examen, le doute, le désordre, le combat
dans l'Etre, c'est l'angoisse et la détresse.

I

La Foi

La foi, dans sa forme la plus simple, est cette impression de
l'Ego (3) sur la conscience cérébrale (4) qui se traduit par la
croyance en ce quelque chose éminemment complexe que l'on peut
synthétiser par un mot : le Mystère. Le Mystère c'est Dieu, c'est
l'étincelle divine qui brûle dans le cœur de tout homme, c'est les
formes diverses de la Vie vécues sur les plans variés de l'Univers,
c'est l'immortalité de l'âme et les mille aspects de la Vérité.

« L'origine de la foi est dans la Révélation. De grands Etres (5),
au début d'une humanité, la donnent au monde pour guider ses
premiers pas ; des Religions l'incorporent ; des Initiés de divers
grades (prêtres) l'enseignent ; des Messagers spéciaux, envoyés périodiquement, la rappellent aux peuples aux heures nécessaires et
donnent l'aide que requièrent la naissance d'une Race ou d'une

---

(1) L'Intelligence (*Manas*) unie à l'âme spirituelle (*Buddhi*) qui l'immor-
talise.

(2) Le corps des désirs (*Kama*) auquel, dans ce cas, le mental (*Manas
inférieur*) s'est associé et avec lequel il subit l'annihilation.

(3) Le Penseur (*Manas supérieur*), ou plutôt la « conscience supérieure », c'est-à-dire, l'action collective des trois principes qui forment
la Triade divine. Parfois, en effet, l'impression la plus importante vient
de *Buddhi* et est transmise au cerveau par la vibration qu'elle provoque
dans le principe qui est la réflexion de *Buddhi* sur le plan astral : *Kama*.

(4) La « Conscience » de l'Ego sur le plan physique est largement
différente de celle qu'il possède sur les autres plans. Les Egos peu avancés ne sont conscients que sur le plan physique (conscience cérébrale) ;
les Egos très évolués sont, au contraire, si prodigieusement plus actifs,
plus intelligents, plus compassionnés, etc., sur les plans supérieurs, que
le corps physique est, pour eux, la prison obscure et les lourdes chaînes
de la chair.

(5) Les grands Adeptes qu'on nomme les Manous, par exemple.

sous-race, le commencement ou la fin d'un cycle, et bien d'autres étapes du pèlerinage de l'humanité.

« La Révélation des fragments de vérité nécessaires à l'évolution spirituelle des hommes hâte considérablement le développement des âmes et réduit au minimum les épreuves et la douleur qui accompagnent l'expérience non assistée. La foi en les vérités proclamées par la Révélation et transmises par les corps d'Initiés est, d'abord, la foi aveugle : l'assentiment donné sans examen à la parole des Prophètes et des Rois initiés, la confiance instinctive en une grande Ame, à un Etre dont la perfection et la puissance montrent la divinité. Tels étaient les hiérophantes et les chefs des dynasties divines sur l'Atlantide (1) et en Egypte ; tels étaient les Manous, les Zoroastres ; tel était le grand Maître de Compassion, — Bouddha ; tel était le Christ ; tels seront tous les divins Messagers du futur.

« L'impression des grandes vérités sur le mental naissant des premiers hommes se poursuit durant de longues périodes, et quand les résultats obtenus sur les Egos en incarnation sont jugés suffisants, elle décroît peu à peu, les grands Instructeurs disparaissent, les hommes entrent dans la période où il est utile de penser par soi-même et de guider ses actes d'après les Conseils de la Voix de la Conscience.

La dispensation spirituelle se limite alors à l'enseignement des Religions et des prêtres initiés qui les dirigent, et quand les périodes critiques de la mentalité arrivent avec la jeunesse des races, ces derniers cessent d'être en évidence, restent connus seulement du petit nombre, et sont remplacés peu à peu par un clergé de moins en moins éclairé, — mais à ce moment la mission divine est accomplie, une lumière suffisante a été projetée dans les âmes, les Egos sont développés au point où ils peuvent guider les personnalités (2), où la lutte est pour eux un avantage, où l'erreur et les méprises sont des moyens de développement de l'intuition, où l'incertitude et le doute sont des marchepieds vers la Sagesse (3). »

Il est facile de voir que la foi des peuples primitifs ne peut être que la foi aveugle. Le mental, en eux, est encore embryonnaire ; le principe psychique (4) est le véritable acteur, un acteur impulsif, aisément mu par les vibrations du cœur, et surtout quand ces vibrations lui viennent d'un de ces êtres parfaits et puissants qui

(1) Voir l'esquisse sur les *Races préhistoriques*, dans la *Revue théosophique française* d'octobre, novembre, décembre 1898.

(2) La « Conscience cérébrale », et, plus tard, quand l'homme est pleinement actif sur le plan astral, la « conscience astrale » : le « moi » limité par les véhicules inférieurs. Nous ne pensons pas qu'il soit utile d'inclure, dans cette liste, la « conscience dévachanique inférieure », car à ce degré, les personnalités, sur le plan mental, sont presque unifiées à la Conscience supérieure.

(3) *La Théosophie en quelques chapitres*, page 20.

(4) *Kama*, le corps des désirs.

président aux premiers pas des races. Ce sensitivisme extrême permet une impression vigoureuse, profonde, et il la conserve aussi longtemps que la main du mental ne vient point l'effacer.

La foi aveugle persiste d'autant plus, elle résiste d'autant mieux à l'action troublante de l'élément mental, que le principe psychique domine davantage, car l'Ego peut tenir plus facilement le mental en échec. En effet, tout individu chez qui le principe kamique est dominant, et suffisamment pur pour que son activité normale se passe sur les couches subtiles de sa matière, possède une vibration buddhique plus intense que celle de celui dont la caractéristique constitutionnelle est mentale car, selon la loi des correspondances, dans leur réflexion sur les plans inférieurs, *Atma* se manifeste en *Prana*, *Manas supérieur* en *Manas inférieur*, *Buddhi* en *Kama*. Chez un homme semblable, la foi résiste au mental et refuse de discuter avec lui quand il porte le défi, tandis que l'amour le pousse irrésistiblement vers Dieu par la dévotion, la voie que les Hindous appellent *Bakti Yoga*, la plus douce des trois voies et la moins dangereuse, car, avec le développement de l'Ego, l'impression buddhique grandit et l'homme est préservé des dangers de la prédominance du principe mental.

Cette foi ne choisit pas, l'homme croit. L'élément qui choisit parce qu'il discute, le mental, n'agit pas ou agit peu, il n'est pas le maître ; aussi la forme de la Vérité a-t-elle peu d'importance, l'homme adopte habituellement celle qui lui a été présentée la première, celle qui a frappé sa conscience dans sa période de virginité ; il ne regarde point les apparences ; à travers les enveloppes, il perçoit les grandes vérités, et c'est à ces vérités qu'inconsciemment il s'attache en s'attachant à la forme. Chez ces âmes, la foi qui a bercé l'enfance, a conquis le cœur ; ils y restent fidèles jusqu'à la mort, elle est pour eux la meilleure, quand elle n'est point la seule.

Le Doute

Le Doute frappe à la porte de l'âme, quand le mental (1) commence à dominer l'élément psychique (2), quand sa vibration est devenue plus forte que celle que le corps astral peut recevoir de l'Ambiance (3) ou de l'Ego. Le mental est la cause du doute parce qu'il est essentiellement l'instrument de l'illusion : il sépare, il divise parce qu'il ne voit que les surfaces et non les profondeurs, les formes et non la Vie cachée en elles ; il crée et subit l'illusion parce qu'il n'est pas l'Etre, parce qu'il n'est point la Vie, mais seulement un instrument plongé dans l'Univers extérieur ; il n'est

(1) L'Intelligence concrète (*Manas inférieur*) ; la projection de substance mentale que le Penseur (*Manas supérieur*) a incarnée dans le système nerveux à travers le médium psychique.
(2) Le corps des désirs, *Kâma*.
(3) L'instruction religieuse, par exemple.

même pas le Penseur vivant, mais la main que ce dernier plonge
dans la matière pour en extraire le fruit de l'expérience ; il n'est
point l'agent synthétique (1) qui voit l'ensemble qu'anime l'universelle Vie, mais l'analyste qui dissèque des cellules sans pouvoir
embrasser l'organisme auquel elles appartiennent. Instrument, il
ne peut comprendre que des instruments ; forme, il ne peut voir
que des formes ; réflecteur de la Lumière, il ne peut ni la produire,
ni la sentir, mais seulement éclairer l'écorce de l'Univers. Son
royaume c'est les plans de la forme (2) ; il y règne longtemps en
maître et constitue un mal nécessaire, parce que de l'analyse des
formes naît progressivement dans l'Ego la faculté synthétique qui
prélude à la connaissance intégrale, et de l'illusion de la « séparativité » naît la soi-conscience, gage de l'Immortalité.

C'est le mental qui aveugle la conscience supérieure à peine
éveillée (3) et qui, incapable de voir la Vérité-une dans les formes
diverses des religions, dissèque leur écorce (4) et, ne trouvant nécessairement en elle qu'une matière aride, les combat sans pitié et
proclame jusqu'aux nues l'inanité de leurs prétentions. Il est
l'apôtre sincère et convaincu du matérialisme et plus tard, dans la
phase métaphysique de son développement, du « nihilisme » philosophique ; et il pousse ces doctrines à des limites d'autant plus
extrêmes qu'il est plus omnipotent parmi les « principes » de
l'homme.

Tel est le danger du développement exclusif de l'intelligence ;
telle est la raison pour laquelle la majorité des savants sont des
sceptiques et des matérialistes ; telle est l'explication du vieux dicton : Pas de science vaut mieux que peu de science.

Mais la Loi (5) est le parfait pouvoir d'harmonie, et ses voies
mystérieuses pour nous aboutissent partout au rétablissement de
l'équilibre, quelque troublé qu'il ait été. Pendant la crise mentale
le Penseur se développe, les excès mêmes de son instrument servent
à la rapidité de son évolution, et le moment arrive où il prend les
rênes, où il projette sa lumière sur les conceptions incomplètes de
son instrument, où sa voix parle par l'intuition, et où le mental
étonné écoute, regarde, se calme, se recueille et reconnaît enfin son
Maître. Et alors, ou il lutte en désespéré contre celui qui l'étreint
pour le dompter, ou il se résigne, et puis se donne.

Presque toujours il se soumet, et dès lors commence en l'homme
un processus inverse de celui qui a eu cours jusqu'alors ; le Pen-

(1) L'Intelligence abstraite, supérieure, le Penseur, *Manas* supérieur.
(2) Les plans inférieurs de notre Cosmos : le plan physique, le plan
astral et la partie *rupique* du plan dévachanique, c'est-à-dire, la partie
sur laquelle les formes y sont encore *concrètes*.
(3) On est conscient d'abord, sur le plan physique et par le moyen du
mental (*Manas inférieur*).
(4) La *lettre* des dogmes. (Voir *L'Esprit et la Lettre*).
(5) La volonté de Dieu guidant l'évolution.

seur recueille les débris épars que le démolisseur (1) a répandus
partout, et il procède à la reconstruction de l'édifice en l'inondant
de lumière et de force. Le scepticisme disparaît, les vérités oubliées
pénètrent de nouveau dans la conscience physique de l'homme ;
l'unité de la Vie, le Réel caché dans l'illusion réapparaissent ; tous
les subtils problèmes de la métaphysique sont élaborés et résolus,
et la conscience entre dans une nouvelle phase. Eblouie, d'abord,
elle croit avoir posé sa main sur la Racine de l'Etre ; mais, en réalité, elle n'est qu'à mi-chemin du But. Sa religion est froide, sa foi
est faite de subtilités ; la négation a disparu, mais le doute a per-
sisté sous une forme insidieuse ; il s'aperçoit qu'il n'est pas entré
dans le Sanctuaire, qu'il n'a pas ouvert la Vie ; il n'est éclairé que
par la lumière froide de la tête et son âme réclame la chaleur du
cœur.

(*A suivre*).   D^r Th. Pascal.

LES POURANAS

Quelle est la valeur des Pouranas ? Beaucoup de penseurs se sont
posé cette question.

Les uns ont dit que ce sont des livres d'histoire ; les autres que ce
sont des poèmes, et d'autres les considèrent comme des traités de
philosophie.

Les partisans de chacune de ces opinions trouvent dans les Pouranas même les arguments au moyen desquels ils soutiennent leur
opinion.

Ce n'est pas la moindre valeur des Pouranas que cette aptitude
par eux possédée de donner satisfaction à tout le monde ; ne con-
tient-elle pas la preuve suffisante de la grande sagesse de ceux qui
ont écrit ces livres ?

Lorsqu'on examine la vie des anciens Richis, on arrive à la conclusion qu'ils ont vécu pour le monde entier.

Tout ce qu'ils ont dit, tout ce qu'ils ont fait était en vue d'aider
l'évolution générale. Ils avaient souci de tous les êtres, aussi bien
du ver de terre qui se tortille péniblement dans la poussière que
du grand homme d'action, du grand homme de religion et du grand
homme de science.

Les Richis étaient des êtres humains ayant atteint la perfection ;
ils avaient totalement subjugué le moi et étaient sortis de la région
d'existence où l'on est soumis à la naissance et à la mort.

Il s'ensuit que ceux d'entre eux qui ont écrit les Pouranas ne
pouvaient pas avoir en vue de relater sans but des événements his-

(1) Le mental.

toriques, ni de composer des poèmes pour amuser l'imagination, ni d'aligner de stériles discussions intellectuelles.

Les Pouranas sont à la fois des récits historiques, des poèmes et des traités de philosophie, et ils ont pour but d'aider l'humanité sur le chemin de son développement.

Le monde est toujours en voie de développement et l'humanité s'élève graduellement dans les régions de l'intellectualité et de la spiritualité.

Mais, et c'est ce qu'on oublie souvent et c'est ce qu'ignorent beaucoup de partisans de la théorie du progrès, à toutes les époques se trouvent des hommes et des êtres qui sont à toutes les étapes du développement, depuis la plus haute jusqu'à la plus basse.

Il y a, même dans les nations les plus civilisées, des êtres humains qui sont à l'étape de la sauvagerie, d'autres à celle de la barbarie, d'autres à l'étape moyen-âgeuse, d'autres à l'étape civilisée.

L'humanité est composée en épaisseur dans le présent, comme elle est composée en surface dans le temps.

Cette idée manque encore, comme notion claire, à nos philosophes européens ; ils n'en ont guère eu qu'une vague intuition.

L'existence est éternelle et les Pralayas du Brahmanisme ne peuvent s'appliquer qu'à des astres ou à des groupes d'astres et pas à la totalité de l'Univers.

Les Brahmes gardaient jalousement ce secret que Bouddha osa dévoiler au monde, ce qui n'est pas la moindre des causes de la haine implacable que le Brahmanisme a vouée au Bouddhisme.

Il n'y a jamais eu d'époque où tous les êtres se trouvaient au même niveau de développement ; cette conception est une erreur dans laquelle sont tombés les géologues philosophes. De même il n'y aura jamais d'époque où tous les êtres d'un astre ou d'un système d'astres seront au même niveau de développement supérieur.

Cette seconde erreur, contre-partie de la première, est adoptée par un nombre de penseurs plus grand encore.

La force universelle produit l'existence par le mélange de deux courants continus dont l'un monte et l'autre descend, sans arrêt, éternellement, comme le dit la *Table d'Emeraude*.

Conséquemment l'univers est perpétuellement le même.

Si l'univers progresse constamment, non moins constamment il déchoit, quoiqu'en veuillent penser ceux qui ont l'inconsciente prétention de limiter le savoir par leur sentimentalité.

A toutes les époques passées, présentes, futures, il y a eu, il y a, il y aura des êtres de toutes les espèces à tous les degrés possibles de développement de cette espèce, si ce n'est pas sur un astre ce sera sur un autre du même système.

Si ce n'est pas sur un système d'astres, ce sera sur un autre qui lui est lié par d'étroits rapports.

En conséquence à la même époque le *Dharma* d'un homme, c'est-à-dire sa religion, c'est-à-dire les lois de ses rapports avec tout son milieu, sera toujours quelque chose qui lui est personnel et qui ne peut jamais être identique avec le *Dharma* d'un autre, mais qui, en même temps, doit se trouver en harmonie avec tous les *Dharmas* contemporains. La religion, le *Dharma* c'est le déterminant de la conduite de l'individu dans son milieu.

Vue en masse, l'humanité apparaît comme divisée en trois grandes catégories, celle des hommes d'action *Karma Marga*, celle des hommes de dévotion *Bhakti Marga* et celle des hommes de savoir *Gnyâna Marga*.

Un enseignement destiné à l'humanité en général, doit nécessairement convenir aux trois grandes catégories en lesquelles l'humanité est partagée et à tous les degrés du développement dans chaque catégorie.

Comme récits historiques les Pouranas s'adressent aux hommes d'action ; l'éternité de l'Univers implique la constante répétition des mêmes actes ; il y a longtemps que les historiens philosophes ont constaté empiriquement que les *gestes* de l'humanité sont les mêmes de tout temps.

Là où le père a passé, passera l'enfant.

Comme poèmes les Pouranas s'adressent aux hommes de dévotion, à ceux qui construisent un idéal pour eux et pour les autres aussi, sans toujours le savoir.

Tous les idéals à construire furent déjà construits d'innombrables fois ; on ne fait rien avec rien.

Comme traités de philosophie, les Pouranas s'adressent aux hommes de savoir.

Rien de nouveau sous le soleil, dit l'Ecclésiaste. Les Pouranas ne pouvaient manquer de posséder leurs trois aspects puisqu'ils étaient destinés à guider l'humanité sur les chemins où sont passées depuis toujours d'innombrables générations humaines et où d'innombrables générations passeront encore sans que les temps finissent jamais.

On peut dire que les Pouranas sont la concrétion de la Religion Universelle où chaque individu peut venir gratter de ses ongles la petite quantité de poudre avec laquelle il fera l'élixir vital de son existence.　　　　　　　　　　　　　　**X.**

VARIÉTÉS OCCULTES

INCIDENTS DE LA VIE DU COMTE DE SAINT-GERMAIN

(*Suite*).

III

Voici un sonnet philosophique attribué au fameux Saint-Germain.

Curieux scrutateur de la nature entière,
J'ai connu du grand Tout le principe et la fin.
J'ai vu l'or en puissance au fond de sa minière,
J'ai saisi sa matière et surpris son levain.

J'expliquai par quel art l'âme aux flancs d'une mère
Fait sa maison, l'emporte, et comment un pépin
Mis comme un grain de blé, sous l'humide poussière,
L'un plante et l'autre cep, sont le pain et le vin.

Rien n'était, Dieu voulut, rien devint quelque chose
J'en doutais, je cherchai sur quoi l'univers pose
Rien gardait l'équilibre et servait de soutien.

Enfin, avec le poids de l'éloge et du blâme,
Je pesai l'éternel, il appela mon âme,
Je mourus, j'adorai, je ne savais plus rien !

Quelle que soit la valeur littéraire de ces vers, un mystique seul pouvait les écrire, parce que, seuls, les mystiques peuvent les apprécier, car ces lignes traitent des grands mystères qu'il n'est donné qu'aux initiés de connaître. Le « Voile d'Isis » cachera toujours l'étudiant sérieux de la Grande Science aux curieux vulgaires. Le côté philosophique et mystique de la vie de cet initié reste donc ignoré du monde extérieur. Une science rare parmi les hommes, des éclairs d'une force inconnue à la plupart, quelques travailleurs sérieux, ses élèves, luttant de leur mieux pour donner au monde matériel une part à la vie spirituelle invisible, voilà ce qui distingue le comte de Saint-Germain, et montre sa connexité avec le Grand Centre dont il venait. Et bien qu'il n'ait jamais recherché la publicité, ou dirigé un mouvement populaire, les traces de son influence se retrouvent dans mainte société.

La littérature franc-maçonne moderne essaie d'éliminer son nom, et d'assurer même qu'il n'eut aucune part sérieuse au mouvement maçonnique du siècle dernier, les Maçons de marque ne l'ayant regardé que comme un charlatan. D'exactes recherches dans les archives maçonniques prouvent, cependant, que cela est faux ; on peut même démoutrer le contraire absolu, car M. de Saint-Germain fut un des représentants choisis par les Maçons français pour leur grande convention de 1785 à Paris. Comme le dit un compte rendu : « Les Allemands qui se distinguèrent à cette occasion étaient Bade, von Dalberg, Forster, le duc Ferdinand de Brunswick, le baron de Gleichen, Russivorm, von Wollner, Lavater, le prince Louis de Hesse, Ross-Kampf, Stork, Thaden von Wachter. Les Français étaient honorablement représentés par Saint-Germain, Saint-Martin, Touzet, Duchanteau, Etteila, Mesmer, Dutrousset, d'Hérécourt, et Cagliostro. »

M. Deschamps nous donne les mêmes noms mais avec plus de détails. M. de Saint-Germain, selon lui, était un Templier. Il raconte aussi l'initiation de Cagliostro par le comte de Saint-Germain, dont le rituel était, paraît-il, identique à celui des Chevaliers du Temple. Ce fut aussi cette année-là qu'un groupe de Jésuites accusa M. de Saint-Germain, M. de Saint-Martin et beaucoup d'autres, d'immoralité, d'infidélité, d'anarchie, etc.

Les accusations étaient dirigées contre le « Rite des Philalètes » ou « Chercheurs de Vérité » fondé en 1773 dans la Loge maçonnique des « Amis-Réunis ». Le prince Charles de Hesse, Savalette de Lange (le Trésorier royal), le vicomte de Tavanne, Court de Gebelin et tous les vrais mystiques de ce temps étaient de cet Ordre. L'abbé Barruel les attaqua tous, individuellement et collectivement, dans des termes si violents, et formula contre eux des accusations si peu fondées que les anti-Maçons et les anti-Mystiques eux-mêmes protestèrent. Il accusa M. de Saint-Germain et ses partisans de fomenter la Révolution, d'être Jacobins, athées et immoraux.

Ces accusations furent réfutées par J.-J. Mounier, écrivain qui n'était ni Maçon ni Mystique, mais respectueux de la vérité. Il nous dit : « Avant d'accepter des accusations si atroces, un homme juste « doit rechercher des témoignages authentiques ; celui qui ne craint « pas de les publier sans être à même de donner des preuves déci-« sives, devrait être puni sévèrement par la loi, et où la loi manque, « par tous les gens de bonne foi. Telle est la procédure de M. Bar-« ruel contre une société qui se réunissait à Ermenonville après la « mort de J.-J. Rousseau, sous la direction du charlatan Saint-Ger-« main. »

Cette manière de voir semble avoir été confirmée par nombre d'écrivains. On a la preuve concluante que M. de Saint-Germain n'avait rien de commun avec le parti Jacobin, comme Barruel et l'abbé Migne ont essayé de le démontrer. Un autre auteur nous dit : « Des loges catholiques se formèrent à Paris en ce temps-là ; leurs « protecteurs étaient les marquises de Girardin et de Bouillé. Plu-« sieurs loges se réunirent à Ermenonville, propriété de Mᵐᵉ de Gi-« rardin. Leur but principal était d'établir une communication « entre Dieu et l'homme par le moyen des êtres intermédiaires. »

Le marquis de Girardin et le marquis de Bouillé étaient tous deux royalistes et catholiques fervents ; ce fut ce dernier qui essaya d'aider le malheureux Louis XVI et sa famille dans leur fuite. Ces deux gentilshommes catholiques étaient des amis personnels de M. de Saint-Germain ; les assertions des abbés Barruel et Migne ne paraissent donc pas avoir de base sérieuse, car la fondation de « Loges catholiques » ne semble pas indiquer une tendance athéiste et cette intimité avec des Royalistes convaincus n'a rien de révolutionnaire. D'après Eliphas Levi M. de Saint-Germain professait ouvertement le catholicisme. Bien que fondateur de l'ordre de Saint-Joachim de Bohême, il se sépara de cette société dès que des théories révolutionnaires commencèrent à s'y répandre.

Le comte de Saint-Germain enseignait sa philosophie dans les réunions de la rue Platrière, et dans la Loge des Amis Réunis, rue de la Sourdière.

Quelques auteurs nous disent que cette Loge s'inspirait des traditions mêmes des Rose-Croix. Ses membres étudiaient les conditions de la vie sur des plans plus élevés, tout comme les Théosophes de nos jours. L'occultisme pratique et le mysticisme spirituel étaient le but des Philalètes ; mais hélas, le Karma de la France les accabla, le sang et la violence les dispersèrent, et firent cesser leurs paisibles études.

Les amis du comte de Saint-Germain lui étaient dévoués et conservaient son image comme un trésor, ce qui n'est pas sans troubler beaucoup ses ennemis. La collection d'Urfé possédait, en 1783, un portrait du mystique gravé sur cuivre, avec cette inscription :

« Le comte de Saint-Germain, célèbre alchimiste » et au-dessous :

« Ainsi que Prométhée, il déroba le feu,

« Par qui le monde existe et par qui tout respire,

« La nature à sa voix obéit et se meut.

« S'il n'est pas Dieu lui-même, un Dieu puissant l'inspire. »

Cette gravure était dédiée au comte de Milly, homme connu de ce temps-là, chevalier de Saint-Louis et de l'Aigle rouge de Brunswick, et ami intime de M. de Saint-Germain. Ce malheureux portrait, cependant, donna lieu, en juin 1785, à une furieuse attaque du Dr Biester, éditeur de la « Berlinische Monatschrift ». Parmi d'amusantes diatribes, ce qui suit mérite d'être relevé, ne serait-ce que pour montrer à quel point un éditeur en colère peut devenir inexact. Comme nous l'avons déjà vu M. de Saint-Germain, était en 1785, un des représentants de la conférence maçonnique de Paris. M. le Dr Biester n'en commence pas moins ses observations la même année par cette étonnante déclaration : « Cet aventurier qui « *mourut* il y *a deux* ans dans le Holstein danois. »

Notre éditeur clôt alors son argument en disant : « Je sais même « que bien qu'il soit mort, beaucoup croient encore qu'il vit et qu'on « le verra bientôt paraître. Il n'en est rien, car il est aussi peu en « vie qu'un clou de porte et se décompose et pourrit comme un « homme ordinaire qui ne peut faire de miracles et qu'aucun Prince « n'a jamais salué. »

L'ignorance est ici l'excuse du docteur, mais de nos jours même, les critiques en matières occultes sont aussi ignorants et dogmatiques qu'il y a un siècle, quelle que puisse être leur science sous d'autres rapports.

Passant maintenant de la France à l'Autriche, voyons ce que dit Graffer dans ses notes intéressantes, si singulièrement rédigées. En voici quelques extraits :

(*A suivre*).   **Isabelle Cooper-Oakley.**

DEMANDES ET RÉPONSES

On dit que l'âme peut habiter dans les mondes invisibles, tandis que son corps continue à vivre sur la terre, et qu'il y a parmi nous beaucoup d'hommes sans âme, aussi bien parmi les matérialistes pervers, que parmi les hommes d'une haute sainteté. Que veut-on dire et quelle preuve donne-t-on de ceci?

Il serait bien préférable que les questionneurs fissent connaître la source où ils puisent les assertions qui servent de base à leurs questions, au lieu de s'en tenir, comme dans le cas actuel, à un vague « On dit ». En fait, je doute beaucoup qu'une pareille assertion ait jamais été émise, du moins *sous cette forme*, par une personnalité théosophique qualifiée. Ce qui s'en approche le plus, ou plutôt ce qui se rapproche le plus de la première partie de la question, c'est, autant qu'il m'en souvienne, une allusion faite je ne sais où, par H. P. B., aux « hommes et aux femmes sans âme que nous coudoyons journellement dans les rues », mais cette allusion m'a paru avoir trait, non pas à des cas du genre de ceux dont le questionneur fait mention, mais à ce fait qu'il y a des êtres humains, qu'il y en a même beaucoup, peut-être, qui sont tellement enfoncés dans la matière, tellement peu développés et éveillés pour tout ce que peut sous-entendre le mot « âme », que l'on peut, en terme de rhétorique, les représenter comme étant « sans âme », lorsqu'il s'agit d'un dessein pratique quelconque.

Mais le questionneur ne fait évidemment pas allusion à ce qu'a dit H. P. B., ou bien il y attache un tout autre sens. En tout cas, pour en venir aux faits, je crois que l'existence d'un être humain « sans âme » est une chose physiquement possible, bien qu'excessivement rare. Cela ne pourrait arriver que dans le cas d'un magicien noir — et encore d'un magicien noir très avancé — qui aurait rompu définitivement tout lien entre sa personnalité et le corps causal et qui serait encore physiquement vivant, ou bien dans celui, plus rare encore, d'une personne sensitive, dont le corps serait complètement occupé, à titre permanent, par une entité astrale «sans âme », c'est-à-dire par un « élémentaire » ou par la personnalité astrale d'un magicien noir décédé, ayant rompu tout lien entre lui-même et le corps causal, ou âme réelle. Mais tous ces cas sont si rares, qu'on ne les rencontre guère que dans la proportion d'un par million d'entités.

En ce qui concerne les gens « d'une haute sainteté » qui seraient « sans âme », ou qui la perdraient, l'assertion semble si invraisemblablement absurde, qu'elle fait supposer que le questionneur s'est complètement trompé ou a mal lu. A coup sûr, puisqu'une « haute sainteté » implique le développement de l'âme et son empire de plus en plus absolu et inébranlable, tant sur l'esprit que sur le corps, puisqu'elle comporte la purification de plus en plus complète de tous les véhicules inférieurs, à coup sûr, dis-je, il en résulte qu'un homme d'une haute sainteté voit son âme croître et non pas disparaître, comme l'implique le mot « sans âme ».

Donc, de deux choses l'une : ou bien l'auteur de la question cite mal la source où il l'a puisée, ou bien il la base sur une mésinterprétation. Dans ce dernier cas, s'il peut fournir des renseignements sur le passage qui l'a frappé, on pourra l'étudier et expliquer ce que l'auteur a réellement voulu dire. Mais la question, telle qu'elle est actuellement posée, a trait à des faits qui ne sont nullement conformes à ce qu'il suppose et je n'ai connaissance d'aucune assertion (sauf l'allusion d'H. P. B. que je viens de citer) qui puisse faire croire le contraire.   **B. K.**

Le corps mental et le corps causal conservent-ils, sur leurs plans respectifs, un semblant de forme humaine? En tous cas, il semble que toute apparence humaine disparaisse lorsque l'égo s'élève à un certain niveau, car dans « Les Rêves » (LUCIFER VOL. XVII, page 237), le corps causal d'un Adepte est représenté comme « une magnifique SPHÈRE *de lumière vivante dont aucun mot ne saurait dépeindre le glorieux éclat. »*
Serait-il possible de donner une idée de l'aspect que peuvent avoir les « êtres divins? »

Le corps mental et le corps causal n'ont pas la forme humaine, lorqu'ils sont en activité avec le corps physique ; ils imprègnent ce corps physique, dans toutes les parties duquel ils pénètrent et, s'étendant plus loin que lui dans toutes les directions, l'entourent d'une « sphère de lumière vivante ». Cet aspect sphérique des corps invisibles — dont les parties extérieures au corps physique forment l'aura — a donné naissance au nom d' « œuf aurique » que certaines personnes donnent à l'aura. L'aspect général est réellement ovoïde et la forme humaine occupe le centre. Inutile de dire que ces corps sont toujours sur leurs plans respectifs, puisque tous les plans s'interpénètrent les uns les autres. Lorsque l'âme quitte les corps physique et astral et forme le corps mental en Mâyâvi-Rûpa, ou corps d'illusion, pour s'en servir comme d'un véhicule indépendant pour son état de conscience, il est d'usage, bien que cela ne soit pas nécessaire, de lui donner l'aspect du corps physique et le corps causal continue à entourer cette radieuse forme humaine d'une sphère de lumière.

Il est pratiquement impossible de décrire le corps causal, ou de donner une idée de l'aspect que présentent les « êtres divins » auxquels on fait allusion. On a souvent tenté de le faire, dans bien des Écritures, mais lorsque l'auteur s'est écarté du « type humain », ses descriptions n'ont que trop souvent frisé dangereusement le grotesque et fourni des points faibles aux attaques des moqueurs.

          A. B.

ECHOS DU MONDE THÉOSOPHIQUE

France.

Quelles que soient ou qu'aient pu être les agitations et les tristesses de l'heure, le théosophe ne doit pas en être troublé outre mesure. L'une des caractéristiques du sage est de rester calme dans la peine comme dans la joie, et le théosophe est un aspirant à la sagesse. Aussi bien, tout ce qui arrive, ici-bas, dans notre pays et ailleurs, n'est que la suite de Karmas antérieurs ou le germe de Karmas à venir, et, quoique l'on fasse, le dernier mot est toujours, tôt ou tard, à la Loi divine dont celle des hommes n'est qu'un pâle reflet — dans ses meilleurs aspects, et un mauvais pastiche — dans les autres. C'est pourquoi nous devons continuer à ne pas entrer dans les divisions des hommes et à concentrer nos vœux pour la pleine réalisation de la vérité, de la justice et de la pitié.

La pensée accède sûrement et agit, dans la mesure de sa force, là même où la parole et les écrits n'ont point cours.

.•.

L'une de nos familles théosophistes les plus dévouées, celle dont le chef respecté recevait dernièrement sous son toit Mᵐᵉ Annie Besant, vient d'être cruellement éprouvée. Deux charmantes jeunes filles de 17 et 18 ans, petits-enfants de M. Ch. Blech, de Paris, ont trouvé la mort physique dans un même accident survenu, le 24 août dernier, sur le lac de Côme. Leur grand-père et l'une de leurs tantes s'étant jetés à l'eau pour les secourir n'ont pu y réussir et n'ont été eux-mêmes sauvés que providentiellement. Le père infortuné, demeuré en Alsace, avait déjà perdu sa femme, quelques mois auparavant, et n'a trouvé que dans les hauts principes la force nécessaire pour supporter une telle épreuve.

Les sympathies de ses nombreux amis y ont certainement ajouté. Celles des lecteurs de ces lignes ne lui manqueront pas non plus.

.•.

Mᵐᵉ Annie Besant s'est embarquée, le 24 septembre dernier, à Brindisi, pour l'Inde où elle va faire son voyage accoutumé.

Nous espérons qu'elle en sera de retour au mois d'avril prochain.

PAYS ÉTRANGERS

Angleterre.

En ce qui concerne le monde non théosophique, notre revue reste d'ordinaire sur le terrain des principes et nous ne relevons, ici, en passant, la manifestation anti-française de Hyde Park, à Londres, 17 septembre dernier, que pour constater avec tristesse combien le sentiment de la fraternité humaine est encore peu vécu, ici-bas, même chez les nations réputées les plus éclairées. Si c'est à cela qu'ont abouti dix-neuf siècles de christianisme, on conçoit la nécessité d'un nouveau message, celui de la théosophie. Nous ne doutons pas que ce dernier ne fasse son œuvre et que les théosophes anglais, notamment, dont quelques-uns sont si avancés, n'y contribuent grandement.

La section européenne de la S. T. a quitté 19, Avenue Road, et s'établira dans un local plus vaste, 27, Old Burlington Street, *dès la Noël prochaine ;* d'ici là, elle s'est fixée temporairement, 4, Langham Place. Nous signalons ce changement d'adresse à nos lecteurs.

Allemagne.

Une nouvelle branche théosophique vient de se former à Charlottenbourg, près de Berlin.

Mme Annie Besant a fait un voyage en Allemagne au mois d'août dernier, au cours duquel elle a entendu, à Bayreuth, l'une des œuvres de Richard Wagner, *Parsifal.* Elle raconte, dans sa Revue, que le célèbre musicien devait être un esprit avancé dont l'intuition a perçu certains des mystères de l'initiation, et que ses pages musicales portent les traces d'échos affaiblis de mélodies célestes qu'il a pu entendre. « En vérité, ajoute-t-elle, quelques-unes de ses phrases, dans leur mesure étrange aussi bien que dans leurs complexes symphonies, émanent plutôt des sphères des Dévas que de celles de la terre. Ce sont des échos lointains de la musique des Dévas passionnels, du roi Pissaka et de ses phalanges. »

Italie.

On annonce la venue de Mme Cooper Oakley, à Rome, pour le présent mois d'octobre.

Ce même mois aura vu s'ouvrir, dans la capitale de l'Italie, le congrès périodique des Orientalistes. On se rappelle que le dernier de l'espèce a eu lieu, à Paris, en 1897.

Il est à remarquer que le programme contient, cette année, la recherche des origines des races préhistoriques de l'Amérique, de leurs langues et de leurs civilisations. Ce serait le cas, pour les congressistes, de se référer aux travaux théosophiques sur l'*Atlantide...*

Inde.

Mme Llyod qui a fondé, il y a quelques années, la première branche théosophique, en Italie, vient d'être appelée à continuer ses précieux services au collège Hindou récemment fondé, à Bénarès, sous les auspices de la société théosophique. On sait que la caractéristique de cet établissement est d'y joindre l'éducation véritable à l'instruction proprement dite, en basant cette dernière sur les principes mêmes de la *Sagesse Antique,* sagesse de tous les temps.

Voilà un programme dont la réalisation est désirable en bien d'autres points qu'au berceau originaire de notre race !

D. A. Courmes.

REVUE DES REVUES

—

Theosophist. *Organe présidentiel.* Septembre 1899. — Feuilles d'un
  vieux journal, par H. S. Olcott. — Evolution atomique, par Kessal, —
  Les travailleurs de l'avenir, par Palmers. — Le manifesté et l'occulte,
  par Stuart. Le numéro contient aussi la promulgation de la Charte
  constituant officiellement la nouvelle Section de la Société théosophique, celle de France. C'est la huitième de l'espèce.

Vahan. *Section Européenne.* Sept. 99. — Mesure dans laquelle on peut
  considérer la *Doctrine Secrète* de H. P. B. comme ayant été « inspirée », article écrit par Annie Besant. — Sur l'ascétisme et sur l'usage
  d'un commencement de clairvoyance, par Leadbeater. — Des prières
  pour les morts et de ceux que l'on peut revoir, par Wells.

Theosophical Review. *Angleterre.* Sept. 99. — Etude sur Hermès
  Trismégiste, par G. R. Mead. — Les bases de l'éducation, par Annie
  Besant. — L'ancien Pérou, par Leadbeater.

Sophia. *Espagne.* Août 99. — La science pré-chrétienne, par Soria. —
  Deux lettres de l'archéologue français Barthélemy.

Teosofia. *Italie.* Sept. 99. — Réincarnation, par le Dr Pascal, etc.

Theosophia. *Hollande.* Août 99. — Sur le Zoroastrianisme, par H. P. B.
  — Le Tao te King, par Manen. — Théosophie pratique.

Mercury. *États Unis d'Amérique.* Août 99. — L'âme et son évolution
  consciente, par Blitz. — Lois naturelles, par John.

Philadelphia *Argentine.* Juillet 99. — Deux cas dignes d'étude, par
  Frascara.

Theosophy in Australasia. — Pas reçu.

Prasnottara. *Section indienne.* Août 99. — Construction de l'individualité, par Annie Besant.

Maha Bodhi. *Inde Bouddhiste.* Août 99. — Le mouvement bouddhiste.

Revue spirite. *France.* Sept. 99. — La religion, par P. G. Leymarie.
  — Matérialisations en Amérique.

La paix universelle. *Lyon.* Sept. 99. — Discussions diverses, plus un
  remarquable article de Strada, extrait d'un ouvrage dont notre revue
  doit parler.

Réforme alimentaire. *France.* Sept. 99. — Principes d'hygiène alimentaire préconisant le végétarisme, par le Dr Huchard, de l'Académie de Médecine de Paris. — Article intéressant à lire.

Bulletin des sommaires. *France.* Sept. 99. — Mentionne d'ordinaire
  ce qui se publie, mais ne cite pas notre revue dans ce numéro.
  Reçu d'autre part :

Spiritualisme moderne, Journal du magnétisme, Echo du merveilleux, Annales psychiques, etc.

D. A. C.

BIBLIOGRAPHIE

—

La théosophie en quelques chapitres, par le Dr Th. Pascal.

Ce nouveau livre est une esquisse des principaux points, — pas de tous, — de la théosophie. Dans le langage clair et élégant qui lui est habituel, notre collègue et ami a commencé à développer quelques-unes des questions qui ne sont que présentées ou énumérées dans l'*A. B. C.* et dans le *Questionnaire*. C'est donc un agent de propagande progressive destiné en première ligne aux personnes qui ont déjà entendu parler de la théosophie, sans en être encore au courant, et, ensuite, à beaucoup d'entre nous auquel il sera des plus utiles. C'est pourquoi le *Lotus Bleu*, dont l'objectif est de porter le flambeau théosophique le plus loin possible, s'est associé à l'œuvre de l'un de ses directeurs en faisant les frais de cet ouvrage et en le laissant *à un prix inférieur à celui de revient*. Les fonds de la Souscription permanente ouverte dans nos colonnes ont servi à cette publication, ce qui est du reste l'un des buts de cette souscription.

Nous recommandons fortement la lecture de ces quelques chapitres, et nous engageons même nos amis à les faire connaître autour d'eux en en prenant, chacun, plusieurs exemplaires. Ce sera, pour eux, un moyen de concourir à la diffusion de la vérité, à l'expansion de la lumière, à l'avènement du progrès, et, comme l'a dit Mme Annie Besant dans les paroles reproduites à la page 203 du numéro d'août, de compter, ainsi, « parmi les plus favorisés des mortels ! (1) ».

Eléments de la métaphysique, par le professeur Deussen.

Le docteur E. Nyssens, l'un de nos amis belges, nous fait connaître, pour l'avoir traduit en français, un nouveau traité de métaphysique du professeur Paul Deussen. C'est en quelque sorte le canevas des leçons faites à l'Université de Kiel, par l'érudit sanskritiste dont les travaux sur l'orientalisme vont de pair avec ceux du célèbre Max Muller. En ce qui concerne le présent ouvrage, si l'on faisait abstraction de la nourriture intellectuelle spéciale dont l'auteur a accru pendant de longes années un mental sans doute déjà très évolué, on resterait confondu de l'ampleur des développements du livre, de la rationalité de sa méthode et de la netteté de ses résultats. Mais, en l'état, nous considérons plutôt l'œuvre du professeur Deussen comme un nouvel hommage rendu à la haute évolution de la pensée orientale, en même temps qu'un service

---

(1) Se trouve à la librairie théosophique, 10, rue St-Lazare, à Paris ; prix **50** centimes, *plus les frais de port*, soit **15** centimes par brochure, par la poste.

rendu à notre occident pour mettre ce dernier à même de marcher sur les traces intellectuelles de nos ancêtres, les Aryens.

Les subtilités même toutes spéculatives de l'ouvrage de Deussen, font cependant naître, nous semble-t-il, le désir de voir une future exposition de la métaphysique plus positive et plus transcendante, à la fois, qui serait basée sur la division de la nature intégrale en ses plans et sous-plans. Tout ce qui existe, en effet, est compris dans la nature considérée dans son intégralité, et il suffirait de bien décrire celle-ci pour traiter à fond de toutes les questions physiques et métaphysiques, c'est-à-dire comprises dans la nature physique et en dehors.

En attendant la réalisation de ce desideratum, nous devons remercier le professeur Deussen et son sympathique traducteur français (1).

D. A. Courmes.

(1) Se trouve à la librairie Bailly ; Prix : 4 francs.

—

SOUSCRIPTION PERMANENTE

Pour la REVUE THEOSOPHIQUE FRANÇAISE

La publication d'ouvrages théosophiques et la propagande.

———

LISTE D'OCTOBRE 1899.

Néant

—

AVIS

Comme les années précédentes, une réunion théosophique aura lieu le premier dimanche de chacun des mois qui vont suivre, jusqu'en avril 1900, inclusivement, à 3 heures de l'après-midi, au siège du *Lotus Bleu*, 21, rue Tronchet. Les *abonnés* de cette Revue y sont invités de droit. Par ailleurs, s'adresser au Commandant Courmes.

Le *Credo d'Athanase*, suite du « Credo chrétien » de M. C. W. Leadbeater, paraîtra incessamment et terminera cette très intéressante étude.

Le Directeur administrateur :

D. A. Courmes.

Saint-Amand (Cher). — Imp. DESTENAY, Bussière frères.

27 NOVEMBRE 1899

DIXIÈME ANNÉE   NUMÉRO 9

REVUE THÉOSOPHIQUE
FRANÇAISE

LA RÉINCARNATION

(*Suite*).

Quand il est complètement organisé, la conscience qui a agi en lui, qui est emprisonnée en lui, quitte pendant le sommeil le corps physique, pour errer dans le monde astral, et elle commence non seulement à recevoir par lui les impressions d'objets astrals qui forment ce que l'on peut appeler la conscience du rêve, mais encore à percevoir les objets de ce plan (astral) par les sens du corps astral. Ces perceptions sont d'abord confuses comme le sont, au commencement, les perceptions du mental à travers le nouveau corps physique d'un bébé, et il faut, dans un cas comme dans l'autre, qu'elles soient corrigées par l'expérience. Le Penseur doit graduellement découvrir les nouveaux pouvoirs qu'il peut employer au moyen de ce véhicule subtil, et avec lesquels il lui est possible de contrôler les éléments astrals et de se défendre contre les dangers de ce plan. Il n'est pas abandonné seul, sans aide, en face de ce monde nouveau, mais il est enseigné et protégé, — jusqu'à ce qu'il puisse se défendre lui-même, — par ceux qui ont plus que lui l'expérience de ces choses. Peu à peu il contrôle entièrement ce nouveau véhicule de conscience et la vie sur le plan astral lui devient aussi familière, aussi naturelle que la vie sur le plan physique.

Le troisième véhicule de conscience, le corps mental, est rarement, s'il l'est jamais, vivifié par une action indépendante, sans la direction personnelle d'un instructeur, et son fonctionnement, au stage actuel de l'évolution humaine, appartient à la vie du disciple. Comme nous l'avons déjà vu, il subit certain changement pour pouvoir fonctionner sur le plan mental, et, ici encore, l'expérience et l'entraînement sont nécessaires avant qu'il soit libre d'agir

18

sous son propre contrôle. Un fait (commun à ces trois véhicules de
conscience, mais peut-être plus capable de nous tromper dans les
véhicules plus subtils que dans ceux plus denses, parce qu'on l'oublie généralement dans le premier cas, tandis qu'il est si apparent
dans le véhicule le plus dense qu'on s'en souvient), c'est que ces véhicules sont sujets à évoluer, et qu'à mesure que leur évolution
progresse, leur pouvoir de recevoir des vibrations et d'y répondre,
augmente. Combien plus de nuances d'une même couleur ne sont-
elles pas vues par un œil entraîné que par celui qui ne l'est pas.
Combien de notes harmoniques ne sont-elles pas entendues par une
oreille exercée, là où l'oreille ordinaire perçoit la seule note fondamentale. A mesure que les sens physiques s'affinent, le monde devient de plus en plus vivant, là où le paysan n'est conscient que de
son sillon et de sa charrue, l'intelligence cultivée est consciente de
haies fleuries, de trembles frémissants, des ravissantes mélodies
que l'alouette lance dans l'air, du bruissement de petites ailes dans
les bois voisins, de la fuite des lapins sous les broussailles entrela-
cées des fourrés, d'écureuils jouant à travers les branches des
hêtres, de tous les gracieux ébats de ce petit monde sauvage, de tous
les parfums embaumés des champs et des bois, de tous les magnifiques changements du ciel aux nuages floconneux, des effets de lumière et d'ombre qui glissent sur les collines. Cependant le paysan
et l'homme d'une intelligence affinée ont des yeux l'un et l'autre,
des cerveaux l'un et l'autre, mais combien leur pouvoir d'observation est différent, comme aussi leur pouvoir de réceptivité aux impressions. Il en est de même dans les autres mondes. Quand les
corps astral et mental commencent à fonctionner comme véhicules
séparés de conscience, ils sont, pour ainsi dire, au stage de réceptivité du paysan, et quelques parties seules des mondes astral et
mental, avec leurs phénomènes étranges et illusoires, peuvent atteindre la conscience ; mais ils évoluent rapidement, comprennent
de plus en plus et transmettent à la conscience des notions de plus
en plus correctes sur ce qui l'entoure. Ici, comme partout ailleurs,
nous devons nous rappeler que notre connaissance n'est pas la limite
des pouvoirs de la Nature, et que, dans les mondes astral et mental,
tout aussi bien que dans le monde physique, nous ne sommes que
des enfants ramassant sur le rivage quelques coquilles rejetées par
les vagues, tandis que tous les trésors cachés dans l'Océan nous sont
encore inconnus.

L'éveil du corps causal comme véhicule de conscience, suit en
son temps l'éveil du corps mental, et il ouvre à l'homme un merveilleux état de conscience qui embrasse en arrière un passé illimité
et découvre en avant l'avenir le plus lointain.

Le Penseur possède alors non seulement le souvenir de son propre
passé et la vision de l'interminable chaîne des existences incarnées et désincarnées, de la trace de son évolution ; il peut aussi
voir, à volonté, tout le passé de la terre, et apprendre les imposantes

leçons de l'expérience du monde, en étudiant les lois invisibles qui guident l'évolution et les secrets de la vie profondément cachée dans le sein de la Nature. Dans ce puissant véhicule de conscience, l'homme peut atteindre jusqu'à la déesse voilée, Isis, et soulever un coin de son voile toujours baissé, car il est arrivé à pouvoir la regarder en face sans être aveuglé par l'éclat brillant de ses yeux, et il peut voir dans le rayonnement qui s'échappe d'elle, les causes de toutes les souffrances du monde et leur fin ; il les contemple avec un cœur plein de piété et de compassion, mais ce cœur n'est alors plus déchiré dans une impuissante douleur. La force, le calme et la sagesse sont l'apanage de ceux qui se servent du corps causal comme véhicule de conscience, et dont les yeux grands ouverts contemplent la gloire de la bonne Loi.

Quand le corps buddhique est éveillé comme véhicule de conscience, l'homme pénètre dans la béatitude de la non-séparativité, et voit son unité avec tout ce qui existe comme une entière et vivante réalité. De même que, dans le corps causal, l'élément prédominant de la conscience est la connaissance, laquelle est suivie de la sagesse, de même, dans le corps buddhique, l'élément prédominant est la félicité, puis l'amour. La sérénité de la Sagesse est le principal signe du développement du corps causal ; la plus tendre compassion qui se répand sans trêve est celui du corps buddhique. Quand, à ces qualités, s'ajoute la force irrésistible et divine qui indique le fonctionnement d'Atma, alors l'humanité est couronnée par la divinité, l'Homme-Dieu est manifesté dans toute la plénitude de sa puissance, de sa sagesse et de son amour.

La transmission d'une partie de la conscience des véhicules élevés dans les véhicules inférieurs, — quand ils sont aptes à la recevoir, — ne suit pas immédiatement l'éveil successif de ces véhicules. Sur ce point, les individus diffèrent complètement selon les circonstances dans lesquelles ils se trouvent et selon leurs efforts. L'éveil des véhicules placés au-dessus du corps physique se produit rarement avant que l'homme ait atteint l'état de « disciple en probation », et les devoirs qu'il doit alors remplir dépendent des besoins du moment.

Le disciple (et même celui qui aspire à le devenir) apprend à mettre entièrement ses pouvoirs au service du monde, et la part de connaissance que la conscience inférieure reçoit de sa partie supérieure est généralement déterminée par les besoins du travail dans lequel le disciple est engagé. Sur les plans les plus élevés, il est nécessaire au disciple d'avoir l'usage entier de ses véhicules de conscience, car la plus grande partie de sa tâche ne peut être accomplie que par eux.

Le véhicule physique n'y collabore en rien et il a ou n'a pas connaissance de ce travail dont la transmission est déterminée par l'effet qu'elle pourrait exercer en agissant sur le plan physique.

Au stage actuel de l'évolution, quand la conscience supérieure oblige le corps physique à répondre à ses vibrations, la tension de ce dernier est très grande, elle peut causer des désordres nerveux, une sensitivité excessive et les inconvénients qui en sont la conséquence, à moins que les circonstances ne soient des plus favorables.

C'est pourquoi la plupart de ceux qui, en pleine possession des véhicules transcendants de la conscience, accomplissent la plus importante partie de leur œuvre en dehors du corps, s'écartent de la multitude affairée, s'ils désirent projeter, dans la conscience physique, la connaissance dont ils se servent sur les plans élevés ; ils préservent ainsi le véhicule matériel sensitif des rudes emplois et du fracas de la vie ordinaire.

Pour recevoir les vibrations de la conscience supérieure, le véhicule physique doit se soumettre à certaines préparations : — éliminer toute substance grossière par une nourriture et une vie pures ; subjuguer entièrement les passions ; former avec soin un caractère et un mental assez équilibrés pour rester inébranlables au milieu des luttes et des vicissitudes de l'existence journalière ; prendre l'habitude d'une haute et sereine méditation, détournant l'esprit des objets des sens et des images qu'ils peuvent y faire naître ; supprimer toute hâte, et, principalement, cette inquiète excitation du mental qui agite le cerveau et le fait continuellement voler d'un sujet à un autre ; parvenir à l'amour sincère de toutes les choses qui se rapportent au monde spirituel, en sorte qu'elles aient plus d'attrait que celles d'ici-bas et que le mental soit aussi heureux de s'en occuper qu'il éprouverait de bonheur à être auprès d'un ami tendrement aimé.

En résumé, ces préparations ressemblent beaucoup à celles qui sont nécessaires pour séparer consciemment l'« âme » du « corps, » ce que j'ai expliqué ailleurs de la manière suivante :

L'étudiant doit : « commencer à pratiquer en toutes choses une extrême tempérance, garder son mental toujours égal et serein ; sa vie doit toujours être pure ainsi que ses pensées ; son corps doit être strictement soumis à son âme, et son intelligence entraînée à ne s'occuper que de sujets nobles et élevés ; il doit pratiquer la compassion, la bonté, le désir d'aider les autres, avec l'indifférence pour la peine ou le plaisir qui peuvent l'affecter personnellement ; il doit aussi pratiquer le courage, la fermeté et la dévotion. En résumé, il doit vivre la religion et l'éthique dont les autres se contentent de parler. Quand, par une pratique persévérante, il aura appris à contrôler son mental jusqu'à un certain point, de sorte qu'il soit capable de le tenir fixé sur une seule ligne de pensées pendant quelques instants, il doit commencer un entraînement plus sérieux par la pratique journalière de la concentration sur un sujet difficile ou abstrait, ou sur un sujet élevé de dévotion ; cette concentration signifie la ferme tension du mental sur un seul point, sans laisser la pensée errer, sans céder aux distractions provoquées par les objets extérieurs, par l'activité des sens ou celle du mental lui-même. Il faut qu'il tende à une fixité mentale ferme et invariable jusqu'à ce qu'il ait appris graduellement à retirer son attention du monde extérieur et du corps, laissant les sens calmes tandis que le mental vit d'une vie intense avec toutes ses énergies concentrées à l'intérieur, prêtes à être projetées sur un sujet unique de pensée, et au point le plus élevé qu'il puisse atteindre. Quand il est capable de se maintenir ainsi, avec une facilité relative, il est prêt à faire un nouveau pas en avant. Par un effort puissant, mais calme, de la volonté, il peut se porter au-delà de la pensée la plus élevée qu'il puisse atteindre *dans le cerveau physique*, et par cet effort il s'élèvera, s'unira à la conscience supérieure et se trouvera délivré de son corps. Quand cela s'opère, il n'y a aucune sensation de sommeil ou de rêve, aucune perte de conscience. L'homme se trouve en dehors de son corps, comme s'il s'était simplement débarrassé d'un poids encombrant, et non comme s'il s'était débarrassé d'une partie de lui-même. Il n'est pas réellement « désincarné, » mais il s'est élevé hors de son corps grossier « dans un corps de lumière » qui obéit à la moindre pensée, comme un instrument parfait obéit pleinement à la volonté. En cette enveloppe il a le libre accès des mondes subtils, mais il faudra qu'il entraîne longtemps et soigneusement ses facultés pour que, dans ces nouvelles conditions, il puisse faire un travail digne de confiance.

On peut se délivrer de son corps par d'autres moyens : par intense ravissement de la dévotion ou par des méthodes spéciales qui peuvent être enseignées par un grand instructeur à son disciple. Quel que soit le moyen, le résultat est le même — l'âme devenant libre, capable d'examiner les nouveaux objets qui l'entourent dans les régions de l'au-delà où l'homme corporel ne pourra jamais pénétrer. Elle peut, à volonté, retourner vers son corps; le réintégrer, et dans ces circonstances imprimer sur le mental cérébral le souvenir des expériences par lesquelles elle vient de passer (1) ».

(*A suivre*). **Annie Besant.**

LES PITRIS LUNAIRES

(*Suite*).

Quatrième Ronde.

Au commencement de la quatrième ronde, les Pitris des groupes II et III continuent, sous la direction de leur Manou, à suivre le

(1) *Conditions de la vie après la mort*, NINETEENTH CENTURY, 9 novembre 96.

processus évolutif qui poursuit son cours normal jusqu'à la 4° planète, notre Terre.

C'est alors qu'a lieu un état de choses anormal.

La Terre, il faut le rappeler, est maintenant un corps solide, bien matérialisé ; et l'on peut en dire autant des règnes végétal et animal. Le développement de tous les règnes, y compris le règne humain vers une plus grande matérialité a, en fait, été accompli, jusqu'à ce jour, *pari passu*. Mais au moment où le processus évolutif atteint la 4° planète de la chaîne, dans la 4° ronde des planètes — le milieu et le point tournant du Manvantara entier — il se produit une divergence temporaire. C'est sur cette Terre que le nadir de la matérialité doit être atteint par tous les règnes ; mais tandis que les règnes animal, végétal et minéral suivent leur cours normal, l'humanité est seule à parcourir rapidement les divers stages à travers lesquels son évolution s'est faite depuis le commencement du Manvantara.

La première race fut représentée par des fantômes gigantesques et éthérés plus spiritualisés qu'intellectualisés.

La seconde, décrite comme étant de nature psycho-spirituelle ou morale, et éthéro-physique dans ses organes matériels, reproduisit le type des habitants de la même planète dans la seconde ronde.

La 3°, — celle des Lémuriens, — comme ses prototypes de la 3° ronde, débuta par des corps éthéro-physiques, mais ne tarda pas à acquérir des corps matériels avec des os et des organes physiques.

Pendant la durée de la 4° race, — celle des Atlantéens, — le nadir de la matérialité fut atteint, et c'est de cette race que nous, Aryens de la 5° race, nous émergeâmes lentement.

Mais il nous faut maintenant revenir en arrière et décrire en détail le progrès des divers règnes durant leur séjour sur la terre. Afin de présenter le sujet plus clairement à l'esprit, les écrivains du présent travail ont construit, pour faciliter cette étude, un tableau synoptique de l'*histoire de la création* d'Ernest Haeckel, en y ajoutant 2 colonnes donnant les races contemporaines de l'humanité et ces grands cataclysmes qui sont connus des étudiants en occultisme. On verra, d'après cela, jusqu'à quel point les enseignements scientifiques s'accordent avec ceux de la cosmogonie occulte. Le principal point de divergence est naturellement relatif à la place de l'homme dans le système. Le fait que la première et la seconde race-mère ont été respectivement spirituelles et astrales dans leur constitution explique la raison pour laquelle des fossiles humains n'ont jamais été découverts dans les couches primordiales et primaires ; mais les géologues sont absolument dans le vrai quand ils attribuent les restes trouvés dans ces couches aux premiers animaux qui ont habité la terre.

La surface de notre globe était à cette époque en grande partie couverte d'eau, mais l'*impérissable terre sacrée* existait au pôle nord, ainsi que beaucoup d'autres terres, submergées depuis et qui, partant du pôle, s'étendaient dans la direction du sud.

Les monades des différents règnes firent leur apparition dans l'ordre habituel : élémental, minéral, végétal et animal. Les forêts d'herbes marines géantes formaient, comme la science l'a correctement établi, le caractère principal du règne végétal. On en retrouve encore aujourd'hui des spécimens dans les profondeurs du milieu de l'océan Atlantique. Les animaux acéphales des premiers âges, admis par la science, étaient également à cette époque le type dominant. C'est d'eux que descendirent les poissons et les reptiles, mais on peut dire ici que les mammifères ne firent leur apparition sur la terre que lorsque l'homme physique fut évolué de son ancêtre astral durant la première partie de la 3ᵉ race.

Comme le dit une des stances du livre sacré de Dzyan : « Les Dhyan-Chohans appelèrent les seigneurs de la lune aux corps aériens : produisez des hommes, des hommes de même nature que vous. Donnez-leur vos formes intérieures. Elle (la nature ou la terre) construira des enveloppes extérieures ; ils seront mâles-femelles. Ils vinrent chacun à la place qui leur fut assignée ; au nombre de sept, chacun sur son lot... Les sept légions, les « Seigneurs nés de la volonté, » poussés par l'esprit qui donne la vie, séparèrent les hommes d'eux-mêmes, chacun sur sa propre zone.

PREMIÈRE RACE. — Il semblerait ainsi que les Pitris des groupes II et III occupèrent simultanément sept différentes régions du grand continent polaire, qui constituaient alors la surface habitable de la terre. Leur procédé de reproduction aurait consisté à se dépouiller de leurs chhayas (contreparties astrales) (1), dans lesquels les monades sorties du règne animal et des sphères subjectives pouvaient s'incarner. Les ombres ou chhayas devaient être à peine visibles sur ce plan de conscience. Elles étaient probablement au même degré de matérialité que ce fluide magnétique que quelques personnes peuvent voir sortir des pôles d'un aimant ou des doigts d'un magnétiseur. Ces corps énormes et nuageux n'avaient aucune ressemblance, comme forme extérieure, avec l'homme de nos jours. Bien que la « stance » qui suit ne soit pas tout à fait compréhensible, on peut cependant y trouver quelque chose sur les sources d'où furent tirés les divers éléments constitutifs de l'homme.

« Le souffle (Atma-Buddhi) (2) avait besoin d'une forme. Les pères (Pitris) la lui donnèrent. Le souffle avait besoin d'un corps solide, la terre le forma. Le souffle avait besoin de l'esprit de vie (Jiva) ; les Lhas solaires l'insufflèrent dans sa forme. Le souffle avait besoin d'un reflet de son corps (Linga Sharira) (3) ; nous lui avons donné le nôtre, dirent les Dhyanis (Pitris). Le souffle avait besoin

(1) Ce qui correspond à notre double éthérique actuel. N. D. L. R.
(2) L'Esprit divin.
(3) Le « double » éthérique.

d'un·véhicule de désirs (Kama Rupa). *Il l'a*, dit le draineur des eaux. Mais le souffle avait besoin d'un mental pour embrasser l'univers. *Nous ne pouvons le lui donner*, dirent les pères. *Je ne l'ai jamais eu*, dit l'esprit de la terre. *La forme serait consumée si je lui donnais le mien*, dit le grand feu... L'homme resta une ombre vide, un *Bhûta* sans jugement. »

Chaque Pitri pouvait se dépouiller d'un chhâyà, lequel avec le temps, pouvait à son tour en produire un autre. Ainsi « sept fois sept ombres d'hommes futurs naquirent... chacune inférieure à son père ». Cela signifie que tandis que les Pitris étaient doués d'Ahankara, — en plus du Kama et du Jiva, qu'ils partageaient avec les entités du règne animal qui se trouvaient juste au-dessous d'eux, — les entités qui s'établirent dans les chhayas abandonnés par ces Pitris étaient naturellement placées plus bas dans l'échelle de l'évolution et par conséquent inférieures. Ces entités paraissent avoir produit, à leur tour, des chhayas destinés à être habités par des monades d'un degré encore inférieur — les dernières sorties du règne animal.

Ce sont ces inégalités initiales qui expliquent les différents stages de développement, représentés actuellement sur la terre par les sauvages et les hommes civilisés.

DEUXIÈME RACE. — La seconde race fut produite par bourgeonnement et expansion, c'est l'asexuel venant du « sans sexe ». C'est ainsi que le *Livre de Dzyan* décrit le nouveau procédé de reproduction dont l'inauguration et les nombreux développements dans la forme physique et dans le type qu'elle créa, furent naturellement sous la direction immédiate du Manou-racine de la race.

Une impulsion correspondante fut aussi donnée par le Manou-semence au développement spirituel, de manière que les processus puissent s'opérer parallèlement.

Les formes vaporeuses de la première race se trouvaient alors condensées dans une enveloppe plus physique. Ainsi que le dit la stance : « L'extérieur de la première devint l'intérieur de la seconde. » En outre, la forme changea graduellement et commença petit à petit à prendre les contours à peine ébauchés d'un homme, ayant à développer ce qui devait plus tard se transformer en membres sans os.

L'image astrale d'un homme de la seconde race ayant été montrée à quelques chélas pour leur instruction, fut décrite par eux comme une immense créature dans un corps sans consistance et pareil à de la gelée, mais sans transparence. L'ensemble était humain, mais les traits manquaient de précision. La face, si toutefois on pouvait lui donner ce nom, n'avait ni yeux, ni nez, ni bouche. Les jambes, bien que pareilles aux nôtres comme formes, ne servaient pas à la locomotion. Quand cet homme primitif avait quelque velléité de se mouvoir, il flottait sur la surface de la terre, dans la direction qui lui plaisait. Ses sensations étaient apparemment ressenties par lui au moyen de deux centres de forces. L'un d'eux a été décrit comme étant le troisième œil, et son débris fossilisé est maintenant connu sous le nom de glande pinéale ; l'autre était un organe primitif devenu aujourd'hui la rate. Ces deux organes semblent avoir été les instruments pour les sentiments rudimentaires de l'homme de la seconde race et pour leur expression.

TROISIÈME RACE. — Avec l'évolution de la troisième race (les Lémuriens), nous entrons dans un des plus intéressants chapitres du développement de l'homme. Trois points spéciaux attirent notre attention. Durant cette période, le corps subit de très grands changements physiques et le procédé de reproduction fut deux fois modifié. Nous aurons à noter un changement encore plus stupéfiant et d'une portée plus grande quand les Manasa Dhyânis s'incarneront et doteront l'humanité de l'étincelle manasique. Ce fut enfin à l'époque de cette dotation que l'importante masse de Pitris qui restaient du groupe I entra dans le courant évolutif ; quelques-uns d'entre eux ont pourtant commencé à s'incarner dans les débuts de la troisième race, et d'autres ne le firent qu'au commencement de la quatrième.

Les citations suivantes, extraites du *Livre de Dzyan*, concernent trois points : l'évolution physique, la dotation mentale et la descente en incarnation du dernier et plus haut groupe de Pitris lunaires ; mais dans les commentaires qui suivront, ces trois points seront autant que possible traités *par ordre*.

« Alors la seconde évolua la « née des œufs », la troisième. L'œuf de la future race, l'homme-cygne de la dernière partie de la troisième. D'abord mâle-femelle, puis homme et femme...

Les Fils de Sagesse, les Fils de la Nuit, prêts pour la renaissance, descendirent ; ils virent les formes viles du premier tiers ; *nous pouvons choisir*, dirent les Seigneurs, *nous avons la sagesse*. Quelques-uns entrèrent dans le chhâya. Quelques-uns retardèrent jusqu'à la quatrième race. De leur propre rûpa ils remplirent le Kâma. Ceux qui entrèrent devinrent Arhats. Ceux qui ne reçurent qu'une étincelle restèrent privés de connaissance (Manas), l'étincelle brûla sans éclat. Le tiers resta sans mental. Leurs Jivas n'étaient pas prêts. Ils devinrent des têtes-bornées. Le dernier tiers était prêt. *Nous habiterons en eux*, dirent les Seigneurs de la flamme.

« Que firent les Mânasa, les Fils de sagesse ? Ils rejetèrent les « nés de Soi. » Ils ne sont pas prêts. Ils repoussèrent les « nés de la sueur ». Ils ne sont pas tout à fait prêts. Ils ne voulurent pas entrer dans les premiers « nés d'un œuf ». Quand les « nés de la sueur » produisirent les « nés de l'œuf », les doubles, les forts, les puissants qui possédaient des os, les Seigneurs de sagesse dirent : *maintenant nous créerons* des (mentals ou manas)...

« Des gouttes de sueur, du résidu de la substance, de la matière provenant des cadavres d'hommes et d'animaux du cycle antérieur et des débris de poussière furent produits les premiers animaux.

« Des animaux avec des os, des dragons de l'océan et des *sarpas* volants furent ajoutés aux choses rampantes. Ceux qui rampaient sur le sol eurent des ailes. Ceux qui avaient de longs cous dans l'eau devinrent les ancêtres des oiseaux de l'air.

« Pendant la troisième race, les animaux sans os s'accrurent et se transformèrent ; ils devinrent des animaux avec des os ; leurs chhayas se solidifièrent.

Les animaux furent les premiers à se séparer. Ils commencèrent à procréer. L'homme double se sépara à son tour. Il dit : *Faisons comme eux ; unissons-nous et faisons des créatures.* C'est ce qu'il fit.

« Et ceux qui n'avaient pas d'étincelle prirent d'énormes animaux femelles avec eux. Ils engendrèrent par eux des races muettes. Ils étaient muets eux-mêmes. Mais leurs langues se délièrent. Les langues de leurs progénitures restèrent silencieuses. Ils enfantèrent des monstres ; une race de monstres difformes couverts de poils rouges et marchant sur les quatre membres ; une race muette dont il convient de cacher l'opprobre.

« Voyant cela, les Lhas qui n'avaient pas construit d'hommes gémirent en disant : *Les Amânasas* (1) *ont souillé nos futures demeures. Tel est le Karma. Habitons-en d'autres. Instruisons-les mieux, de peur qu'il n'arrive pire.* C'est ce qu'ils firent.

« C'est alors que tous les hommes furent dotés du Manas. Ils virent le péché des « sans mental ».

Parallèlement à l'évolution accomplie durant la 3e ronde, la 3e race de cette ronde avait (naturellement sur un plus haut niveau) à reparcourir rapidement le progrès déjà fait. Le corps de cette créature gigantesque, pareille à un singe, se solidifia graduellement, sa taille diminua et ses os se développèrent.

Nous pouvons donner ici la description de l'image astrale de l'homme et de l'animal de la troisième race, image vue dans les mêmes conditions que celle de l'homme de la seconde race et dont nous avons déjà parlé.

Il avait l'air d'un géant d'environ 12 à 15 pieds. Sa peau n'était pas noire, mais d'un jaune brun foncé. Il avait une machoire longue et basse, un visage étrangement aplati, des yeux petits mais perçants et curieusement placés de côté, de sorte qu'il pouvait voir obliquement aussi bien que de face. Il n'avait absolument pas de front, mais une espèce de bourrelet de chair, à la place où il aurait dû se trouver. La tête se terminait en pointe en arrière et en remontant d'une façon difficile à décrire. Les bras et les jambes, surtout les premiers, étaient proportionnellement plus longs que les nôtres et ne pouvaient s'allonger complétement aux épaules et aux genoux ; les mains et les pieds étaient énormes et les talons rejetés en arrière, comme s'ils étaient disloqués. Cette figure était drapée dans un ample vêtement de peau, ressemblant à de la peau

(1) Ceux qui n'ont pas de mental. N. D. L. R.

de rhinocéros, mais plus écailleuse, —probablement la peau d'un animal que nous ne connaissons maintenant que par ses restes fossiles.

Autour de sa tête était enroulé un autre morceau de peau auquel étaient attachés des glands vivement colorés en rouge, bleu, etc. Les cheveux étaient courts et le derrière de la tête tout à fait nu, probablement pour les besoins du troisième œil. Cet homme tenait dans sa main gauche un bâton pointu d'une longueur à peu près égale à sa taille, et autour de sa main droite était enroulée l'extrémité d'une longue corde faite avec une espèce de plante grimpante, au moyen de laquelle il conduisait un énorme et hideux reptile, ressemblant vaguement au plésiosaure. Les Lémuriens avaient apprivoisé ces animaux et les avaient éduqués de manière à utiliser leur grande force physique. L'aspect de cet homme produisait une sensation étrangement désagréable ; cependant il n'était pas dépourvu de civilisation, puisqu'il représentait un spécimen moyen d'un des individus appartenant à l'une des dernières sous-races de la troisième race-mère.

Tandis que les nombreuses subdivisions de la race avaient le type bien moins humain encore que l'être qui vient d'être décrit ci-dessus, les hommes les plus avancés de sa septième sous-race lui étaient de beaucoup supérieurs, bien qu'ils fussent encore très différents des hommes qui vivent actuellement. Ils avaient conservé dans une certaine mesure le type prognathe, avec des lèvres larges et épaisses, la face aplatie, des yeux désagréables, mais ils avaient développé un semblant de front et considérablement réduit la projection curieuse de la partie postérieure de leur tête. Enfin il existait une branche de la race dans laquelle les individus paraissaient avoir la tête comme un œuf dont le petit bout serait en haut, avec des yeux très larges placés de côté et très près du sommet de la tête, tandis que la taille avait sensiblement diminué et que les mains, les pieds et les membres en général se rapprochaient graduellement de ceux des nègres de nos jours. Ces peuples atteignirent une civilisation avancée et de longue durée ; ils gouvernèrent la plus grande partie du vaste continent lémurien, pendant des milliers d'années et même quand, à la fin, la décadence de la race sembla venir, ils s'assurèrent un nouveau long bail de vie et de puissance par leur mélange judicieux avec une des premières races atlantéennes. A la fin de cette période leur type s'était bien perfectionné et ne différait pas beaucoup de certaines tribus indiennes de l'Amérique telles que nous les connaissons maintenant, sauf que leur peau avait une curieuse teinte bleuâtre inconnue maintenant sur la terre.

L'ordre progressif dans les méthodes de reproduction, durant ces premières races, mérite quelques remarques, et il ne faut pas perdre de vue l'étonnante analogie qui existe entre cet ordre et celui que la science nous montre comme existant actuellement dans les règnes inférieurs de la nature.

Le mot *scission* èst le terme scientifique employé pour décrire la division en deux du morceau homogène de protoplasme qu'on nomme *Moneron* ou *Amoeba*, tandis que le *bourgeonnement*, les *spores* et *l'hermaphroditisme intermédiaire* sont les phases qui mènent à la véritable union sexuelle.

Comme on l'a constaté dans les stances, la seconde race, produite par bourgeonnement, donna naissance aux « nés de l'œuf » des hermaphrodites de la troisième race, et celle-ci, comme nous l'avons vu, évolua graduellement la différenciation des sexes.

Quant aux actes honteux de ces hommes sans mental de la troisième race, ils n'ont besoin d'aucun commentaire mais il est maintenant facile d'établir la généalogie des pithécoïdes et des familles inférieures des singes en général. Nous nous occuperons plus tard des anthropoïdes.

La dotation mentale de l'humanité par les êtres appelés Dhyanis solaires ou Agnishvättas doit maintenant être traitée. On ne peut dire que bien peu de chose sur eux ou sur leur origine. Tout ce que nous savons, c'est que, comparés à notre humanité, ces êtres étaient d'une nature spirituelle élevée, mais que sous l'impulsion de la loi karmique ils devaient rendre ce service. Dans les stances ils sont appelés *Fils de Sagesse* et *Seigneurs de la Flamme*. Quelques-uns seulement semblent s'être incarnés dans l'humanité comme ses adeptes instructeurs. Les autres ne firent que *projeter l'étincelle*, donnèrent une impulsion au développement du Manas, sans avoir besoin de s'incarner. Ce processus naturellement prit de longs siècles. Il commença vers le milieu de la troisième race mère, c'est-à-dire durant sa quatrième sous-race ; la plus grande influence eut lieu quand la cinquième était en ascendant. Durant les sixième et septième sous-races le processus continua, mais les dernières qui devaient en bénéficier ne reçurent le rayon qu'avec l'apparition des premières sous-races de la quatrième race.

Dans les premiers paragraphes de cette étude, il a été fait allusion au gouffre qui, à une certaine époque, exista dans la constitution de l'homme, le gouffre qui sépare le physique du spirituel. Manas (le mental) est l'anneau qui les unit. Une comparaison entre la conscience animale et la conscience humaine, à notre époque, peut donner une explication de ce qui constitue cette différence.

« Tandis qu'une conscience d'un degré quelconque accompagne nécessairement chaque pas du développement évolutif, c'est dans l'homme seul qu'elle atteint l'état de soi-conscience ou conscience de la conscience. L'homme analyse et examine sa propre conscience. Or, l'analyse requiert deux facteurs, un analyseur et la chose analysée. Dès lors la soi-conscience implique d'une manière concluante que l'homme est devenu au moins double dans sa nature, que quelque chose en haut a été ajouté à la conscience animale du règne qui lui est inférieur. Une partie de cet être se sépare de l'autre constituant et l'examine en critique. Cela ne peut se faire que si la conscience est double et peut se séparer. Aucun mouvement moléculaire, — source matérielle de la pensée et de la conscience, — ne peut s'isoler et étudier les détails mécaniques auxquels il doit sa propre existence. Un tel processus est inconcevable. Comme nous l'avons vu, il n'y a qu'une âme dont l'existence consciente est indépendante de ses organes physiques qui puisse remplir les conditions du problème de la soi-conscience et de la soi-analyse. » (Réincarnation, étude de l'âme, par Jérôme Anderson.)

Il est difficile de comprendre et d'expliquer ce que signifie au juste cette dotation du Manas. Nous comprendrons probablement mieux le problème en regardant le Manas non pas simplement comme le mental, mais comme le *penseur*, l'*individu*, le *réel Ego*, qui, de vie en vie, revêt des personnalités transitoires et qui, absorbé dans Atma-Buddhi, est le *Soi* immortel.

Comme nous l'avons déjà vu, le *Souffle* (la monade, Atma-Buddhi) a obtenu un corps (Rupâ), un double éthérique (Linga Sharira), la vitalité (Jiva) et une âme animale (Kâma). Mais ce quaternaire inférieur est la partie mortelle de l'homme. Il n'a pas encore reçu le principe immortel, lequel, soudé à la divine monade, Atma-Buddhi, permettra à celle-ci d'acquérir l'expérience et de la transporter de vie en vie. Madame Bésant a décrit très clairement ce quaternaire avant son association avec le Manas : « Il a des passions, mais non la raison ; des émotions, mais pas d'intellect, des désirs, mais pas de volonté raisonnée ; il attend la venue de son monarque, le mental, ce contact qui en fera un homme. »

Les Pitris lunaires du groupe I, ayant déjà atteint le niveau manasique sur la chaîne lunaire, et ayant épuisé les périodes intermédiaires qui constituent le nirvâna inter-manvantarique, voient venir pour eux le moment de suivre le courant évolutif et de pousser au développement de la race sous la direction du Manou.

Nous devons maintenant entrer dans de plus amples détails. Chacune des trois grandes légions de pitris lunaires a sept subdivisions. La classe inférieure du groupe I, n'étant pas d'un degré beaucoup plus élevé que la classe supérieure du groupe II, fut la première à s'incarner dans les premiers peuples de la troisième race, car il ne faut pas oublier que le travail le plus dur, pour ainsi dire, doit toujours être fait par la division la moins avancée du septénaire. La classe supérieure du groupe I, véritable fleur des Pitris, ne s'incarna pas avant le commencement de la quatrième race-mère.

Bien que nous ne puissions tracer la généalogie de chacune des races qui habitent actuellement la terre et indiquer les ancêtres particuliers qu'elle a pu avoir dans l'un des groupes des Pitris lunaires, on peut cependant essayer une classification générale.

L'humanité actuelle, composée des Pitris du groupe I, doit comprendre tous les adeptes initiés, leurs chélas, les étudiants de l'occulte en général et toutes les classes cultivées spirituellement et mentalement de notre race aryenne.

Le groupe II est probablement représenté par les hommes les plus arriérés de notre propre race, ainsi que par les plus avancés des Chinois, des Mongols, des Malais, des nègres, etc., qui représentent actuellement la quatrième race.

Le groupe III peut avoir pour descendants la lie de notre cinquième race et les masses de la quatrième, masses aujourd'hui incapables de progrès.

D'après cela, on verra que les restes de la troisième race qui habitent encore la terre (les habitants de l'île Andaman, les tribus montagnardes des Indiens, les habitants de la Terre de Feu et les « bushmen » de l'Afrique), ainsi que bien d'autres tribus sauvages possédant du sang de la quatrième race, ne sont pas compris dans la liste ci-dessus. Toutes ces races sont le produit de l'évolution du règne animal de la chaîne lunaire et n'ont pas par conséquent de véritables ancêtres parmi les Pitris. Cependant, bien qu'ils occupent les degrés inférieurs de l'échelle évolutive, ils jouissent d'un avantage. Comme ils ne sont entrés que depuis peu dans le règne humain, ce n'est que depuis peu qu'ils engendrent du Karma individuel. Il n'y a pas autant à dire sur leur histoire que sur celle de ceux qui peuvent faire remonter leur généalogie humaine jusqu'à la chaîne lunaire.

Il ressort de ce qui précède que les inégalités de la naissance qui représentent la variété presque infinie des conditions sociales existant parmi les races civilisées et les races sauvages de nos jours ne sont que l'empreinte et le sceau des différences et des inégalités réelles transmises à travers des générations sans nombre, et provenant non seulement des variétés produites par les progrès réalisés par les trois grandes légions des Pitris lunaires, mais encore des distinctions également subtiles représentées par le règne animal du dernier manvantara.

Avant de clore ce résumé de la troisième race, il est bon de constater qu'elle développa un langage monosyllabique et que les civilisations évoluées par sa sixième et plus particulièrement par sa septième sous-race atteignirent un degré élevé. Ces hommes construisirent de grandes cités d'une architecture cyclopéenne. La sculpture et les autres arts furent pratiqués par eux à un certain degré. De grossières reliques de cette race peuvent encore se voir dans les statues de l'île de Pâques.

Ainsi la troisième race, entre son commencement et sa fin, passa par les changements les plus variés comme forme, substance et développement mental. En descendant dans la matérialité, les organismes des êtres qui la composaient devinrent de plus en plus compliqués dans leur structure, — la nature élaborant les instruments appropriés à l'expression des attributs mentaux qui entraient en activité sous l'influence et la direction des « Seigneurs de sagesse. »

(*A suivre*). **A.-P. Sinnett et W. Scott Elliot.**

FOI, DOUTE ET CERTITUDE

(*Suite*).

La Certitude.

« La Certitude ne se donne pas, elle s'acquiert. S'il était possible d'en faire un objet de faveur, les Divinités qui guident l'humanité en labeur et qui refusent la paix du Nirvana pour hâter le moment de sa délivrance auraient entassé lumière sur lumière, preuves sur preuves, miracles sur miracles pour lui faire atteindre immédiatement le but. Mais il ne peut en être ainsi. » (1)

Dans les lois immuables de l'Univers, tout effet a une cause, toute faculté est le résultat d'un effort, la Connaissance est le fruit du labeur et de l'expérience personnelle. Mais le fruit n'est mûr qu'après que le germe a passé par toutes ses phases, et l'humanité doit l'acheter par la peine et l'erreur : l'on ne *sait* qu'à ce prix.

L'Ego, quand il atteint un certain degré de développement (2), sait définitivement qu'il est un Etre évoluant par les incarnations, et assimilant les résultats de ses expériences physiques sur les mondes invisibles à travers lesquels il passe après sa désincarnation, — le Kama-loca (3) d'abord, le Dévachan (4) ensuite ; il sait que le terme de son pèlerinage est la Connaissance et l'Immortalité ; il sait que des Aînés aident les plus jeunes, dans la famille humaine, et que les religions sont des véhicules divers de la Vérité-une établis pour guider l'enfance des hommes. Il sait tout cela parce qu'il a atteint le point où cette connaissance est possible, et

(1) *La Théosophie en quelques chapitres*, page 25.
(2) Quand il est devenu conscient sur le second sous-plan (*arupique*) du Dévachan.
(3) Le Purgatoire chrétien, le plan astral.
(4) Le Ciel chrétien.

parce que, tandis que ses personnalités (1) naissent et meurent, il vit consciemment à travers les cycles successifs des incarnations et des désincarnations, et c'est l'impression plus ou moins vague de ce savoir sur la conscience physique qui est l'intuition qui murmure à l'oreille de la personnalité l'existence des grandes vérités, du Mystère. Mais aussi longtemps que cette impression est faible, imparfaite et limitée, l'homme incarné n'a que des notions de vérité obscures et imparfaites elles-mêmes ; aussi longtemps reste-t-il plus ou moins victime de l'illusion, esclave de la forme ; aussi longtemps peut-il demeurer exclusif, intolérant ; aussi longtemps ses convictions ne sont-elles point la certitude.

Il a fait un grand pas vers cette dernière quand il a obtenu l'éveil complet sur le plan astral et qu'il y a subi l'entraînement nécessaire pour en vaincre l'illusion qui fascine et qui trompe, car non seulement il y apprend tout ce que ce plan peut révéler, mais quand il a réussi à unir sa conscience astrale avec la conscience dévachanique ou mentale, sa connaissance directe est devenue immense. Mais pour que cette certitude qui existe pour lui sur ces plans divers atteigne le plan physique, il faut que sa conscience cérébrale soit unie à sa conscience astrale et par celle-ci à la conscience dévachanique. Cela vient en son temps, — quand c'est devenu nécessaire. Avant ce moment, l'intuition peut être énorme, pressante, et la conviction qu'elle entraîne presque équivalente à la certitude, car le voisinage des deux plans (2) l'augmente à un incroyable degré, mais elle n'a pas cette force irrésistible dont est animée la Connaissance directe.

Mais cette Connaissance, même quand la personnalité cérébrale la partage, est limitée à la partie intellectuelle de l'homme, et aux plans extérieurs de notre univers planétaire, et c'est la connaissance de la Vie qui donne la foi proprement dite, la foi en la divinité humaine, la foi en l'Unité divine. L'Ego doit faire un pas de plus pour atteindre à ce faîte, et saisir l'épée qui détruit définitivement le doute : il doit attendre que le Gourou, agissant au nom du grand Initiateur, réveille sa conscience sur le plan buddhique, et fasse de lui un disciple.

Quand la connaissance acquise sur ce haut plan, — le plan de la Vie, — est suffisante, les trois premières chaînes sont à jamais brisées : le Doute, l'Illusion de la Séparativité, la Superstition (3). L'Initié sait que la Divinité est partout, qu'elle est l'Ame du monde, qu'elle bat comme étincelle dans le cœur de tout être, que le mot

(1) Le corps de substance mentale illuminé par l'Ego et projeté en incarnation dans le corps.

(2) Le plan astral et le plan physique qui sont encore séparés pour la conscience.

(3) La foi en les cérémonies en tant que cérémonies, en les formes des cultes en tant que formes, en les aspects divers de la Vérité en tant qu'aspects, etc...

fraternité n'est pas adéquat à l'expression de la parenté universelle et que le mot identité est encore insuffisant ; il sait que toutes les religions, toutes les philosophies, toutes les sectes, tous les systèmes sont des véhicules de la Vérité, et que si cette Vérité s'y exprime diversement, c'est qu'elle y est polarisée par la nature du véhicule, et que, semblable au rayon de lumière que le physicien fait tomber sur un prisme, elle est toujours et partout identique à elle-même, bien que les formes à travers lesquelles elle passe puissent la présenter sous des couleurs et des aspects variés ; il sait que l'Ame (1) est immortelle, que l'évolution se fait par les incarnations répétées, que la Volonté divine est la loi de l'univers, qu'elle guide tout, qu'elle rétablit l'équilibre troublé par l'imperfection des formes et l'ignorance ou la volonté des êtres, que des Ames libérées (2) gouvernent les mondes et que les véritables rois de la Terre ne sont pas ceux qui sont assis sur les trônes des nations ; il sait que les fondateurs des grandes religions furent tous des Messagers de la Hiérarchie divine qui préside aux destinées de notre planète, que les religions qu'ils fondèrent furent établies sur un plan d'une admirable sagesse (3) et que chacune était destinée à faire progresser le plus rapidement possible un type particulier d'âmes agrégées en race ou nation, — aussi est-il le frère de tous les êtres, l'ami de toutes les églises, l'aide de tous, orthodoxes ou hérétiques, croyants ou incroyants, sages ou fous, bons et méchants.

II

Les Religions.

Tous les chemins mènent à la Vérité, parce qu'ils sont tous des véhicules de la Vérité. « La Vérité c'est Dieu. Comme lui, elle est partout, l'Univers est en elle, les formes baignent en elles, nul être n'est en dehors d'elle, rien n'est sans elle ; elle est infinie, elle est plus grande que l'espace, plus durable que le temps, elle est partout, et si elle n'est pas toujours également reconnaissable, si elle paraît partout différente, si elle semble parfois monstrueuse c'est que l'œil im-

(1) Ici, le Rayon divin immatériel, incompréhensible, en action dans le corps causal, ce qu'on pourrait appeler *Manas supérieur* illuminé par *Atma-Buddhi*.

(2) Ceux qui sont devenus des Maîtres, c'est-à-dire, ont atteint le degré ultime de perfection auquel l'évolution doit porter l'humanité à la fin de la 7e Ronde de notre chaîne planétaire.

(3) Indépendamment de l'enseignement général des vérités communes, chaque religion possède une caractéristique spéciale qu'il est utile d'imprimer sur certaines classes d'Egos en incarnation. Par exemple, les hommes rudes ou cruels ont grand intérêt à s'incarner dans des races douces et respectueuses de la vie : Bouddhistes, Hindous, etc., car les corps qu'ils reçoivent ont été entraînés sur ce type par une longue hérédité, et leur action s'ajoute à celle qui vient de l'enseignement religieux et de l'atmosphère mentale de ces races.

parfait des humains ne la voit qu'à travers les formes, et les formes la déparent et l'obscurcissent. Mais c'est Elle que toutes les formes révèlent, c'est Elle que tous les hommes adorent, et il n'est pas jusqu'au répugnant féticheur qui ne courbe son front devant des forces dont l'essence est divine bien que leurs véhicules soient souvent sataniques (1). »

« D'autre part, l'homme imparfait ne croit qu'à ce qu'il comprend, il n'aime que ce qui vibre harmonieusement avec sa nature, et ces deux facteurs expliquent la diversité sans fin des nuances de la foi. Pour le sauvage, un débris dégénéré de quelque grande religion passée est souvent ce qu'il y a de plus assimilable ; il adore volontiers les puissances qui font les orages, qui balancent les océans dans les marées, ou qui donnent les récoltes. Il leur fait des offrandes pour gagner leur amitié ou obtenir leurs faveurs ; il prie non parce qu'il admire, non parce qu'il aime, mais parce qu'il craint ou parce qu'il désire. Tout autre idéal est, pour le moment, inutile pour lui ; l'on ne peut faire appel à la moralité, elle n'existe pas (2), et l'amour n'illuminera sa vie que dans des siècles.

« Pour certaines races rudes, violentes, sanguinaires, — celles qui forment l'Islam, par exemple, — une adaptation religieuse et morale semblable à celle que Mahomet donna, est probablement ce qu'il y a de meilleur pour le stade actuel de leur évolution.

« Pour la majorité des hommes actuels, les religions qui font appel au cœur sont maintenant les plus utiles ; c'est le secret de l'énorme extension du Bouddhisme (3) et du Christianisme (4) : l'un prêche la compassion, l'autre inculque la dévotion, — deux aspects de l'amour.

« L'élément métaphysique qui conduit à la sublime Sagesse qui caractérise les sommets du Bouddhisme est resté, depuis la dégé-

(1) *La Théosophie en quelques chapitres*, p. 11.
(2) Un missionnaire anglais reprochait à un Tasmanien d'avoir tué sa femme pour la manger. Ce reproche éveilla dans cet intellect rudimentaire une toute autre idée que celle d'un crime ; l'anthropophage pensa que le missionnaire s'imaginait que la chair humaine était d'une saveur désagréable, aussi répondit-il : « Mais elle était très bonne ».
Un missionnaire catholique, en Nouvelle-Calédonie, avait défendu à l'un de ses converts d'avoir deux femmes. Lorsque, quelque temps après, il revit son paroissien et qu'il lui demanda s'il avait obéi : « Certainement, lui fut-il répondu ; je n'en ai plus qu'une ; j'ai mangé l'autre. »
Présentez à des âmes aussi peu développées l'idéal d'un Bouddha, ou d'un Jésus. Serez-vous assez fou de croire qu'il pourra le comprendre ! L'œuvre des missions, pour être vraiment utile à ces races primitives, devrait être confiée à des hommes spécialement enseignés, et capables d'appliquer la subtile gradation que l'on doit suivre dans les notions de moralité applicables à ces peuplades, si l'on veut être utile.
(3) 400 millions d'adhérents.
(4) 200 millions d'adhérents.

nérescence de cette religion, lettre morte pour les peuples, et n'a été le privilège que des rares âmes aptes à le saisir; l'élément le plus haut de la dévotion, — l'extase (1), — n'a été compris et atteint que par une infime minorité chez les chrétiens; la majorité s'est contentée d'éléments moins élevés, mais mieux adaptés à elle, c'est-à-dire l'appel à un Dieu d'autant plus personnel que la mentalité des fidèles était plus concrète, la prière qui demande l'aide en ce monde et le salut en l'autre, l'amour plus ou moins tiède et plus ou moins intéressé qui naît pour ce Dieu de création humaine (2) dont on sollicite et dont on espère les faveurs.

« La belle religion des Zoroastres était basée sur la science; le but pour lequel elle fut établie ayant perdu en grande partie sa raison d'être pour les Egos actuels, elle n'est représentée, de nos jours, que par une poignée d'hommes, — les Parsis.

« Le Brahmanisme, au contraire, est resté très vivant, même dans la longue nuit qui dure depuis la chute de l'Inde (3); il fut la religion du noyau primitif des Aryens; il est le tronc d'où sont sorties toutes les religions venues depuis; il forme un ensemble contenant la totalité des enseignements destinés à la cinquième Race; l'on ne voit en lui aucune caractéristique en saillie parce qu'il est un organisme fondamental, harmonieusement équilibré : l'aspect métaphysique se trouve dans les *Upanishads* et dans les six grandes écoles philosophiques qui font la gloire de l'intellect hindou; l'aspect dévotionnel est dans son culte si admirable par ses adaptations occultes, et dans la *Yoga* que nulle autre religion n'a poussée à un point si élevé; l'aspect scientifique est dans les *Védangas*, — les 64 sciences auxquelles la science officielle de l'occident serait heureuse de puiser si elle les connaissait; la partie gouvernementale et toutes les règles de la conduite sont dans *Manou*(4), la Sagesse est dans les *Védas*, dont des fragments mutilés seuls ont été laissés au monde pendant l'obscurité du Cycle noir, mais qui reparaîtront dans leur splendide totalité avec le retour du Cycle de spiritualité. » (5) C'est la grande Religion par excellence de notre Race.

(*A suivre*).   D' **Th. Pascal.**

(1) La *Yoga* des orientaux, la *Communion* des chrétiens.
(2) Les humains conçoivent Dieu non tel qu'il est, mais tel qu'ils se l'imaginent.
(3) Depuis la mort de Krishna.
(4) Les *Lois de Manou* que nous connaissons ne sont qu'une copie réduite et défigurée des véritables commandements du grand être qui guida les premiers pas de notre race.
(5) *La Théosophie en quelques chapitres*, page 17.

L'HABITANT DU CŒUR

C'est une idée devenue banale que le cœur est le centre de la vie. Toutes les autres parties de l'organisme humain peuvent cesser leur fonctionnement sans que la mort ait lieu ; celle-ci n'arrive que par l'arrêt du cœur. Dans le langage courant l'expression d'importance capitale devrait être remplacée par celle d'importance cordiale ; l'augmentation de la justesse dans le langage banal n'est pas chose sans conséquences ; pour parler plus juste il faut penser mieux.

Comme distributeur du sang, le cœur est la partie principale de l'organisme ; le sang est le fluide vital beaucoup plus que le liquide nourricier comme le pense la physiologie moderne.

Fluide vital, c'est-à-dire véhiculeur des conditions de production de ce qu'on appelle l'électricité nerveuse, tel est le principal caractère du sang ; le cœur est le metteur en œuvre de ce caractère, par conséquent le siège du vouloir vital.

Pour la vie des êtres terrestres, le cœur est plus important que le cerveau ; celui-ci est un organe de superfétation, un produit de greffage plutôt qu'une production spontanée de la nature terrestre. La greffe deviendra plus importante que le tronc au cours du développement des êtres, mais nous n'en sommes pas encore là, pour ce qui concerne les masses humaines.

La physiologie comparée a trouvé que le cœur et le diaphragme, sont des organes de la tête qui, chez les mammifères, ont quitté leur place, chassés par le développement de la vertèbre cérébrale et sont allés se loger dans la poitrine, conservant autant que possible les rapports qu'ils doivent avoir avec la tête au moyen de la touffe nerveuse du pneumogastrique.

Chez les poissons et les reptiles le cœur est logé dans le cou, plus près de la tête que chez les mammifères, et en rapports plus directs avec elle ; en rapprochant cela du fait que les Adeptes sont appelés serpents (nagas) dans le langage de l'Occultisme on peut trouver quelques idées sur le chemin qu'il faut prendre pour arriver à l'Adeptat ; cela ne veut pas dire qu'il faudrait essayer immédiatement la pratique des quelques idées qu'on peut trouver.

Quand le cœur ne fonctionne plus, la vie hiérarchisée, dont la gamme forme une personnalité, disparaît du corps ; celui-ci se trouve abandonné à la vie à l'état anarchique. De ce fait nous pouvons conclure que le cœur est à l'égard de la vie un pouvoir central, un disque de conscience, en comprenant ce mot comme pensée et vouloir, qui dirige les manifestations de la vie dans l'organisme.

Si maintenant nous considérons le corps comme un petit cosmos, nous verrons que le cœur est en lui ce qu'est dans le grand cosmos le siège du Logos façonneur du monde. C'est dans le cœur que réside l'*Ichouar* humain. Krishna dit à Ardjouna : « Le Seigneur se tient au cœur de tous les éléments (*bhoutas*) et de là les fait tourner tous sur la roue de Maya. »

Il en est qui pensent que le soleil est le cœur du Cosmos ; c'est une idée assez familière aux Européens ; le père Gratry, catholique orthodoxe et penseur remarquable sous beaucoup de rapports, a osé avancer que le soleil pouvait bien être le séjour de Dieu et contenir le paradis promis aux fidèles catholiques.

Il y a des Indous qui ont une idée analogue ; mais comme leur conception de la Nature est autrement vaste que celle qui pouvait apparaître dans les cerveaux des penseurs juifs sur les traces desquels se traînent les penseurs catholiques, le Dieu qui habite le soleil est à Celui qu'on pourrait nommer Dieu, au Grand Logos, seulement ce que le garde-champêtre d'une petite commune rurale est au roi d'une grande nation. Qu'est alors l'*Ichouar* d'un individu humain ? un leucocyte dans le corps du garde-champêtre.

Le cœur est intéressé en tout ce qui concerne la vie humaine comme le soleil est intéressé en tout ce qui concerne la vie planétaire. Quelques taches de plus sur le soleil et les conditions de la vie se trouvent dérangées sur les planètes, si nous pouvons en juger par ce qui se passe sur la nôtre.

L'homme réel a son habitation dans le cœur ; le cerveau est un instrument qui est développé pour les relations de l'homme avec ses ambiances dans les mondes ; tous les organes du corps sont dans le même cas que le cerveau ; ils sont animés par des projections de la force humaine envoyée par l'*Habitant du Cœur*. Que le soleil retire en lui les forces que nous appelons des noms vagues de lumière et de chaleur et aussitôt les manifestations vitales cesseront sur les planètes ; quand l'Habitant du Cœur, pour des raisons à lui connues, cesse d'envoyer du sang au cerveau, nous nous endormons, le cerveau cesse de fonctionner. Par sang il faut entendre moins le liquide rouge que nous connaissons que les conditions de production de l'électricité vitale ou nerveuse.

Quand donc on veut développer les fonctions d'un organe au-delà du degré normal à l'étape de l'existence où nous nous trouvons, cela ne peut se faire qu'à la condition que l'Habitant du Cœur y consente et c'est toujours avec lui qu'il faut s'entendre. Si la personnalité que nous nommons moi et qui n'est que l'entité de veille, un rouage à la disposition de l'Habitant du Cœur, cherche à se développer en désaccord avec le vouloir de cet Habitant, elle ne peut aller qu'à sa perte, à sa destruction.

Il faut que les vouloirs de cette entité deviennent rythmiques avec ceux de l'*Habitant du Cœur*, pour que le développement désiré soit possible et effectué, « cherchez le Père qui est en secret ».

La première chose à comprendre pour qui veut se développer occultement, c'est que nous sommes profondément ignorants de la nature humaine. S'il y eut jamais une illusion dans notre conscience, c'est bien celle de croire que nous connaissons notre nature avec les quelques opinions vagues que nous avons à son égard. Nous savons de nous uniquement les phénomènes qui se passent dans l'entité de veille, la personnalité, et quelques-uns des phénomènes de rapport de cette personnalité avec l'entité de sommeil, qui est une autre personnalité ; nous appelons rêves quelques-uns de ces phénomènes de rapport.

Il faut encore saisir qu'il n'est pas démontré que l'entité de sommeil soit une personnalité unique, qu'elle n'est telle que pour notre ignorance et qu'il est possible qu'elle soit faite d'autant de personnalités qu'il y a d'ambiances distinctes avec lesquelles on puisse entrer en rapport. Les entités personnelles sont des organismes de rapport avec les ambiances ; elles sont donc simplement des instruments au service de l'Habitant du Cœur.

Leur attribuer une valeur finale c'est se tromper : simples instruments. Nulle personnalité ne peut connaître l'Habitant du Cœur qu'en faisant fusionner sa conscience avec lui, qu'en s'immergeant dans sa conscience plus haute.

Plus la conscience de la personnalité se dirige vers l'ambiance, plus elle multiplie ses contacts avec ce qui l'entoure, plus elle s'infiltre dans le milieu qui lui fournit des sensations, plus elle s'éloigne de la conscience de l'Habitant du Cœur ; elle resterait peut-être prisonnière de l'ambiance si le sommeil n'amenait son reflux involontaire vers l'Habitant du Cœur pour maintenir avec lui les rapports qui lui fournissent la vie comme le lait de la mère fournit la vie au nourrisson.

« Va téter ta mère » est un commandement de l'Occultisme, qui nous dit en ce sens que la vie de sommeil est plus réelle, plus intense que la vie de veille.

Il y a des Yoguis qui n'ont plus besoin de dormir parce qu'ils retournent consciemment et à volonté vers l'Habitant du Cœur, Père et Mère, Indra et Viradj et que leur conscience personnelle, toujours en rapport avec lui, en reçoit constamment l'influx vital.

Cela suffit pour faire comprendre combien se trompent ceux qui pensent trouver la vérité par les seules spéculations de leur mentalité de veille. S'ils pensent juste pendant la veille, c'est qu'ils ont sucé la vérité pendant le sommeil au sein de la Bonne Nourrice qui réside en leur cœur et non point parce qu'ils l'ont trouvée au moyen des jeux de leur mentalité.

L'Habitant du Cœur est le plus grand des Gourous ; tout ce que peuvent les autres, c'est enseigner le chemin de sa demeure et donner des indications pour que ce chemin soit parcouru plus vite.

Guymiot.

VARIÉTÉS OCCULTES

INCIDENTS DE LA VIE DU COMTE DE SAINT-GERMAIN

(*Suite*).

SAINT-GERMAIN ET MESMER

« Un homme inconnu de tous était venu faire un court séjour à
« Vienne.

« Il le prolongea cependant.

« Ses affaires avaient trait à un temps éloigné, c'est-à-dire au
« vingtième siècle.

« Il n'était venu à Vienne que pour voir une seule personne.

« Cette personne était Mesmer, très jeune encore. Mesmer fut
« frappé de l'air de l'étranger. — « Vous devez être celui » dit-il,
« qui m'a envoyé une lettre anonyme de la Haye, reçue hier? »

— « Je suis cet homme.

— « Vous désirez me parler aujourd'hui, à cette heure même, de
« mes idées sur le magnétisme?

— « Je désire qu'il en soit ainsi.

— « Le célèbre astronome Hell, qui vient de me quitter à l'ins-
« tant, m'a dirigé dans cette voie d'une façon paternelle.

— « Je le sais.

— « Mes idées fondamentales cependant sont encore obscures;
« qui peut m'éclairer?

— « Je le puis.

— « Vous me rendriez heureux, Monsieur.

« L'étranger fit signe à Mesmer de verrouiller la porte.

« Ils s'assirent.

« Ils parlèrent sur la manière d'obtenir les éléments de l'élixir de
« vie par l'emploi du magnétisme sous ses différentes formes.

« La conférence dura trois heures.

« Ils arrangèrent de se rencontrer plus tard à Paris. Puis ils se
« séparèrent. »

Nous savons par d'autres sources que Saint-Germain et Mesmer
prirent part au travail mystique du siècle dernier et qu'il se rencontrèrent et agirent de concert à Paris. Des recherches parmi les
comptes rendus des Loges nommées plus haut nous le prouvent.
Cette rencontre à Vienne doit avoir eu lieu avant que Mesmer n'ait
commencé son œuvre à Paris, à en juger par le texte cité. Vienne
était un grand centre pour les Rose-Croix et autres Sociétés de ce
genre, telles que les « Frères Asiatiques, » les Chevaliers de Lu-

mière, etc. » Les premiers d'entre eux s'occupaient très sérieusement d'alchimie et avaient leur laboratoire dans la Landstrasse derrière l'Hôpital. Parmi eux se trouvait un groupe des disciples de Saint-Germain.

Franz Gräffer nous a laissé une curieuse relation d'un passage à Vienne du comte de Saint-Germain. Ce récit malheureusement ne peut nous satisfaire tout à fait. Il a été écrit après coup, nous avoue Gräffer lui-même, le 15 juin 1843, c'est-à-dire fort longtemps après. « Je fus poussé, nous dit-il, par un sentiment irrésistible, à noter ces choses, et les faits que je raconte n'ont jamais été inscrits nulle part. » Le lecteur attentif relèvera plus d'une contradiction dans ce récit bizarre. Tel qu'il est, cependant, le voici :

« Le bruit se répandit un jour que l'énigmatique comte de Saint
« Germain était à Vienne. Ce nom nous électrisa ; notre cercle
« d'adeptes tressaillit tout entier : Saint-Germain était à Vienne !...

« (Gräffer) (Rodolphe, le frère de Franz) à peine remis de cette
« surprenante nouvelle, court à sa maison de campagne de Hini
« berg, où il a ses papiers, et se munit d'une lettre de recomman
« dation adressée à Saint-Germain par Casanova, le génial aventu
« rier qu'il connut à Amsterdam.

« Il se hâte de retourner à son bureau où un commis lui dit : « Il
« y a une heure est venu un gentilhomme dont l'aspect nous a tous
« frappés. Il était de taille moyenne, remarquablement bien fait et
« tout en lui portait l'empreinte de la noblesse... Il dit en français
« comme à lui-même et sans s'occuper de nous : Je suis à Fedal
« hofe, dans la chambre où logeait Leibnitz en 1713. » Nous
« allions parler, il avait disparu. Nous restâmes pétrifiés...

« A Fedalhofe en cinq minutes... La chambre de Leibnitz est
« vide. Personne ne sait quand le Monsieur américain rentrera.
« Quant au bagage, on ne voit qu'une petite cassette en fer. C'est
« l'heure de dîner. Mais qui songerait à dîner ? Quelque chose
« pousse Gräffer à aller chercher le baron Linden. Il le trouve à
« l'Ente. » Ils se font conduire à la Landstrasse, et guidés par un
« obscur pressentiment, ils se font mener à toute bride. »

« On ouvre le laboratoire, un cri d'étonnement leur échappe à
« tous deux. Saint-Germain est assis à une table, lisant un ouvrage
« de Paracelse. Ils restent muets sur le seuil. Le mystérieux visiteur
« ferme posément le livre et se lève lentement. Les deux hommes
« savent que cette apparition ne peut être autre chose au monde
« que « l'homme des miracles. » La description faite par le commis
« n'était que l'ombre de la réalité. Une splendeur brillante semblait
« envelopper le comte ; la dignité et la souveraineté émanaient de
« lui. Les deux amis demeuraient sans voix. Le comte marche à
« leur rencontre : ils entrent. D'un ton mesuré mais sans forma
« lisme, d'une voix sonore et mélodieuse qui charme jusqu'au fond
« de l'âme, il dit en français à Gräffer :

— « Vous avez une lettre d'introduction de M. de Seingalt, elle

« est inutile. Ce monsieur est le baron Linden. Je savais que
« vous seriez tous deux là à cette heure-ci. Vous avez une autre
« lettre de Brühl. Mais on ne pourra sauver le peintre ; son poumon
« est détruit, il mourra le 8 juillet 1805. Un homme qui est encore
« un enfant, nommé Bonaparte, sera la cause indirecte de sa mort.
« Maintenant Messieurs, je connais vos agissements, puis-je vous
« servir ? Parlez. » Les deux amis ne pouvaient toujours parler.

« Linden mit le couvert sur une petite table, prit de la pâtisserie
« dans une armoire, la plaça devant le comte et alla à la cave.

« Le comte fit signe à Gräffer de s'asseoir, s'assit lui-même et
« dit : « Je savais que votre ami Linden se retirerait, il y était forcé.
« Je vous servirai seul. Je vous connais par Angelo Soliman à qui
« je pus rendre service en Afrique. Si Linden revient, je le renver-
« rai encore. » Gräffer se remit, mais il était trop saisi pour ré-
« pondre autre chose que ceci : Je vous comprends, je pressens.....

« Cependant Linden revient et place deux bouteilles sur la table.
« Saint-Germain sourit alors avec une dignité indescriptible. Linden
« lui offre de se rafraîchir. Le sourire du comte se change en rire.
« — Je vous demande, dit-il, si jamais quelqu'un m'a vu manger
« ou boire. » Il montra les bouteilles et fit cette remarque : ce Tohay
« ne vient pas directement de Hongrie, il vient de mon amie Cathe-
« rine de Russie. Elle fut si satisfaite de la peinture du combat de
« Mödling, qu'elle envoya une barrique de ce vin à son auteur ma-
« lade. »

Gräffer et Linden furent stupéfaits, ils avaient acheté ce vin à
Casanova.

Le comte demanda de quoi écrire. Linden le lui donna. Saint-
Germain coupa deux morceaux de papier de grandeur égale, les
plaça l'un près de l'autre et prit une plume dans chaque main. Il
écrivit ainsi des deux mains une demi-page, signa et dit : « Vous
faites collection d'autographes, monsieur, choisissez l'une de ces
« feuilles, il n'importe laquelle, le contenu est le même. » « C'est
de la magie ! s'écrièrent les deux amis, « les deux écritures s'accordent trait pour trait, cela ne s'est jamais vu ! »

Le comte sourit, plaça les deux feuilles l'une sur l'autre et les
tint contre la vitre, il semblait n'y avoir qu'une seule écriture.....

Le comte reprit : « Je désire qu'une de ces feuilles soit remise à
Angelo, le plus tôt possible. Il sortira dans un quart d'heure avec
le Prince Lichtenstein, le porteur recevra une petite boîte... »

Saint-Germain devint alors rigide comme une statue pendant
quelques secondes ; ses yeux toujours expressifs au delà de ce qu'on
peut exprimer, devinrent ternes et sans couleur. Puis tout son être
se ranima. Il fit un signe de la main comme pour annoncer son départ et dit : « Je vous quitte, ne venez pas me voir. Vous me verrez
« une fois encore. Je pars demain soir : on a grand besoin de moi à
« Constantinople. Puis je vais en Angleterre pour y préparer deux
« inventions que vous aurez au siècle prochain, les trains et les ba-

« teaux à vapeur. Ils seront nécessaires en Allemagne. Les saisons
« changeront peu à peu, le printemps d'abord, puis l'été. C'est l'ar-
« rêt graduel du temps lui-même, l'annonce de la fin du cycle. Je
« vois tout cela. Les astronomes et les météorologistes ne savent
« rien, croyez-m'en ; il faut avoir étudié comme moi dans les Py-
« ramides. Je disparaîtrai vers la fin du siècle de l'Europe et me
« rendrai dans la région des Himalayas. Je me reposerai, il faut
« que je me repose. On me reverra dans 85 ans jour par jour (1).
« Adieu, je vous aime. » Après ces mots dits solennellement, le
« comte fit encore un signe de la main. Les deux adeptes quittèrent
« la chambre dans le plus profond étonnement. Une forte ondée,
« accompagnée d'un coup de tonnerre, tomba au même moment.
« Ils retournèrent instinctivement au laboratoire pour être à cou-
« vert. Ils ouvrirent la porte, Saint-Germain n'y était plus. »

Nous savons d'autre part que les deux Gräffer étaient des amis
personnels de Saint-Germain et qu'ils étaient Rose-Croix. Bien que
la date de l'entrevue citée plus haut ne soit pas donnée, un passage
tiré du même volume nous la donne approximativement. Nous li-
« sons : « Saint-Germain vint à Vienne en 88, 89 ou 90, où nous
« eûmes l'inoubliable honneur de le rencontrer. »

  (*A suivre*).   **Isabelle Cooper-Oakley.**

DEMANDES ET RÉPONSES

---

*Quelles seraient les caractéristiques qui distingueraient un « homme de
la Cinquième Ronde » qui vivrait actuellement? Cet homme pour-
rait-il être reconnu comme tel par des gens appartenant à la Quatrième Ronde, en supposant que ces derniers fussent au courant
de la Théosophie?*

Le mot de *Fifth Rounder* (homme de la Cinquième Ronde)
était un terme employé, au moment où une nomenclature théosophique commençait à se former, pour désigner une personne
ayant atteint, au point de vue du développement, le degré qui
représentera le niveau moyen du développement durant la Cinquième Ronde. Cela n'implique pas, nécessairement, que l'individu
en question ait réellement accompli cinq fois le tour de la chaîne
planétaire, alors que le reste de l'humanité n'en est encore qu'à
la moitié du quatrième tour. Ainsi il a été dit que le niveau général que l'humanité atteindra sur la terre, durant la Cinquième

---

(1) Cela était dit en 1790. Or, coïncidence ou non, 85 *ans plus tard*, en
1875, avait lieu la fondation de la Société Théosophique...
               (N. D. L. D.)

Ronde, sera celui qui est représenté actuellement par la première grande Initiation — le point de la Voie appelé le Sohan ou Srôta-patti. Il en résulte que tous ceux qui atteignent ce point, main-tenant, se trouvent au niveau qu'occupera l'humanité durant la Cinquième Ronde et peuvent, en conséquence, être appelés *Fifth Rounders* ou hommes de la Cinquième Ronde.

Mais le mot de « Fifth Rounder » peut encore être employé dans un autre sens, bien qu'il semble douteux que celui-ci lui ait jamais été donné dans « Le Buddhisme Esotérique » et dans les lettres adressées par le Maître à M. Sinnett.

En l'état actuel des choses, il semble que de nombreux Pitris de seconde classe (suivant la classification adoptée dans le mémoire de la « London Lodge », intitulé *Les Pitris Lunaires*) ne sont pas assez évolués pour « s'engager sur la Voie » durant cette Ronde et la vie terrestre actuelle n'est pas de nature à leur fournir les élé-ments nécessaires pour leur permettre de s'assimiler rapidement l'expérience qui leur manque, pour qu'ils puissent se transformer en Pitris de première classe. Il faut donc des mesures spéciales pour obtenir ce résultat et on y arrive en faisant réellement faire au Pitri de deuxième classe, un tour supplémentaire de la Chaîne pla-nitaire, en le faisant passer d'un globe à l'autre, après une ou plu-sieurs incarnations sur chacun d'eux et en lui faisant éventuellement rattraper l'humanité qu'il avait quittée, soit sur le même globe — la terre, par exemple — soit sur un des globes suivants. Mais, lorsque ceci se produit, il a, en quelque sorte, comblé son déficit en expérience et c'est en qualité de Pitri de première classe qu'il reprend rang parmi ses compagnons, réunissant désormais les qualités requises, pour tenter de s'engager sur la Voie, suivant le procédé habituel.

On a parlé de ce procédé sous le nom de *Ronde Intérieure* et on peut trouver une allusion à ce sujet dans les notes qui accom-pagnent les dernières éditions du « Buddhisme Esotérique » à propos de ce que l'on y désigne sous le nom de théorie de « l'Arche de Noé ». Ce procédé aurait pour effet, que l'entité en question se trouverait avoir réellement fait, sur la chaîne, un tour de plus que ses compagnons, mais, les Pitris de deuxième classe ne s'étant incarnés que durant la *Troisième* Ronde, cette entité aurait parcouru *deux* Rondes complètes, alors que ses compagnons ne feraient que commencer leur seconde. Il ne semblerait donc pas très exact d'appeler ces entités exceptionnelles « Fifth Rounders » bien qu'on ait pu leur donner ce nom avant que des détails ne fussent donnés sur les diverses classes des Pitris.

Autant qu'on le sache pour le moment, il n'existe pas de marque, ou de caractéristique bien définie, qui soit perceptible, même pour la vision dévachanique, et qui permette de distinguer d'avec les autres l'entité qui a effectué cette Ronde Intérieure. Il est même probable que l'on ne pourrait s'assurer du fait qu'en examinant dans les archives âkasiques les phases de l'évolution de cette entité.

Il est évident que l'aura de celui qui a passé par l'initiation de Srôtapatti et se trouve, par suite, avoir atteint le degré d'évolution de la Cinquième Ronde, présente des marques et des caractéristiques, qui sont immédiatement reconnues par tous ceux qui ont atteint le même degré ou un degré supérieur, mais qui ne sont probablement pas aussi claires, ni aussi significatives, aux yeux du psychique non-initié. C'est une question de développement effectif et non pas une question de savoir, aussi la simple connaissance des aspects intellectuels de la Théosophie, ne suffirait-elle pas pour permettre de trancher une question de ce genre.

B. K.

ECHOS DU MONDE THÉOSOPHIQUE

France.

La section française qui vient d'être constituée est, par le fait, sous cette appellation officielle qui émane de l'origine même des choses, ou peut être considérée comme étant la Société théosophique, en France. Ses statuts spéciaux ont été élaborés de concert avec les branches et la régissent dès maintenant. Le conseil d'administration porte le nom de *Comité* et doit seconder son président qui n'est autre que le secrétaire général de la section. Sa composition sera publiée en même temps que les Statuts, lorsque ceux-ci auront reçu l'approbation du président général de la société.

Il est à remarquer que l'épanouissement de l'organisme théosophique français coïncide avec le changement d'un cycle mineur des conditions morales et spirituelles de l'humanité. Dans l'article *La fin d'un cycle et le commencement d'un autre*, paru dans le *Lotus Bleu* de mai 1897, nous assignions la date du 12 avril 1899 à cette fin de cycle. Nous nous trompions en cela d'environ huit mois. D'autres données ont davantage précisé la question et nous nous bornerons, ici, à reproduire la *théosophical Review*, organe de Madame Besant, qui dit : « Le nouveau cycle, dont H. P. B. a souvent parlé, s'ouvre en Décembre 1899. La société théosophique a donc devant elle toute une nouvelle carrière de services à rendre pour mener à bon fin, dans les meilleures conditions, le travail spirituel qui lui est confié. » Cela s'applique dès lors, aussi, au plus jeune des champions actuels de cette société, c'est-à-dire à la section française.

∴

En perdant ses membres français, dont elle recevait naturellement les minces cotisations annuelles, la section à laquelle nous appartenions naguère a eu la délicate attention de remettre au secrétaire général français le total même des sommes versées en mai dernier par nos compatriotes et nous. Ce total, d'après les usages, pouvait rester acquis au rôle qui l'avait déjà reçu. En s'en départissant, pour aider aux premiers pas de la section française, les théosophes anglais ont fait acte gracieux de frères aînés. Le Dr Pascal en a remercié l'honorable M. Otwan Cuffe, secrétaire général de la section Européenne.

..

Les adhésions au *Congrès théosophique international*, proprement dit, commencent à arriver. En outre du colonel H. S. Olcott, président fondateur de la Société théosophique, qui nous envoie *toute* son approbation à ce sujet, nous avons déjà reçu celles des secrétaires généraux des sections d'Amérique et de Hollande, ainsi que de quelques théosophes éminents d'Angleterre, d'Allemagne, de Belgique, d'Espagne et d'Italie, qui ont tous accepté de faire partie du *Comité de patronage*.

Le comité d'organisation ne demande, pour le moment, que des adhésions morales, que les sympathies sincères et cordiales des théosophes de tous les pays. On dira peut-être que la chose est tellement naturelle, — des théosophes acceptant de proclamer la théosophie devant les nations réunies, — qu'il est inutile de la mettre en question ? Encore convient-il que cette acceptation soit exprimée.

Nous ajoutons que les frais auxquels donnera lieu le dit Congrès ne paraissent pas devoir être considérables. Les souscriptions qu'on voudra bien nous adresser à cet effet y subviendront certainement, sans qu'aucun des adhérents soit obligé de verser quoi que ce soit. Compte sera d'ailleurs rendu des fonds qui seront reçus pour le Congrès théosophique proprement dit.

..

Les réunions d'hiver, au siège de notre revue, ont repris le 5 novembre et, comme l'an dernier, doivent se continuer, le premier Dimanche du mois, à 3 heures de l'après midi, jusqu'en avril inclusivement. Tous nos abonnés y sont cordialement invités. Les autres personnes qui désireraient assister à ces conférences privées sont priées de s'adresser au directeur de cette revue. Notre prochain numéro rendra compte de la première de ces réunions.

PAYS ÉTRANGERS

Nous ne citons, ici, que les pays où il y a quelque chose à dire, pour le mois.

Angleterre.

La maison d'Avenue Road, 19, à Londres, où madame Blavatsky a fermé ses yeux à la lumière physique, appartenait à madame Besant qui, en raison de ses déplacements continuels, ne pouvait plus la garder et s'en est dessaisie. L'une des moindres parties de cette maison contenait les bureaux de la section Européenne, ce que l'on appelait le *quartier général*, et la plus grande était occupée par les dépendances de la

Blavatsky lodge. C'est en raison de la vente de l'immeuble que la section Européenne a pris le nouveau quartier indiqué dans le dernier numéro. Ce qui importe le plus aux théosophistes français, désormais, c'est l'adresse de la *Librairie théosophique*, à Londres, laquelle est changée aussi. Elle est actuellement dirigée par mis Edith Ward, 3, Langham, place London, W. C'est là que se font les abonnements au *Vahan*. Disons, à ce propos, que les M. S. T. français qui sont servi de cet intéressant bulletin continueront à le recevoir jusqu'en juillet 1900, inclus. Passée cette date, on devra s'abonner directement, au prix ordinaire de 2 shilings et 6 pence.

Italie.

Le journal l'*Italie*, publié en français à Rome, donne accès à la théosophie dans ses colonnes. Il contenait naguère un article du Dr Pascal sur cette matière.

Amérique.

La revue théosophique *Mercury* cesse de paraître ; elle est remplacée par une édition spéciale à l'Amérique de la *Théosophical review*, de Londres. La communauté de langue aux deux pays a rendu possible cette combinaison volontaire. La section d'Amérique a fondé toutefois un bulletin des mouvements théosophistes de la région nommé *the théosophic messenger*, et une revue nouvelle, particulière à l'enfance, *the golden chain*.

Inde.

Le président Olcott a définitivement renoncé à se rendre dans l'Afrique du sud, au Cap, au Natal et au Transwaal, où il avait l'intention d'aller. Les conditions actuelles n'y sont effectivement pas propices à la diffusion de la parole théosophique...

D. A. Courmes.

REVUE DES REVUES

Theosophist. *Organe présidentiel.* Octobre 99. — Feuilles d'un vieux journal, par H. S. Olcott. — Diverses conceptions de Dieu. — Evolution atomique, etc.

Vahan. *Section Européenne.* Oct. 99. — De l'influence du régime alimentaire sur le corps astral. Questions diverses sur Karma.

Thosophical Review. *Angleterre.* Oct. 99. — Sur Cornelius Agrippa, par Duncan. — Hermès Trismegiste, par G. R. Mead. — Les troubadours et l'occultisme, par Isabel Cooper Oakley. — L'ancien Pérou, par C. W. Leadbeater.

Sophia. *Espagne.* Oct. 99. — Sur le Christ.

Teosofia. *Italie.* Août 99. — Théosophie.

Theosophia. *Hollande.* Oct. 99. — La guerre dans l'Olympe, par H. P. B. — Occultisme, par Lauvernig. — Pensées d'or journalières.

Philadelphia *Argentine.* Août 99. — La constitution de l'homme, par Chaterji. — L'inconnu, par C. Flammarion.

Theosophy in Australasia. Sept. 99. — Le mysticisme moderne. — Inspiration et infaillibilité.

Theosophic Gleaner et Prasnottara. *Inde.* Sept. 99. — Etude sur la Bhagavad Gita. — Construction de l'individualité.

Revue spirite. *France.* Oct. 99. — Sur le médium madame Pipers. — Analyse du livre de Stainton Moses, par A. I. Blech. — A propos de théosophie, par Ernest Bosc.

Paix universelle. *Lyon.* Oct. 99. — Suite de discussions en cours.

Journal du magnétisme. *Paris.* Oct. 99. — Vive critique du spiritisme.

Réforme alimentaire. *France.* Oct. 99. — Principes d'hygiène conduisant au végétarisme, par le Dr Huchard, de l'académie de médecine.

Bulletin des sommaires. — Pas reçu.

Reçu d'autre part : France : Humanité intégrale, spiritualisme moderne. Nouvelle encyclopédie... Annales psychiques.

Etranger : Ricerca, (Italie) qui publie les Dompteurs du feu, par le Dr Pascal, sans nommer notre revue dont c'est extrait. — Amazonas, verdad e Luz, etc. (Brésil), Mahabodhi, (Inde).

D. A. C.

BIBLIOGRAPHIE

—

Les Flambeaux, par Albert Perrin (1). — Charmante plaquette où, sous le second titre de *poème communiste*, en prose, l'auteur décrit les hésitations d'une jeune fille à suivre l'ami qui veut la conduire vers les flambeaux, — la lumière spécifiant ici l'avènement du communisme. Le tableau est poétique, en effet, mais il y manque le fond, c'est-à-dire l'énonciation des principes qui, et à condition encore qu'ils soient vécus, pourraient conduire à l'idéal entrevu par le poète. Que l'auteur nous permette de le dire : ces principes ne se trouvent que dans la connaissance des véritables lois de la nature, que dans la théosophie, sous ce nom ou sous un autre, et, le jour où il les possédera, ce n'est plus une simple esquisse d'aspiration qu'il pourra tracer, mais une œuvre même de réalisation. D. A. C.

La théosophie pratiquée journellement. — L'un de nos frères dont nous ne savons pas le nom a compulsé divers ouvrages théosophiques, c'est-à-dire les écrits de théosophes avancés de notre époque.

(1) Prix : cinquante centimes.

Il a compris aussi dans son travail la *Bhagavad Gita* qui, pour être d'un autre âge, n'en est pas moins une expression parfaite de quelques-uns des aspects de la *Sagesse antique*. De ces divers ouvrages il a extrait un certain nombre de passages dont l'ensemble a constitué le petit livre que nous annonçons ici. La comtesse Wachtmeister, qui semble avoir publié l'édition originale du travail, dit que les préceptes qu'il contient peuvent paraître un peu décousus. Nous trouvons surtout qu'au lieu d'être groupés sous la rubrique des jours de la semaine, — ce qui a d'autant moins de raison d'être que chaque jour est ainsi trop rempli, puisqu'il est excellement dit, dans le livre même, qu'il faut peu lire à la fois et méditer davantage, — il eût été préférable de classer ces sentences dans un nombre plus considérable de chapitres répondant chacun à un même ordre d'idées. Sous cette réserve de forme, cet opuscule peut être considéré comme un excellent manuel de méditation théosophique, et l'on sait toute l'importance qu'a l'exercice mental qui consiste à remplacer périodiquement l'activité externe de la pensée par son application à un objet interne, c'est-à-dire moral. C'est le plus sûr moyen de développer le mental de l'homme, d'évoluer ainsi son âme, et c'est à ce titre que nous recommandons grandement la lecture du petit livre en question (1).

D. A. Courmes

(1) Se trouve à la librairie théosophique, prix : 0 fr. 50.

SOUSCRIPTION PERMANENTE

Pour la REVUE THEOSOPHIQUE FRANÇAISE

La publication d'ouvrages théosophiques et la propagande.

LISTE DE NOVEMBRE 1899.

Dr Salvy. . . . . 51 francs. (Lotus Bleu).

ERRATUM

Au numéro de Septembre dernier, page 238, 3 lignes avant le bas de la page, au lieu de : imitation étrangère, lire incitation étrangère.

AVIS IMPORTANTS

Les personnes dont l'abonnement termine au 31 décembre prochain, et qui veulent bien continuer, sont priées de nous en informer au plus tôt.

Les membres de la S. T. sont priés de signaler leurs changements d'adresse au secrétaire général de la section.

Le Directeur administrateur :

D. A. Courmes.

Saint-Amand (Cher). — Imp. DESTENAY, Bussière frères.

27 DÉCEMBRE 1899

DIXIÈME ANNÉE   NUMÉRO 10

REVUE THÉOSOPHIQUE
FRANÇAISE

LA RÉINCARNATION

(Suite et fin).

Ceux qui ont pu s'assimiler les idées principales ébauchées dans les pages précédentes comprendront qu'elles sont, par elles-mêmes, la preuve la plus convaincante que la réincarnation est un fait dans la Nature, et que celle-ci est nécessaire pour que la vaste évolution indiquée par cette phrase « l'évolution de l'Ame, » puisse s'accomplir. La seule alternative, — mettons de côté, pour le moment, l'idée matérialiste que l'Ame n'est qu'un agrégat de vibrations d'une matière physique particulière, — est celle-ci : ou chaque Ame est une nouvelle création qui se produit quand un enfant naît, ou elle est marquée de tendances vertueuses ou vicieuses, douée d'intelligence ou de stupidité par le caprice arbitraire du pouvoir créateur. Comme dirait un Mahométan « sa destinée est pendue à son cou en naissant », car la destinée d'un homme dépend, en effet, de son caractère et de son entourage, et une âme nouvellement créée et jetée dans le monde est nécessairement vouée au bonheur ou à la misère, selon les circonstances qui l'environnent et l'empreinte de son caractère. La prédestination, sous sa forme la plus choquante, est la seule alternative qui puisse se dresser en face de la réincarnation.

Au lieu de considérer la lente évolution de l'homme, qui permet au brutal sauvage d'aujourd'hui d'atteindre, avec le temps, aux éminentes qualités du saint ou du héros, et de comprendre le plan sagement conçu, sagement dirigé du développement du monde, nous serions alors contraints de n'y voir qu'un chaos d'êtres sensibles, traités avec la dernière injustice, par une volonté extérieure arbitraire, distribuant, sans pitié ni justice, le bonheur ou la souffrance, le savoir ou l'ignorance, la vertu ou le vice, la richesse ou la

20

pauvreté, le génie ou l'idiotie, — véritable pandemonium irrationnel et dépourvu de sens. Et ce chaos serait la partie la plus élevée d'un Cosmos dans les régions inférieures duquel se manifestent les actes les plus ordonnés et les plus beaux d'une loi qui sans cesse évolue des formes, les plus inférieures et les plus simples, aux formes plus élevées et plus complexes, et qui certainement « agit pour la justice », l'harmonie et la beauté.

Si l'on accepte que l'Ame du sauvage est destinée à vivre et à évoluer ; qu'elle n'est pas condamnée, pour toute l'éternité, à rester en son état actuel d'enfance, que son évolution continuera après la mort et dans d'autres mondes, le principe de l'évolution de l'Ame est admis, et il ne reste à fixer que la question de la place de cette évolution. Si toutes les Ames, sur terre, étaient au même degré d'évolution, il y aurait beaucoup à dire en faveur de la nécessité théorique de mondes plus avancés où se ferait l'évolution des Ames ayant dépassé les stages préliminaires. Mais il y a autour de nous des Ames fort avancées, nées avec de nobles qualités morales et mentales ; or par un raisonnement analogue, nous devons supposer qu'elles ont évolué sur d'autres mondes avant de naître sur celui-ci et nous pourrions nous étonner qu'une terre qui offre des conditions variées propres aux Ames peu développées aussi bien qu'aux Ames avancées, dût ne recevoir qu'une seule et fugitive visite d'Ames à toute espèce de stage de développement, et que le reste de leur évolution dût s'effectuer sur des mondes semblables à celui-ci et présentant les mêmes conditions nécessaires à l'évolution graduée que nous constatons.

La sagesse antique enseigne, il est vrai, que l'Ame progresse à travers des mondes nombreux ; mais elle enseigne aussi que l'homme naît maintes et maintes fois sur chacun de ces mondes car il doit y accomplir toute l'évolution compatible avec ce monde. D'après cet enseignement, les mondes eux-mêmes forment une chaîne évolutive où chacun d'eux joue le rôle de champ évolutif pour un certain stage. Notre monde est un champ approprié à l'évolution des règnes minéral, végétal, animal et humain ; c'est pourquoi la réincarnation collective ou individuelle de ces règnes a lieu sur la terre. Il est vrai que l'évolution future se présente à nous sur d'autres mondes, mais d'après l'ordre divin nous n'y pénétrerons qu'après avoir appris et nous être assimilé les leçons que notre propre monde doit nous enseigner.

En observant autour de nous, différents ordres de pensées nous ramènent à la réincarnation. Les immenses différences qui séparent un homme d'un autre homme ont déjà été signalées comme impliquant une évolution dans le passé de chaque Ame ; on a insisté sur la différence à établir entre la réincarnation individuelle des hommes — qui appartiennent tous à une seule espèce — et celle des âmes formant groupe monadique dans les règnes inférieurs. On peut comparer les différences relativement légères observées dans l'aspect physique des hommes, êtres extérieurement reconnaissables comme hommes, avec les abîmes qui, au point de vue moral et mental, séparent le dernier des sauvages du type humain le plus élevé. — Les sauvages sont souvent développés physiquement d'une façon splendide et possèdent de grandes capacités crâniennes, mais quelle distance entre leur mental et celui d'un philosophe ou d'un saint.

Si les hautes capacités morales et mentales sont considérées comme les résultats accumulés de la vie civilisée, nous restons confondus par ce fait que les hommes les plus éminents de notre époque sont bien au-dessous des géants intellectuels du passé ; personne de nos jours n'est parvenu à l'élévation morale de quelques saints dont parle l'histoire ; de plus, observons que le génie n'a ni antécédents ni descendants, qu'il apparaît spontanément et non comme le point culminant du développement graduel d'une famille. Le génie est généralement stérile et, s'il donne naissance à un fils, l'enfant procède de son corps et non de son mental.

Voici encore un cas plus probant. Un génie musical naît le plus souvent dans une famille de musiciens, parce que cette forme de génie a besoin, pour se manifester, d'une organisation nerveuse spéciale, et que l'organisation nerveuse tombe sous la loi de l'hérédité. Mais quand cette famille a fourni un corps à un génie, elle vacille et, après quelques générations, s'éteint dans l'obscurité de l'humanité moyenne. Les descendants des Bach, des Beethoven, des Mozart et des Mendelssohn ont-ils jamais égalé leur ancêtre ? En réalité, le génie ne se transmet pas de père en fils comme les traits physiques d'une famille, ceux des Stuarts et des Bourbons, par exemple.

Sur quel terrain, sauf celui de la réincarnation, peut-on se placer pour expliquer « l'enfant prodige » ? Prenons, par exemple, le cas de l'enfant qui devint plus tard le Dr Young, le producteur de la théorie des ondulations de la lumière, cet homme dont la grandeur n'est peut-être pas encore assez reconnue. A deux ans, il lisait très couramment, et, avant d'avoir quatre ans, il avait parcouru deux fois la Bible ; à sept ans, il commença l'arithmétique et savait par cœur l'*Aide du Tuteur* (1) de Walkingham avant que la direction de son maître l'eût conduit à la moitié de l'ouvrage. Quelques années plus tard nous le voyons à l'école sachant le Latin, le Grec, l'Hébreu, les mathématiques, la tenue des livres, le Français et l'Italien ; il apprend à construire et à manœuvrer des télescopes et se délecte dans la littérature orientale. A quatorze ans, devant prendre des leçons particulières avec un autre enfant un peu plus jeune que lui, il en devint le professeur, le maître n'étant pas venu (2). Sir William Rowan Hamilton montra des talents plus

(1) Tutor's assistant.
(2) *Vie du Dr Thomas Young*. par G Peacock. D. D.

précoces encore. Il commença à apprendre l'hébreu alors qu'il était à peine âgé de trois ans, et à sept ans un professeur du Collège de la Trinité, à Dublin, disait qu'il avait montré plus de connaissance de cette langue que bien des candidats au professorat.

A treize ans il savait bien treize langues au moins, parmi lesquelles il faut citer, en dehors des langues classiques et des langues européennes modernes, le Persan, l'Arabe, le Sanscrit, l'Hindoustani et même le Malais... ; à quatorze ans, il écrivit une lettre de félicitations à l'ambassadeur de Perse alors en visite à Dublin, lequel déclara « qu'il n'aurait jamais cru qu'il y eût en Angleterre un homme capable d'écrire ainsi en persan ». Un de ses parents disait : « Je me souviens de lui quand, petit garçon de six ans, il répondait à une question difficile de mathématiques, puis courait tout joyeux à sa petite voiture. A douze ans, il lutta avec Colburn « l'enfant calculateur » américain que l'on montrait alors comme une curiosité, à Dublin ; et il fut loin d'avoir toujours le dessous.

Il avait dix-huit ans, lorsque le Dr Brinkley (astronome royal d'Irlande) disait de lui en 1823 : « Je ne dis pas que ce jeune homme *sera* mais qu'il *est* le premier mathématicien de son époque ». Son séjour au collège fut peut-être unique ; parmi de nombreux compétiteurs bien au-dessus de la moyenne, il fut toujours le premier sur tous les sujets et à tous les examens (1).

Que le lecteur réfléchi compare ces enfants avec un enfant à moitié idiot, ou même avec un enfant d'intelligence moyenne ; qu'il observe qu'en débutant dans la vie avec de tels avantages ils devinrent des maîtres de la pensée, et qu'il se demande ensuite si de telles âmes ne devaient pas avoir un passé derrière elles.

Les ressemblances de familles s'expliquent généralement comme étant dues à la « loi de l'hérédité », mais les différences de caractère moral et mental qui se rencontrent constamment au sein d'une même famille, restent inexplicables.

La réincarnation explique la ressemblance de famille par le fait qu'une âme qui va naître est dirigée vers une famille qui lui fournira, par l'hérédité physique, un corps apte à exprimer ses caractéristiques, et elle explique les différences de caractère en rattachant à l'individu lui-même son caractère moral et mental, démontrant, en même temps, que les liens créés dans le passé l'ont conduit à naître à côté de certains autres individus de cette famille.

Une preuve de cela c'est que deux jumeaux, qui pendant leur enfance ne pouvaient même pas être distingués par l'œil pénétrant d'une mère ou d'une nourrice, changèrent plus tard de physionomie sous l'action exercée par Manas sur l'enveloppe extérieure, la parité physique diminuant à mesure que les différences de caractère s'im-

(1) *North British Review*, sept. 1866.

primèrent sur les traits mobiles du visage. Les ressemblances physiques jointes aux dissemblances morales et mentales semblent impliquer la rencontre de deux lignes de causes différentes.

Un argument en faveur de la réincarnation, c'est que des individus, de niveau intellectuel presque semblable, présentent de notables différences quand il s'agit pour eux d'assimiler certaines connaissances. Les uns comprennent de suite telle vérité, que les autres ne peuvent concevoir, même après des réflexions prolongées. Inversement, selon la nature des sujets, les premiers ne verront pas ce que les seconds saisiront à l'instant. « Deux étudiants sont attirés vers la Théosophie, ils commencent ensemble à l'étudier ; à la fin d'une année, l'un s'est familiarisé avec les conceptions principales et peut les appliquer, pendant que son compagnon lutte et se perd dans un labyrinthe de perplexités. A l'un les principes semblent déjà connus, à l'autre ils paraissent nouveaux, étranges, inintelligibles. Celui qui admet la réincarnation sait que l'enseignement est ancien pour l'un et récent pour l'autre ; le premier retrouve un savoir du passé et l'apprend vite *parce qu'il se souvient*, le second travaille péniblement à acquérir ces vérités de la Nature parce qu'elles ne font pas encore partie de son expérience et et s'offrent à lui pour la première fois (1).

Aussi l'intuition ordinaire n'est-elle que « la simple reconnaissance d'un fait bien connu dans une vie passée et qu'on rencontre pour la première fois dans la vie actuelle », (2) ce qui est une nouvelle indication de la route que l'individu a parcourue dans le passé.

Pour beauconp de personnes l'objection principale à formuler contre la Réincarnation, est l'oubli du passé personnel. Elles admettent bien que le souvenir des premiers mois et des premières années de leur vie, soit éteint ou perdu dans la brume. Elles savent aussi que des choses, — dont leur conscience normale semble n'avoir gardé aucune trace, — restent cachées dans les obscures profondeurs de la mémoire d'où elles surgissent soudain, très vivantes, sous l'influence de quelque état maladif ou du magnétisme. On a vu un homme se servir en mourant d'un langage qui lui était inconnu pendant sa longue vie, mais qu'il avait entendu dans son bas âge. Le délire rappelle avec exactitude des événements complètement oubliés.

Rien n'est réellement oblitéré mais bien des choses échappent à la vue limitée de notre conscience à peine éveillée, la plus bornée de toutes nos formes de conscience, et la seule reconnue par la grande majorité des hommes.

Le souvenir de nombreuses circonstances de notre vie actuelle semble se perdre en nous, hors des atteintes de cette conscience

(1) *Réincarnation* par Annie Besant, page 64.
(2) *Réincarnation* par Annie Besant, page 67.

qui s'éveille ; cependant il reparaît et reconstitue les faits, quand le cerveau devenu hyper-sensitif est apte à répondre aux vibrations qui, autrefois, en le frappant, ne provoquaient aucun écho. Ainsi la mémoire de nos vies passées s'accumule loin de la conscience physique ; elle réside, intégrale, dans le Penseur, qui seul persiste de vie en vie, et possède, au complet, le livre de mémoire où sont gravées toutes les expériences qu'il a faites, car il est l'unique « Moi » ; de plus il peut imprimer ses expériences sur son véhicule physique aussitôt que ce dernier est suffisamment purifié pour obéir à ses rapides et subtiles vibrations, alors l'homme de chair est admis à prendre sa part de la connaissance du passé acquise par le Penseur.

La difficulté qu'éprouve la mémoire ne vient pas de ce qu'elle oublie puisque le corps physique, véhicule inférieur, n'était pas le même dans les existences précédentes de son possesseur, mais elle est causée par l'influence du milieu qui absorbe le corps actuel et par la grossière indifférence de ce corps aux vibrations délicates, seuls moyens de l'âme pour se faire entendre. Ceux qui veulent se rappeler le passé ne doivent pas concentrer leur intérêt dans le présent, ils doivent purifier leur corps et le rendre assez affiné pour qu'il soit capable de recevoir les impressions des sphères plus subtiles.

Il y a cependant un grand nombre de personnes qui se souviennent de leurs vies passées parce que leur organisme physique a atteint la sensitivité nécessaire; — pour elles naturellement la réincarnation n'est plus une théorie, mais une connaissance personnelle. Elles ont appris combien la vie devient plus précieuse quand le souvenir reconquis des existences passées leur découvre dans les amis de nos jours si courts les amis d'autrefois et quand les anciens souvenirs viennent fortifier les liens du présent fugitif. La vie acquiert de la valeur et de la noblesse quand on voit derrière elle cette longue perspective et quand les affections d'antan reparaissent dans les affections d'aujourd'hui. La mort reprend alors sa place réelle de simple incident au cours de la vie, de passage d'une scène à une autre, de voyage qui sépare les corps mais ne peut rompre l'amitié. On peut regarder en avant avec une joyeuse sécurité, car, le passé, comme une longue chaîne composée d'anneaux d'or, se relie au présent qui y rive sa maille à laquelle se rattacheront celles de l'avenir, formant ainsi un indestructible lien.

De temps à autre on rencontre des enfants qui ont conservé le souvenir de leur vie précédente, spécialement quand ils sont morts encore jeunes et se sont presque immédiatement réincarnés. Ces cas sont plus rares en Occident qu'en Orient, parce qu'en Occident les premières mots prononcés par un enfant sur ce sujet seraient écoutés avec une méfiance qui lui ferait promptement perdre confiance en sa mémoire. En Orient, où la croyance à la réincarnation est presque universelle, on écoute le récit des souvenirs d'un enfant, et si l'occasion se présente, on les vérifie.

Une autre considération, se rapportant à la mémoire, mérite de nous arrêter un instant. Le souvenir des *événements* passés ne subsiste, ainsi que nous l'avons vu, qu'avec le Penseur, mais le résultat de ces événements transformé en *facultés* reste au service de l'homme intérieur. Si la totalité de ces événements passés était jetée dans le cerveau physique, ce serait une énorme masse d'expériences sans classification, sans arrangement que l'homme ne pourrait utiliser, et dont il ne recevrait aucun secours. Forcé de faire un choix entre deux lignes d'action, il devrait rechercher, dans ces faits non classés du passé, les événements d'un caractère semblable, en suivre les résultats et après une étude longue et pénible arriver à une conclusion, — conclusion vraisemblablement erronée par l'omission involontaire de quelque important facteur et obtenue longtemps après que le besoin de la décision se serait fait sentir. Tous les événements insignifiants et importants de quelques centaines d'existences formeraient une masse chaotique très difficile à débrouiller dans le cas où il faudrait y rechercher un point d'appui pour prendre une décision immédiate. Le plan de la Nature, bien autrement parfait, laisse au Penseur le souvenir des faits et accorde au corps mental une longue période de vie désincarnée pendant laquelle tous les événements sont classés et comparés ainsi que leurs résultats, et ces résultats sont transformés en *facultés*. Ces facultés, élargies et perfectionnées, composent le nouveau corps mental du Penseur, l'homme peut donc en user sans délai. Une intuition nette, un jugement prompt ne sont que le produit des expériences passées, coulées dans un moule particulier, dont on peut se servir plus utilement que d'un amas confus d'innombrables actions qu'il faudrait comparer entre elles chaque fois qu'une circonstance nous obligerait à exercer notre volonté.

La conclusion que l'esprit doit tirer de ces différentes observations, c'est que la réincarnation est une nécessité fondamentale si l'on veut rendre la vie intelligente, et si l'on ne veut pas que l'injustice et la cruauté se jouent de l'impuissance humaine. La réincarnation grandit l'homme ; par elle, il devient un être immortel qui évolue vers une fin glorieuse et divine ; sans elle, il n'est plus qu'un brin de paille, emporté par un torrent de circonstances fortuites, irresponsable de son caractère, de ses actions et de sa destinée. Par elle il peut regarder l'avenir avec espérance et sans aucune crainte ; car si bas que soit aujourd'hui le degré qu'il occupe sur l'échelle de l'évolution, il n'en conduit pas moins à la divinité ; l'ascension jusqu'au sommet n'est qu'une question de temps. Sans la réincarnation, l'homme n'a aucune assurance raisonnable de son progrès dans l'avenir, on pourrait même dire aucune assurance raisonnable d'un avenir quelconque. Pourquoi une créature sans passé regarderait-elle vers un avenir ? Peut-être n'est-elle qu'une bulle d'air sur l'océan du temps. Jetée du non-être dans le monde, douée de qualités bonnes ou mauvaises, qui font partie d'elle sans raison et sans cause, pourquoi devrait-elle lutter pour en tirer le meilleur parti ? Son avenir, si elle en a un, ne sera-t-il pas aussi isolé, aussi incausé et aussi abandonné que son présent ?

Le monde moderne, en rejetant de ses croyances la réincarnation, a privé Dieu de sa justice et l'homme de sa sécurité ; car heureux ou malheureux, la force et la dignité que donne la confiance en une loi immuable lui ont été enlevées, et il est resté sans secours ballotté sur l'océan innavigable de la vie ?

Annie Besant.

LES PITRIS LUNAIRES

(Suite et fin).

QUATRIÈME RACE. — Le but évident de notre étude se trouve rempli avec l'entrée du dernier des Pitris dans le courant de l'évolution humaine, au commencement de la quatrième race. Mais il sera intéressant de décrire le progrès de l'humanité à travers cette race jusqu'à nos jours.

Comme nous l'avons fait précédemment, nous commencerons par citer les stances du livre de Dzyan relatives à notre sujet :

« La quatrième race développa la parole.

« L'un devint deux, ainsi que toutes les choses vivantes et rampantes qui étaient encore une, les poissons-oiseaux géants et les serpents à tête d'écaille.

« Ainsi, deux par deux, sur les sept zones, la troisième race donna naissance à la quatrième race d'hommes ; les dieux devinrent des non-dieux ; les Sura devinrent A-sura.

« La première, sur chaque zone, fut de la couleur de la lune, la seconde jaune comme l'or ; la troisième rouge ; la quatrième brune, qui devint noire par le péché. Les sept premiers rejetons humains furent tous du même teint. Les sept suivants commencèrent à se mêler.

« Alors la quatrième devint grande d'orgueil. Nous sommes les rois, fut-il dit ; nous sommes les dieux.

« Ils prirent des femmes belles à voir, les femmes des « sansmental, » les têtes-bornées. Ils enfantèrent des monstres, de mauvais démons, mâles et femelles, et aussi des Khado avec de petits mentals.

« Ils construisirent des temples pour le corps humain, mâle et femelle, ils adorèrent. Alors le troisième œil cessa de fonctionner.

« Ils construisirent d'énormes cités. Avec des terres et des métaux rares ils firent leurs constructions et avec des pierres volcaniques, des pierres blanches venant des montagnes et des pierres noires ils taillèrent leurs propres images, à leur dimension et ressemblance, et les adorèrent.

« Ils firent de grandes images de neuf yatis de haut, — la taille de leurs corps. Des feux intérieurs avaient détruit la terre de leurs pères. L'eau menaça la quatrième.

« Les premières grandes eaux vinrent, elles engloutirent les sept grandes îles.

« Tous les saints furent sauvés, les pervers détruits. Avec eux disparurent les animaux énormes, produits de la sueur de la terre. »

La quatrième race inaugure alors la période durant laquelle le nadir de la matérialité est atteint, et, comme on l'a vu d'après les stances, le péché de la troisième race sans mental est répété même par ceux qui ont acquis le Manas. Les rejetons de ces unions contre nature eurent des résultats d'apparence bien différente. Chez quelques-uns, domina le type animal et chez d'autres, ce fut le type humain. Ceux chez qui l'animalité prédominait disparurent graduellement. Ceux qui avaient hérité de la forme humaine plus que de la forme animale représentèrent le lien des deux règnes, et, par suite, se trouvèrent prêts physiquement pour l'incarnation des entités prêtes à sortir du règne animal, sans cela, celles-ci auraient dû attendre, dans un état subjectif, le commencement d'un nouveau manvantara avant de commencer leur carrière humaine. Car aussitôt que l'ensemble des races humaines a atteint sur la terre le stage manasique, la porte se ferme sur les entités du règne animal. Les singes anthropoïdes de nos jours sont ainsi les descendants de ces êtres semi-humains ; ils s'incarneront dans la sixième race, dans des corps vraiment humains et constitueront naturellement la race la moins avancée de cette période.

Il n'y a pas beaucoup à dire sur le type physique des hommes de la quatrième race. Ils ne différaient pas beaucoup de nous, sauf dans la taille. Commençant où les hommes de la troisième race étaient restés, à environ 12 ou 14 pieds, leur taille diminua graduellement.

Les stances finales font évidemment allusion aux principaux cataclysmes qui détruisirent l'Atlantide. Comme on le verra d'après le tableau synoptique auquel il a été déjà fait allusion (et qui termine cette étude), il y eut trois autres cataclysmes importants ajoutés au premier grand cataclysme qui inaugura la destruction du continent. Il y eut aussi plusieurs catastrophes de moindre importance ; en fait, une fois que la destruction eut commencé son œuvre, la terre continua de s'affaisser, chaque région disparaissant l'une après l'autre sous les eaux.

La troisième race, nous l'avons vu, inventa le langage monosyllabique. C'est de là que se forma, dans la quatrième race, une forme archaïque de langage agglutinatif. Celle-ci évolua graduellement en le langage inflexionnel dont hérita notre cinquième race (aryenne) et qui, avec le temps, se transforma en celui que nous connaissons.

On pourrait beaucoup dire au sujet du développement intellectuel, artistique et social atteint par les civilisations successives de la quatrième race, mais les limites de notre étude sont presque atteintes.

Il ne nous reste plus qu'à faire une comparaison entre l'humanité qui fut le produit de la chaîne lunaire et celle qui suivra l'évolution de notre manvantara actuel.

Tous ceux qui liront cette étude savent sans doute qu'il y a, dans l'initiation, des stages divers qui correspondent aux étapes variées du progrès spirituel. Quand la bataille est finie et que les fautes et les chutes du Soi ont été dominées une à une, l'initiation est donnée et une nouvelle clef de la connaissance est chaque fois mise dans les mains du disciple, qui trouve en elle le moyen d'atteindre le degré suivant.

Dès le début, on peut regarder l'aspirant comme s'étant enrôlé dans une armée à la tête de laquelle se tient un être divin qui a pour officiers des adeptes et initiés de divers degrés, chaque initiation ou grade acquis représentant une augmentation de connaissance et de pouvoir. Cette armée existe pour le divin gouvernement du monde. Sans empiéter sur le domaine du karma individuel, son chef suprême, agissant comme agent des grandes lois cosmiques, peut influencer le mental et les destinées des hommes, des races et des nations. Les mouvements eux-mêmes de notre terre elle-même sont, jusqu'à un certain point, soumis à cette autorité.

Ceux qui aspirent à devenir membres de ce grand corps de gouvernement entreprennent une tâche vraiment stupéfiante. Il ne s'agit rien moins que de dépasser le cours normal de l'évolution.

Comme l'acquisition du Manas était l'objet et le but de l'évolution lunaire (la perfection, pour ainsi dire, de cette humanité-là), de même l'objet et le but de ce manvantara consiste à atteindre un certain stage dans la série des initiations en question. Nous pouvons appeler ce stage le *divin niveau*, tandis que les expressions de *niveau demi-divin* et de *niveau humain* peuvent s'appliquer par analogie aux stages atteints par les pitris lunaires des groupes II et III — c'est-à-dire ceux qui ne réussirent point à atteindre le plus haut développement possible sur la chaîne lunaire.

Suivant la loi des correspondances, les pitris lunaires du groupe III qui ont commencé le processus évolutif de cette chaîne de mondes dans le plus bas des règnes élémentals et ont monté graduellement jusqu'à l'humanité, trouveront leurs représentants dans ce qu'on est convenu d'appeler les *insuccès* de la cinquième ronde de notre chaîne, c'est-à-dire ceux qui durant cette période n'auront pas réussi à atteindre le niveau de développement mental et spirituel que l'homme doit atteindre et dont l'acquisition peut seule lui garantir la continuation de son activité dans le courant de l'évolution.

Roches stratifiées		Profondeur des couches en pieds	Races correspondantes dans leur période de splendeur	Cataclysmes	Animaux	Plantes
Archélithique ou primordial	Laurencien, Cambrien, Silurien	70 000	1re race mère. Comme elle était astrale, elle n'a laissé aucun reste fossile.		Animaux acéphales	Forêts d'herbes marines géantes et autres plantes de l'espèce Thallus.
Paléolithique ou primaire	Dévonien, Carbonifère, Permien	42 000	Seconde race mère également astrale.		Poissons	Forêts de fougères
Mésolithique ou secondaire	Triasique, Jurassique, Crétacé	15 000	Lémurienne	La Lémurie périt 700 000 ans avant le commencement de l'âge éocène.	Reptiles	Forêts de pins et de palmiers
Cénolithique ou tertiaire	Eocène, Miocène, Pliocène	5 000	Atlantéenne	Le principal continent de l'Atlantide fut détruit il y a 800 000 ans (période miocène). Une seconde catastrophe eut lieu il y a 200 000 ans	Mammifères	Forêts d'arbres et graminées
Anthropolithique ou quaternaire	Diluvien, Pleistocène, Alluvien	500	Aryenne	Une troisième catastrophe arriva il y a 80 000 ans. La quatrième et dernière fut la submersion de Poseidonis, 9564 av. Jésus-Christ.	Mammifères plus développés	Forêts et végétaux cultivés

Ces insuccès de la cinquième ronde (qu'on peut considérer comme ayant atteint le *niveau* humain ci-dessus indiqué) en disparaissant du système resteront, nous dit-on, dans l'état subjectif jusqu'au commencement du prochain manvantara, et qu'alors, comme les pitris lunaires du groupe III, ils reprendront leur travail sur le plus bas degré de l'échelle, c'est-à-dire dans le règne élémental.

Ceux qui réussiront à traverser avec succès la période critique de la cinquième ronde, mais qui resteront au-dessous du niveau atteint par l'humanité perfectionnée de la septième ronde, atteindront ce que nous avons désigné comme le niveau *semi-divin*, et correspondant aux pitris lunaires du groupe II, ils se joindront au courant de l'évolution du manvantara suivant à l'époque correspondant à leur progrès.

Ceux qui, sans avoir hâté prématurément leur marche en avant, atteindront néanmoins dans la septième ronde le niveau de la connaissance et de la spiritualité que nous avons désigné comme *divin*, se trouveront avoir acquis tout ce que leur existence sur cette chaîne de mondes pouvait leur apprendre. Comme les pitris lunaires du groupe I, ils seront la fleur de leur humanité. Mais contrairement à eux, ils ne se joindront pas au courant évolutif du prochain manvantara. Ils pourront passer des siècles dans le bonheur conscient d'un nirvâna qui correspondra en sublimité à la position qu'ils se seront faite dans la nature, et d'autres destinées seront à leur disposition.

Dans le manvantara actuel, pour la première fois dans la vie de la chaîne entière de manvantaras, il est devenu possible de forcer le cours normal de l'évolution et d'atteindre un niveau à partir duquel le sentier du progrès peut mener à un royaume de l'être tout différent et bien supérieur au nôtre. Ceux qui arrivent à ce point sont vraiment la fleur de la fleur de l'humanité. Ce fut seulement avec l'évolution de la quatrième race sur cette terre, — le point tournant de ce manvantara, qui est lui-même le point tournant de la chaîne de manvantaras, — que cet essai de dépasser le cours normal devint possible. C'est pour la première fois alors que des Adeptes de Sagesse commencèrent à émerger de notre humanité. Jusqu'à cette époque les fonctions et les devoirs que ces adeptes remplissent maintenant étaient accomplis par des êtres appartenant à des systèmes d'évolution différents du nôtre et plus avancés que lui.

L'étude de ce progrès anormal et des qualités nécessaires pour l'atteindre est finalement le sujet le plus intéressant et le plus important qui puisse faire réfléchir l'homme. C'est là qu'est le véritable cœur et noyau de tout enseignement secret, mais le but de cette étude n'est pas d'entrer dans ces considérations, car l'histoire des pitris lunaires est terminée.

A. P. Sinnett et W. Scott Elliot.

L'ILLUSION

L'Absolu est infini dans l'espace et dans le temps ! Tout ce que l'être a perçu et conçu dans le passé et tout ce qu'il pourra percevoir et concevoir dans le présent et l'avenir NE SERA JAMAIS L'ABSOLU !...

L'Etre est la parcelle de l'Absolu et il est en même temps « l'INFINI-LUI » !

S'il est permis de prendre un exemple dans le relatif pour imager un peu le rapport de l'être à LUI, on dira : « De même qu'un son entendu par cent mille êtres s'est divisé en cent mille parcelles pour être perçu par chacun des êtres et reste néanmoins « tout-lui » dans chaque parcelle, puisque chaque être le perçoit tout entier (chacun en raison de son degré de perception) — ainsi l'Absolu se divise en l'infini de parcelles qui sont les êtres et reste néanmoins l'INFINI-LUI en chacun d'eux.

L'être est l'infiniment petit et l'infiniment grand dans l'espace et le passé et l'avenir dans le temps : il est l'Univers dans l'atôme et l'éternité dans l'instant ! Etant l'INFINI-LUI, l'être est en LUI-MÊME UNE POTENTIALITÉ de CONSCIENCE dont le CENTRE est le PRÉSENT ! Le centre ou présent est partout dans l'espace et dans le temps et comme il se déplace sans cesse, on peut le considérer comme formant un fil sans fin et incassable.

En raison de sa potentialité de conscience l'être décrit dans l'Absolu-infini qui se présente à lui sous l'« Aspect » de perçu-conçu ou relatif, son infini de spires hélicoïdes. De même que la terre décrit sa spire diurne en 24 h. et en même temps sa spire annuelle en 365 jours et sa spire elliptique autour du soleil en 25868 ans, et bien d'autres non observés par la science, ainsi l'être décrit l'infini de spires hélicoïdes : spirales hélicoïdes formées de spirales hélicoïdes !

De même que la terre en tous ces mouvements passe à des états d'activité et de repos et accomplit simultanément avec ses spires des mouvements coniques, de descente et d'ascendence, ainsi l'être passe à des états d'activité et de repos et accomplit des mouvements d'ascendence et de descente.

En décrivant ces spires il passe par différents plans d'existences selon ses états de conscience. En évoluant et en involuant, il passe à travers les aspects de l'Absolu, incarnations ou relatifs : il est le fil traversant les grains du chapelet des états de conscience à l'infini.

Pour l'humain, la vie apparaît être l'évolution de l'inconscient au conscient. Il va de l'inconscient au conscient par l'expérimentation des aspects ou relatifs par lesquels il passe selon ses plans d'existences.

La vie à vivre est l'expérimentation de l'Idéal formé de ce qu'il a perçu et conçu de l'Absolu.

Tout ce qui réalise ou tend à réaliser la vie de l'Idéal est bien, joie, bonheur ! Tout ce qui entrave la vie de l'Idéal est mal, souffrance, désillusion !...

Sans préciser, on peut dire que journellement, l'humain décrit sa spire avec ses périodes d'activités et de repos ; l'ensemble des spires d'une vie forme la spire plus grande avec ses périodes de vies positives et négatives : c'est le passage à travers une incarnation ou aspect de l'Absolu. Cette spire plus grande, d'une vie d'un organisme, fait partie d'une spire plus grande encore formée des différents aspects par lesquels passe le fil pour évoluer du nirvâna animal, d'où tous les humains sortent, à notre aspect terrestre, — et involuer, grossi de ses expérimentations, vers le point d'où il est parti !

Cette spire plus grande fait à son tour partie de la grande spire d'évolution des 7 principes qui doit mener l'humain du Nirvâna Animal au Nirvâna humain et lui ouvrir la voie seule connue des Dieux !

Au cours de cette dernière spire (finale pour l'être, comme aspect humain !) l'humain passe par des états différents de bonheur et de malheur : il est à présent dans l'âge noir du Kali-Yug, la période où, la grande illusion perdant pied, il souffre plus parce qu'il la sent et comprend plus ! Mais le jour où il aura compris où est la Vérité, il ne sera plus dominé par la Maya, il ne sera plus sa proie : il sera au dessus d'elle, *elle n'existera plus pour lui !*

    La Vérité, le Réel c'est l'Absolu, c'est l'Ame Universelle.
    L'illusion, c'est le relatif, « l'aspect » de l'Absolu !

Le corps, la beauté du corps, le vêtement, l'intelligence plus ou moins grande, être idiot, savant, artiste, prêtre, adepte, mahatma, Dieu, être pauvre ou riche, ministre ou balayeur de rue, — la famille, la patrie, la société, la terre, le ciel, les honneurs, être au bas ou au haut de l'échelle sociale, — le désir, la satisfaction des désirs, enfin tout ce que nous pouvons percevoir et concevoir est « l'Aspect » de l'Absolu, de l'Ame Universelle de la Vérité et cependant le Réel n'est pas une entité en dehors de l'Aspect : Il est l'aspect !...

Actuellement les humains sont plus ou moins plongés dans l'illusion de prendre « l'Aspect » pour la Réalité ! Les plus nombreux sont tellement absorbés par l'illusion qu'ils ne sentent pas la réalité qui est en eux et il en est même qui déclarent qu'ils ne sont rien. Et l'on voit ces humains vivre ensemble ne connaissant les uns des autres que l'aspect et non la réalité : telle mère qui pleure un fils ne connaît de lui que l'aspect corporel ; tel peuple qui s'enthousiasme d'un bonhomme ne connaît de lui que l'habit galonné ou la couleur du cheval ; telle fiancée, fleur virginale inconsciente,

se passionne pour celui dont elle ne connaît que l'Aspect beau cavalier ou artiste de renom et qu'elle dédaignerait s'il avait l'habit
troué du pauvre ou l'emploi de palefrenier ; tel potentat arrive à
se prendre, lui et ses galons, ses titres, ses richesses, au sérieux, et
se verrait bien vide s'il était tout à coup jeté dans la foule avec
une casquette et un pantalon troué, et crevant la misère ; tel savant à air grave parlera solennellement de la vérité sienne et la
déclarera supérieure à toutes ; tel moraliste déclarera avoir la vraie
morale, aura un hôtel sur le boulevard et se payera l'Italie ou les
eaux ; partout l'humain est dominé, conduit par l'illusoire ! On les
voit tous, véritables machines, morts vivants, courbés servilement
en esclaves de la Maya, appartenant à l'ambiance et ne s'appartenant pas. Les uns absorbés par le palais ont l'idée fixe dans la
jouissance du manger et ne vibrent qu'à cette idée ; les autres sont
esclaves du désir de paraître et n'obéissent qu'à tout ce qui concourt à la satisfaction de ce désir ; ici, on voit ces morts-vivants
sous l'impulsion du rut se ruer en de prostituantes conjonctions ;
là on les voit accomplir avec le cynisme de l'inconscience, les plus
infâmes et ignobles bassesses pour obéir servilement à leurs sens
qui les possèdent, les machines !... Ils ne s'appartiennent pas.

Semblables au possesseur d'un télescope, qui inconscient de l'instrument qu'il possède, s'extasierait devant lui, devant ses rouages,
sans penser à s'en servir pour sonder les mystères célestes, les humains, dans la presque totalité, y compris cette foule d'adorateurs
du moi-personnel qui en leur intérieur s'applaudissent de faire
partie de la minorité, s'absorbent en la jouissance sensuelle, en la
contemplation de leurs sens, au lieu de s'en servir pour pénétrer
les mystérieux arcanes qui pourraient les délivrer de la Maya !...

Partout la servilité machinale, la vie passive devant l'autocrate
illusion, l'absence presque complète de libre arbitre : c'est la vie
dans le Relatif, l'illusoire, l'Aspect !

Aimer, désirer, construire, vivre en le Relatif, c'est aimer, désirer, construire, vivre dans ce qui passe, dans ce qui a commencé
et doit finir, dans la grande illusion : c'est être fatalement condamné à souffrir, c'est goûter la joie d'un moment qui mène à la
tristesse profonde de la désillusion, c'est cueillir la fleur autour de
laquelle est enroulé le serpent dont la morsure donne la mort !

Toi, belle coquette, qui t'enivres de la célébration de tes charmes
regarde à travers le velouté de ta carnation : tu y verras le hideux
de ton squelette et à la place du sourire avec lequel tu affoles ton
semblable, tu verras ta face de morte grimaçant la désillusion ! Toi,
jeune gandin, qui triomphes dans ta jeunesse, qui t'absorbes dans
ton costume d'élégant, vois la vieillesse qui s'approche et la misère
qui te guette : l'illusoire en lequel tu vis te condamne à la tortu-
rante désillusion ! Toi, candide et délicate fiancée, dont le cœur
bat pour celui dont tu ne connais que l'aspect de tendre amant, de
beau rêveur, d'être intelligent, tu es avec lui, condamnée à la dé-

sillusion, car tu ignores la réalité ! Toi, le Poë du sentir, le déli-
cat rêveur des idéaux divins, qui t'acharnes et t'affoles à la poursuite de l'insaisissable chimère, rentre en toi-même et écoute la
« Voix du Silence » car la lumière qui brille dans l'Avenir et après
laquelle tu cours n'est que le reflet de l'éclatante Vérité que tu
peux atteindre *dans le présent*.

Toi, mère heureuse, qui ne vois dans ton enfant que l'« Aspect »
du réel, prends garde, la mort te montrera l'illusion en lequel tu as
mis ton amour !

Et toi, mère tordue par d'affolantes douleurs et grinçant les dents
contre l'affreux destin qui te laisse le fils mort en tes bras, calme-
toi, c'est l'illusion que tu pleures, car de lui tu ne connais pas le
réel !... Et toi, ministre, roi, général ou banquier, vois à travers
tes galons, tes richesses, tes propriétés, la souffrance et la désillusion qui s'acheminent vers toi, vois se faner la fleur que tu croyais
éternelle et que tu serrais si précieusement contre toi : prends
garde ! le serpent de la Maya te mord et tu souffres déjà de la désillusion !...

Et toi, miséreux qui sembles être la victime de la haine implacable du mal ; toi dont les désirs et l'envie vont au riche que tu
exècres et que tu voudrais remplacer, ouvre les yeux : tes désirs
sont placés en l'illusoire et tu te condamnes ainsi à l'éternelle
souffrance ! Et toi, le terrassé par la maladie, qui te laisses absorber par elle et maudis la vie et la nature, dans l'épreuve par laquelle
tu passes, comme payement à ton Karma, tu te laisses enchaîner
par la désillusion : tu ne t'appartiens pas !

Et toi, le révolutionnaire, et toi, le martyr de l'idée qui rêves
pour tous l'Idéal entrevu et qui t'attelles à sa réalisation, prends
garde, la liberté pour laquelle tu combats te rend la machine,
l'esclave de l'illusoire, car cet Idéal de l'avenir tu ne le vivras pas
plus dans l'avenir que dans le présent, si tu ne vis pas plus cet
avenir que le présent, quand il sera présent. Et toi, prêtre de religion, Catholique, Bouddhiste, Mahométan, Brahmaniste, toi, moraliste quelconque, théosophe, philosophe, socialiste ou anarchiste,
la théorie, la religion, la morale, d'Idée que tu défends t'enlève
dans l'illusoire car la Vérité n'a pas de nom, n'a pas d'aspect, n'a
pas de rapport avec le relatif : de son infini tout être perçoit et
conçoit un aspect en raison de sa potentialité de conscience, et chacun la voit selon la coloration du verre avec lequel il la regarde.

L'illusion est partout et chacun à divers degrés en est le servile
adorateur ! L'humanité dans sa grande généralité en est encore aux
principes inférieurs : c'est presque l'inconscience pour elle, c'est l'absence de libre arbitre ; elle ne s'appartient pas, elle est à l'ambiance.

Pour l'être de l'aspect humain, seul, avec le Manas éveillé, sur-
git la conscience et apparaît la liberté ! Par le Manas il s'appartient et il est en la Réalité : pour lui s'ouvre la vie nouvelle avec
l'expérimentation du principe nouveau.

Humain qui souffres et qui chaque jour subis la morsure du serpent de la désillusion, toi qui te débats dans l'abîme gluant de l'illusoire, où les fleurs qui y poussent et que tu cueilles avidement se changent en tes mains en d'insoutenables puanteurs, toi qui, dans cet enfer que tu maudis, hurles la souffrance du damné, toi qui accomplis ta tâche de vivre avec l'insouciance du désespéré « à quoi bon », ouvre les yeux que tu tiens fermés et regarde au ciel de ton gouffre : tu y verras flamboyer un mot absorbant dont la potentialité est infinie :

Réalité.

Ce mot est toi-même ; pénètre-le et tu auras la conscience ! Absorbe-toi en Lui et il sera en toi et l'illusion ne pourra plus t'atteindre car *il n'existera plus pour toi.*

On te le dit : Aimer, désirer, construire, vivre en l'aspect de la réalité et non en la réalité elle-même, c'est vivre dans l'illusoire, c'est être condamné fatalement à la souffrance et à la désillusion ! C'est vouloir allumer sa chandelle là où il fait du vent, emplir le tonneau des danaïdes, c'est se faire le jouet de la mort, déclarer éternel ce qui commence et finit, c'est semer la graine du rêve dans le terrain inculte de la Maya et récolter la désillusion et la tristesse.

Humain, garde-toi de cueillir la fleur de l'illusion ! Cet abîme de ténèbres dans lequel tu gémis, tu peux t'en arracher ! Regarde le mot RÉALITÉ ! En lui-même tu verras : LIBERTÉ ! Puises-y la force de vouloir, et t'absorbant en cette volonté tu t'élèveras dans l'éthéré domaine des Anges (note que ce n'est pas un lieu : il est en toi-même puisque tu es l'infini !) et là, tu ne seras plus atteint par la souffrance ; là, où il n'y a plus de vent, tu pourras allumer le flambeau de ta vie ; là, tu pourras construire en l'Eternel ; là, tu pourras construire, semer avec la certitude de recueillir selon ton désir ; là, tu pourras aimer sans la désillusion ; là, tu pourras cueillir la fleur du bonheur sans craindre le serpent du malheur !

Ouvre les yeux et pense !... Ce n'est pas la promesse de vie idéale dans l'Avenir, ce n'est pas le paradis d'une après-mort, gagné pour une vie de prières, ce n'est pas une dévakhanique ou Nirvânique béatitude mal comprise, récompense accordée à celui qui vit de sacrifices et de privations, c'est la réalisation sur l'heure, dans le présent et en raison de ta potentialité de conscience, de tes rêves les plus sublimes, et c'est aussi posséder l'invulnérabilité vis-à-vis de la désillusion et de la souffrance.

Pour cela tu dois gagner ta liberté, te conquérir toi-même ; tu dois t'affranchir de l'illusion et l'anéantir en la dédaignant pour la Réalité !... Le spectacle d'un fulgurant coucher de soleil inattendu te fait oublier la rose que tu vois tous les jours ; que le spectacle de la Réalité te fasse oublier la fleur de la Maya !

Atteins donc le domaine des anges en étant *impassible* pour ce qui passe, pour ce qui commence et a une fin, pour l'« Aspect » de la Réalité : sois-en détaché. De même que la machine est indifférente dans la fabrication inconsciente d'un objet et pour l'objet lui-même, de même accomplis l'œuvre et sois impassible pour le fruit de l'œuvre ; seulement accomplis l'œuvre consciemment et avec le même vouloir que celui qui l'accomplit pour son fruit !... Quels que soient les « états de vie » par lesquels tu passes, sois impassible ; de même que tu es impassible pour ce que tu ne perçois pas, sois impassible pour ce que tu perçois dans le Relatif ! N'aime plus, ne désire plus, ne construis plus, ne vis plus en l'aspect, en l'illusoire, car cela t'enlèverait davantage dans l'abîme de douleur : l'impassibilité pour l'aspect t'élèvera dans le domaine des Anges, tu vivras en la Réalité !

Ne t'imagine pas que par impassibilité, indifférence, on entend ne plus rien percevoir, la mort des sens ou tendre à la mort de toi-même, arriver au néant ! Non, bannis cette pensée car elle t'enlève encore dans la Maya ! Souviens-toi que tu es la parcelle de l'Absolu et en même temps l'Infini-lui et que par conséquent le passé ne renferme pas ton commencement comme l'avenir ne possède pas ta fin : tu es !...

Par l'impassibilité, l'indifférence pour l'Aspect, loin de tendre à ne plus percevoir, tu dois percevoir immensément plus que tu ne perçois, tu dois découvrir un horizon tellement sublime que tu tomberas en extase !

Songes-y, humain, tu es le possesseur d'un télescope et tu ignores ce que tu peux en faire ; seulement par lui tu jouis de la satisfaction de tes maigres désirs en le contemplant. Cependant, malheureux, ne sais-tu pas que si tu es impassible, indifférent pour la maigre jouissance que tu éprouves à considérer ce télescope et que si tu te sers de ce télescope pour sonder l'immensité céleste, tu auras l'impassibilité tout naturellement et oublieras totalement cet instrument pour t'absorber dans les merveilles, inouïes de splendeurs, que tu percevras !

Ce télescope, ce sont tes sens et c'est en la contemplation de jouissances sensuelles que tu te béatifies sottement. On te le dit : « Avant que tu puisses sentir il faut que tu te sois araché à la contemplation de tes sens. Avant que tu puisses voir il faut que tu aies arraché ta vie rivée à l'Aspect ! Sois donc impassible pour l'aspect et arrache-toi à la jouissance sensuelle : alors tu pourras sentir, alors tu pourras voir !

(*A suivre*).   A. Duquesne.

FOI, DOUTE ET CERTITUDE

(Suite et fin).

La Voie.

Les Religions sont destinées à développer les Egos (1) jusqu'au point où le grand secret est compris : l'unité de la Vérité dans la diversité des véhicules qui l'expriment. Quand une âme a monté jusque-là, elle voit un même Dieu dans toutes les religions, une même Vie dans tous les cultes, un même Esprit dans la lettre de tous les dogmes, un même But dans le lointain vers lequel l'humanité s'avance, un même pic lumineux dont les hommes font l'ascension, — les uns procédant par le nord, les autres par le sud, d'autres par tous les points de l'horizon, les uns montant directement vers la cime, les autres décrivant des courbes, la majorité suivant un large chemin en spirales régulières.

Les pionniers sont engagés sur trois voies principales ; ils marchent tous avec l'ardeur de ceux qui pressentent la solution du grand problème, tous sont sur le point de pénétrer le Mystère de la Vie, mais leurs procédés de recherche diffèrent.

Les uns cherchent avec l'intelligence ; ils dissèquent les formes pour y trouver la Vie ; ils domptent l'illusion qui produit les apparences que nous nommons réalités et voient son origine, son action, son but ; ils découvrent la Loi et apprennent à se confier à elle, à commander aux désirs et aux pensées et quand ils ont ainsi dominé l'admirable fantasmagorie qui dissout les matériaux des formes dans le creuset des états de conscience (2), et réalise la plus haute Alchimie possible, — la multiplication des âmes dans l'Ame du monde, — quand ils ont pénétré le secret de Dieu et de Satan, — la création, — alors s'éveille en eux le désir, vague et intermittent d'abord, puis précis et continuel, de connaître la Vie qu'ils voient à travers le voile de la matière, le Mystère qui murmure d'étranges paroles au fond de leur cœur, le Dieu qui remplit et déborde l'Univers, et ce désir les élève jusqu'aux « Portes d'or (3) ».

D'autres sondent la Nuit avec la lampe de la Conscience (4). Rien ne leur paraît aussi sûr que d'obéir à la voix du devoir : fais ce que

(1) Les Ames.

(2) Les formes n'existent que comme « états de conscience » ; quand une Ame a réalisé cette fantasmagorie de la matière, elle est complétée et libérée ; le creuset a fondu les scories et laissé l'or.

(3) Ces portes symboliques ferment le *Temple du Savoir*.

(4) Ce mot est pris ici dans son acception ordinaire : la voix intérieure qui pousse sans cesse au devoir.

tu dois, advienne que pourra. Telle est leur règle. Ils cherchent à entendre le cri de la Loi et à suivre son geste ; ils abandonnent à ses soins les résultats de leurs actions. Et la Loi les dirige, et les fruits des œuvres leur montrent leurs erreurs et leurs succès (1), la force du motif empêche tout mal (quand la Loi divine n'a pas intérêt à utiliser ces erreurs), car elle vient d'un plan extrêmement puissant, — le plan de la volonté, — tandis que les méprises de réalisation s'opèrent sur le plan physique dont la lourdeur limite les résultats dans une immense proportion (2).

Et ils deviennent ainsi des ouvriers de la Loi, ils grandissent en elle, et la Loi — Dieu — réveille enfin leur cœur et leur dit : Me voici. Dès lors, le désir de s'unir à Elle naît en eux, et ce désir les conduit à la porte du Sentier (3).

La troisième portion suit l'impulsion de l'amour : la voie de la Dévotion. Pour ces âmes, les subtilités de l'intellect plongeant dans la métaphysique n'ont aucune attraction ; la voie de l'action selon la loi du devoir leur paraît insuffisante ; la voie de l'amour peut seule satisfaire leur cœur. Elles ne trouvent rien aussi digne de Dieu que sa contemplation dans l'effusion de l'âme, rien d'aussi doux pour monter vers lui que les ailes de l'extase. Toutes autres aspirations de la nature humaine restent en eux sans écho, elles ne sont qu'un breuvage tiède et insipide. L'amour est, en effet, la grande Force, et le Bakti (4) est vraiment, parmi ceux qui cherchent Dieu, celui qui le sent le plus tôt, celui qui marche avec le plus de rapidité vers la « porte étroite (5) ». Mais nul ne peut franchir cette mystérieuse ouverture et s'engager sur la Voie une sans le balancier équilibrant qui seul peut sauver de l'abîme béant sous le sentier (6) ; chez le disciple, l'amour doit être éclairé par l'intellect et soutenu par la force.

Et tous les pèlerins doivent ainsi attendre, dans la « Cour extérieure » du Temple de la Vérité, que leurs pas soient définitivement assurés, leur œil perçant, leur dévotion inébranlable. Quand

(1) Cet examen se fait surtout après la mort, pendant les périodes appelées le ciel.

(2) Par exemple, lancer une pierre pour tuer un homme est un acte purement physique possédant une énergie sans importance si on la compare au désir qui l'a provoquée. Ce désir est l'âme de l'action, *il se répète*, il pourrait amener la mort d'un million d'hommes ; c'est une force terrible et sans cesse menaçante, tandis que la force de la pierre s'épuise à jamais en quelques secondes.

(3) Le Sentier c'est la Voie dont parle Jésus, le chemin de la vie spirituelle, sur lequel le disciple, pris en main par un guide, marche rapidement vers le salut.

(4) Le dévot chez les Hindous, celui qui est tout amour pour Dieu ou pour le Gourou (le Maître).

(5) La porte du sentier.

(6) Le sentier est plus étroit que le tranchant d'un rasoir, disent les commentaires sacrés orientaux.

le trépied est solide et la fleur bien épanouie, le Gourou, — l'Instructeur spirituel, — paraît ; l'étoile qui annonce au monde la naissance d'un Christ brille et les Portes d'Or s'ouvrent : le candidat est devenu disciple.

Dès lors le chemin devient unique : c'est la « Voie » (1), le Sentier (2) qui mène à la « Vérité » (3) et enfin à la « Vie » (4).

La Vérité est partout

Pour le disciple, nulle différence réelle dans la base des religions ; il sait qu'elles sont les diverses écoles primaires des âmes et qu'elles ont toutes une égale utilité tant que la dégénérescence ne les a pas dégradées ; pour lui, toute âme qui cherche Dieu est sur le vrai chemin, et, par la persévérante aspiration, atteint finalement au sentier qui brise le doute et fait briller la certitude, qui dévoile la Vie resplendissante dans les formes. Il sait que le temps est nécessaire au développement de la plante humaine, que l'expérience ne s'acquiert que personnellement, que des chemins divers doivent être successivement suivis parce que chacun fournit un contingent spécial d'expériences nécessaires, que la croissance, pour être normale et saine, doit être lente, que vouloir forcer la fleur à s'épanouir avant que le bouton soit formé c'est folie, qu'imposer des croyances inharmoniques à la constitution d'une âme c'est la condamner à un développement tératologique (5), que violer la forme de la foi dans laquelle se développe un cœur c'est y produire un cyclone désastreux, que le prosélytisme, tel qu'il a cours aujourd'hui (6), est absurde parce qu'il ne produit que confusion, et que le soin de guider les âmes ne devrait être confié qu'à des instructeurs compétents, à des Initiés capables de juger les Egos dans leur passé, dans leur présent et dans leur avenir (7).

Le Remède au Doute.

Chercher impersonnellement la Vérité, la demander aux Etres divins qui gouvernent le monde, et, quand on l'a trouvée, la répandre sous sa forme la plus assimilable, la plus impersonnelle, la plus unifiante, la plus féconde. Eclairer à sa lumière les fragments

(1) La « Voie » de Jésus.
(2) Le « Sentier » des orientaux.
(3) Le plan de la Vérité est le plan spirituel, le plan de la Sagesse (le plan *buddhique*).
(4) Le plan de la Volonté, l'Essence même de la Vie (le plan *atmique*).
(5) C'est-à-dire monstrueux.
(6) Le prosélytisme de ceux qui, par exemple, essayent d'arracher les Chrétiens au Christianisme, les Hindous à l'hindouisme, les bouddhistes au bouddhisme, ou qui présentent à des races sauvages un idéal trop élevé, incompréhensible et, par conséquent, mauvais.
(7) Ces Initiés n'existent plus dans les églises, parce qu'elles ont toutes dégénéré, mais ils sont toujours à la portée de ceux qui ont mérité de les avoir.

de vérité qui sont l'âme de tous les systèmes, de tous les cultes, de toutes·les religions ; placer ces fragments en relief et aider les âmes à les comprendre. Ne jamais combattre les formes ; réparer, non détruire ; panser, non couper ; éclairer, non éteindre ; non haïr, mais aimer. Conseiller ceux que leur foi ne satisfait plus, — tâche délicate, demandant toutes les ressources de l'intelligence et de la sympathie, car chaque âme a sa note particulière, et il faut trouver cette fondamentale chez celui qui fait appel à la lumière pour que la Vérité puisse lui être présentée sous l'aspect qui lui est le plus utile, qui est le mieux adapté à ses capacités responsives. Certains ne perçoivent qu'à travers l'intellect ; d'autres ne peuvent être éclairés que par la voie de l'intuition ; ceux-ci ne sont aptes qu'à vouloir, à trouver la Vérité par l'action ; ceux-là ne peuvent qu'aimer. Donner à chacun de ces groupes la forme de la Vérité qui leur est le plus assimilable, leur indiquer le chemin le plus utile ne peut être l'œuvre que d'un homme hautement évolué, mais tout théosophiste doit se préparer à devenir cet homme, s'entraîner de bonne heure à développer le précieux équilibre qui permet un jugement droit, l'inébranlable impersonnalité qui donne l'impartiale vision, et la parfaite sympathie qui ne s'adresse pas seulement à l'instrument extérieur, — l'intellect, — mais qui fait vibrer la Vie en action dans les êtres, qui seule féconde parce que seule elle touche la Vie, seule elle est la Vie : toute la force d'un apôtre est dans son cœur.

La Théosophie.

« Ce qui fait la supériorité d'un enseignement, c'est son impersonnalité, l'étendue de son champ d'investigation, la profondeur de ses observations, sa capacité d'éclairer toutes les routes, de satisfaire toutes les aspirations, de réchauffer tous les cœurs, d'embrasser toutes les divergences, d'aider toutes les recherches, d'étendre sa sympathie à toutes les opinions, d'aimer indistinctement amis et ennemis.

La Théosophie s'est présentée à nous, non comme la Vérité pure, totale, absolue, mais comme une portion nouvelle et plus importante du dépôt sacré confié à la Hiérarchie divine qui dirige notre planète ; elle nous dit que d'autres fragments de lumière seront donnés aux hommes dans l'avenir comme ils l'ont été dans le passé, chaque fois qu'une aide nouvelle sera nécessaire ; elle proclame que le salut peut s'accomplir dans toutes les églises parce que la Vérité est partout, est la vie de tous les cultes, l'âme de toutes les religions, l'étincelle brillant au fond de tous les cérémonials et de tous les dogmes ; elle dit aux humains de regarder la Lumière-Une cachée dans les formes et non les enveloppes extérieures qui la déforment, la colorent ou l'obscurcissent ; elle explique et éclaire toutes les sciences, toutes les philosophies, toutes les religions ; son enseignement est resté identique à travers les âges ; elle ne s'impose pas ; elle dit : Croyez quand vous saurez, et pour savoir suivez tel chemin.

C'est pour cela qu'elle est actuellement le véhicule le plus large et le plus parfait de la Vérité (1) ».

D^r **Th. PASCAL.**

VARIÉTÉS OCCULTES

INCIDENTS DE LA VIE DU COMTE DE SAINT-GERMAIN

(Suite et fin).

Nous ne pouvons douter que le Comte de Saint-Germain ne fût aussi un Rose-Croix. On trouve continuellement la preuve de son intimité avec les grands Rose-Croix de Hongrie et d'Autriche dans la littérature Maçonnique et Mystique du siècle dernier. Cette association mystique prit naissance dans les Etats du centre de l'Europe ; elle a maintes fois, par des organisations différentes, répandu la science sacrée qu'il est donné à certains d'entre ses chefs de connaître, émanant de cette grande Loge qui guide l'évolution humaine. Des traces de cet enseignement se retrouvent chez notre mystique. Mme Blavatsky en parle, et mentionne un « Manuscrit Rose-Croix à chiffre » que Saint-Germain avait en sa possession. Elle fait remarquer aussi le caractère tout Oriental de ses vues.

Mme Blavatsky dit aussi en montrant la relation du Logos ou Dieu manifesté, avec ce Mystère merveilleux et insondable que toute conception humaine est impuissante à réaliser : « Le manuscrit de « la Kabbale qui est au Vatican et dont l'unique copie en Europe « était dit-on en la possession du Comte de Saint-Germain, contient « la plus complète exposition de la doctrine, en y comprenant la « version particulière adoptée par les Lucifériens, et d'autres gnos- « tiques : les Sept Soleils de Lumière y sont donnés dans l'ordre dans « lequel on les trouve dans les « Septa Surya ». Cependant il n'est « fait mention que de quatre de ces Soleils dans les éditions de la « Kabbale qu'on peut se procurer dans les bibliothèques publiques, « et cela dans des termes plus ou moins voilés. Il n'en est pas moins « vrai que ce nombre, même réduit, suffit à démontrer une origine « identique cela ayant trait aux groupes quaternaires des Dyans « Chohans, et prouvant que cette spéculation a pris naissance dans « les Doctrines Secrètes des Aryens.

Le fait que M. de Saint-Germain possédait cet ouvrage rare

_____

(1) *La Théosophie en quelques chapitres,* page 23.

montre quelle était sa situation. Nous lisons dans la Doctrine Secrète qu'il enseignait sur les Nombres et leur valeur, et ce passage
important le rattache à l'Ecole Pythagoricienne dont les doctrines
étaient purement orientales. Ces passages sont d'un profond intérêt
pour l'étudiant, ils prouvent l'unité de toutes les sociétés qui travaillent sous différents noms, malgré leurs divergences extérieures.
Il semble à première vue que si tous ces petits groupes eussent été
fondus en une seule grande société, les résultats eussent été
meilleurs. Mais l'histoire du xviii° siècle nous explique cet état de
choses. Les Jésuites étaient tout-puissants en Autriche, en Italie et
en France, ils écrasaient tout groupe où se remarquait une tendance
à l'occultisme. L'Allemagne était en guerre, l'Angleterre de même ;
de grands corps d'étudiants auraient été soupçonnés de desseins
politiques, de nombreuses petites sociétés étaient donc plus sûres,
et M. de Saint-Germain cela est évident, allait de l'une à l'autre,
guidant et instruisant. On peut en trouver la preuve dans une lettre
du ministre Saxon von Wurmb, o. d. Fr. à Sepulcro.

Gimmern, 3 juin 1777.

« Le ..... n'est certainement pas allé à Chypre, mais en Angle-
« terre.

« M. de Saint-Germain est venu à Dresde pour moi surtout. S'il
« ne se déguise pas d'une façon extraordinaire, il ne nous convien-
« dra pas, tout sage qu'il est. »

On comptait évidemment sur une visite qu'il fallait dissimuler,
et cela nous explique pourquoi M. de Saint-Germain portait à
Leipzig et à Dresde le nom de Comte Willen. Selon Cadet de
Gassicourt il voyageait comme membre des « Templiers » allant de
Loge en Loge pour établir les communications. M. de Saint-Germain passe pour avoir fait ce travail pour le Chapitre des Templiers
de Paris. L'investigation prouve qu'il était en rapport avec les
« Frères Asiatiques » ou « chevaliers de saint Jean l'Evangéliste » en
Europe, avec les « Chevaliers de la Lumière » et avec beaucoup
d'autres sociétés Rosicruciennes, en Autriche et en Hongrie, et enfin
avec les Martinistes de Paris.

Il fonda, d'après Eliphas Lévi, l'Ordre de saint Joachim, mais
cette assertion n'est pas, quant à présent, soutenue par l'évidence
historique, bien que bon nombre de ses élèves et amis fussent
membres de cette société. On cite une lettre de lui au Comte Görtz,
à Weimar, disant : « J'ai promis une visite à Hanau pour rencon-
« trer le Landgraf Karl, afin de travailler avec lui au système de
« la « Stricte Observance » régénération de l'Ordre des Francs-
« Maçons dans l'esprit aristocratique — pour laquelle vous vous in-
« téressez aussi si vivement. »

Ceci est une lettre authentique, d'après l'évidence interne, car le
Comte de Saint-Germain a certainement dû aider cette société, ba-

sée comme elle l'était sur le vieil « Ordre du Temple » dont il sera traité plus longuement plus tard. C'était d'ailleurs pour se sauver de la persécution que ces membres se nommaient : « Maçons Libres et Adoptés » et prenaient les signes et les mots maçonniques. La Stricte Observance était née, sans doute, de cet Ordre plus secret du Temple, organisation vraiment occulte au temps jadis.

Ce nom fut changé à la demande du Comte de Saint-Martin et de M. Willermoz, à cause des soupçons de la police ; celui qu'on choisit alors fut : Les Chevaliers Bienfaisants de la Ville Sainte. Le Baron de Hund fut le premier Grand maître ; la direction générale fut confiée à sa mort au grand duc de Brunswick, ami intime de M. de Saint-Germain. Nous examinerons toutes ces organisations différentes l'une après l'autre, nous ne les nommons ici que pour montrer le lien qu'avait formé M. de Saint-Germain entre tous ces groupes divers. Voici une liste de quelques-unes des sociétés plus ou moins rattachées à la Maçonnerie, qui avaient des chefs inconnus.

Les Chanoines du Saint Sépulcre.

Les Chanoines du Saint Temple de Jérusalem.

Les Chevaliers bienfaisants de la Cité Sainte.

Le Clergé de Nicosie dans l'île de Chypre. Société nommée par le ministre Wurmb dans la lettre citée plus haut.

Le Clergé d'Auvergne.

Les Chevaliers de la Providence.

Les Frères Asiatiques. Les Chevaliers de saint Jean l'Evangéliste.

Les Chevaliers de Lumière.

Les Frères Africains.

La Hongrie et la Bohême possèdent aussi de nombreuses sociétés rosicruciennes, on retrouve dans toutes celles que j'ai énumérées la main conductrice de cet « envoyé » du XVIII⁰ siècle, ou l'influence de ses amis et disciples les plus intimes. On retrouve encore plus ou moins nettement dans tous ces groupes, ces principes fondamentaux que tous les vrais envoyés de la Grande Loge doivent enseigner ; comme par exemple : l'évolution de la nature spirituelle de l'homme, la réincarnation, les pouvoirs cachés de la nature, la pureté de la vie, la noblesse de l'idéal, le pouvoir divin qui est derrière toute chose et guide tout. Voilà ce qui montre sans qu'ils en puissent douter, à ceux qui cherchent la vérité, quelle était cette Loge d'où venait le Comte de Saint-Germain, l'envoyé dont la vie n'a été esquissée ici qu'à grands traits.

Son œuvre fut de diriger une partie des hommes du XVIII⁰ siècle vers ce même but que les théosophes d'aujourd'hui poursuivent, à la fin de ce XIX⁰ siècle. Beaucoup se détournèrent avec mépris de son message, et les aveugles de notre temps se détourneront aussi avec mépris des chefs actuels. Mais ceux dont les yeux s'ouvrent à la radieuse lumière d'une science spirituelle, gardent à celui qui porta le fardeau au siècle dernier, une gratitude profonde.

Isabelle Cooper Oakley.

LA LUMIÈRE DE L'ASIE

Le grand renoncement (Mahabhinishkramana). **Vie et doctrine de Gautama, prince indien et fondateur du Bouddhisme,** par Edwin Arnold. Traduit en Français, par L. Sorg (1).

Nous n'avons jamais tant déploré notre imparfaite connaissance de la langue anglaise que durant cette lecture. Car, si adéquate que puisse être une traduction, il est dans le génie de chaque peuple (en ce qui concerne la poésie et la musique) des sentiments de nuance si personnelle, des sensations d'art si infiniment délicates que leur caractère « essentiel » se refuse à toute adaptation.

L'apparition d'une « poétique », spéciale à la spiritualité moderne et telle qu'elle est présentée par Edwin Arnold, est un véritable événement, qui, sur le terrain spiritualiste parcouru jusqu'ici, marque une étape franchie et comble une lacune aride dont quelques-uns d'entre nous avaient mesuré l'importante étendue. C'est une oasis de fleurs surgissant dans les déserts de l'abstraction.

Tout le secret du charme qui se dégage de cette épopée, car, ne nous y trompons pas, il s'agit ici d'une épopée dans toute la grandiose acception du mot, c'est qu'elle est « humainement divine. »

E. Arnold nous fait le récit « vivant » de l'existence terrestre d'une âme ayant évolué antérieurement toutes les qualités du stage humain mais qui a voulu recommencer la lutte par compassion et pour l'exemple.

Le Bouddha du poète, c'est « ...... le Dieu tombé qui se souvient des cieux » et qui, tout étourdi de sa chute, pourtant préméditée, tatonne un instant dans sa prison de chair, se reconnaît enfin, se ressouvient de sa mission, ressaisit héroïquement son âme et reconquiert superbement sa divinité. C'est le drame divin dans toute sa belle et humaine simplicité.

Les événements importants de la vie du Bouddha relatés dans cet ouvrage ont été puisés, sur les lieux mêmes, aux sources les plus sûres et sont d'une rigoureuse exactitude. Il en est de même en ce qui concerne la partie dogmatique de la philosophie et de la religion Bouddhiques. D'ailleurs l'érudition incontestable et la sincérité du poète font autorité.

Nous regrettons, répétons-nous, de ne pouvoir apprécier la valeur de l'œuvre au point de vue de la littérature anglaise. Sa forme purement grammaticale, « académique », importe peu, du reste. Ce que nous affirmons c'est que l'ordonnance du drame est parfaite, que les descriptions qui servent de cadre à la grande figure du Bouddha sont d'une richesse de style inimaginable et que le génie de la poésie merveilleuse s'y manifeste pleinement.

Nous n'en voulons pour preuve que cet épisode (nous voudrions pou-

(1) Se trouve à la librairie théosophique, 10, rue Saint-Lazare, Paris, prix 5 francs.

voir les citer tous) où le prince Siddârtha ayant défié dans un galant tournoi, selon la coutume des Sakyas, les prétendants à la main de Yasadhora, afin de prouver son adresse aux arts de la guerre, fait venir l'arc de Sinhabânou, conservé dans un temple depuis des siècles, « arc d'acier noirci incrusté d'or et que personne ne pouvait plus bander. » Radieux comme Apollon, beau comme Antinoüs, gracieux et fort comme Achille, « le prince Siddârtha tendit la corde inflexible, et le son qu'elle rendit fut si clair et si éclatant dit la légende, que les vieillards et les infirmes restés dans leur maison ce jour là demandèrent : « quel est ce bruit ? » et on leur répondit ; « c'est le son de l'arc de Sinhabânou que le fils du roi a tendu et qu'il va tirer. »

Cette sublime simplicité ne fait elle pas songer à Homère ?...

Et, plus loin, quand, au milieu de la nuit, l'heure de sa mission étant venue, il abandonne son palais merveilleux, où tant de richesses, étaient accumulées, et qu'après avoir baisé les tendres lèvres de Yasadhora, à demi-ensommeillée, de Yasadhora qui porte dans son sein le gage de leur amour, il revient trois fois sur ses pas, ne pouvant se décider à partir, tant son cœur frémissait de compassion et de tendresse, et qu'enfin, soulevant le pourdah, il lui faut encore franchir le vestibule de la chambre nuptiale où, sur des tapis et des coussins moëlleux, dorment, étendues, çà et là, selon la coutume orientale, toutes les adorables jeunes filles qui sont sa cour et les compagnes de sa bien-aimée princesse,... nous sentons avec stupeur, dans cet ultime adieu aux séductions terrestres, toute la grandeur de son renoncement. Nous comprenons aussi combien pur et inaccessible était l'idéal qui sollicitait son âme et combien les baisers de la terre étaient insuffisants pour combler les abîmes de son cœur. Car, bien au delà des formes passagères, dans les cieux de ses rêves, il avait entrevu l'Immuable, et, c'est parce qu'il avait placé en Lui, pour nous, son amour sans limites, que le très grand et très puissant prince Siddârtha revêtit la robe jaune des indigents et s'en alla par le monde, mendiant sa nourriture, une écuelle à la main, marchant à la conquête de la vérité, pour Dieu, pour l'Humanité...   **E. DANAIS.**

ECHOS DU MONDE THÉOSOPHIQUE

France.

Comme nous l'avons déjà dit, la première réunion théosophique mensuelle de la saison a eu lieu le Dimanche 5 novembre dernier. Un assez grand nombre de personnes se sont, à cet effet, donné rendez-vous au siège de notre revue, et la matinée a été de tout point satisfaisante. Les réunions de cette année, au *Lotus Bleu*, doivent comprendre deux parties: Dans la première, la lecture d'un chapitre de *Outer-court*, dans la seconde, la réponse à diverses questions posées. *Outer-court* veut dire l'Enceinte extérieure du temple. C'est un travail, dû à la plume de Mme Besant, sur les conditions requises pour parvenir plus promptement aux hauteurs de l'évolution. Le premier chapitre, qui a été lu, commence par un magistral exposé de la situation actuelle de l'humanité dans le long pèlerinage que nous avons à faire, et continue en traitant de l'une des conditions à remplir, à savoir la purification des véhicules de la conscience humaine.

Dans la seconde partie de la séance, les questions sont posées par l'assistance ou préalablement extraites de la correspondance, et il y est répondu, à tour de rôle, par les plus anciens des théosophes présents. Le 5 novembre, le Dr Pascal, notre nouveau secrétaire général, maintenant installé à Paris, a inauguré cette série d'entretiens en traitant une question de circonstance, celle de l'utilité de la Société théosophique. A cet effet, notre ami a développé de la façon la plus intéressante les trois buts fondamentaux de notre Société, et, comme nous ne saurions reproduire ici son allocution, nous espérons qu'il voudra bien la résumer dans l'un des *Bulletins* de la section qui doivent être ultérieurement adressés à nos membres. Terminons en invitant de nouveau le public à nous adresser les questions dont on désire la solution. Selon leur nature, il y sera répondu aux réunions mensuelles ou aux entretiens particuliers qui sont mentionnés à la deuxième page de la couverture de notre revue.

.·.

Plusieurs personnes ont demandé notre avis sur le dire récent d'une revue spiritualiste à propos de l'incinération, à savoir que : « un profane qu'on incinère, et qui ne connaît pas le moyen de séparer le double éthérique de son corps physique, souffre horriblement l'espace de 35 à 40 minutes, c'est-à-dire tant que dure l'incinération. » Nous avons traité le même sujet, dans le *Lotus Bleu* de février 1897, et nous avons conclu tout différemment. Mais il y a bien d'autres arguments encore sur la question. Voyez seulement ceux-ci. D'abord, l'incinération est de temps immémorial universellement pratiquée dans l'Inde, le pays des *véritables initiés*, et il est vraisemblable que si elle présentait des dangers quelconques elle ne s'y fût point établie de la sorte. Ensuite, M. Leadbeater, dont l'opinion fait justement autorité en matière occulte, dit, dans le *Vahan* de février 1897, — numéro que nous n'avions pas encore reçu quand nous nous prononçâmes nous même, — « à la mort réellement intervenue, l'astral se sépare complètement du physique. Le double éthérique, seul lien entre les deux, quitte aussi le corps physique et ce n'est même que ce départ qui constitue le véritable cadavre. L'incinération du corps physique n'affecte dès lors pas plus le corps astral, siège des sensations, que si, au même moment, on jetait au feu l'un des vieux paletots du défunt. »

Aussi bien, tant que le double éthérique n'a pas complètement quitté le corps physique, « la mort » ne doit pas être constatée, et, si l'on va plutôt au crematorium, on fait certainement souffrir le patient, — puisque « un quart d'heure avant la mort, on est encore en vie », — et qu'on n'a point affaire alors à un cadavre, mais seulement à un moribond, ce qui n'est pas la même chose... En fait, en incinérant 24 à 36 heures après le décès dûment constaté, ce qui est du reste le délai légal imposé, l'éthérique est lui-même dissous, et il n'y a que des avantages à retirer de ce nouveau mode de traitement, — pour l'occident, — de nos restes mortels.

Pendant le dernier mois écoulé, le mouvement théosophique a continué sa lente mais progressive extension en France. Une nouvelle branche, *le Lotus*, s'est fondée à Paris, portant à quatre le nombre de ces foyers spéciaux dans la capitale de notre pays.

D'autre part, et pendant ce mois, aussi, nous avons reçu les adhésions du Congrès international théosophique, de 1900, de la section de scandinavie, du secrétaire correspondant de la Société théosophique, à Adyar, et de théosophes en vue de Belgique, d'Italie et de l'Amérique du Sud, république Argentine.

On a bien voulu nous informer d'une erreur typographique qui se trouve dans le volume dernièrement publié du *Plan astral*, erreur qu'il importe de corriger au plus tôt.

A la page 27, lignes 14 et 15, on lit : « les enregistrements de la lumière astrale sont la représentation photographique de tout ce qui n'est jamais arrivé. » Il est évident que la négation apposée au troisième mot de la fin rend absurde l'ensemble de la phrase et doit être supprimée. Du reste, le premier texte de ce travail, paru en octobre 1895 dans notre revue, ne portait pas cette coquille. On voit en effet dans la VIe année du *Lotus Bleu*, page 352, que la lumière astrale contient la photographie de tout ce qui est jamais arrivé, c'est-à-dire de tout ce qui a eu lieu, dans les siècles passés.

Nous accueillerons de même, pour en faire profiter nos lecteurs, la notification des erreurs qu'on pourra rencontrer dans les autres textes théosophiques publiés.

ÉTRANGER

Peu de nouvelles, ce mois ci, des autres pays.

Angleterre.

M. G. R. Mead, dont l'érudition est particulièrement éclairée par les hautes connaissances théosophiques, a fait, à la *Blavatsky lodge*, une série de conférences du plus grand intérêt sur Apollonius de Tyane, le sage du premier siècle de notre ère. Le sujet présentant un grand et spécial intérêt pour tous les théosophes, nous exprimons le vœu que ces conférences soient ultérieurement publiées.

Australie.

Le Dr Marques, français d'origine, résidant aux Etats-Unis et aux îles Sandwich depuis longtemps, vient d'être appelé à remplir les fonctions de Secrétaire général de la section théosophique d'Australie. Le Dr Marques a fait des travaux très estimés sur l'aura humaine et sur les corroborations théosophiques dont notre revue a publié quelques extraits.

Inde.

Le président H. S. Olcott a fait un séjour de trois mois à Ceylan, il
est rentré à Adyar pour présider l'assemblée générale de la Société théosophique, qui a lieu les 27 et 28 décembre de cette année. Sa santé est
très bonne.   **D. A. Courmes.**

REVUE DES REVUES

Theosophist. *Organe présidentiel*. Novembre 99. — Feuilles d'un vieux
journal, par H. S. Olcott. — La lumière astrale, par Vollen. — Sur la
résurrection, par John. — Philosophie des religions hindoues, par
Soraji. — Notification du Congrès théosophique international de 1900,
à Paris.

Theosophical Review. *Angleterre*. Nov. 99. — Hermès Trismégiste,
par G. R. Mead. — Conditions nécessaires à la libération, par un Hindou. — Théosophie au foyer, par Williams. — La vie du chef de famille, par Annie Besant. — Le Pérou antique, par Leadbeater.

Vahan. *Section Européenne*. Nov. 99. — Sur l'après mort et sur Jésus.

Sophia. *Espagne*. Nov. 99. — La science pré-chrétienne, par Soria. —
Le Congrès théosophique de 1900, à Paris.

Teosofia. *Italie*. Nov. 99. — Clairvoyance, par Leadbeater. — Réincarnation, par le Dr Pascal.

Theosophia. *Hollande*. Nov. 99. — Une terre mystérieuse, par H. P. B.
— Etude sur le Tao te King, par Mane. — Théosophie et religion,
par Pieters.

Theosophie Messenger. *Etats-Unis d'Amérique*. Nov. 99. — C'est le
nouveau bulletin de la section Américaine. — Le Congrès théosophique international de 1900, à Paris. — Eclaircissement de quelques
points de la Sagesse antique.

Philadelphia. *Argentine*. Sept. 99. — Application pratique de la théosophie, par Annie Besant.

Theosophy in Australasia. — Pas reçu.

Theosophic Gleaner. *Inde brahmaniste*. Nov. 99. — Etude sur la
Bhagavad gita.

Maha Bodhi. *Inde bouddhiste*. Oct. 99. — Choses de pays bouddhistes.

Prasnottara. *Section indienne*. Oct. 99. — Notions exactes sur l'hindouisme.

Revue spirite. *France*. Nov. 99. — La religion, par P. G. Leymarie.

— Sorcellerie, par Merlan. — Ecriture directe à la villa Carmen. — Les sept sphères spirituelles, par de Vay.

Echo du merveilleux. *Paris.* Nov. 99. — Récits de faits occultes, sans essai d'explication.

Echo de l'au-delà et d'ici-bas. *Paris.* Nov. 99. — C'est une nouvelle publication spiritualiste dont nous venons de recevoir, à titre d'échange, le 4ᵉ numéro. Nous lui souhaitons bon succès. Le dit numéro contient un article sur la suggestion et l'envoûtement, plus diverses informations.

Paix universelle. *Lyon.* Nov. 99. — Pas reçue.

Réforme alimentaire. *Paris.* Nov. 99. — Influence du végétarisme sur la longévité. — Le régime alimentaire et la respiration, par le Dʳ Jules Grand.

Reçu également : 1° de *France.* Spiritisme moderne. Humanité intégrale. 2° de *l'étranger.* Revista de san Paolo, Theosophischer Weeweiser, de Leipzig. — Xenologie, de Hambourg. — Tassi yang Kow, de Lisbonne.

D. A. C.

BIBLIOGRAPHIE

—

THE GREAT LAW (1)

Etude sur les origines religieuses et sur l'Unité sur laquelle elles reposent ; par W. Williamson.

Telle est la magistrale étude qu'un théosophe anglais vient de faire paraître. Le Livre I traite du symbolisme, et l'expose avec savoir, force et clarté, dans les neuf chapitres qui le composent.

Dans le Livre II, l'on trouve un admirable exposé de l'histoire des premières races et des idées que l'antiquité avait sur Dieu et sur les bases de la morale.

Le Livre III projette la plus brillante lumière sur les symboles ; le mythe Solaire, la deuxième naissance, la Trinité y sont splendidement traités.

C'est un livre à lire, on ne peut l'analyser : tout serait à citer. Il a fait, en Angleterre, une impression si profonde sur le monde religieux et philosophique, que nous serions personnellement heureux de le voir traduit en langue française.

Dʳ Th. Pascal.

Katie King, *histoire de ses apparitions* (2). — Ce petit livre reprend le détail des circonstances qui ont accompagné, il y a 25 ans, les inté-

(1) La grande Loi.
(2) Prix : 2 francs.

ressantes observations de William Crookes sur les phénomènes dits de Katie King, obtenus par l'intermédiaire de miss Florence Cook. Ce travail a déjà paru dans la *Revue spirite*. L'auteur qui en a assemblé les éléments en les traduisant de documents anglais, au lieu de signer de son nom, celui d'une française de qualité, un travail qui fait, en somme, honneur à son talent d'adaptation, s'est dit, sur la couverture, « *un adepte* ». Il a sans doute oublié d'ajouter... *du spiritisme*, parce que nous imaginons qu'un véritable adepte, tout court, n'eût pas fait le travail de la même façon...

Henry Courmes.

SOUSCRIPTION PERMANENTE

Pour la REVUE THEOSOPHIQUE FRANÇAISE

La publication d'ouvrages théosophiques et la propagande.

LISTE DE DECEMBRE 1899.

Néant.

AVIS

Les personnes dont l'abonnement termine en fin 1899, c'est-à-dire après le présent numéro, sont priées de vouloir bien nous faire savoir au plus tôt si elles continuent.

Les lectures d'un des meilleurs ouvrages de Mme A. Besant. — *Vers le Temple*, — faites au siège de la Revue théosophique française, le premier dimanche de chaque mois, seront imprimées, séparément, d'abord, et réunies en volume à la fin de la série (qui sera de 5 chapitres). La première brochure a parû ; elle contient le premier chapitre, et se vend 0 fr. 50. Nous engageons nos lecteurs à se procurer cette splendide série, dont un chapitre par mois sera mis à leur disposition.

Le Directeur administrateur :

D. A. Courmes.

Saint-Amand (Cher). — Imp. DESTENAY, Bussière frères.

27 JANVIER 1900

DIXIÈME ANNÉE   NUMÉRO 11

REVUE THÉOSOPHIQUE
FRANÇAISE

Le Credo d'Athanase

Le Credo d'Athanase n'est ordinairement considéré que comme un développement des formules primitives, et, comme nous l'avons déjà dit, la critique fixe la date de sa composition à une époque relativement récente. On lui a reproché, dans ces dernières années, les articles sur la damnation, et bien des gens qui naturellement n'en ont pas compris le sens réel l'ont, pour cette raison, considéré avec horreur ; quelques-uns des membres les plus éclairés de notre clergé, au mépris des enseignements de la rubrique, ont même interdit de réciter ce Credo dans leurs églises.

Si le sens, communément attaché à ces articles, était l'interprétation véritable, un tel refus serait plus que justifié. Mais pour l'étudiant en Théosophie, ces articles ne soulèvent aucune objection, car il voit en eux, non une proclamation blasphématoire de l'incapacité du Logos à mener à bonne fin l'évolution qu'Il a commencée, mais simplement l'exposé d'un fait bien connu dans la nature.

Je n'ai pas l'intention d'avancer un instant que la majorité des membres du Clergé, ou même la majorité des chefs de l'Eglise, qui récitent ce Credo n'aient jamais connu sa véritable signification. Je ne prétends même pas que celui qui le premier l'écrivit dans le monastère de Lérins comprit l'entière et glorieuse signification des phrases qu'il employait. Mais une chose, du moins, paraît certaine, c'est que quelque rapetissée, dégradée et matérialisée qu'ait été la foi chrétienne, quelle que soit la corruption des textes qui rendent les Ecritures méconnaissables, un effort a été fait pour guider ceux qui ont composé ces grands symboles de Foi nommés Credos ; et malgré ce que les auteurs ont pu comprendre, leur langage communique encore clairement les grandes vérités de l'antique sagesse, à tous ceux qui ont des oreilles pour entendre. Tout ce qui dans

22

ces symboles paraît faux et incompréhensible, quand on cherche à
le faire concorder avec les idées erronées des temps modernes, devient tout à coup lumineux et tout à fait rationnel dès qu'on a
compris le sens caché qui transforme le passage d'une biographie
inexacte en une déclaration de vérité éternelle.

Partons de ce point de vue et examinons le *Quicunque vult*, omet-
tant les parties qui ne seraient qu'une simple répétition de ce qui a
déjà été dit, et nous confinant aux points de ce Credo qui com-
plètent les deux autres.

L'interprétatation ordinaire des premières paroles du Credo :
« Quiconque voudra être sauvé, » présente une fausse conception
du caractère le plus monstrueux, car on leur donne habituellement
le sens blasphématoire que voici : « Sauvé de la damnation éternelle ou sauvé de la colère de dieu. » (Je ne puis vraiment honorer
d'une lettre capitale le nom d'un être qu'on suppose capable de
commettre, dans sa colère, l'inexprimable atrocité d'infliger une
torture sans fin.) On aurait pu traduire d'une manière plus juste et
moins sujette à être mal comprise : « Quiconque désirera être
sauvé ». Tout étudiant en occultisme aurait aussitôt saisi la signification de cette formule.

Nous avons tous lu, dans les premières œuvres théosophiques, ce
qui se rapporte à la période critique de la cinquième ronde. Nous
comprenons donc qu'à une certaine époque, une fraction considérable de l'humanité devra, pour un temps, s'éloigner de notre plan
d'évolution. Pourquoi ? Parce que ces nombreuses entités humaines
ne se seront pas assez développées pour être en état de profiter des
opportunités qui s'offriront alors à l'humanité ; parce que sous les
conditions qui prévaudront à ce moment, il ne se produira plus
d'incarnations d'un type assez peu développé pour leur convenir. Il
s'établira ainsi une ligne de démarcation ; une sorte de jour de jugement qui séparera les brebis d'avec les boucs ; les brebis passeront à une vie œonienne, les boucs à une mort œonienne, du moins
leur évolution sera relativement suspendue.

Œonienne, observons-le, signifie une incalculable série d'âges se
succédant : un manvantara, mais quelle qu'en soit la durée, c'est
une partie du temps qui, sous aucun prétexte, ne peut être considérée comme étant l'Eternité.

Ceux qui tombent hors du courant du progrès perdent leur place
dans une évolution qui les dépasse, qu'ils n'ont pu suivre ; ils reprendront la tâche exactement au point où ils l'ont laissée mais
dans une chaîne (de mondes) suivante. Ils auraient perdu encore
plus de temps s'ils étaient restés là où ils se sont rendus inutiles.

Il ne faut pas oublier que, lorsque après avoir été assez heureux
pour surmonter avec succès toutes les difficultés de la période de
probation, le candidat a reçu cette première initiation — porte du
sentier Lui-même — il est appelé du nom de *Sotâpanna*, c'est-à-dire :
« Celui qui est entré dans le courant », qui a traversé la phase cri-

tique à laquelle nous faisons allusion et atteint le point de développement spirituel réclamé par la nature comme le passeport donnant
accès aux degrés les plus élevés du plan d'évolution dont nous faisons partie. Il est entré dans le courant de cette évolution, il est
entraîné maintenant le long de l'arc ascendant, et bien qu'il puisse
encore accélérer ou retarder son progrès, qu'il puisse même s'il
agit follement perdre beaucoup d'un temps précieux, il ne peut
plus abandonner pour toujours ce courant, qui, constamment, l'entraîne vers le but que l'humanité doit atteindre.

Le candidat est ainsi préservé du plus grand des dangers qui menacent l'humanité pendant ce manvantara, — le danger de tomber
en dehors du courant de l'évolution ; c'est pourquoi on parle souvent de lui comme du « sauvé », de « l'élu ». C'est en ce sens et en
ce sens seulement que nous devons comprendre les paroles du premier article du Credo d'Athanase, « pour quiconque veut être
sauvé, il est nécessaire avant toutes choses qu'il soit attaché à la
Foi Catholique ».

Nous ne devons pas tomber dans l'erreur vulgaire au sujet de la
signification réelle de ce dernier paragraphe. Le mot catholique signifie simplement universel, et cette foi qui est vraiment universe-
elle, n'est pas la forme sous laquelle la vérité est présentée par
l'un quelconque des Grands Maîtres, mais c'est la Vérité elle-même
qui se trouve sous toutes les formes, c'est la Religion-Sagesse, dont
toutes les religions exotériques ne sont que des expressions par-
tielles. De sorte que cet article bien compris nous donne simplement la preuve irréfutable que pour tout homme qui désire conduire son évolution au but fixé, la chose la plus importante est de
bien comprendre le grand enseignement occulte sur l'origine de
toutes choses et la descente de l'esprit dans la matière.

On a objecté que cette affirmation est inexacte, et que, bien certainement, l'enseignement le plus important pour l'homme est
celui qui le forme moralement, qui lui dit, non pas ce qu'il doit
croire, mais ce qu'il doit *faire*. Cela est certainement très vrai,
mais ceux qui soulèvent cette objection, ignorent ou oublient que
le développement moral le plus complet est supposé exister dans
toutes les religions, avant même d'admettre la possibilité d'atteindre à la conception juste d'une connaissance occulte élevée
quelle qu'elle soit. Ils oublient aussi que c'est seulement par cette
connaissance occulte que les commandements et les sanctions de
leur code moral peuvent être expliqués, ou plutôt que cette connaissance peut seule donner les raisons d'un code moral.

Ajoutons à tout ceci, que bien qu'il ait été clairement reconnu
que la moralité est absolument nécessaire au progrès réel, elle
n'est pas tout ce qui est exigé. Une bonté inintelligente épargnera à
l'homme beaucoup de douleur et de difficultés pendant son ascension le long du sentier, mais elle ne le conduira jamais au-delà d'un
certain point ; car il arrive une période où pour progresser, il est

absolument obligatoire à l'homme de *savoir*. C'est là l'explication
et la justification du second verset du Credo autour duquel se sont
déchaînées tant de brûlantes controverses. « Celui qui ne gardera
pas cette foi entière et sans tache, périra sûrement et éternellement. » Le dernier mot ne doit pas être pris dans le sens orthodoxe, métaphysiquement impossible et peu philosophique, mais il
doit être compris comme précédemment, c'est-à-dire signifiant
une période œonienne ou un manvantara. Il n'existe aucune au-
réole d'antiquité autour de cette combinaison particulière de
mots ; car dans la profession de foi de Denebert, qui est la forme
la plus ancienne que nous possédions de cette partie primitive
du Credo, ces mots ne se retrouvent pas. Mais soit que l'écrivain
original les ait employés ou non, nous n'avons pas à nous en ef-
frayer ni à essayer d'expliquer leur évidente signification ; cet
article n'est après tout que le réciproque du dernier, il établit
simplement, d'une façon plus catégorique, que puisque la compréhension de certains grands faits, est de la plus grande importance, et est, en vérité, indispensable pour traverser la période
critique, ceux qui n'auront pas acquis cette compréhension, ne
pourront pas sûrement la franchir. C'est là une déclaration sérieuse,
vraie, et bien digne de notre scrupuleuse attention, mais en aucune
façon terrible ; car lorsqu'un homme a dépassé le stage pendant
lequel il se confie mollement à une plus grande espérance, il parvient au stage suivant où il apprend que ce n'est pas une espérance,
mais une certitude ; en d'autres termes, quand, pour la première
fois, il a découvert quelque indice de ce que signifie réellement
l'évolution, il ne peut plus avoir le sens terrifiant de cette horreur
impuissante née de la désespérance.

Notre auteur continue, avec beaucoup de soin, à nous instruire
de ce que sont ces grands faits, dont la compréhension (autant que
notre intelligence limitée peut les comprendre à présent) est si essentielle à notre espérance de progrès.

« Et la foi catholique consiste en notre adoration d'un seul Dieu
en une Trinité, et de la Trinité dans l'Unité, sans confondre les
personnes ni diviser les substances ». Le grand mystère du Logos,
sans nul doute, pouvait être exprimé en termes mieux appropriés
à notre compréhension physique.

Nous ne pourrions guère mieux définir l'Unité éternelle qui est
toujours triple dans ses aspects. Assurément le conseil final est ce
qu'il y a de plus nécessaire à indiquer, car jamais l'étudiant ne
sera capable même d'approcher de la compréhension de l'origine
du système solaire auquel il appartient, il ne sera par conséquent
jamais capable de comprendre le moins du monde la merveilleuse
trinité d'Atma-Buddhi-Manas, qui est lui-même, à moins qu'il
ne mette le soin le plus scrupuleux à discerner clairement les différentes fonctions des trois grands aspects de l'Un, en même temps
qu'il agisse de façon à ne jamais courir le risque de « diviser la

susbtance » en perdant de vue l'Unité éternelle fondamentale.

Il y a très certainement « une personne pour le Père, une personne pour le Fils, une autre pour le Saint-Esprit », car *personna* ne signifie rien autre chose dans le monde qu'un masque, qu'un aspect ; et encore une fois, il est hors de toute ombre de doute et hors de toute question que « la Divinité du Père, du Fils et du Saint-Esprit est *une*, la gloire est égale, la majesté co-éternelle », puisqu'elles sont également les manifestations de la Splendeur ineffable de Celui dans Lequel tout notre système vit, se meut et a sa source.

En vérité, chacun de ces aspects est, à l'égard de son propre système, « incréé », et par cela même, diffère dans ses limites de toute autre force ou de tout autre pouvoir, puisque ceux-ci ne sont appelés à l'existence que par eux-mêmes et au-dedans d'eux-mêmes. Ils sont, en vérité, « incompréhensibles », non seulement dans le sens moderne de « ce qui ne peut être compris » mais dans le sens bien plus ancien de « ce qui ne peut être contenu », vu que tout, sur les plans les plus inférieurs, les seuls que nous connaissions, ne peut être rien de plus que la manifestation la plus incomplète et la plus minime de leur gloire resplendissante.

Ces aspects sont assurément éternels, car ils durent aussi longtemps que leur système, et probablement aussi longtemps que plusieurs milliers de systèmes. Et cependant, « ils ne sont pas trois éternels, mais un seul éternel, ils ne sont pas trois incréés, ni trois incompréhensibles, mais un seul incréé et un seul incompréhensible » ; car ce qui, en eux, est incréé, incompréhensible et éternel, n'est pas l'aspect, mais l'Unité toujours cachée et qui est une avec le Tout.

« Car de même que nous sommes contraints par la vérité chrétienne de reconnaître que chaque personne est par elle-même Dieu et Seigneur » (c'est-à-dire, reconnaître le pouvoir tout-puissant du Logos agissant également dans chacun de ses Aspects), « ainsi la religion catholique nous défend de dire qu'il y a trois Dieux ou trois Seigneurs », c'est-à-dire, opposer en un certain sens ces trois aspects ou les séparer l'un de l'autre, ou les considérer en quelque sorte comme disproportionnés, ou comme des entités séparées. Que de fois ces aspects du Divin ont été divisés et adorés séparément comme dieux ou déesses de la sagesse, de l'amour, de la puissance, et quels résultats désastreux, — dus à ce développement partiel et boiteux — chez leurs fidèles, les pages de l'histoire ne nous révèlent-elles pas ! Ici, du moins, nous avons suffisamment insisté contre une semblable erreur.

Dans le Credo d'Athanase, nous retrouvons la preuve évidente du même soin à élucider autant que possible la différence de genèse des trois aspects du Logos, différence que nous trouvons si accentuée dans les paroles du Credo de Nicée : « Le Père est fait de rien, il n'est ni fait, ni créé, ni engendré ; le Fils provient du Père seul, il n'est ni fait, ni créé, mais engendré ; le Saint-Esprit tient du Père et du Fils, il n'est ni fait, ni créé, ni engendré, mais il procède d'Eux ».

Nous n'avons pas à revenir sur les articles se rapportant à ceux que nous avons déjà étudiés dans le Symbole de Nicée, sauf pour indiquer que dans les mots : « le Fils provient du Père seul », nous avons, une fois de plus, l'affirmation catégorique du vrai sens du terme, traduit ordinairement d'une façon si grossière par l'expression « seul engendré ».

Cependant notre auteur retourne de nouveau à la grande question de l'égalité des trois aspects, car il continue : « Et dans cette Trinité, aucune personne n'est soit avant, soit après l'autre, aucune n'est plus grande ou moins grande que l'autre, mais les trois sont à la fois co-éternelles et co-égales ». Il a été objecté que, philosophiquement parlant, ceci devait être faux, parce que ce qui eut un commencement dans le temps, doit avoir une fin dans le temps, et que, puisque le Fils provient du Père, et le Saint-Esprit du Père et du Fils, un temps viendra où ces dernières manifestations, quelque glorieuses qu'elles soient, devront cesser d'être ; que, en fait (pour rendre à l'objection la forme qui lui était si familière il y a 1500 ans), « quelque grand que soit l'unique engendré, plus grand encore est celui qui engendra ».

Il semble, de prime abord, que cette idée soit justifiée par tout ce que nous lisons dans les enseignements théosophiques, au sujet de ce qui doit arriver à une époque lointaine, nommée dans nos premiers ouvrages le *mahapralaya*, alors que tout ce qui existe doit de nouveau s'absorber dans l'infini, et que « le Fils Lui-Même deviendra soumis à Celui qui plaça toute chose au-dessous de lui, afin que Dieu pût être tout en tout ». Il est évident que nous ne connaissons rien en réalité, et que nous ne pouvons rien connaître de cette grande consommation des temps. Cependant, si nous rappelant l'aphorisme occulte bien connu : « ce qui est au-dessus est semblable à ce qui est au-dessous », nous nous efforçons d'y élever notre esprit à l'aide des analogies prises dans l'histoire du microcosme, lesquelles sont plus à notre portée, nous ne sommes pas sans voir que, même prises dans le sens le plus élevé et le plus sublime, les paroles pleines d'assurance de notre Credo peuvent encore être justifiées, comme nous le verrons bientôt.

Il est évident que cette expression, comme tout le reste du document, doit d'abord être interprétée comme se rapportant à notre propre système solaire et à ces trois aspects de son Logos qui nous représentent les trois grands Logoï ; et assurément ils peuvent être regardés comme œoniennement éternels, car autant que nous pouvons le savoir, ils existèrent sous des aspects séparés pendant des âges incommensurables avant l'apparition de notre système et ils existeront encore pendant des âges sans nombre après qu'il aura disparu.

Après tout, seul un penseur superficiel considérerait comme nécessaire de prouver en ce qui regarde l'œuvre de l'évolution
humaine, — à n'importe quel degré — que, « dans cette Trinité,
nul n'est ni plus ni moins grand que l'autre. » Car bien que l'esprit
de l'homme soit le don direct du Père, puisqu'il le reçoit par cette
troisième émission qui provient de l'essence du Premier Logos, il
est également vrai qu'aucun véhicule individuel n'aurait jamais pu
être évolué pour recevoir cet esprit, sans le long processus de la
descente dans la matière de l'essence monadique qui est l'émission
du Second Logos, le Fils. Il est certain également que cette descente n'aurait jamais pu avoir eu lieu à moins que la voie ne lui
eût été préparée par la merveilleuse action vivifiante du Troisième
Logos, le Saint-Esprit, sur la matière vierge du Cosmos ; lui seul a
rendu possible que, pour nous hommes, et pour notre salut, il devint « incarné du Saint-Esprit et de la Vierge Marie ».

Ainsi les trois formes d'action sont également nécessaires à
l'évolution de l'humanité, et c'est pourquoi l'on nous démontre si
clairement que, parmi elles, « aucune n'est avant ou après l'autre »,
quel que soit le degré de temps ou d'importance, puisque tout le
temps, elles doivent être également agissantes afin que le résultat
désiré puisse être atteint. C'est pourquoi nous leur sommes tous
également unis par les liens de la plus profonde gratitude, et qu'en
conséquence, il demeure vrai pour nous que « les trois personnes
sont à la fois co-éternelles et co-égales », c'est-à-dire sont la triade
supérieure qui forme l'Individualité du Logos Solaire Lui-Même.

J'ai dit qu'il a paru probant de montrer que, même dans le sens
le plus élevé et le plus profond, cette glorieuse Trinité restait co-
éternelle. Car on ne peut douter que les principes qui correspondent
dans l'homme aux trois personnes de cette Trinité, sont ceux que
nous avons l'habitude de nommer Atma, Buddhi, Manas. Il ne
m'appartient pas de discuter maintenant si ces trois noms ont été
sagement choisis, ou si leur signification réelle est absolument
identique à celle que nous avons appris à leur donner. Je les emploie simplement comme on les a toujours employés dans notre littérature ; et je dis que, bien que nous ne sachions rien (par notre
propre connaissance) sur le pralaya universel, quand tout ce qui
existe retourne à son point central, nous avons néanmoins une petite donnée d'évidence directe par le processus correspondant du
retour vers le centre dans le cas du microcosme, l'homme.

Nous savons comment, après chaque incarnation, un retrait partiel a lieu, et comment, bien que chaque personnalité semble à son
tour disparaître complètement, l'essence, le résultat de tout ce qui
fut acquis dans chacune d'elles, n'est pas perdu, mais persiste à
travers les âges sous une forme supérieure. Cette forme supérieure,
l'individualité, l'Ego réincarnateur, nous paraît la seule chose
réellement permanente, au milieu de toutes les fantasmagories
éphémères de nos existences ; cependant, à un stage plus avancé

de notre évolution, notre foi dans sa permanence, *telle que nous l'avons connue*, recevra un ébranlement subit et terrible.

Après qu'un homme s'est assez avancé sur la voie pour avoir pleinement et définitivement éveillé sa conscience dans cet Ego, et s'être identifié avec lui, — et non avec les personnalités transitoires sur lesquelles il peut reporter son regard, comme sur une longue ligne, et qui lui font l'effet de simples jours de sa vie supérieure, — il commence alors graduellement mais progressivement, à percevoir les lueurs des possibilités d'un véhicule encore plus subtil et plus glorieux — le corps buddhique.

Enfin, il arrive un moment où ce corps à son tour est pleinement développé, et où, en pleine conscience, il peut s'éveiller en lui, et l'employer comme il employait précédemment son corps causal. Mais quand, dans la jouissance d'une conscience aussi étendue, il se retourne et abaisse ses regards vers ce qui a été, pendant si longtemps l'expression suprême de lui-même, il est effrayé au delà de toute mesure, de découvrir que cela a disparu. Ce qu'il avait crû être la partie la plus permanente de lui-même s'est évanoui comme un nuage. Il ne l'a pas laissé derrière lui pour le reprendre à volonté, ainsi qu'il le faisait depuis si longtemps pour son corps mental, son corps astral, et son vêtement physique ; selon les apparences, il a simplement cessé d'exister. Cependant il n'a rien perdu, c'est encore lui-même, c'est encore la même individualité, avec tous les pouvoirs, toutes les facultés et tous les souvenirs de ce corps évanoui, et combien plus encore ! Il réalise bientôt que, quoiqu'il ait pu dépasser cet aspect de lui-même, il ne l'a pourtant pas perdu, car non seulement son essence entière et sa réalité font encore partie de lui-même, mais dès l'instant qu'il retourne en pensée à ce plan, cet aspect s'élance de nouveau à l'existence comme sa propre expression sur ce plan. Ce n'est pas à proprement parler le même corps, car les particules qui composaient le précédent se sont dissipées sans retour, c'est un corps cependant qui lui est absolument identique sous tous les rapports, mais qui vient simplement d'être appelé à l'existence objective par l'action de son attention sur lui.

Dire maintenant que, dans un tel homme, le manas est perdu, serait énoncer une étonnante erreur, car il est en existence plus que jamais, malgré qu'il ait été spiritualisé et élevé au plan buddhique. Et quand, à un stage encore plus avancé, sa conscience dépasse le plan buddhique lui-même, pouvons-nous douter que tous les pouvoirs de buddhi et de manas ne soient encore à sa disposition, bien qu'une infinité d'autres pouvoirs se soient ajoutés à eux aussi ?

Peut-être qu'en suivant la ligne de pensée qui nous est ainsi suggérée, il sera possible d'harmoniser ces idées d'apparence contradictoire : que tout ce qui existe doit un jour cesser d'être, et que néanmoins « les trois personnes sont à la fois co-éternelles et co-égales, » de sorte qu'en toutes choses, ainsi qu'il a été dit précédemment, nous devons adorer « l'Unité dans la Trinité et la Trinité dans l'Unité. »

Cette première moitié du Credo d'Athanase se termine comme elle avait commencé, c'est-à-dire par un exposé clair et précis qui ne laisse rien à désirer.

« C'est pourquoi celui qui veut être sauvé doit penser ainsi de la Trinité. »

Nous passons ensuite comme dans les autres Credos à un développement plus complet de la doctrine de la descente du second Logos dans la matière, ce qui est déclaré être une condition indispensable pour le progrès œonien : « Il est en outre nécessaire pour le salut éternel de croire aussi correctement à l'incarnation de Notre-Seigneur Jésus-Christ. »

Alors notre auteur commence soigneusement et méthodiquement par définir sa position en cette importante matière, « car la foi correcte consiste à croire et à confesser que Notre-Seigneur Jésus-Christ, le Fils de Dieu, est Dieu et homme ; Dieu de la substance du Père, engendré avant tous les mondes, et homme, de la substance de sa mère, né dans le monde. » Cette partie du sujet a été si complétement traitée dans la première partie de cette étude, à propos du symbole de Nicée, qu'il n'est pas nécessaire de nous y arrêter beaucoup ici, puisqu'elle n'est qu'une forme plus explicite et plus complète de l'exposé de l'aspect duel du Christ. Il nous est démontré de nouveau, ainsi qu'on l'a expliqué précedemment, comment Lui, l'unique engendré, le premier de tous les œons ou émanations de l'Eternel, est absolument de la même substance que le Père et lui est identique à tous les égards, pendant que dans sa forme dernière Il vint véritablement et réellement revêtir le vêtement de la matière inférieure, et ainsi fut « incarné du Saint-Esprit et de la Vierge Marie. » Et dans cette forme, il est particulièrement remarqué qu'Il n'a pas existé « avant tous les mondes » ou avant le commencement des temps, mais qu'Il est « né dans le monde, » c'est-à-dire que sa descente en incarnation eut lieu à une époque déterminée et à une période comparativement récente dans ce cycle ou manvantara solaire.

Comme nous l'apprennent les récits, appelés par courtoisie « l'histoire de l'Eglise chrétienne, » il y eut des personnes pour lesquelles cette idée de dualité fut une pierre d'achoppement et qui jugèrent impossible que des conditions aussi contradictoires fussent les manifestations de la même toute-puissance ; c'est pourquoi notre Credo insiste avec force sur l'indivisibilité et l'identité réelles du Christos. On nous dit qu'il est « Dieu parfait et homme parfait, subsistant d'une âme raisonnable et d'une chair humaine, » c'est-à-dire consistant en manas aussi bien qu'en principes inférieurs ; qu'Il est « égal au Père en ce qui se rapporte à sa Divinité, mais inférieur au Père en ce qui touche son humanité, » égal à Lui de toute manière, excepté seulement en ce qu'Il est descendu un degré plus loin, et devenant ainsi manifesté, a limité dans le temps la complète expression de ce qu'Il est pourtant toujours en essence.

Mais dans notre étude de tout ceci, nous ne devons pas un instant perdre de vue l'unité fondamentale ; « car bien qu'Il soit Dieu et homme, Il n'est cependant pas deux, mais un seul Christ ; un seul, non par la conversion de la Divinité en la chair, mais par l'absorption de l'humanité en Dieu. » Cependant quelque profondément involué dans la matière que puisse être le Christ principe, il n'en demeure pas moins le Christ principe, exactement comme le Manas inférieur est toujours fondamentalement un avec le manas supérieur dont il est un aspect, quelque grande que soit la distance qui puisse les séparer lorsque nous les considérons d'en bas.

En outre l'écrivain nous fait comprendre clairement que ce fait doit être considéré comme absolument et définitivement prouvé, non pas surtout parce que son origine est une, comme si la Divinité s'était abaissée jusqu'au niveau humain, mais plutôt par ce fait, encore plus glorieux, que, dans l'avenir, les deux redeviendront encore une fois consciemment un, quand toute l'essence véritable du manas inférieur et toutes les qualités qu'il a développées du potentiel à l'action renaîtront triomphalement dans le manas supérieur. Et ainsi se trouvera accomplie la conception la plus grandiose qu'aucune doctrine ne nous ait jamais donnée, la véritable et complète expiation, « l'absorption de l'humanité en Dieu. »

Ils sont fondamentalement, essentiellement un, « tout à fait un, non par confusion de substance (c'est-à-dire mêlés ou fondus ensemble) mais par unité de personne, » unité qui a été de tout temps un fait dans la nature, — comme nous en aurions eu la preuve si nous avions pu l'apercevoir ; — exactement comme le manas inférieur et le manas supérieur sont un, exactement comme le corps physique est un avec l'âme qu'il contient parce que, en définitive, le corps est une expression et un aspect de l'âme, quelque défectueux qu'il soit, « car de même que l'âme raisonnable et la chair forment un seul homme, ainsi Dieu et l'homme forment un seul Christ. »

« Qui souffrit pour notre salut, descendit aux enfers, ressuscita de la mort le troisième jour ; monta au ciel et s'assit à la droite du Père, le Dieu Tout-Puissant, d'où il viendra pour juger les vivants et les morts. » Nous n'avons rien de particulier à dire ici sur ces articles, — puisqu'ils ne sont que la simple reproduction de ceux que nous avons déjà expliqués en détail en traitant des Credos primitifs, — si ce n'est qu'il nous semble juste d'observer en passant que nous n'avons ici aucune mention des mythes de Ponce Pilate et du crucifiement.

En somme, dans son ensemble, ce symbole, le plus long et peut-être le dernier de tous, est absolument exempt de l'influence corruptrice de la tendance dont nous avons parlé plus haut ; le seul point qui en soit réellement mauvais se trouve dans les articles que nous venons d'énoncer, lesquels sont évidemment une référence erronée à la période critique de la 5ᵐᵉ ronde : « à la venue duquel tous les hommes ressusciteront dans leur corps, et rendront compte de leurs propres actions ; et ceux qui auront fait le bien, auront la vie éternelle » c'est-à-dire, comme d'habitude, une durée œonienne) « et ceux qui auront fait le mal iront au feu éternel. » L'auteur est tout à fait exact en supposant que le jugement de la cinquième ronde sera subi par les hommes quand ils reviendront avec leurs corps, c'est-à-dire quand ils se réincarneront; mais il est dans l'erreur en associant ce fait au mythe messianique du retour d'un Christ personnel.

Il est également dans la vérité en assurant que la vie, pour le reste de l'æon, sera le partage de ceux qui auront supporté les épreuves avec succès, mais il est dans le faux en condamnant ceux qui échoueront, au creuset du feu æonien, réservé seulement à ces personnalités qui ont été définitivement séparées de leurs Egos. Ces malheureuses entités (si l'on peut encore leur donner ce nom), passent dans la huitième sphère où elles se résolvent en leurs éléments constitutifs lesquels sont alors prêts à être employés par des Egos plus dignes, dans un manvantara futur.

Il n'est pas incorrect de parler de ce fait, comme d'une chute dans un feu æonien; mais une connaissance plus approfondie aurait fait voir à l'écrivain que cela ne peut arriver que pour les personnalités perdues, jamais pour les individualités ; et que le sort de ceux qui seront rejetés dans la cinquième ronde, ne sera qu'un ajournement æonien seulement, et non un feu æonien, puisqu'ils resteront dans un état subjectif mais non malheureux, jusqu'à ce que la nature leur offre une autre opportunité, dont ils puissent en profiter.

Ce Credo se termine par la répétition de la phrase par laquelle il commence :

« C'est là la croyance catholique, et, à moins qu'un homme ne l'accepte avec une foi complète, il ne peut être sauvé. »

L'édition de Trèves du *Quicunque* nous donne une forme très modifiée de ce verset ; mais ainsi que nous l'avons dit précédemment, une fois que nous avons reconnu ce qu'il signifie réellement, nous n'avons nulle raison pour ne pas affirmer par la déclaration la plus positive ce que nous savons être une vérité importante dans la nature.

Nous terminons notre étude de ces formules de l'Eglise chrétienne que le temps a rendues respectables, avec l'espérance que cette exposition fragmentaire qu'il nous a été possible de faire, aura du moins ce grand résultat: que s'il arrive dans l'avenir à quelques-uns de nos lecteurs d'entendre ou de prendre part à leur récitation, ces formules leur offriront un intérêt plus profond, une compréhension plus complète, et ils en tireront ainsi un plus grand profit qu'auparavant.

C. W. Leadbeater.

L'ILLUSION

(*Suite et fin*).

Ne va pas t'imaginer que t'arracher à la jouissance sensuelle c'est te vouer à l'ascétisme le plus dur, c'est vivre de privations et de sacrifices, car tu errerais dans l'irréel ! Ne pense pas que ce soit rompre absolument avec ta vie présente et passer par une série d'épreuves dont ce que tu t'en imagines te fait dresser les cheveux ! Ne pense pas que ce soit le rejet du rire, de la joie, du bonheur, de la famille, de l'union sexuelle, de l'Amour, du manger et du boire, etc... pour aller seul dans un abîme de ténèbres, sombrement dépeint, gagner par le sacrifice de toi-même et les privations un état d'être qui te donnera un bonheur paradisiaque. Non ! Qui parle de privation et de sacrifice, qui prêche l'ascétisme erre, car celui qui mange trop ou trop peu est préoccupé par la nourriture, et la délivrance de l'illusoire n'est pas pour lui ! Si tu as un besoin naturel de tes principes inférieurs, satisfais-le ; car aller contre lui est aller contre la Vérité ! Et d'ailleurs les causes qui motivent ce besoin (résultat de l'évolution du passé) sauront bien te forcer à le satisfaire dans une certaine mesure. Car, humain, tu sais que tu as évolué, avant de passer par l'aspect humain, comme animal, végétal, minéral, etc... Dans le cycle de d'évolution du minéral tu t'es d'abord formé une intelligence comme minéral. Quand tu passas au cycle de végétalité tu gardas la potentialité de conscience du minéral ; tu fus le minéral à la conscience instinctive, auquel vinrent s'ajouter les potentialités de conscience intelligente que tu acquis au cours de ton évolution comme végétal. De même au cours de la spire de l'animalité ; tu fus minéral et végétal à consciences instinctives et animal selon ta potentialité de conscience intelligente. Dans le cycle actuel tu as la conscience instinctive des cycles d'évolution par lesquels tu as passé et tu te formes une conscience intelligente en évoluant les différents principes humains.

Crois-tu donc, humain, que c'est en agissant contre tes consciences instinctives des évolutions passées que tu formeras ta conscience intelligente sur le plan humain ?... La conscience humaine ne peut se réaliser que sur les plans d'expérience humain et non sur les plans d'expérience inférieurs. Aussi, si tu ne satisfais pas ton besoin de manger, tu marches d'une part contre tes consciences instinctives acquises en le passé, et d'autre part ce fait produit sur le plan humain un effet qui te fera expérimenter un principe humain, et cette expérimentation sera la constatation de l'illusoire en lequel tu gis. Si tu veux donc atteindre le domaine

•

des anges ce n'est pas en agissant contre ou pour tes consciences
instinctives, contre ou pour tes sens, mais en agissant par eux dans
le Réel et non dans l'illusoire. De même que l'écrivain ne voit plus
sa plume, l'encre, le papier, quand il fixe les mystères de son *lui*
sur le papier, ainsi tu dois être pour tes sens ! Serait-il dans le
Vrai, cet écrivain, si sous prétexte de mieux rendre son idée il cas-
sait son porte-plume et brûlait son papier ?...

Par l'impassibilité, l'indifférence pour l'aspect, loin de tendre à
la mort de toi-même, au néant, loin de te rendre la machine et
l'esclave de l'ambiance, loin d'être la bouée qui flotte au hasard
sur la mer des événements, tu affirmes au contraire ta liberté, ton
autonomie, tu accentues l'existence puisque tu perçois plus, et tu
célèbres l'Etre puisque tu arrives à la conscience plus grande !

Si tu te laisses conduire par les sens, tu ne t'appartiens pas, tu
es à eux ; tu n'as pas le droit de dire « ton » corps, « tes » sens,
mais c'est toi qui es à ton corps, à tes sens, car ils te possèdent !

Tu le vois donc, être impassible pour tes sens, n'est pas vivre
passivement, c'est affirmer au contraire ta liberté en te plaçant au-
dessus d'eux de façon à t'en servir selon ta volonté ! De même, si
tu te fais la machine de l'Aspect, de l'illusoire tu ne t'appartiens
pas : tu es aux préjugés, aux coutumes, aux convenances, etc..., et
être impassible vis-à-vis de ces choses c'est conquérir ton autonomie, c'est célébrer ta liberté !...

Par l'impassibilité vis-à-vis de la jouissance sensuelle et de
l' « Aspect », non seulement tu fais la conquête de toi-même et de
ta liberté, non seulement tu agrandis ta compréhension qui te fait
percevoir plus et augmente ta potentialité de conscience, mais encore « tu t'arraches à l'abîme de souffrances en lequel s'affole l'humain, tu t'affranchis de la désillusion qui ne peut plus avoir de
prise sur toi ! »

Tu sais qu'à chacune de tes réincarnations pour revenir de l'aspect dévakhanique à l'actuel aspect humain tu passes par les aspects que tu as évolués comme humain dans le passé : c'est que tu
constates, seulement dans ce que tu peux en percevoir, en suivant
l'évolution de ton organisme depuis la matrice jusqu'à son complet développement comme actuel organisme humain. Or, ton évolution morale suit les mêmes règles. A chacune de tes réincarnations tu vas de l'inconscience, comme humain, à ce que tu as
développé de conscience humaine, en passant par tous les états de
conscience que tu as développés en tes réincarnations antérieures.
Partant du Nirvâna Animal tu possèdes toute la potentialité qui
peut t'amener au Nirvâna humain, mais à l'état latent, à l'état inconscient. C'est par l'évolution à travers les aspects que tu arrives
à cette potentialité de conscience ! Si tu te figures les Nirvânas
Animal et humain par deux points, deux endroits (n'oublie pas
que Nirvâna n'est pas un endroit, un lieu, mais toi-même arrivé à
la potentialité de conscience Nirvânique dont le centre est toi-

même dans le présent) et si tu le places au départ en Nirvâna Animal (ou summum de potentialité de Conscience animale) tu te vois possédant toute la potentialité de conscience humaine à l'état latent, inconscient et zéro comme conscience humaine ; et pour arriver au Nirvâna humain tu dois atteindre à la possession de toute la Conscience humaine et zéro comme inconscience. Tu dois donc conquérir la conscience latente, inconsciente de l'humain-enfant, l'humain-animal, l'humain-végétal, l'humain-minéral que tu as été : l'inconscience de ces aspects doit être ta conscience !

Dans ta lutte avec l'illusion, alors que tu es la proie de la désillusion et de la souffrance parce que tu as cueilli la fleur de l'aspect au lieu de placer ta vie dans le Réel, que de fois ne te surprend-on pas à regretter amèrement la jeunesse, l'enfance si heureuse dans son inconscience, si impassible pour ce qui te tord, toi, conscient ! que de fois ne te surprend-on même pas à désirer la mort, la non-existence, qui te délivreraient du continuel souci de vivre ! que de fois ne te surprend-on pas à dire du trépassé : « Oh ! pour lui, il est heureux : il ne souffre plus ! », que de fois ne t'entend-on pas poser des questions comme celles-ci : « Nirvâna étant l'identification de l'Atma avec Paramatma, l'esprit individuel ne participe-t-il pas comme sous-multiple au retour en manifestation de l'esprit Universel ? Dès lors Nirvâna ne serait pas un état final et l'être serait condamné à une épouvantable éternité de transmigrations ? » !!...

T'es-tu demandé, humain, pourquoi tu souffres et pourquoi l'enfant a la vie si calme et si heureuse ? As-tu bien compris pourquoi la mort, la non-existence, selon toi, te délivrerait de la souffrance et pourquoi le trépassé, selon toi, est heureux ?... Pauvre malheureux, dans la folie provoquée par la désillusion, dans ton inconscience, de même que tu as créé Dieu à ton image, tu voudrais créer l'évolution à l'image de celle par laquelle tu passes maintenant et que tu trouves si épouvantable parce que tu t'absorbes en l'illusoire ! Et tu jettes ce cri d'angoisse : « Dès lors Nirvâna ne serait pas un état final et l'être serait condamné à une épouvantable éternité de transmigrations », ce qui implique ta préférence à l'éternelle et nirvânique délivrance des transmigrations, dans l'anéantissement de ta vie et de toi-même ? T'es-tu demandé pourquoi cet anéantissement que tu préfères à cette épouvantable éternité de transmigrations (selon toi) te délivrera de la souffrance et de la désillusion ?... Si tu avais bien approfondi la question, tu serais délivré : tu aurais compris la cause de la souffrance de l'humanité et tu en posséderais le remède : pour toi le bien et le mal n'existeraient plus, tu serais dans le domaine du Réel !!...

Ce calme et ce bonheur, l'enfance le doit à son inconscience plus grande que la tienne qui le rend « *impassible* » pour ce qui te tord, toi plus conscient. L'enfant qui vibre à toutes les influences qui touchent ses états de conscience reste impassible pour ce dont il est inconscient. Vois l'impassibilité de l'enfance pour tes préjugés, tes morales solennellement proclamées, tes lois sérieusement édictées, tes coutumes, tes convenances, ces règles illusoires par lesquelles tu te fais marcher, toi, la machine ; vois son impassibilité devant la mort de celui dont le trépas fait ta folle douleur ; vois l'impassibilité de ce bambin devant la fillette qui joue avec lui ; vois-le, en son inconscience, impassiblement dédaigner la richesse en n'attachant pas plus d'importance au billet de mille qu'à n'importe quel morceau de journal ; vois-le impassible pour le « paraître », allant se rouler dans la boue avec les beaux vêtements dont tu as la bêtise de le couvrir pour satisfaire ton désir du « paraître », bêtise, qu'en pareille circonstance, tu as soin d'affirmer en lui apprenant par des claques toute l'importance que tu y attaches ; vois-le impassible pour tes ambitions, tes grandeurs, tes préjugés de caste, en faire bon marché en jouant avec le petit miséreux ou en buvant à la même tasse que le pauvre ; vois-le au-dessus de tes préjugés de nationalité, de propriété, étant — petit citoyen du monde — partout chez lui et s'emparant de ce qui lui plaît sans s'inquiéter à qui cela peut appartenir ; vois-le pratiquer la fraternité comme tu ne la pratiques pas en partageant sa tartine et ses bonbons avec ses compagnons de jeu ; vois son insouciance d'inconscient devant toutes les tracasseries dont tu lui es cause pour lui donner la bonne éducation d'être machinal, absorbé par l'illusoire ; vois comme il oublie vite toutes ces souffrances que tu déchaînes sur lui pour le bien élever (!)!!!...

Sens-tu, humain, que ce calme, ce bonheur de l'enfance que tu regrettes, elle la doit à cette *impassibilité* causée par l'inconscience !... Cependant, lui, le bambin, est régi par les mêmes lois que celles QUE TU TE DONNES. Il subit les mêmes souffrances que toi puisque tu le forces à regarder la Vérité par les mêmes verres que toi. Mais ces souffrances glissent sur lui, comme le vent sur la colonne de marbre bien polie, parce qu'il est impassible par inconscience !

Et la mort, la non-existence ne la désire-tu pas parce que tu rêves l'insensibilité à la souffrance qui te broie, toi, le jouet de l'illusoire ? Et le trépassé ne te le figure-tu pas heureux parce que selon toi il est insensible, indifférent à la souffrance ? Et ce nirvána que tu rêves final parce qu'il mettrait fin aux transmigrations à travers ces vies infernales auxquelles tu aspires d'échapper, n'est-ce pas parce qu'il te laisserait impassible vis-à-vis de cette désillusion toujours renaissante en tous les aspects de vie par lesquels tu passes ?...

Tu le vois donc, humain, si tu n'allumes plus le flambeau de ta vie à la lumière de l'illusoire, si tu ne sèmes plus dans le terrain de l'aspect, tu ne récolteras plus la désillusion et la souffrance ; si tu es *impassible* pour la Maya tu seras délivré de l'enfer que tu te crées sottement, TU SERAS DANS LE RÉEL !...

Conquiers donc la conscience latente de l'humain-enfant que tu as été. Si, lui, est impassible inconsciemment, sois-le consciemment. Va même plus loin, sois l'humain-animal, l'humain-végétal, l'humain-minéral que tu as été : aie leur impassibilité mais « CONSCIEMMENT ». Le taureau est impassible pour la douleur morale qui t'affole et te tue : sois lui !

La fleur reste impassible devant les exclamations extatiques que tu lui adresses et devant le crime que tu commets en la cueillant : sois elle ! Le minéral est l'insensibilité même pour tout ce que tu peux lui faire : être lui serait pour toi être en le réel !

Ne t'imagines pas encore que cette insensibilité soit l'annihilation de toi-même, de tes sentiments d'affection ou de pitié ! Tu dois être immensément plus sensible que l'être qui est en l'illusoire ; dès que tu seras en la Vérité, dès que tu auras vu la lumière qui brille en toi, en construisant en le réel, tu te sentiras le désir d'être le flambeau de tes frères, d'arracher la boue qui cache le brillant diamant humain, de faire fulgurer la lumière que tu vois en eux mais qu'ils ne perçoivent pas, les inconscients ?

L'impassibilité que tu dois avoir n'est pas la lutte incessante contre les principes inférieurs car *lutter* contre eux « *c'est encore être préoccupé par eux* ! » Laisse-les bien tranquilles : ne sois ni pour eux ni contre eux ! Ils se conduiront bien eux-mêmes : mais ne te laisses pas conduire par eux !

Vois-tu cet amoureux absorbé en son amour pour la femme qu'il idéalise ? Il la voit partout et en tout ! S'il passe près d'enfants qui jouent il suivra un moment leurs jeux mais il reviendra de suite en celle qu'il aime, car il ne trouvera pas sa satisfaction en ces jeux ? Tout acte qui ne concourt pas à la réunion avec l'aimée le laisse froid : il l'accomplit avec indifférence car il est préoccupé par elle !

Sois lui. Tes principes inférieurs, vivre en l'aspect, en l'illusoire ce sont les jeux de ces enfants, les actes qui ne concourent pas à la réunion ! Aie son indifférence pour tes principes inférieurs, pour l'illusoire ; sois absorbé en la Vérité, c'est là ce que l'on entend par impassibilité. Ce n'est pas en t'absorbant dans les jeux de ces enfants, en te donnant comme principe de vie « lutter contre tes principes inférieurs », que tu seras délivré !...

Ouvre les yeux, humain-aveugle, et regarde en quel illusoire tu es ! Tu es absolument semblable à un spectateur qui assisterait pour la première fois à un drame au théâtre et qui, poussé par un comble de naïveté et d'ignorance, irait chercher la police pour arrêter les acteurs qui, dans leurs rôles, auraient assassiné un personnage quelconque de la pièce ! Tu souris et tu te dis que ce spectateur là n'a jamais existé et cependant tu l'es et la presque totalité de l'humanité est ce spectateur ! Ce spectateur se laisse prendre à l'irréel du théâtre parce qu'il ne connaît pas la réalité qui est en ce théâtre, et toi, tu te laisses prendre à l'irréel, à l'illusoire, à l'aspect, parce que tu ne vois pas *la Vérité* à travers ses aspects.

Vois les spectateurs quels qu'ils soient aux théâtres, ils savent que le drame qu'ils vont voir c'est pour rire, c'est simplement pour donner l'illusion : la réalité, pour eux, ils l'ont en eux-mêmes, ils la retrouvent dans les états de vie par lesquels ils passent quand ils reportent les yeux de la scène sur les spectateurs ou sur la scène même en pensant à ceux qui ont dû peindre les décors, faire les habits, aux acteurs qui ont dû apprendre leurs rôles, etc... Aussi, vois comme ils restent impassibles devant les assassinats, les infamies, les vols, les enlèvements, etc... qui se déroulent devant eux ; ils savent que c'est l'illusoire. Et vois comme à cause de cette impassibilité ils jugent bien les décors, les gestes, la voix des acteurs, la mise en scène, la musique ; dans cet illusoire ils n'applaudissent que le réel qu'ils y voient ! Ce n'est pas Lohengrin ou Elsa qu'ils applaudissent, c'est le ténor ou la cantatrice qu'ils acclament !

Et toi, humain-aveugle, qui es ce spectateur colossalement ignorant et naïf, si tu étais ces spectateurs quels qu'ils soient des théâtres, si tu ne t'attachais pas à l'aspect de la Réalité, à l'illusoire, si tu ne prenais pas les décors, les faits qui se produisent sur la scène de la Maya pour le Réel, si tu ne considérais par les états de vie par lesquels tu passes comme choses éternelles, si tu « Voyais la Vérité a travers ses aspects » comme les spectateurs des théâtres voient la Vérité — selon eux — en eux et à travers tout ce qui est mis en scène pour leur donner l'illusion, tu serais impassible pour l'aspect, tu serais délivré !..... Tu ne serais plus la proie de la souffrance et de la désillusion, tu serais en le domaine de l'Ange, en le royaume du Réel, de l'Eternel, tu serais en la vie nouvelle pressentie par les rêveurs, les chercheurs, et si ardemment désirée par eux !...

On te le dit : par l'impassibilité vis-à-vis de la jouissance sensuelle et de l'aspect, non seulement tu fais la conquête de toi-même et de ta liberté, non seulement tu agrandis ta compréhension qui te fait percevoir plus et augmente ta potentialité de conscience. Mais encore tu t'arraches à l'abîme de souffrances en lequel s'affole l'humain, tu t'affranchis de la désillusion qui ne peut plus avoir de prise sur toi. Alors l'illusoire n'existera plus pour toi : TU VERRAS LA RÉALITÉ EN TOUT.

A. Duquesne.

LE CHRISTIANISME
AVANT LE CHRIST (¹)

L'enseignement religieux des hiérophantes (les prêtres païens) revêtit les deux formes que l'on rencontre invariablement dans toute vraie religion : l'*Esprit* qui resta relativement sous le boisseau dans les cryptes des temples, et la *Lettre* qui vola aux quatre coins du monde, portée par les multitudes incapables encore de recevoir les aspects supérieurs de la Vérité. La masse de ces croyances emblématiques formait un ensemble imposant et rappelle d'une façon frappante les cérémonies et les dogmes du Christianisme, — ce qui n'a rien d'étonnant pour ceux qui savent que ce dernier est l'héritier du Paganisme. En voici quelques exemples :

* *

La *Divinité suprême*, l'Absolu, — ce que les plus grands philosophes n'ont pu définir que comme la négation de tout ce que nous connaissons, parce que tout ce que nous connaissons est relatif et fini, — était, chez les Grecs, le « Dieu inconnu ». Le Christianisme confond généralement l'Etre *infini* avec Dieu le Père, c'est-à-dire avec la première personne de la Trinité, — ce qui est une erreur.

. .

Dieu le Père, — c'est-à-dire le dieu « personnel » le plus élevé, le premier Logos des Grecs, l'Essence divine dans laquelle baigne l'Univers, « l'Esprit de Dieu planant sur la face des eaux », — c'était, en Egypte, le *Kneph* : le non révélé, le non manifesté, la Cause première du monde, l'Eternel.

Son image était un serpent enroulé autour d'une urne pleine d'eau et sur laquelle la tête du reptile était en incubation. Le *serpent* qui avale sa queue, c'est, en symbologie religieuse, le cercle qui n'a ni commencement, ni fin : l'éternité. L'*eau* c'est le chaos dont parle la Bible (la « face des eaux »), c'est-à-dire la matière primordiale, non encore différenciée en atomes. Le *souffle* du reptile, — l'Esprit de la divinité, — provoque la différenciation préliminaire (la formation des atomes) qui précède l'évolution créatrice (l'agrégation progressive de ces atomes en les formes sans nombre qui constituent un Univers).

(1) Dans les citations qui accompagnent cette étude, nous avons largement mis à contribution la *Doctrine Secrète* de Mᵐᵉ H. P. Blavatsky.

*
* *

Dans la Genèse égyptienne, l'espace ou firmament (*Noot*), d'un côté, et les eaux primordiales (*Noo*), de l'autre, forment la première duade cosmique, l'unité androgyne, la force-matière qui reçoit le souffle de l'esprit divin (*Kneph*) : c'est la genèse biblique complétée et d'accord avec la philosophie et la science.

La Genèse des anciens Toscans est presque identique à celle de la 'Bible ; Dupuis (*Origine de tous les cultes*) la cite longuement.

Celle des Chaldéens, — la science l'a prouvé aujourd'hui sans réplique, — est l'original de celle de Moïse ; on retrouve dans les deux récits les même images et jusqu'aux mêmes expressions, comme en font foi les tablettes assyriennes et les tuiles recouvertes d'écriture cunéiforme.

*
* *

Comme le Jésus chrétien, *Mercure* (l'Hermès égyptien) est le fils de Dieu (*Jupiter*) et de Marie (*Mata*) ; il est aussi le « Messager » (*Messie*) de son père. Il naît au milieu des bergers, sur le mont Cyllène ; il descend aux enfers ('*Hadès*) pour y conduire les âmes à travers les mondes de l'au-delà. (Voir le *Livre des Morts*). Ses oracles disent : « Je suis celui que vous appelez le Fils du Père et de Maïa. J'abandonne le Roi du Ciel pour venir sauver les mortels. » (Cornutus. *Lydus de Mensibus*, IV). Le fameux Père de l'Eglise, Eusèbe, lui-même, avoue qu'Hermès (*Mercure*) est l'emblème du Verbe (*Jésus*). (*Præparat évangelic*. I. 3).

*
* *

Le *Sacrifice de la croix*, symbolisait l'épreuve finale des Initiés. En Egypte, le candidat était attaché à une croix, — le *Tau*, T. — Dans l'Inde, Visvakarman crucifiait le Soleil (le Soleil c'est en symbologie le Logos ; c'est aussi l'homme-dieu, l'Initié). Les sauveurs crucifiés figurent, d'ailleurs, avec distinction dans les annales religieuses de tous les peuples.

*
* *

La *Vierge-Mère* possède une symbologie très complète dans les fragments qui nous sont restés des religions archaïques.

Les Druides lui rendaient un culte spécial, et l'une des statues qu'ils lui dédiaient, — statue trouvée dans le voisinage de Chartres, — porte cette inscription caractéristique : *Virgini parituræ* (à la Vierge-Mère).

Dans les monuments mithraïques rencontrés dans la Grande-Bretagne on voit souvent l'image de la Vierge allaitant son enfant.

Macrobe rapporte que les Egyptiens fêtaient les couches d'une vierge dont le fils divin était exposé à l'adoration publique et que, lorsque Ptolémée demanda l'origine de cet usage, il lui fut répondu que c'était l'expression d'un mystère révélé à leurs pères par un respectable patriarche. Cette vierge-mère, c'était *Neith*, encore appelée la Vierge Immaculée, la Grande Mère. La fête de la Chandeleur célébrée par les païens en l'honneur de Neith est devenue, chez nous, le jour de la Purification de la Vierge Marie, dit Sharpe. C'est Neith qui, dans les vieilles peintures d'Egypte, embrasse le dieu à cornes de bélier (qui est devenu l'*agneau* chrétien); elle avait des statues sculptées sur la proue des navires, car elle était, en Egypte comme dans l'Europe chrétienne, la « Reine de la mer » et la « Patronne des marins ». Chez les Etrusques, elle présidait aussi à la mer, et son symbole était la *Nerfe*, — une femme poisson.

On la nommait encore *Ma* (la « Reine du Ciel »).

Dans la salle égyptienne du *British Museum*, à Londres, se trouve un monolithe pris à Karnac (Egypte), qui porte une inscription à *Hator*, l'Isis infernale (c'est-à-dire l'Isis des mondes inférieurs) et l'appelle « la divine Mère, la Dame divine, la Reine du Ciel, l'Etoile du matin (*Stella matutina*, chez les chrétiens), la Lumière de la mer (*Lux maris*) ».

L'un des écrivains catholiques orthodoxes les plus ardents et les plus convaincus, M. de Mirville, a constaté, dans plus d'un de ses nombreux travaux, cette similarité des vierges du paganisme avec la vierge catholique. Il reconnaît, par exemple, que Sémélé, la vierge mère de Bacchus (le soleil, Dieu) a aussi son « assomption » au ciel où elle règne comme « Reine du monde » (Πανβασιλεία) et qu' « à son nom, disent les annales païennes, comme au nom d'Hator et d'Hécate, toutes les déesses infernales et tous les démons tremblent ».

Dans un Mémoire à l'Académie, au sujet des ressemblances étroites qui existent entre la vierge égyptienne et la mère de Jésus, le même auteur dit : Ammon-Ra (le dieu à cornes de bélier) est l'époux de sa mère comme la *Magna mater* (la Grande Mère) des chrétiens est l'épouse du fils qu'elle conçoit... Les chrétiens peuvent donc comprendre pourquoi *Neith* jette de l'éclat sur le soleil tout en restant lune, puisque la Vierge, qui est la « Reine du Ciel », comme l'était *Neith*, s'enveloppe dans la splendeur solaire et y enveloppe le Christ-Soleil : *Tu vestis solem et te sol vestit*, disent les chants liturgiques catholiques... Les chrétiens peuvent comprendre aussi pourquoi la fameuse inscription de Saïs disait : « Nul n'a soulevé mon peplum (voile) », car cette sentence, dans sa traduction littérale, est le résumé de ce que l'Eglise chante le jour de l'Immaculée conception... » (*Archéologie de la Vierge-Mère*, p. 117.)

L'Eglise romaine représente Marie revêtue du soleil, le croissant lunaire sous les pieds et l'enfant Jésus dans les bras. Ce symbole, dit Gérald Massey (*Conférence sur la Luniolâtrie antique et moderne*), a été pris au mythe archaïque qui considérait la lune à la fois comme père, mère et fils, — une trinité en une seule personne.

D'après Raoul Rochetti, chez les Athéniens, Pallas, Cybèle, Minerve et Diane portaient toutes leur fils dans leur robe, comme la vierge Marie, et chacune d'elles était invoquée dans les fêtes, comme Μονογενὴς Θεου (l' « unique mère de Dieu »).

Montfaucon recueillit l'inscription suivante trouvée dans un petit temple grec :

Σεμελῆν, τρέμουσι δαίμονες. De Mirville, qui le cite (*Archéologie de la Vierge-Mère*, p. 113), dit que la *Magna mater* des Syriens et des Grecs du monde ancien est un impudent plagiat de la Mère immaculée fait par le démon, et il ajoute (p. 116) qu'« il est impossible de nier l'existence d'un catholicisme primitif, anté-historique, catholicisme dont le nôtre n'est que la continuation fidèle..., mais tandis que le premier est la culmination, le *summum* de l'impudence des démons et de la nécromancie goétique..., le dernier est *divin...* »

Etrange façon d'interpréter des faits aussi lumineux !

La Vierge du Paganisme, comme celle du Christianisme, enfantait sans perdre sa virginité parce qu'elle est le symbole de la Nature dans son essense pure, divine, dans son état de non-manifestation, et ce mystère cosmogonique, d'après Rougé, fut exprimé à Cambyse dans sa formule ésotérique lorsque ce roi fut introduit dans le temple de Saïs : « J'ai fait connaître à Sa Majesté, lui dit-on, la dignité de Saïs, demeure de Neith, la grande productrice, la *mère* du *Soleil* qui est le *premier-né* et *qui n'est pas* ENGENDRÉ, *mais seulement mis au monde* », — et est, par conséquent, ajoute H. P. B., le fruit d'une mère immaculée.

Albumazar, cité par Dupuis (*Origine de tous les cultes*), rapporte que dans les dix premiers signes du Zodiaque (*décans*), sur la sphère céleste des mages, l'on voit la Vierge assise sur un trône, tenant deux épis entre ses mains et allaitant un jeune enfant que les uns nomment Jésus et que les Grecs appellent Christ. Il ajoute que sur la sphère persique publiée par Scaliger, se trouve une figure analogue, avec la seule différence que l'enfant manque et qu'auprès de la Vierge est un homme, — probablement Bootès, le père nourricier d'Horus.

.*.

Les sept *Péchés capitaux*, — ce que la philosophie ésotérique (celle qui enseigne l'esprit caché dans la lettre) nomme les « ennemis intérieurs », — étaient, chez les Nazaréens, les « sept étoiles mauvaises », et chez les Indous les « six ennemis » : passion, méchanceté, avarice, ignorance, orgueil, jalousie. Le septième ennemi était le péché impardonnable, — ce que les chrétiens ont appelé le « péché contre le Saint-Esprit ».

*
* *

Il était défendu, dans le Paganisme, de prendre Dieu à témoin, parce que son nom est ineffable : c'est le « nom du Mystère ». Chez les Juifs, le mot Jéhovah (ou *Yévé*) ne devait pas être prononcé ; on le remplaçait parce lui d'Adonal. L'ésotérisme oriental nous apprend, de son côté, que le mot sacré, *Om*, ne doit être prononcé (quand on en connaît le véritable son) que si l'on est pur et seul ; l'une des raisons à cette défense, c'est que les vibrations produites par la divine syllabe détruisent toute vibration mauvaise et peuvent dangereusement éprouver le corps d'un homme impur ou méchant.

*
* *

Le *décalogue* de Bouddha dit :

Tu ne tueras point. — Tu ne voleras point. — Tu seras chaste. — Tu ne porteras pas de faux témoignage. — Tu ne mentiras point. — Tu ne blasphèmeras point. — Tu éviteras les actions et paroles impures. — Tu seras désintéressé. — Tu ne te vengeras pas. — Tu ne seras pas superstitieux.

*
* *

Ceux qui disent que le « catholicisme antéhistorique » est l'œuvre du démon doivent reconnaître que la morale de Satan était aussi orthodoxe que son rituel, son dogme et sa symbologie ! En voici quelques nouveaux extraits :

« De même que la terre supporte ceux qui la foulent aux pieds ou qui la déchirent avec la charrue, de même nous devons rendre le bien pour le mal.

« L'honnête homme doit tomber sous les coups des méchants comme le santal qui, lorsqu'on l'abat, parfume le fer de la hache lqui l'a frappé. » (Krishna.)

« Ne faites pas aux autres ce que vous trouveriez désagréable pour vous. » (Bouddha.) *Mahabharatta*. Tome II.)

« Réjouissez-vous des succès des autres et affligez-vous de leurs revers, comme si vous étiez à leur place.

« Sauvez ceux qui sont en danger.

« Soyez bons pour les animaux. » (Lao-tse. *Livre des Récompenses et des Châtiments*).

« Ne faites pas aux autres ce que vous ne voudriez pas qu'il vous fût fait.

« Aimez votre prochain comme vous-mêmes.

« Le perfectionnement de soi-même est la base du progrès. » Confucius).

Le scribe sacré Ani dit : « Parle avec douceur à celui qui te parle brutalement. » (Lebon. *Les premières civilisations*, p. 278.)

« Le plus grand honneur que nous puissions rendre à Dieu c'est de le connaître et de l'imiter.

« Le summum de la piété c'est l'amour de Dieu.

« Dans ta prière, demande ce qui est utile et non ce qui te plaît.

« Sois pour ton voisin ce que tu désires qu'il soit pour toi.

« Ne possède que les trésors que nul ne peut voler.

« Tout ce qui est superflu est un ennemi.

« Le désir est insatiable.

« Sers-toi du mensonge comme d'un poison.

« Qui fait du mal aux autres s'en fait à soi.

« Ce qui, en toi, possède la sagesse c'est l'homme véritable : dis-le.

« L'homme qui a peur de la mort ignore qu'il a une âme. »

(*Vie de Pythagore*, par Jamblique).

*
* *

Sur le marbre du sarcophage d'une tombe découverte en 1852, à Rome, près de la Porta Pia, l'on voit la scène de l'*Adoration des Mages*, ou plutôt, comme le dit King (*The gnostics and their remains*), « le prototype de cette scène, — la naissance d'un nouveau Soleil » (c'est-à-dire d'un nouvel Initié).

Sur la mosaïque du parquet de la même tombe se trouve une Isis (la Vierge égyptienne) allaitant Harpocrates (Horus, le Jésus égyptien). Horus était nommé, comme Jésus, l' « aîné du Ciel », le « roi du monde ». A la Noël (au solstice d'hiver), on le sortait du sanctuaire sous la forme d'un nouveau-né et on le présentait à l'adoration de la foule. On l'appelait aussi « le fils mystique de l'arche » (l'arche est la matrice du monde, dans la science des symboles). Une tablette le décrit comme la « substance de son Père », — le credo catholique dit que Jésus est « consubstantiel à son Père ». Comme Jésus, il introduit les âmes devant le tribunal de son Père (Bonvick, *Egyptian belief*).

A Rome, la fête de la *Nativité* (*dies natalis*) était célébrée le 25 décembre par les confréries de Mithra, de Vénus, d'Isis, de Bacchus, etc... « Tous les dieux solaires ou Sauveurs du monde, — Krishna, Thammuz, Atys, Bacchus, Ausonius, Mithra, Adonis, etc..., — naissent au solstice d'hiver, d'une vierge-mère, dans une grotte, parmi des animaux ; ils guérissent les malades, ressuscitent les morts, meurent et ressuscitent ». (Réthoré. *Science des Religions*.)

Dans l'Inde, la scène de la nativité contient l'âne, la vache, la paille et un éventail. Cet éventail, qui paraît être l'éventail symbolique utilisé pour la purification de l'air dans les « Mystères », — car il ne pourrait avoir un emploi frigorifique en décembre, — servait aussi à exciter la paille enflammée par les étincelles de la *Svastica* (« croix cramponnée » employée pour la production du feu par friction). On le retrouve, copié par le christianisme, sur des bas-reliefs du cimetière Sainte-Agnès, à Rome, et sur une peinture de la nativité à l'église Sainte-Marie de Milan (Burnouf).

La *Semaine sainte* païenne était célébrée en grande pompe, chez les Phéniciens en particulier. Adonis — leur Sauveur — dieu crucifié, — était pleuré après sa mort ; on éteignait le « feu sacré » de l'autel dans *l'office des ténèbres* de leur *jeudi saint*, office presque absolument semblable à la cérémonie catholique ; le lendemain, les autels restaient vides et sans « sacrifices » ; la statue du Sauveur étendue sur un lit recevait la visite des fidèles (le vendredi saint catholique est le même ; on ne célèbre pas le « sacrifice » de la messe et l'on va baiser les pieds du Sauveur couché sur le sol des églises). Le troisième jour, la *résurrection* était annoncée par des chants d'allégresse (*Alleluia*) et l'on rallumait le feu sacré par un cérémonial identique au cérémonial catholique, dit Burnouf : c'était les *Hilaries*, la réjouissance, la Pâque avec ses alleluias.

Chez les anciens Scandinaves, à Pâques, on échangeait des œufs colorés, — les œufs d'Ostara, la « déesse du printemps et de la résurrection ». Même coutume en Egypte où des œufs (l'œuf est le symbole de la *nativité*) étaient, à cette époque de l'année, suspendus au plafond des temples. La même pratique s'est conservée, jusqu'à nos jours, dans les mosquées.

Telle est l'origine des *Œufs de Pâques*.

*
* *

La *Messe* chrétienne n'est autre chose que le « sacrifice » païen. Ce dernier, en effet, débutait par la purification du temple et des fidèles au moyen d'aspersions (*Asperges me*) d'eau lustrale (*eau bénite*) ; on récitait ensuite des hymnes analogues à l'*Introït* et au *Kyrie eleison* ; puis le prêtre plaçait un gâteau de farine sur la tête de la victime. Celle-ci fut, plus tard, supprimée et remplacée par le gâteau (l'*hostie* maintenant) lui-même, lequel fut, alors, appelé la « victime de choix ».

Avant de goûter au vin sacré et d'en faire une offrande à *Liber* (Bacchus, l'un des « Sauveurs » païens), le prêtre lavait ses mains (*Lavabo*). Cette prescription était formelle ; elle remonte aux ablutions qui précédaient la célébration des « mystères » ; les *burettes* dont on se servait étaient nommées les *simpules*. L'officiant priait ensuite la Divinité de bénir l'offrande (c'est le *canon* de la messe) ; puis il célébrait, pour les Initiés, une cérémonie spéciale en l'honneur de *Jupiter secretus* (cérémonie conservée en partie dans l'*oraison secrète* catholique). Il se prosternait alors, se relevait, levait les mains au ciel, les étendait sur l'hostie (le « gâteau » avait la forme de l'hostie), se tournait vers les assistants, brûlait de l'encens, faisait l'offrande du pain et du vin par une triple invocation (le *Sanctus* et l'*Agnus dei* actuels) et, après une dernière libation, congédiait les assistants par ces mots : *licet ex templo*, — ce qui est devenu l'*Ite missa est* chrétien. (RAGON. *La Messe*.)

(*A suivre*)   D^r Th. Pasoal.

ESSAI D'ORIENTATION MENTALE
(Ethique)

« Lié par la fonction naturelle, fils de Kunti, ce que dans ton erreur tu désires ne pas faire, tu le feras malgré toi-même. » (Bhagavad-Gita, ch. XVIII ; V. 60.) Comment donc concilier cet axiome de ce Trésor mystique incomparable avec la parcelle de libre arbitre, si petite soit-elle, qui nous est laissée afin de poursuivre notre évolution spirituelle ?... Voici : Quels que soient les efforts mentaux que nous fassions pour améliorer notre Karma, nous ne pourrons en *cette présente vie* modifier notre idiosyncrasie, résultat fatal, mathématique, de nos antérieures incarnations. Nous pouvons beaucoup par nos pensées, nous dit-on ; sans doute, mais les pensées sont les actes du mental et pas plus que les actes du corps, ils ne sont libres au sens vraiment philosophique du mot. En quoi donc consiste la liberté et comment concilier cette notion qui nous est chère avec le déterminisme Karmique ?... D'abord, il y a deux catégories de pensées bien distinctes, les unes issues du Manas inférieur qui adhère à Kama ; les autres issues du Manas supérieur qui adhère à Buddhi. Ces dernières sont libres jusqu'à un certain point ; mais comme chez l'homme ordinaire elles sont toujours plus ou moins mélangées avec les premières, leur énergie spirituelle est diminuée d'autant. Alors, nous dira-t-on, vous tournez dans un cercle vicieux et votre Théosophie n'est qu'un pur déterminisme...

Il y a là, évidemment, une explication qui s'impose. Le libre arbitre tel qu'on l'entend dans le *langage vulgaire* n'existe pas en fait, ainsi que l'a confirmé le Brahmacharin Chatterji en ses remarquables conférences théosophiques, faites à Paris en juin 1898, et l'homme n'est vraiment libre que lorsqu'il a réalisé l'*Etat Divin*. — Non ! la liberté n'existe pas dans les actes mais bien dans l'*Etre* ou Soi supérieur, c'est-à-dire que si nos actes physiques ou mentaux sont nécessités par notre Karma, il y a l'Essence spirituelle résidant en la « chambre intime » et d'où découlent nos plus pures *aspirations*, qui, elles, sont libres. Par exemple, si un homme est d'un caractère irascible ou orgueilleux, ou sensuel, il ne pourra, même en s'analysant soi-même et malgré tous ses efforts, modifier largement ce caractère en la présente incarnation, mais s'il *aspire* sincèrement vers un état meilleur, s'il médite constamment sur ses passions, il développera des germes (Skandhas) qui dans une vie terrestre future orienteront d'une autre manière son Ego. Il en sera tout autrement, si cet homme sans méditer aucunement sur ses passions se trouve assez satisfait de lui-même pour ne point *aspirer* vers un état meilleur. Oh alors ! il se réincarnera dans des conditions aussi défavorables et presque identiques (ses Skandhas ne s'étant pas modifiés). Mais ne l'oublions pas, Manas, seul, ne peut rien, il lui faut absolument le secours d'Atma-Buddhi, source des aspirations supérieures, sans quoi il n'est qu'un organe et rien de plus.

Voici ce qu'un sanscritiste français éminent, M. P. Régnaud, écrit dans un ouvrage documentaire important intitulé : Matériaux pour servir à l'Histoire de la Philosophie de l'Inde :

« Les Oupanischads considèrent le Manas sous le rapport physiologique comme un organe semblable aux autres. Etudions les idées que l'on s'était formées de sa fonction : Quand Manas pense, médite, Brahma brille ; il cesse de briller quand Manas ne pense pas. — Le Manas est identifié à Brahma. — Le Manas, non plus que les autres organes, ne perçoit l'Atman. Brahma est celui qui n'est pas pensé par le Manas mais Celui par Lequel le Manas est pensé... La définition de Brahma, au point de vue de l'Atman considéré comme agent, consiste à dire qu'il est ce vers quoi le Manas se dirige en quelque sorte et ce que le Samkalpa se rappelle au moyen du Manas ; il faut avoir le Manas apaisé pour obtenir l'Atman à l'aide de Prajnâ.

« La Buddhi est supérieure à Manas et l'Atma-Mahat supérieure à la Buddhi. C'est par la Buddhi subtile que l'Atman est perçu. L'Atman et la Buddhi sont (dans l'homme) la manifestation de Dieu ».

Or nous ne devons pas oublier que les Oupanischads renferment la moelle ésotérique de la littérature sacrée hindoue et que ceux qui les ont composées étaient de très grands sages et de purs Théosophes.

Maurice Largeris.

Cette courte étude a été écrite dans le but de montrer que les doctrines antagonistes du déterminisme et de la liberté se trouvent conciliées dans la Théosophie ; et que si nos actes physiques ou mentaux sont *nécessités*, ils ne le sont que par nos aspirations élevées ou par nos désirs impurs. L'être obéit toujours à ses propres *affinités*. Quoi de plus scientifique, quoi de plus juste?...

M. L.

DEMANDES ET REPONSES

La lune a-t-elle atteint le point extrême de la matéralité ?

J'ignore absolument sur quoi on pourrait baser la conception d'un « point extrême » de matérialité. Dans un cycle, ou dans un système donné, il peut y avoir une phase qui soit la plus matériellement dense de toute la série, lorsqu'on la compare aux autres ; mais que l'on puisse, jusqu'à un certain point, ou même de quelque façon que ce soit, comparer entre eux des cycles ou des systèmes absolument distincts, au point de vue du maximum de densité de chacun d'eux, cela me paraît très douteux ! En tous cas, cela ne serait possible qu'en vertu d'un état de conscience qui permettrait d'embrasser simultanément, dans un seul et même coup d'œil, tous les cycles ou systèmes qu'il s'agirait de comparer entre eux. Dans ces conditions, il semble impossible de tenter de répondre catégoriquement à cette question, mais certaines considérations peuvent guider notre opinion à ce sujet.

H. P. B. déclare dans *La Doctrine Secrète* que la lune se désagrège peu à peu et aura entièrement disparu vers la fin de la Cinquième Ronde. Il en résulte que la lune doit actuellement peser moins que jadis, c'est-à-dire qu'elle doit être plutôt moins dense. Si nous prenons donc la densité comme base, pour exprimer le degré de matérialité, il nous faudra dire que la lune est maintenant moins matériellement dense qu'elle ne l'a été autrefois.

Mais il ne faut pas oublier que la densité est une chose qui se conçoit clairement et qui représente une quantité mesurable, tandis que je me suis laissé dire que « la matérialité n'est pas la même chose que la densité » et je dois avouer que, dans ce cas, je n'ai, pour l'instant, aucune idée bien nette de ce que l'on entend par degré de matérialité, pas plus que de la façon dont on peut le mesurer. **B. K.**

* *

Quelle est la nature des mauvaises actions, commises dans les existences passées, qui sont les causes karmiques de la folie?

La folie paraît être le résultat karmique de crimes très graves qui sont commis envers le Savoir et qui font beaucoup de mal à autrui. Ce que nous pouvons appeler les méfaits ordinaires, commis par ignorance, par légèreté ou en obéissant à l'aveugle poussée des passions, ont pour conséquences les souffrances ordinaires de la vie et, par celles-ci, l'Ego apprend que la Loi existe et que c'est folie de se mettre en opposition avec l'évolution progressive. Mais il y a des crimes commis contre la Lumière et le Savoir, tout spécialement ceux qui ont pour effet de faire rétrograder une âme en voie de progression, et ces crimes peuvent amener la folie comme conséquence karmique. Supposons qu'un Ego se soit résolument engagé sur la voie au bout de laquelle on devient un Disciple et qu'il ne soit pas très loin d'atteindre cette qualité ; un autre Ego — poussé par l'envie, la convoitise ou tout autre mauvais sentiment, ou bien par un motif plus grave dans lequel l'élément mental entrerait largement — séduit ou tente l'âme qui avançait rapidement, trouble son équilibre et la fait ainsi tomber du haut du point qu'elle avait atteint, lui imposant, peut-être, de nombreuses et pénibles incarnations, avant qu'elle ne puisse regagner le terrain perdu. Un tel criminel recueillera, en guise de récolte, le fruit bien approprié de la folie, durant laquelle son propre

Ego, lié à un corps physiquement incapable de lui servir de véhicule ou de moyen de s'exprimer, subit, sur le plan astral, toutes les tortures d'une aspiration impuissante vers les progrès, une sorte de condamnation aux travaux forcés qui l'arrache à toute association humaine et aux joies de l'activité.

Ainsi enchaîné, l'Ego apprend que le fait d'entraver le développement d'une autre âme est une faute grave dont les conséquences sont pleines d'amertume et subit, lui-même, le retard qu'il a imposé à un autre. Il n'est pas improbable que Jésus pensait à ce châtiment, lorsqu'il avertissait d'une manière si impressionnante tous ceux qui pourraient scandaliser « un de ces petits » dont les « anges contemplent toujours la face de mon Père qui est au ciel ».
— « Il serait préférable pour lui, a dit le Maître, qu'une meule fût attachée à son cou et qu'il fût précipité dans les profondeurs de la mer ». (Voy. Mathieu xviii. 6,10) La perte d'un corps physique est peu de chose, comparée au malheur d'être lié à un corps physique qui est mort à toutes les aspirations supérieures.   **A. B.**

ECHOS DU MONDE THÉOSOPHIQUE

France.

Dimanche, 3 décembre, la seconde réunion théosophique mensuelle de la saison avait lieu, au siège de notre revue. Assistance fort nombreuse, comme de coutume, exceptionnellement rehaussée, cette fois, par la présence d'une théosophe avancée, de passage, ces jours-là, à Paris. Première partie : lecture d'une conférence d'Annie Besant sur la *maîtrise de la pensée* ; la théosophie possède à ce sujet des données du plus haut intérêt. Seconde partie : Questions posées par les personnes présentes sur l'Ego supérieur de l'homme, qu'est-ce c'est ; comment il se fait que de hauts intellectuels soient parfois matérialistes ; sur la différence qui existe entre les besoins et les désirs ; sur l'effet immédiat de l'incinération des restes mortels sur l'égo humain ; sur la fin du cycle et le commencement de celui dans lequel nous entrions au jour même de la réunion, etc., etc.

Dans ces divers sujets, le Dr Pascal, MM. Danaïs, Gillard et le maître de la maison ont pris tour à tour la parole. L'assistance a paru très intéressée et s'est donnée à nouveau rendez-vous pour le dimanche 6 janvier.

La première partie de nos réunions mensuelles est consacrée, avons-nous dit, à la lecture du remarquable travail de Mᵐᵉ Besant intitulé *Outer Court*. Ce travail a été traduit en français par M. Fernand Brooks auquel nous devons déjà la traduction des conférences de Brahmacharin Chaterji et qui a rendu un plus grand service encore au public de langue française en traduisant également *la Sagesse antique*, de Mme Besant, — toutes traductions, nous pouvons en répondre, aussi exactes dans le fond que correctes dans la forme. Nos lecteurs apprendront dès lors avec intérêt la prochaine publication en volumes français des travaux ci-dessus énumérés. *Outer-court* sera publié sous le titre de : *Vers le temple*, et déjà les chapitres qui ont été l'objet des premières lectures faites à nos réunions se trouvent en vente à la librairie théosophique de Paris, au prix de cinquante centimes, chacun. D'autre part, *la Sagesse antique* est éditée en deux volumes et se trouve à la même librairie au prix de cinq francs les deux. Nous reviendrons sans doute sur ce dernier ouvrage.

⁎

Au moment où nous écrivons ces lignes, nous sommes favorisés, à Paris, de la visite de M. C. W. Leadbeater qui veut bien consacrer une dizaine de journées au service de ses frères de France. M. Leadbeater n'est certes pas un inconnu pour les lecteurs de notre revue qui ont pu apprécier la valeur de ses travaux et la bonté avec laquelle il en fait bénéficier le monde. M. Leadbeater est un occultiste, dans le véritable sens du mot, ne faisant ni évocation ni magie opératoire, mais pour qui l'invisible n'a plus de secrets et qui n'use de ses facultés acquises que pour le service des autres... Telle est du reste la caractéristique du théosophe avancé. De nombreuses réunions, entretiens privés et collectifs, conférences spéciales aux branches et d'autres ouvertes au public, doivent avoir lieu pendant le séjour de M. Leadbeater parmi nous. Il en sera reparlé dans le prochain numéro.

⁎

Nous ne terminerons pas celui-ci, toutefois, dont nous écrivons ces lignes à la veille du changement d'année civile, sans adresser à tous les lecteurs de cette revue l'expression des meilleurs souhaits de la Direction tout entière à leur égard.

Angleterre.

Le quartier général de la section anglaise est provisoirement maintenu à Londres, Langham place, 4.

Parmi les principales conférences théosophiques faites ces temps derniers, en Angleterre, nous relevons les sujets d'Appollonius de Tyane, par M. Mead, et de l'usage ainsi que du développement du corps astral, par M. Leadbeater.

Italie

Le Brahmacharin Chaterji est à Rome où il donne une série de conférences très suivies ; il nous fait espérer revenir à Paris en février ou mars 1900.

Amérique

Une décision du président de notre société maintient le mouvement théosophique de l'Amérique du Sud en dehors de la section des Etats-Unis. En attendant d'avoir leur organisme propre, les branches de l'Argentine, notamment, si pleines déjà d'activité et de capacité, sont invitées à entrer en relations avec celles d'Europe des nations de leur race

Inde

L'assemblée générale annuelle de notre société a eu lieu, comme de coutume, à Adyar, les 27 et 28 décembre dernier, sous la présidence du président fondateur, et en présence de Mme Besant qui y a fait une série de conférences *sur les Avatars*.   **D. A. Courmes.**

REVUE DES REVUES

Theosophist. *Organe présidentiel.* Décembre 99. — Feuilles d'un vieux journal, par H. S. Olcott. — La lumière astrale, par Voltee. — La grande loi, par Bertram Keightley. — Variétés.

Theosophical Review. *Angleterre.* Déc. 99. — Etude sur Hermès Trismégiste, par G. R. Mead. — Côté éthique de la théosophie, par Wells. — La théosophie et la pensée moderne, par Annie Besant. — Qualification de ceux qui désirent la délivrance, par un Hindou. — Le Pérou ancien, par Leadbeater.

Vahan. *Section Anglaise.* Déc. 99. — Sur Papias et la date à laquelle vécut Jésus. — Sur le corps astral, l'astrologie, etc...

Sophia. — Teosofia. — Theosophia. — Philadelphia — Pas reçues ce mois-ci.

Theosophic Gleaner et **Prasnottara.** *Inde.* Déc. 99. — Construction de l'individualité.

Revue spirite. *France.* Déc. 99. — Le cas du médium Pipers. — Suggestion mentale. — Le Spiritualisme aux Etats-Unis.

Réforme alimentaire. *Paris.* Déc. 99. — Résultats d'analyse établissant que le régime végétarien contient plus d'éléments essentiels à la nutrition que l'ingestion de la viande.

Autres publications reçues. — Paix universelle, Annales psychiques, Spiritualisme moderne ; — Echo du Merveilleux ; — Lumière, de Bruxelles , — Ricerca, de Milan, ne mentionnent pas notre sommaire.

D. A. C.

BIBLIOGRAPHIE
—

Evolution de l'Ame et de la Société : par Felipe Senillosa.

Notre Revue, en annonçant à ses lecteurs, il y a un certain temps, un précédent volume de M. Senillosa, rendait un juste hommage au talent de l'auteur, en regrettant seulement qu'il n'eût point abordé des che-

mins moins battus. L'*évolution de l'âme et de la Société* donne en vérité
lieu à la même appréciation, car les chapitres qui composent l'ouvrage
sont bien coordonnés, les éléments qui les emplissent ne sont pas
dénués de charme, et le style, en sa traduction française, est très bon ;
mais nous n'y voyons guère que la reproduction des données vagues
qui constituent le spiritualisme sans étiquette. Quoi qu'il en soit, l'ouvrage est intéressant à lire et peut être considéré encore comme un
« livre d'attente ».   **Henry Courmes.**

—

« **La grande Denise** » et « **Thomassine** », deux volumes, par
M. A. B. Mᵐᵉ E. Bosc.

1° « La grande Denise » est l'odyssée d'une pauvre jeune fille d'un
sensitivisme maladif qui devient la proie d'un jeune médecin, hypnoti-
seur sceptique, uniquement animé du désir de satisfaire ses ambitions
et sa sensualité.

Victime lui-même de ces mêmes forces occultes qu'il a mises en mouvement, il meurt torturé par les entités les plus effrayantes de l'astral,
en vertu de cette loi que l'occultisme appelle « Le choc en retour ».

2° « Thomassine ». — Bien que pouvant se lire isolément, ce livre
fait suite à « L'Envoûtement », ouvrage du même auteur. Nous retrouvons dans « Thomassine » les personnages de l'Envoûtement, réincarnés
et subissant les conséquences karmiques de leur précédente existence.

Tout en rendant aux œuvres de M. A. B. les hommages qu'elles méritent à plus d'un titre, nous pensons qu'il est souvent préférable,
quand on veut moraliser par les faits, de laisser dans l'ombre certains
côtés trop noirs de la conscience humaine. Quoi qu'il en soit, nous
pouvons dire des ouvrages M. A. B., comme de tous ceux qui sont inspirés par le désir d'être utile, ce que A. de Musset disait d'un de ses volumes en manière de préface :

> Va-t-en, pauvre oiseau passager,
> Que Dieu te mène à ton adresse !

E. Danais.

—

Brahm. — Trilogie panthéistique, par M. Largeris.

L'auteur, puisant ses données à la source féconde de la littérature
sacrée de l'Inde, nous décrit en vers le processus de l'émanation, de
l'évolution et de la dissolution du Kosmos, c'est-à-dire *les trois grands
avatars de Brahm*, principe, essence de toute la vie.

Le sujet n'est pas aisé et il faut féliciter M. M. Largeris d'avoir voulu
« transplanter », dans une langue aussi concrète que le Français, cette
fleur mystique de la mythologie orientale qui ne développe, hélas, son
subtil parfum que dans le langage essentiellement poétique où elle a
pris naissance.   **E. Danais.**

—

Le Livre des Respirations, par Ernest Bosc.

Dans ce livre de l'infatigable écrivain, l'étudiant trouvera de nombreux éléments d'étude. La partie physiologique de l'art de respirer commence l'ouvrage, et traite de l'air, des méthodes de respiration, et des applications aérothérapiques.

La deuxième partie s'occupe des inhalations en général, et des applications thérapeutiques qu'elle a reçues.

Dans les chapitres suivants, nous trouvons une longue citation de l'ouvrage de Rama Prasad (*Natures finerforces*) sur la respiration, quelques notions de physiologie tantrique prise à la même source, une esquisse des pratiques respiratoires yoguiques, et une intéressante étude sur la nourriture des yoguis.

La partie médicale est parfaitement exposée ; de la partie occulte, nous ne pouvons rien dire : elle est en dehors des limites de notre instruction actuelle.

Dr Th. Pascal.

COURRIER DE LA PRESSE

Pouvoir recueillir dans les Journaux du monde entier tout ce qui paraît sur un sujet quelconque, sur une question dont on aime à s'occuper ; surtout savoir ce que l'on dit de vous et de vos œuvres dans la presse, qui ne le souhaite parmi les hommes politiques, les écrivains, les artistes ?

Le **Courrier de la Presse, bureau de coupures de journaux,** fondé en 1880, par M. **Gallois,** 21, boulevard Montmartre, à Paris, répond à ce besoin de la vie moderne avec autant de célérité que d'exactitude.

Le **Courrier de la Presse** lit 6,000 journaux par jour.

Le **Courrier de la Presse** reçoit sans frais les **ABONNEMENTS** et **ANNONCES** pour tous les journaux de la Revue.

SOUSCRIPTION PERMANENTE

Pour la REVUE THEOSOPHIQUE FRANÇAISE

La publication d'ouvrages théosophiques et la propagande.

LISTE DE JANVIER 1900.

M. Roberfort	40 francs	(*Lotus Bleu*).
Madame Autun Sassary.	50 »	(*Congrès théosophique*).
Idem	30 »	(*Lotus Bleu*).

AVIS

Nous rappelons que, pour la plupart de nos abonnés, le service de la *Revue* marche avec son année d'exercice, d'un mois de mars au suivant. Nous prions donc les personnes impliquées de vouloir bien nous informer au plus tôt de leur intention de continuer.

Le Directeur administrateur :

D. A. Courmes.

Saint-Amand (Cher). — Imp. DESTENAY, BUSSIÈRE frères.

27 FÉVRIER 1900

DIXIÈME ANNÉE   NUMÉRO 12

REVUE THÉOSOPHIQUE
FRANÇAISE

LE DEVOIR

Le devoir suprême de l'homme est de rendre service à ses compagnons d'existence; c'est là l'universelle loi de la vie, loi à laquelle personne ne peut échapper mais qu'on accomplit aveuglément en marchant dans les épaisses ténèbres de l'Ignorance ou qu'on accomplit consciemment lorsqu'on a illuminé son âme en y faisant pénétrer les rayons du savoir.

Le service rendu à nos compagnons d'existence est le but de la vie; par lui seulement la vie est vécue complètement; et le but est d'autant mieux et d'autant plus rapidement atteint que c'est en pleine conscience qu'on y marche.

Nous devons rendre service à l'Homme, c'est la loi suprême de chaque existence passagère qui n'est qu'un fragment de la vie de l'Homme qui ne meurt pas, qui vivait dans le passé et qui vivra dans l'avenir comme il vit dans le présent.

La philosophie est grande, car c'est elle qui façonne les facultés intellectuelles de l'homme; la science est grande, car c'est elle qui fait pénétrer dans le monde la lumière de la connaissance; mais la religion est plus grande encore, parce que c'est elle qui fait connaître son devoir à l'homme, et c'est elle qui lui donne la force nécessaire pour l'accomplir; et grande par dessus tout est la connaissance de l'âme humaine, qui nous apprend que le service rendu à nos compagnons d'existence est le vrai sentier du progrès et qui nous montre dans les travaux les plus modestes les degrés de l'échelle pouvant faire monter l'homme jusqu'à la perfection.

D'après la Théosophie comme d'après tous les renseignements occultes, la vie de l'Homme se déroule sur plusieurs plans, le physique, le mental et le spirituel.

Examinons de quelle façon l'homme peut accomplir son devoir sur le plan physique.

24

Cet accomplissement exige tout d'abord ce que Bouddha nommait le *bien vivre*, c'est-à-dire un métier donnant le moyen de gagner légitimement, honnêtement sa vie.

Nous ne devons pas vivre aux dépens des autres ; nous n'avons pas le droit d'exiger des autres qu'ils nous fournissent des moyens d'existence ; nous n'avons pas le droit de poser la main sur le produit du travail des autres pour en user à notre profit en ne leur laissant pour vivre que la partie de ces produits qu'il nous convient de leur laisser.

Le *bien vivre* implique l'existence par des moyens honnêtes, et nos moyens d'existence ne peuvent être honnêtes qu'à la condition que nous donnions aux autres autant que nous recevons d'eux ; et ce faisant nous n'accomplissons pas totalement notre devoir qui est de rendre aux autres plus que nous n'en recevons, afin que le progrès soit possible ; le devoir nous enseigne que la valeur de notre travail n'est pas dans la puissance que nous avons de pressurer les autres pour notre bénéfice personnel, mais dans la puissance que nous possédons de rendre service à nos compagnons d'existence.

Plus notre intelligence est forte, plus nos facultés sont étendues, plus impérieux pour nous est le commandement du devoir qui nous ordonne de venir en aide à nos frères ; plus notre position est élevée, plus nous sommes favorisés de richesses, plus nous sommes tenus à employer ces richesses au soulagement des besoins de l'humanité.

Le *bien vivre* a pour base la Justice ; la vie est embellie par l'amour ; si le rapport doit être établi entre ce que nous donnons et ce que nous recevons, que le plateau de la balance où sont posés nos dons soit toujours plus lourd que l'autre ; cherchons toujours à donner à nos frères en humanité plus que nous ne recevons d'eux, car c'est ainsi seulement que le progrès peut s'accomplir.

Gagner honnêtement sa vie n'est pas suffisant pour accomplir tout son devoir sur le plan physique ; le *bien vivre* comprend encore autre chose ; pour le réaliser, il est indispensable de tenir compte de tous nos rapports d'ordre physique avec nos compagnons d'existence. Par exemple les corps de tous les hommes ont entre eux une solidarité qu'on ne soupçonne pas de prime abord ; ces corps échangent constamment entre eux leurs molécules constituantes. Les petites particules de matière vivante qui construisent votre corps aujourd'hui serviront demain à construire le corps d'un autre, et dans son corps elles joueront demain un rôle dont le caractère dépendra du rôle que vous leur aurez fait jouer dans votre corps aujourd'hui.

Quel usage faites-vous de votre corps ? Vous pensez probablement : « Mon corps est à moi ; j'en fais ce que je veux ; on use de sa propriété comme on l'entend. » Ce serait fort bien pensé si l'homme individuel avait quelque chose qui lui appartînt en propre ;

mais en réalité rien n'est la propriété exclusive de l'individu, tout
appartient à l'Humanité et les molécules constituantes de l'Humanité que sont les individus n'ont pas de droits qui puissent prévaloir
contre le droit du Tout humain.

A l'égard de l'Humanité, chacun est donc responsable de l'usage
qu'il fait de son corps ; il lui doit compte de cet usage. Si, par
exemple, pendant que les particules vivantes qui sont la propriété
de l'Humanité séjournent dans notre corps nous les empoisonnons
avec de l'alcool, qu'arrive-t-il ? C'est que nous dégradons ces particules de matière vivante, c'est que nous les rendons plus grossières qu'elles n'étaient au moment où nous les avons reçues, c'est
que nous imprimons en elles des affinités pour une vie plus matérielle, plus basse, plus animale et qu'ensuite nous les rendons à la
communauté avec cette dégradation, et qu'ainsi dégradées elles
s'en vont dans des corps d'hommes, de femmes, d'enfants, où elles
introduisent des tendances à l'avilissement, des germes de vice,
des semences d'ivrognerie, de gloutonnerie, de débauche qui pourront s'y développer. En agissant ainsi nous sommes des corrupteurs
de nos semblables, et nous n'avons pas le droit d'être des corrupteurs.

Il n'y a pas de raisons valables qui puissent nous innocenter
d'un pareil crime.

Il y a des ivrognes dans nos sociétés ; il n'y en a que trop. Ils
sont responsables de leur mauvaise conduite qui est un crime de
lèse-humanité. Mais en sont-ils bien seuls responsables? Est-ce que
tous les membres de la société dans laquelle se trouvent des ivrognes n'ont point leur part de responsabilité dans l'existence de ce
vice? Est-ce que les ivrognes sont autre chose que des foyers dans
lesquels se concentrent les particules vivantes empoisonnées par
l'alcool qui émanent du corps des autres membres de cette société
qui, sans descendre eux-mêmes jusqu'à l'ivrognerie, empoisonnent
cependant chaque jour une partie des molécules constituantes de
leur corps? Oui, chaque molécule vivante que vous rendez au
réservoir commun, dégradée par l'alcool, est une puissance qui
sert au développement de l'ivrognerie ; elle aide à plonger plus
avant dans leur vice ceux qui en sont les victimes ; c'est se rendre
coupable de la dégradation de ses frères que de leur fournir des
particules vivantes saturées de tendances vicieuses au lieu de leur
fournir de la substance pure.

Voilà un aspect de ce qu'est notre devoir envers les hommes sur
le plan physique.

Et un autre aspect de ce devoir qui incombe particulièrement
aux riches de tous les pays, c'est l'obligation de donner l'exemple
aux classes qui sont moins favorisées du sort, c'est de simplifier la
vie physique, c'est de diminuer l'importance des besoins physiques,
c'est de penser moins aux jouissances du luxe et davantage aux
côtés supérieurs de la vie, c'est de faire dépenser moins de travail

pour la satisfaction des besoins artificiels du corps et de donner
aux hommes condamnés par le sort au labeur matériel plus de
temps pour développer leur âme et pour se rendre capables d'alléger
le fardeau de misère qui pèse sur leurs épaules.

C'est à vous, riches, favorisés du sort, de donner le bon exemple
parce qu'il est au pouvoir de votre volonté de le donner.

Est-ce aux pauvres que nous irons porter cet enseignement? Si
vrai qu'il soit, que voulez-vous qu'ils en fassent en admettant qu'ils
le puissent comprendre? Est-ce à eux dont la misère pétrit le corps
et l'âme entre ses doigts de fer de donner l'exemple de la dignité
humaine? Est-ce à eux dont l'attention est constamment rivée à
leur corps par les souffrances qui le meurtrissent de tourner la vie
humaine vers ces aspects supérieurs?

Non, c'est à vous, riches, qu'il appartient de donner l'exemple
d'une vie simple, occupée à penser sur les hautes questions de la
destinée humaine en remplacement de la vie grossière et matérielle
dont toutes les énergies sont dirigées vers le luxe et la luxure.

Pouvez-vous blâmer les pauvres de diriger constamment leur
pensée vers les plaisirs de la terre, de désirer si passionnément les
jouissances matérielles?

Est-ce à eux qu'il faut vous en prendre si, dans les pays civilisés,
le mécontentement grandit chaque jour comme un fleuve qui va
déborder et si les airs sont remplis de menaces grondantes?

Non; c'est à vous, favorisés du sort, qu'incombe la responsabilité
de cet état de choses parce que c'est vous qui, par votre vie comblée de jouissances matérielles, avez construit l'idéal vers lequel
tendent leurs désirs affamés, parce que c'est vous qui leur avez
enseigné par votre conduite que l'unique but de la vie humaine est
le plaisir des sens, la jouissance à chacun des moments que nous
avons à passer sur la terre.

Votre devoir à vous sur le plan physique, votre façon d'accomplir
l'obligation que vous avez de servir l'humanité sur ce plan, c'est
de donner aux déshérités du sort l'exemple d'une vie moins
occupée à fournir des satisfactions aux besoins naturels et aux
appétits artificiels du corps qu'à en procurer aux besoins supérieurs
de l'âme. Qu'ils apprennent de vous, en vous voyant vivre, que
l'âme aussi a besoin de nourriture et qu'en rendant la vie physique
plus simple et plus noble on libère des énergies qui peuvent être
employées au développement de ce qui dans l'homme est permanent.

Mais ce n'est pas seulement sur le plan physique que nous sommes
tenus de servir l'humanité; sur le plan mental nous pouvons lui
rendre des services encore plus efficaces.

Parmi vous peut-être s'en trouvera-t-il qui diront: « Quant à
moi, je ne puis rendre aucun service aux hommes sur le plan
mental; c'est l'affaire des grands penseurs qui peuvent écrire des
livres révolutionnant le monde de l'intelligence; c'est l'affaire des

grands orateurs qui peuvent émouvoir et instruire des milliers
d'auditeurs à la fois, tandis que c'est à peine si je puis communiquer des idées à quelques individus. »

Ce n'est pas ainsi qu'il faut voir les choses.

Le grand penseur, qu'il soit orateur ou écrivain, ne diffère pas
autant de vous qu'il peut vous le sembler. La distance qui vous
sépare de lui n'est pas aussi grande que vous l'imaginez. Il est
bien vrai que le travail qu'il accomplit est grand ; mais peut-être
ne vous êtes-vous jamais demandé en quoi consiste la puissance de
l'orateur, d'où vient la force avec laquelle il peut émouvoir toute
une foule.

Cette force ne réside pas tout entière en lui-même ; elle ne lui
est pas entièrement personnelle ; ce qui lui appartient en propre
c'est l'aptitude seulement à évoquer, à faire entrer en manifestation
la force qui dormait dans la tête et dans le cœur des hommes et
des femmes auxquels il s'adresse. Il éveille les cœurs et ce sont
eux qui lui fournissent l'énergie qui anime ses discours. L'orateur
n'est que la langue servant à exprimer les pensées présentes dans le
cœur des hommes et des femmes qui l'écoutent ; ce sont leurs
propres pensées qu'ils ne sont pas capables de dire eux-mêmes,
qu'ils écoutent dans la parole de l'orateur ; en admirant le discours
qui les émeut, ils admirent les pensées qui sont dans leur cœur ;
ce sont eux-mêmes qui donnent à l'orateur la force par laquelle il
les séduit, les charme, les enchante ; c'est parce que leur cœur
parle avec sa voix que leur cœur tremble et frémit dans leur poitrine en écoutant sa parole.

Et ce n'est pas là tout.

Chacun de vous pense journellement ; chacun de vous a des
idées qu'il déverse dans l'atmosphère mentale du monde. Par vos
pensées vous préparez ce qui existera demain, vous conservez ou
vous renversez ce qui existe aujourd'hui. Au moment où vous
pensez, de la force s'éveille dans votre cerveau, et cette force est
capable de faire du bien ou du mal ; elle passe dans le monde de
l'intelligence où elle dure plus ou moins longtemps suivant l'intensité que vous lui avez donnée. Il n'y a pas de femme au monde, si
faible qu'elle soit, il n'y a pas d'homme, si humble que soit sa
condition, qui ne possède en son âme une des forces créatrices du
monde. Aussitôt formulées en nous, nos pensées s'en vont dans le
domaine de l'intelligence et là influencent la faculté de produire des
idées et la vie des autres hommes. En chargeant nos pensées de sentiments d'amour et de bienveillance, nous augmentons la provision
d'amour qui doit couler dans le monde et dans la vie des hommes ;
nous contribuons tous à former l'opinion publique, laquelle a plus
d'influence qu'on ne soupçonne sur la forme que prennent les idées
des hommes. Par là nous sommes tous responsables des idées des
autres. Le pouvoir de la pensée fait de l'homme un dieu créateur
dans notre monde ; c'est par ce pouvoir que nous bâtissons l'avenir,

c'est par lui que la race humaine peut franchir les gradins qui la rapprochent de plus en plus de la Divinité.

Annie Besant.

La Mort et les états qui la suivent (¹)

Je regrette beaucoup de ne pouvoir m'adresser à vous dans votre belle langue, j'en connais bien quelques mots comme la plupart de mes compatriotes, mais je serais incapable d'entreprendre une conférence en français.

Le sujet sur lequel je vais vous entretenir ce soir a pour titre : *La Mort et les états qui la suivent.* Je crois que ce sujet ne peut qu'être intéressant pour nous tous, parce que, de toutes les questions touchant notre avenir, la plus certaine est que nous mourrons tous. Ce qui nous pousse encore davantage à l'étude de cette question, c'est qu'il n'est personne, parmi nous, qui, à un moment ou à un autre, n'ait perdu quelque personne aimée. Pour toutes ces raisons, donc, il est certain que toutes les informations sur les états qui suivent la mort doivent nous intéresser vivement.

Ce que je veux exposer ce soir, c'est l'enseignement de la théosophie à ce sujet, et je crois que vous jugerez cet enseignement digne de toute votre attention. Nous ne demandons à personne d'accepter aveuglément aucune des assertions émises par la théosophie ; nous les exposons en disant, d'abord, qu'elles nous ont été transmises par de plus savants que nous, et, ensuite, que plusieurs, parmi nous, sous la direction de tels Maîtres, ont appris à vérifier par eux-mêmes certaines de ces assertions.

Je crois que cette modeste affirmation a déjà plus de poids que celle des prédicateurs de la plupart des églises, car bien peu d'entre eux pourront vous dire que, de leur propre expérience, ils savent quelque chose concernant ces états.

Voilà donc une notion un peu nouvelle et digne d'être prise en considération.

Tout d'abord, un grand nombre d'idées fausses *concernant la mort*, ont cours parmi nous, et il en résulte pour l'homme un mal inutile.

Je reconnais dans l'auditoire quelques membres de la Société théosophique qui ont déjà consacré un certain temps à l'étude de

(1) Conférence publique faite par M. Leadbeater, M. S. T., le 23 décembre 1899, à Paris, sous les auspices de la Section française de la Société théosophique.

ces questions : ce que je vais dire n'aura aucune nouveauté pour eux. Je m'adresse donc plutôt aux autres, et, à ceux-là, j'espère parler un langage nouveau ; j'espère pouvoir leur donner « la bonne nouvelle. »

Avant tout, je vais mentionner trois de ces idées erronées dont je parlais tout à l'heure, puis je chercherai à vous démontrer comment la vérité est précisément contraire à ces fausses conceptions ordinaires.

En premier lieu, je rencontre l'idée si universellement acceptée, à l'époque actuelle, que la mort est la fin de tout. Peut-être direz-vous que cette idée n'est partagée que par des matérialistes très radicaux. Néanmoins, vous pourrez constater qu'un grand nombre de personnes qui rejetteraient l'épithète de matérialistes agissent comme si leur mort devait être la fin de tout. Quoi qu'elles puissent dire, elles ne croient pas, en réalité, à une vie posthume, car leur existence tout entière démontre qu'elles y prennent, comme éléments de calcul, uniquement les choses qui sont en deçà de la tombe. Cette idée donc, que la mort est la fin de tout, est une erreur absolue.

Au contraire, comme l'ont dit les auteurs classiques, la mort est la porte de la vie, elle conduit l'homme d'un stade de la vie à un autre, et rien de plus.

Vous pourrez croire, après tout, que ce n'est là qu'une assertion identique à celle qui est faite par la plupart des religions, mais, par ce seul fait, vous devriez comprendre la vérité qui s'y trouve renfermée.

Néanmoins, j'espère pouvoir vous montrer que la base sur laquelle j'établis cette assertion est différente de celle que les prêtres adoptent.

Une autre idée fausse, concernant la mort, est cette idée que la mort produit un changement radical de l'être humain, qu'un homme ordinaire, comme nous tous, par exemple, devient aussitôt après sa mort, soit un ange, soit un démon. L'homme, lorsqu'il meurt, ne se transforme pas plus dans sa nature réelle, qu'il ne se transforme en passant d'une chambre à une autre. S'il était, avant la mort, un homme à l'intelligence élevée, subtile, il se trouve encore, après sa mort, un homme à l'intelligence subtile ; s'il était un homme pensant bien et agissant bien, il reste un homme capable de bonnes pensées et de bonnes actions ; s'il était un ignorant, le changement subit de la mort ne lui donne pas de connaissances plus hautes, il reste le même ignorant qu'il aura été sur terre ; et, si ses désirs, ici-bas, étaient vils et bas, ils ne subissent aucune variation après la mort.

Il n'y a donc pas, comme je l'ai dit, une transformation de la nature, mais, en quelque sorte, un passage d'un état à un autre état, ou d'un lieu à un autre lieu.

J'espère vous montrer tout à l'heure, vous faire comprendre l'état dans lequel l'homme passe alors.

La troisième fausse conception concernant la mort est cette idée qu'il nous est tout à fait impossible de savoir quoi que ce soit de l'état qui succède à la mort. C'est là une idée commune depuis un grand nombre d'années — et par ce mot, j'entends dire qu'elle est commune parmi nous, dans notre civilisation actuelle, parce que, dans des civilisations plus antiques, cette idée n'a jamais été admise. Les anciens reconnaissaient parfaitement la possibilité d'obtenir beaucoup de connaissances concernant l'état qui suit la mort.

Nous sommes fréquemment portés à adopter un point de vue très étroit et très mesquin, en ce qui concerne la civilisation humaine, en général. Tout ce que nous ignorons, nous croyons que le monde l'a ignoré ; parce que nous croyons représenter la plus haute forme de civilisation existant à l'époque actuelle, nous croyons savoir tout ce qui peut être su. Sans doute, nous pourrions savoir tout ce que l'homme actuel a la possibilité de savoir, si nous consentions à apprendre ; mais, malheureusement, en même temps que la connaissance très réelle que notre civilisation nous a donnée, nous possédons ce que j'appellerai une très haute idée de nous-mêmes. Nous croyons, en somme, que tout ce qui est en dehors du champ de nos connaissances actuelles ne vaut pas la peine d'être appris, et nous avons une forte tendance à croire qu'avant notre époque, l'homme était essentiellement un « homme primitif », et que, puisque les anciens n'avaient pas inventé les chemins de fer et le télégraphe, ils ne pouvaient pas davantage avoir découvert quoi que ce soit sur les questions élevées concernant l'âme.

Ceci est donc un fait, et un fait très fâcheux, à savoir que, pendant bien des années, nous avons pratiquement organisé notre vie d'après cette théorie, sans vouloir recevoir l'avis des civilisations plus antiques qui avaient étudiées ces questions. Grâce à une étude de la littérature orientale, il aurait été en notre pouvoir de savoir beaucoup de choses concernant les états qui suivent la mort. Mais nous avons étudié cette littérature avec la persuasion qu'elle est pleine de superstitions, et que nous devons, sur ce point, en savoir plus long que les auteurs de ces vieux ouvrages. Quelques-uns d'entre nous ont au contraire accepté, sans trop y réfléchir, les assertions émises par les religions actuelles de l'Occident, et, bien que l'enseignement de ces religions soit assez précis d'une certaine manière, l'on s'imagine de très bonne foi qu'après la mort d'un homme il est impossible de rien savoir au sujet de l'état où il se trouve, laquelle assertion n'est pas plus exacte que les autres.

Pour me faire comprendre de ceux qui n'ont pas étudié cette question, il me faut dire quelques mots de la constitution de l'être humain.

L'homme ne possède pas seulement une âme et un corps, c'est-à-dire deux choses résidant l'une dans l'autre ; au contraire, l'âme véritable ou l'esprit de l'homme, possède plusieurs véhicules qu'elle peut habiter sous des conditions diverses. Nous sommes accoutumés, au moins les églises protestantes que je connais, à parler de l'âme et du corps, comme s'il ne pouvait y avoir rien en dehors de ces deux principes. Je n'en vois pas exactement la raison, parce que les Écritures sur lesquelles ces religions se basent parlent très distinctement d'un plus grand nombre de divisions. Vous trouverez, par exemple, que saint Paul parle de quatre choses distinctes dans l'homme. Il parle de l'esprit et de l'âme comme de deux choses distinctes en les appelant par des noms différents, et il parle d'un corps physique, d'un « corps naturel », comme il l'appelle, et d'un corps spirituel. Voilà donc, comme vous le voyez, quatre principes constitutifs dans l'être humain.

Le premier point que j'aimerais à vous faire comprendre, par rapport aux états qui suivent la mort, c'est que tout ce que l'homme perd à ce moment, c'est le corps physique, notre enveloppe actuelle. Il conserve ce que saint Paul a appelé son corps spirituel ; il conserve donc encore, pour nous servir des mêmes expressions, un esprit et un corps d'une autre espèce, et, par suite, il vit, dans ce nouveau corps, tout comme il vivait antérieurement, dans son corps physique.

Il ne faut pas, non plus, voir là un corps nouveau qu'il revêt pour la première fois au moment de la mort. Ce corps, au contraire faisait partie intégrante de lui-même, pendant toute sa vie terrestre. Seulement, sa composition étant d'une matière beaucoup plus subtile que tout ce que nos sens physiques peuvent percevoir, l'homme n'en est généralement pas conscient.

Beaucoup d'expériences ont été faites, quelques-unes des plus remarquables dans cette ville même, qui montrent distinctement l'existence d'une partie, au moins, de ce corps subtil à l'intérieur de l'homme vivant ; beaucoup de vos expérimentateurs, au cours de leurs expériences, ont réussi à isoler, à extraire une partie de ce corps subtil du corps physique. Si ce fait ne prouve pas que ce soit là le corps qui survit après la mort, il prouve tout au moins son existence, et il me semble que la preuve de la persistance de l'âme dans ce corps subtil peut être déduite des expériences faites par les spirites.

Ce que je m'efforce de vous donner, en ce moment, c'est l'enseignement théosophique sur ce sujet : et cet enseignement dit que l'âme possède un plus grand nombre de véhicules que le corps physique que vous voyez, et qu'après avoir abandonné ce corps physique, au moment de la mort, elle continue à vivre dans un autre corps plus subtil.

Et de même que ce corps subtil peut être extrait du corps physique pendant la vie même (1), de même il est possible à l'homme

(1) Vos expérimentateurs l'ont démontré.

incarné de devenir conscient de ce corps subtil et d'obtenir des notions sur l'état dans lequel il se trouvera après sa mort.

Vous concevrez que cette idée seule suffit à dissiper une grande partie de nos préventions à l'égard de la mort, entre autres le sentiment d'horreur qu'elle nous inspire. La base principale de cette horreur, est l'idée que l'on va entrer dans l'inconnu : mais si nous nous rendons compte que ce soi-disant inconnu peut être connu pendant cette vie même, toute cette incertitude se dissipe immédiatement, nous savons à quoi nous devons faire face, et que le résultat soit bon ou mauvais, agréable ou terrible, la plus grande partie de la terreur disparaît avec cette ignorance de l'inconnu.

Voilà donc une des bonnes nouvelles que la théosophie vous apporte, c'est que les états d'après la mort sont parfaitement connaissables et susceptibles d'exploration par un assez grand nombre d'êtres humains ; et, bien plus, que ces états ont été explorés par beaucoup d'êtres humains à diverses périodes de l'histoire.

Quelle est donc, dirons-nous alors, la vie où l'homme se trouve transporté lorsqu'il quitte ce corps physique ?

L'Église a eu infiniment raison de nous apprendre constamment que cette vie-là dépend très largement de cette vie-ci ; elle a eu raison de nous dire que l'état dans lequel l'homme se trouve après la mort dépend très largement de ses pensées, de ses paroles, de ses actions dans la vie physique ; et, si vous y réfléchissez, vous trouverez cette assertion très raisonnable, parce que l'homme reste lui-même ainsi que je le disais. Il est donc tout naturel que des hommes ayant différé complètement pendant la vie se trouvent dans des conditions très différentes après leur mort.

Il y a beaucoup de cas exceptionnels cependant et j'en mentionnerai tout à l'heure quelques-uns ; mais prenons, pour commencer, le cas d'un homme très ordinaire, celui qui n'est ni saint, ni spécialement pervers, simplement un homme comme n'importe lequel d'entre nous, un homme en qui le bien et le mal se trouvent mélangés, et dont les intentions sont assez bonnes, sauf peut-être, au moment où une circonstance tend à l'affecter personnellement ; dans ce cas, toujours un peu égoïste, par nature, il regarde à ses propres affaires et ne s'occupe pas beaucoup de celles des autres.

Supposons, par exemple, qu'un tel homme meure dans la vieillesse — je dirai tout à l'heure pourquoi je prends l'exemple d'un vieillard, étant donnée la différence entre celui qui meurt vieux et celui qui meurt jeune.

Cet homme, lorsqu'il meurt, se retrouvera très probablement, dans la plupart des cas, exactement là où il était auparavant, c'est-à-dire qu'il se trouvera dans sa propre demeure, là où il a vécu, là où il est mort, parmi ses proches, et conscient de leur présence. Remarquez qu'il ne s'évanouit pas du tout, ni ne se trouve tout de suite dans une condition différente ; il ne disparaît ni dans le ciel, ni dans l'enfer.

Assurément, la condition dans laquelle il se trouvera pourra, dans certains cas, ressembler à une sorte de purgatoire — et, pour ma part, je n'ai pas le moindre doute que la doctrine du purgatoire ne soit une tentative de représenter les choses telles quelles sont en réalité.

Ce qui arrive donc, c'est que l'homme se trouve exactement tel qu'auparavant, mais avec cette différence qu'il n'est plus capable de se faire entendre, ni de se faire voir par ceux qui l'entourent, inconscients de sa présence. Mais il peut les voir, lui, et il restera en cet état pendant un certain temps, durant une période qui dépend essentiellement du genre d'existence qu'il a menée.

Afin que vous en compreniez la raison, il faut que je vous dise quelques mots du corps subtil.

Ce corps subtil est, pendant la vie, le véhicule d'expression des émotions, des passions et des désirs de l'homme. Voici ce que j'entends par là : l'homme qui a développé en lui-même la vision de ce que nous appelons le plan astral, l'homme, capable de percevoir ce corps subtil chez ses semblables, verra, en observant une personne quelconque, tous les sentiments, tous les mouvements d'émotion ou de passion éprouvés par cette personne, provoquer des vibrations intenses dans la matière de ce corps subtil. Or, la persistance de ce corps subtil après la mort, dépend uniquement du genre d'émotions, de sentiments, auquel cet homme s'est livré pendant sa vie. S'il s'était laissé dominer par ce que j'appellerai des émotions basses, brutales, il possédera dans ce corps subtil de la matière d'un genre très grossier, matière précisément susceptible de répondre à ces émotions grossières.

Dans la vie qui succède à sa mort, cet homme se trouvera donc retenu, pendant un temps considérable, par les émotions de sa brutale nature, et par la nécessité dans laquelle il se trouvera de se défaire d'abord de ce corps très résistant et très grossier.

Une idée, peut-être facile à comprendre, est que le corps subtil, après la mort du corps physique, commence aussi à se désintégrer graduellement.

Ce corps, et toutes les émotions inférieures dont il est le véhicule, doivent être entièrement désintégrés avant que l'homme puisse passer dans des conditions plus élevées ; et il est compréhensible que le temps nécessaire pour dissiper ce corps dépendra de sa nature même. Si ses passions sont encore très fortes dans la nature de l'homme, elles conserveront cette matière subtile et vivante en état de vibration intense pendant un temps très considérable, et vous verrez ainsi la raison de ce que j'ai dit tout à l'heure, à savoir que l'âge auquel l'homme meurt est un facteur très important.

Un homme qui meurt dans la fleur de l'âge aura, très probablement, toutes ses passions, toutes ses émotions, dans un état de vitalité beaucoup plus intense, et, par suite, sa vie, sur ce plan, dans ce monde subtil, sera plus longue que celle d'un homme âgé, simplement parce que l'homme âgé aura déjà accompli une grande partie de la tâche qui consiste à se défaire de ses passions inférieures.

Lorsque l'homme s'est débarrassé de ce corps subtil dont j'ai parlé, il peut entrer alors dans un état plus élevé, et c'est l'état qui correspond d'une façon générale à ce que les Eglises entendent par le Ciel. Toutes les idées que vous trouverez exprimées dans les religions ordinaires sont des reliques de la vérité ou des tentatives faites pour l'exprimer ; dans beaucoup de cas, les idées sont très déformées, mais néanmoins il leur reste encore un certain sens, en général.

Prenez, par exemple, le cas de cette idée du purgatoire : c'est un état que l'homme traverse après sa mort, en y séjournant plus ou moins longtemps, afin que les parties basses et vulgaires de sa nature disparaissent et qu'il puisse se débarrasser de ses désirs, de manière à être purifié, et prêt à passer dans un état plus élevé. Cette idée correspond très étroitement à l'idée de ce plan subtil dont nous parlons, avec cette seule différence que, pour nous, il ne s'y rattache aucune idée de châtiment de la part d'un Etre supérieur. Nous disons simplement que tout homme détermine absolument, et pour lui-même, ses conditions futures ; il est inutile d'introduire là l'idée d'un juge qui récompense ou qui punit. Les états qui suivent la mort sont uniquement, et d'une façon absolue, le résultat de la vie de l'homme. Si cet homme a cédé à tous ses désirs, et s'il meurt, ayant autour de lui un corps de désirs non satisfait, il souffrira certainement, mais la souffrance ne lui est pas donnée comme punition, elle est tout simplement le résultat de ses actions.

Je vais donner seulement un exemple pour montrer ce que j'entends par là ; je voudrais passer rapidement à l'état plus élevé qui suit la mort, et je ne tiens pas à insister davantage sur cette partie sombre de la question. Je veux donner cet exemple unique pour démontrer comment l'homme peut se créer à lui-même un purgatoire très réel, presque un enfer.

Prenez le cas d'un ivrogne : Vous savez combien terrible est ce vice de la boisson, comment le désir de le satisfaire est assez puissant pour pousser un homme à fouler aux pieds tous ses sentiments naturels, pour lui faire mettre de côté toute affection, tout amour envers les siens et pour lui faire priver sa famille des choses les plus nécessaires à la vie.

Vous savez, sans doute, les efforts terribles qu'il faut à un ivrogne pour se réformer, pour se corriger, et combien une force presque surhumaine lui est nécessaire pour résister à la tendance impérieuse qui le hante.

Supposez, maintenant, qu'un tel homme meure, rappelez-vous que le corps subtil dans lequel il se trouve, est la base d'expression même des désirs et des passions : il a donc le même désir et plus violent, plus terrible, qu'il ne l'avait sur terre, mais il ne peut plus le satisfaire, ne possédant plus de corps physique susceptible de boire. Vous concevez alors que cet homme a, devant lui, un enfer terrible de désirs avant que sa passion se soit épuisée. Certes l'homme n'est point brûlé par des flammes réelles, mais il est brûlé par les feux de son propre désir; et ce supplice doit être enduré jusqu'à ce que, lentement, graduellement, ce corps du désir se soit usé. Rappelez-vous, d'autre part, que l'homme s'est fabriqué, lui-même, ce corps du désir, par son vice. Personne ne le punit, mais il est obligé de se débarrasser de ce vêtement, qu'il s'est tissé à lui-même, avant de pouvoir passer outre dans son évolution, et cette purification signifie pour lui de terribles souffrances, sans aucun doute.

Le temps nécessaire pour liquider, après la mort, ce résultat de la vie terrestre, dépend précisément de l'empire que le vice a eu sur l'homme.

Vous pouvez appliquer de vous-mêmes ce raisonnement aux autres passions inférieures de l'homme; car le même raisonnement peut servir à toutes. Inutile d'introduire une action extérieure, il est plus simple d'admettre que l'homme est obligé d'épuiser les obstacles qu'il s'est créés à lui-même.

Prenez maintenant le cas d'un homme qui s'est donné quelque mal pendant sa vie pour dominer cette partie inférieure de son être. Cet homme a déjà accompli une grande partie de la tâche qui consiste à se défaire de ses désirs, et des particules de matière subtile qui vibrent en réponse à ces désirs.

Lorsque cet homme se trouve dans son corps subtil, après la mort, il a très peu d'éléments susceptibles de le retenir dans cet état. Les désirs ne le tourmentent pas, car ces désirs sont déjà éliminés. Cet homme est donc prêt, après un temps très bref, à passer dans des conditions plus élevées.

Il y a beaucoup de choses que j'aimerais à dire au sujet de cette vie astrale, qui suit immédiatement la mort, mais, de peur que le temps me manque, je passerai rapidement à la description de l'état plus élevé qui succède pour ainsi dire à la seconde mort, c'est-à-dire à la sortie de cette condition purgatorielle.

J'ai dit que ce deuxième état, qui suit la mort, correspondait d'une façon générale à ce que les Eglises appellent le *Ciel*, mais je dois ici faire plusieurs réserves.

D'abord, cet état n'est pas plus une récompense des bonnes actions que l'état précédent n'était une punition des mauvaises.

Exactement comme auparavant, ce nouvel état est le résultat d'une certaine partie des actes de l'homme pendant sa vie physique.

Observez qu'il vient déjà de se débarrasser sur ce plan inférieur des résultats de ses passions inférieures, de ses désirs, de ses émotions ; toute cette partie inférieure de son être a été, pour ainsi dire, brûlée, purifiée, pour employer, bien entendu, l'expression qui se rapporte au purgatoire. Débarrassé de ces éléments, l'homme est prêt à passer dans cet état plus élevé qui correspond donc, peut-être, au Ciel ; mais il ne faut pas s'imaginer qu'il passe alors dans un certain lieu déterminé de l'espace où il trouve un certain ensemble de conditions ; il n'entre pas directement dans une ville d'or, avec des portes de pierres précieuses, ni dans quoi que ce soit correspondant aux descriptions très belles que donnent les Ecritures, lesquelles sont d'ailleurs simplement symboliques.

Ce qui lui arrive, c'est qu'il se trouve dans certaines conditions d'existence, dans un certain état conscient particulier ; cet état est, en réalité, le plan de ses pensées ; c'est le Monde de la pensée.

Ceux d'entre vous qui ont prêté attention à ses phénomènes ont dû se rendre compte que la pensée est une force parfaitement déterminée, une force qui peut produire des résultats définis, déterminés, en dehors même de la direction qu'elle donne aux actions.

Quelque étrange que paraisse la chose, il n'est pas du tout impossible de produire des résultats jusque sur le plan physique par l'action directe de la pensée. Des tentatives ont même été faites, ici, comme en Angleterre, de représenter des *formes-pensées*, au moyen de la photographie, et y sont plus ou moins parvenues.

Je sais très bien que la science, en général, n'a pas encore accepté la possibilité d'une pareille action, mais pour moi, ce n'est simplement qu'une question de temps et de recherches et je crois que la science sera, un jour, obligée d'accepter la vérité en ce qui concerne ces formes-pensées, comme en ce qui concerne le corps astral, et bien d'autres choses encore ; et ce temps peut même n'être éloigné que de quelques années.

Par conséquent, la pensée est une chose très réelle, et les pensées de l'homme ne disparaissent pas au moment même où elles sont émises. On peut dire que l'homme s'environne d'une sorte de coque, d'une atmosphère de ses propres pensées ; et, si vous y réfléchissez, vous verrez jusqu'à quel point il voit toutes choses, ici-bas, à travers cette atmosphère mentale qui lui est propre, vous observerez comment il ne peut ni en sortir, ni s'en éloigner, ni regarder quoi que ce soit d'un autre point de vue que le sien.

Cette masse de pensées dont il s'est entouré persiste évidemment avec lui, après sa mort. Beaucoup de pensées, chez la plupart d'entre nous, sont distinctement en rapport avec nos émotions, nos passions et nos sentiments inférieurs.

Toutes ces pensées se dispersent, achèvent de produire leurs résultats pendant cette première période qui suit la mort, et dont j'ai déjà parlé. Mais l'homme a, aussi, des pensées infiniment plus élevées que celles qui se rattachent aux désirs. Ces pensées, heureusement plus fortes, dans un grand nombre de cas, que les mauvaises pensées, survivent également, et forment, dans une enveloppe qui doit être à son tour dispersée, un ensemble de forces qui achèvera de produire son résultat après la mort.

Il est très difficile, même impossible, de donner en quelques mots une idée de ce que nous entendons par le monde mental. Imaginez-vous que c'est le monde où les pensées sont des choses, des réalités objectives; et, rappelez-vous aussi que, quand l'homme est parvenu à ce point, il conserve uniquement ce qu'il y a d'élevé dans ses tendances et dans ses pensées : tout le reste ayant été usé dans le stade purgatoriel précédent.

L'homme se trouvera donc maintenant vivre au milieu de tout ce qu'il y a de plus élevé, parmi les pensées et les aspirations qu'il a nourries pendant sa vie physique, et ces tendances, rappelez-vous ceci, seront maintenant toute sa vie actuelle, c'est-à-dire qu'il aura considérablement intensifié tout ce qu'il y a jamais eu de bien en lui, le mal ayant été enlevé préalablement. Vous avez certainement là une vie céleste, en comparaison de tout ce que nous avons ici-bas.

Il me faut encore vous donner quelques exemples afin que vous puissiez mieux me comprendre.

Les idées concernant ces plans supérieurs sont tellement éloignées des idées de notre vie journalière d'ici-bas qu'il est très difficile de les formuler clairement. Elles sont absolument claires pour ceux qui ont vu ces états ou seulement étudié tout ce qui a été écrit à leur sujet. Mais exposer cette question subitement à des personnes qui n'ont fait aucune étude, signifie que l'on doit fatalement être mal compris.

Si vous voulez une idée générale, considérez que l'homme se trouve maintenant avoir, comme milieu ambiant, tout ce qu'il y a de plus élevé et de meilleur dans la vie qu'il a vécue; c'est, en réalité, le plein accomplissement, dans sa sphère mentale, de toutes les aspirations qu'il a eues dans son existence physique, sans avoir pu les réaliser.

Prenez, par exemple, le cas de l'homme religieux : il a aspiré toute sa vie à se rapprocher de l'Idéal divin qu'il se propose; il a désiré voir de près les choses les plus hautes auxquelles il croyait. Beaucoup de conceptions religieuses, ici, en Occident, comme dans d'autres pays, sont matérielles et rabaissées au-dessous de la réalité, à un point qu'il est impossible d'exprimer. Mais, toujours, derrière toute conception religieuse sincère, il y a une réalité infiniment plus belle et plus vraie que cette conception pourrait jamais 'être. Beaucoup d'entre nous sont arrivés à trouver absurdes les conceptions religieuses et à les repousser; cela tient, en grande partie, à ce que beaucoup de ces conceptions ont été tellement matérialisées qu'elles ne correspondent plus du tout à ce que nous pouvons savoir ou comprendre. Or, jamais une parcelle de vérité ne peut être contredite par une autre parcelle de vérité. Si la science est vraie, si la religion est vraie, il est impossible que toutes deux se contredisent, et, en réalité, elles ne se contredisent pas.

Au contraire, lorsque vous percevez la vérité qui existe derrière ces conceptions dégradées de la religion, vous comprenez aussi qu'il n'y a réellement rien d'anti-scientifique en elles, que la vérité souvent se trouve dans des régions encore inconnues à la science. Le savant, il est vrai, ne songera pas un seul instant à prétendre que la science ait dit son dernier mot ; l'homme de science sait bien que de nouvelles découvertes sont faites chaque jour, et jamais il ne songera à limiter les découvertes de l'avenir. Mais, vous pouvez tenir pour certain que la religion fait erreur si elle professe, sur un point quelconque, des idées contraires à votre sens commun scientifique.

Je sais bien que ceci paraît contraire à l'idée de la Révélation, mais je soutiens que les Lois qui régissent nos existences, les Lois scientifiques de la nature, sont les Lois mêmes de Dieu et les expressions de Sa Volonté ; que, par conséquent, rien de ce qui provient de Dieu ne peut contredire ces Lois.

Il est très vrai que nous ne savons encore que peu de choses de ces Lois, surtout sur les plans supérieurs, mais nous possédons, au moins, certains principes généraux qui se maintiennent après la mort comme auparavant. Nous savons, par exemple, que l'énergie se conserve et que, jamais, aucune force n'est perdue. Ce principe s'applique d'ailleurs aux choses supérieures, spirituelles, tout comme aux choses physiques. Nous savons qu'une cause produit toujours son effet, et qu'il n'y a pas d'effets sans causes. Cela est vrai dans la vie supérieure comme dans la vie terrestre. Par conséquent nul ne doit craindre cette vie supérieure, parce qu'elle sera absolument la conséquence de ses propres actions d'ici-bas.

On a parfois voulu nous faire croire qu'il y avait un châtiment illimité et des souffrances infinies pour une certaine somme d'iniquités commises ici-bas, somme nécessairement finie, quelque grande qu'elle puisse être, étant donné que la vie de l'homme est essentiellement finie. Cette idée me paraît anti-scientifique. Il est impossible qu'une chose limitée ait un résultat illimité, infini. Lorsque nous examinons les conditions succédant à la mort, nous trouvons, comme notre bon sens nous y porte, que toutes choses sont précisément les effets des causes engendrées pendant cette vie, et, de plus, nous découvrons que ce qui détermine l'intensité et la durée du résultat, c'est l'intensité, la quantité de force et d'énergie mise dans les causes, ici-bas.

Si vous admettez ce que je vous dis là comme une simple hypothèse, remarquez, au moins, que ces hypothèses ont l'avantage de ne pas introduire un état de choses ou un ensemble de Lois entièrement différents, qu'il faudrait prendre en considération. Ces hypothèses, au contraire, suggèrent que ces mêmes Lois persistent à travers toute la vie de l'homme, non seulement dans cette parcelle qui est son existence terrestre, mais aussi au delà de la mort et dans toutes ses existences ultérieures.

Voyons maintenant le résultat de nos hypothèses.

Avant tout, nous nous sommes débarrassés de l'idée terrible de ce qu'on appelle « la damnation éternelle », cette idée devient immédiatement une impossibilité absolue, parce qu'aucun homme n'est assez puissant pour mettre en branle dans cette vie, des forces qui continueront à agir éternellement.

Voilà au moins quelque chose de gagné. Ensuite, nous nous sommes totalement débarrassés de l'idée de châtiment ou de récompense qui doit nécessairement entraîner celle de la possibilité du caprice. J'entends, ici, qu'on peut admettre l'idée d'un juge capable de juger tel ou tel coupable avec plus ou moins de sévérité. Si vous vous rendez compte que la vie d'outre-tombe est l'effet de lois aussi immuables que la loi de la gravitation, vous comprendrez qu'il n'y a là aucune espèce de jugement personnel, mais simplement une question de résultat. De plus, vous verrez encore cela : étant donné que chaque homme se crée à lui-même son propre entourage, chaque homme reçoit nécessairement ce qui lui convient à lui-même... Peut-être ne vous est-il jamais venu à l'idée de penser que la notion orthodoxe du Ciel ne conviendrait pas à tout le monde : sans doute ce genre de vie attirerait certaines personnes ; mais telle qu'elle est définie dans les livres orthodoxes, vous vous rendrez compte, peut-être, qu'elle ne laisserait pas d'entraîner, au moins pour d'autres, une certaine monotonie. Je ne veux pas entrer dans le détail de cette idée, cela nous conduirait trop loin, mais vous pourrez concevoir que, pour un homme, le seul moyen de trouver dans la vie céleste les conditions lui paraissant désirables, c'est de se créer à lui-même ces mêmes conditions.

Par rapport à cet état plus élevé, voici ce qu'il y a de vrai dans l'enseignement des religions. L'état céleste, l'état supérieur, donne à chaque individu la plus haute joie qu'il soit susceptible de ressentir, mais les hommes entendent le bonheur et la félicité de tant de manières différentes qu'il leur est nécessaire, afin d'être parfaitement heureux, de créer eux-mêmes leur propre entourage. En somme, ils l'ont déjà fait pendant la vie terrestre, mais, dans cet état plus élevé, les pensées qu'ils ont engendrées sont libérées du mélange de l'entourage qu'elles subissent ici-bas, et, par conséquent, peuvent produire librement leurs effets.

Donc, en définitive, il n'y a aucune nécessité de craindre la mort d'une façon quelconque, pas plus pour nous-mêmes que pour ceux qui nous ont quittés.

Je sais trop bien, par moi-même, ayant exercé des fonctions sacerdotales durant ma jeunesse, qu'un grand nombre de personnes passent leur vie dans la crainte à cause de leur incertitude sur les conditions *post mortem*, et comment ceux qui ont perdu un être

25

cher demeurent dans cette incertitude douloureuse à son sujet.

La théosophie nous l'enseigne clairement : Il n'y a aucune raison de se faire de tels soucis et de telles craintes; l'homme, au-delà de la tombe, est sain et sauf, grâce à la même Loi éternelle qui a gouverné sa vie ici-bas. L'éternelle Justice est le principe qui gouverne l'univers entier. Cela ne semble pas toujours le cas, ici-bas, je ne le sais que trop, mais l'étude et la connaissance des plans supérieurs nous confirment de jour en jour dans le sentiment ferme que la justice est, la loi suprême de l'univers.

Qu'est-ce que la justice après tout? c'est simplement la mise en jeu de cette Loi des causes et des effets, sur les plans supérieurs, moraux et intellectuels. Il est possible à l'homme, pendant sa vie terrestre même, d'atteindre consciemment un grand nombre de ces états supérieurs, et, en y arrivant, il ne peut qu'obtenir une conception plus haute et plus réelle de la vie tout entière, dans son ensemble.

M'adressant à ceux qui ont fait de telles investigations, je leur dis donc « Mieux vous concevrez ces mondes supérieurs, et plus vous serez fermes dans votre foi en la Justice éternelle. Vous pouvez vous remettre entre ses mains pour franchir les portes de la mort, avec le calme et la certitude les plus absolus. »

Il ne faut pas croire, naturellement, que par cette étude des plans supérieurs, nous puissions arriver à comprendre la Force et la Volonté suprêmes qui se trouvent derrière toutes choses.

En parlant de cette Force, je n'ai pas besoin d'employer les noms si divers sous lesquels l'expriment les religions différentes : tous ces noms doivent, évidemment, rester bien loin de toute expression de la réalité.

L'hommage le plus sincère, le plus réel que vous puissiez rendre à CELA quel que soit le nom qu'on lui donne, c'est de rester silencieux en Sa présence... pour le moment, cela est en dehors de toute notre compréhension. N'allez pas supposer, comme tant de religions l'ont fait, que Ses lois et Ses décrets peuvent être interprétés immédiatement ici-bas. Tout ce que vous pouvez en apprendre, c'est que Sa loi est absolue, et que vous pouvez vous remettre entre Ses mains, là-bas comme ici, et que, par conséquent, toutes les idées d'horreur et de deuil dont nous environnons la mort sont tout à fait inutiles.

La totalité de cette grande Loi, ici-bas, travaille d'une façon continuelle dans le sens de l'évolution, et, autant que nous pouvons observer les plans supérieurs, nous pouvons voir le même immense processus d'évolution se poursuivre. Toujours, et incessamment, la vie s'élève de plus en plus haut ; jamais elle ne retombe, si ce n'est temporairement, afin d'entrer, peut-être, dans une nouvelle voie d'évolution. Toujours, et incessamment, la même grande Loi opère, là-bas comme ici, et, de même, et toujours aussi, cette loi doit être envisagée avec confiance, de l'autre côté de la mort, comme dans notre vie terrestre. Si vous pouvez vous faire à ces idées, les plus simples par lesquelles on puisse commencer, vous vous rendrez compte que la mort est entièrement différente de ce que vous aviez cru jusqu'ici. Étant donné que le mondé tout entier obéit aux lois de l'Evolution, la mort, qui est universelle, doit fatalement n'être qu'un stade ou un degré dans cette évolution. Elle n'est donc pas une chose à redouter, et il faut simplement l'accepter, comme une partie de la vie même.

On possède déjà un très grand nombre de notions sur les états qui suivent la mort, et ces notions se trouvent dans les ouvrages de la Société Théosophique. Les personnes, qui jugent ces questions dignes d'investigations plus approfondies, tireront grand profit de l'étude de ces ouvrages. Quant à moi, je puis vous dire que j'ai passé bien des années à étudier ces conditions supérieures, et que, chaque jour, je trouve le sujet plus intéressant et plus profitable. Il en sera de même pour ceux d'entre vous qui voudront s'y adonner. Je vous y engage vivement en vous redisant, pour terminer, que la crainte de la mort est une erreur, et, qu'au delà comme en deçà de la tombe, l'homme demeure constamment, en toute sécurité, dans les mains de l'éternelle et bienveillante Puissance qui a tout créé, qui conserve et qui gouverne tout!

C. W. Leadbeater.

LE CHRISTIANISME
AVANT LE CHRIST

(*Fin*).

Le *Sacrifice du pain et du vin*, dans les « mystères », avait un sens très élevé. « Parce que nous donnons au blé le nom de Cérès et au vin celui de Liber, il n'est pas un homme assez sot pour croire que ce qu'il mange peut être Dieu. » (Cicéron. *De naturâ deorum.*) Le *vin*, c'était l'esprit vivificateur de la Nature, — le « sang de Dieu » ; le *pain*, c'était la matière productrice qui sous l'impulsion de l' « esprit », devient créatrice et régénératrice.

Pour les cultes antiques qui savaient que tout ce qui existe est divin dans sa nature, qui disaient ce que saint Paul a répété plus tard, à savoir que l' « Univers est le corps de Dieu » et que ce qui anime cet Univers c'est l'Esprit de Dieu — pour ces cultes, le sacrifice du pain et du vin représentait le *Sacrifice du Verbe* (le premier Logos, — Dieu le Père,) qui, pour faire partager son bonheur au plus grand nombre possible d'êtres, a créé notre univers de sa propre substance (le *pain*) au moyen du « germe » laissé par le précédent univers au moment de sa dissolution et l'a animé de son propre esprit (le *vin*), se condamnait ainsi à la limitation pendant la longue suite de siècles que dure un univers.

Ce sacrifice symbolisait aussi l'Incarnation volontaire et rédemptrice du second Logos (le *Fils*) à travers les mondes inférieurs.

Il avait aussi un troisième aspect : la *Communion*, c'est-à-dire l'union qui doit s'établir, au cours du progrès humain, entre l'étincelle spirituelle incarnée comme homme et l'Esprit divin qui anime le monde. Cette union (*communion*) s'obtient par ce qu'on appelle l'Initiation, c'est-à-dire par un long processus d'épuration des véhicules de l'homme et par le développement progressif des énergies latentes qui sommeillent en lui.

Quand le néophyte était prêt, on facilitait cette « communion » par la désincarnation temporaire de l'étincelle divine (le *Moi* véritable) au moyen d'un breuvage magique appelé *soma* par les Indous, *ambroisie* et *nectar* par les Grecs, *kykéon* par les prêtres d'Eleusis, — la divine liqueur qui donne l'inspiration divine, la clairvoyance supérieure et provoque l'union momentanée de l'esprit humain incarné avec le foyer spirituel d'où il émane (l'Ame du monde, Dieu).

*
* *

Un genre de *Confession* existait dans les anciennes religions ; il y avait aussi des expiations purificatrices qui rappellent les « pénitences » de nos modernes confessionnaux. Pour les crimes les plus grands, — les crimes « irrémissibles », — le coupable était abandonné au remords et à la vengeance des dieux. On repoussait des sanctuaires les homicides, les traîtres à la patrie, les scélérats, tous ceux qui étaient souillés par de grands forfaits ; ils étaient exclus de l'Elysée, après leur mort, et plongés dans le noir marais qui occupait un coin des enfers.

C'est ainsi que les crimes de Néron lui interdirent l'accès des Eleusinies (les mystères d'Eleusis), et lorsque Constantin, couvert du sang de ses meurtres et noirci par ses parjures se présenta aux prêtres du paganisme pour recevoir l'absolution, on lui répondit que « parmi les diverses sortes d'expiations, on n'en connaissait aucune qui eût la vertu d'effacer tant de crimes, et qu'aucune religion n'avait de secours assez puissant pour protéger les coupables contre la justice des dieux outragés. Constantin était pourtant empereur ». (Dupuis. *Origine de tous les cultes*.)

Les cérémonies purificatrices étaient instituées principalement pour l'homicide involontaire, celui des combats pour la patrie ou celui de la légitime défense : c'est ainsi qu'Hercule se fit purifier après l'extermination (symbolique) des Centaures.

Dans la confession mazdéenne, le pénitent prononçait cette formule : « Je me repens de tous mes péchés et j'y renonce. Je renonce à toute mauvaise pensée, à toute mauvaise parole, à toute mauvaise action. Je fais cet aveu devant vous, ô purs esprits ! Dieu, ayez pitié de mon corps et de mon âme, en ce monde et dans l'autre. »

Chez les Indous, la confession était publique.

* *

Dans le *Baptême* exotérique (le véritable baptême est celui que confère la première des grandes Initiations), le candidat se tournait d'abord à l'Occident pour repousser le démon (les ténèbres qui occupent le côté de la terre non éclairé par le soleil) ; puis il se tournait à l'Orient pour jurer fidélité à Dieu (représenté par le soleil). Et dans le *Catéchisme mystagogique* de saint Cyrille de Jérusalem, on peut lire les détails de cette cérémonie, car on la pratiquait dans le rite chrétien primitif.

Krishna, — le Christ indou, — fut baptisé dans les eaux du Gange sacré ; les livres saints de l'Inde prescrivent d'ondoyer tout nouveau-né, dans les trois jours qui suivent sa naissance, soit dans le Gange, soit dans l'eau lustrale (eau bénite).

* *

La *Confirmation* indoue se pratique à l'âge de 16 ans au plus tard ; elle consiste en une onction d'huile sainte et en l'investiture du cordon, avec chant de la prière *Savitri :* cette confirmation (la descente du Saint-Esprit) est aussi l'image de l'Initiation.

L'*Ordre* et le *Mariage* sont deux des plus importants sacrements indous, et Pline dit que, chez les Romains, pendant la cérémonie, les prêtres bénissaient l'anneau nuptial, ce qui prouve que les rites chrétiens sont souvent, jusqu'aux détails, les mêmes que les rites païens.

* *

Les *Litanies* de la Vierge catholique se retrouvent dans le culte que le Paganisme rendait à ses vierges-mères. Par exemple :

Isis portait sur sa tête le vase symbolique des eaux fécondatrices du Nil : *vas electionis, vas lœtitiæ, vas honorabile.*

Elle était, dans les « mystères », la consolatrice des affligés : *consolatrix afflictorum.*

C'était la déesse de la chasteté : *mater castissima.*

Elle était couronnée de tours : *turris eburnea, turris davidica.*

Le croissant ornait sa tête : *fœderis arca.* Ce croissant était l'emblème de toutes les reines du ciel : de Diane en Grèce, d'Isis en Égypte, d'Astarté en Chaldée, etc. « L'empire grec chrétien le choisit pour palladium et, après la conquête, les Turcs l'adoptèrent ; depuis, le croissant s'oppose à la croix. » Bonwick. (*Egypt. belief.*) Telle est l'origine du croissant musulman.

Ops, — une autre des vierges-mères, — portait la clé du ciel : *janua cœli*.

Hécate était couronnée de la rose mystique à cinq feuilles : *rosa mystica*.

Junon était la reine des dieux de l'Olympe : *regina angelorum*.

Uranie était la déesse de la mer : *maris stella*.

Phébé était l'étoile du matin : *stella matutina*.

La Frigga scandinave était reine des vierges de l'Edda : *regina virginum*.

La vierge indoue (*Devaki*) était la mère du dieu Krishna incarné : *virgo dei genitrix*. (**Malvert**. *Science et Religion*, 99).

*
* *

L'*Eau bénite*, c'est, nous l'avons vu déjà, l'eau lustrale qui était employée dans tous les rites égyptiens et romains (Bonwick).

Les *Pains bénits* païens étaient d'un usage fréquent et universel (Gliddon) ; on les marquait de la croix de Saint-André (Melville). Les prêtres les brisaient et les distribuaient au peuple qui croyait manger la chair et le sang de la divinité.

*
* *

Les Akkadiens et les Chaldéens avaient, comme les Hébreux et les Chrétiens, *un jour de repos tous les sept jours ;* ils avaient aussi des fêtes d'actions de grâce d'humiliations et de prières (J. Myer).

Plutarque nous enseigne que le *mois de mai* était consacré à Maïa ou Vesta. Maïa c'est la vierge Marie. (Voir Aulus Gelle, au mot *Maïa*).

Les *Lupercales* furent célébrés dans le christianisme jusqu'en 496, époque où le pape Gélase les remplaça par la procession dès cierges allumés.

Les *Processions* avaient un cours général dans les cultes antiques.

*
* *

Si, des cérémonies, nous passons aux objets du culte, nous trouvons dans le christianisme et le paganisme les mêmes usages, le même symbolisme. Le Père Huc (*Voyage dans la Tartarie et le Thibet*, 1ʳᵉ édition) trouva chez les bouddhistes les objets, le rituel et les pratiques catholiques : cloches, encensoirs, goupillons, crosse dalmatique, ostensoir, eau bénite, processions, exorcisme, confession auriculaire, litanies, rosaire, etc... C'est pour avoir fait connaître ces faits sans le ménagement et l'habileté nécessaires que son livre fut mis à l'index et que, dans les éditions postérieures, les parties incriminées furent expurgées.

Un autre missionnaire, le Père Giorgi (*Alphabetum thibetanum*; Rome, 1742) avoue que « son âme fut profondément troublée quand il vit que le peuple thibétain avait son dieu sauveur, né d'une vierge et descendu sur la terre pour opérer le salut du genre humain ».

Les prêtres de Mithra portaient la *soutane* noire ; c'est pourquoi on les appelait *hierocoraces* (prêtres-corbeaux). Les frêsques de Pompéi nous ont conservé les images des prêtres d'Isis portant *tonsure, surplis* blanc, *anneau, mitre* et *aube*. Ils avaient aussi l'*amict*, la *chasuble* et les cheveux longs. Le *bonnet carré* noir était la coiffure des flammines à Rome ; ces prêtres de Jupiter tiraient leur nom de *flammeum* (la petite houppe de laine) qui surmontait leur bonnet. La *tiare* papale était la coiffure des dieux assyriens. (Dr Inmann. *Ancient pagan and modern christian symbolism*.) Les rois de Babylone portaient aussi la tiare et le manteau blanc ; ils donnaient aux rois vaincus leur pantoufle (*mule du pape*) à baiser et avaient au doigt un *anneau d'or* qui leur servait de sceau. (*Science et Religion*, Malvert.)

Chaque temple avait un *Saint des Saints* caché au profane par un voile ; ceci est bien connu des égyptologues et des assyriologues. (Dr Sayce. *Hibbert Lectures*.)

*
* *

Mais, de tous les symboles, le plus répandu, comme le plus antique, est certainement la croix. On la trouve sur tous les monuments préhistoriques d'Asie, d'Afrique, d'Amérique et d'Océanie. Sa forme la plus ancienne est la +. Cook, lorsqu'il découvrit la Nouvelle-Zélande, la trouva plantée sur les tombes des habitants de l'île. La croix égyptienne est plus souvent le *Tat* T et la *croix ansée* ; cette dernière était suspendue au cou des Initiés : c'est la croix de Saint-Antoine et de Saint-Philippe, chez les chrétiens.

La *croix cramponnée* ou *svastica* se trouve dans les ruines de Troie, sur les monuments étrusques, chaldéens, indous, américains et chinois : on la plaçait sur le cœur des Initiés. Le *Labarum*, — qui consiste en des combinaisons variées de la + et de la lettre grecque *rho* P, — se rencontre fréquemment sur les vases funéraires, les médailles et les monnaies antérieures au Christ. C'était l'un des signes d'Osiris et l'une des formes de la croix chez les Etrusques ; on la plaçait sur le front des nouveaux Initiés, en Egypte.

Les Vestales (les nonnes païennes) portaient la croix sur la poitrine. La croix était partout, à Mycènes, à Pompéi, à Herculanum et même sur la proue des galères de Marc Antoine. Elle fut adoptée dans sa primitive simplicité par le christianisme naissant, et ce n'est qu'au VIIIe siècle seulement que l'image du Christ y fut ajoutée.

Les symboles d'Hermès (le Jésus égyptien) étaient cruciformes : des piliers à tête humaine placés, en Grèce et à Rome, aux carrefours des chemins. Tous les sept jours les prêtres les oignaient d'huile consacrée, et une fois par an les ornaient de guirlandes. On les appelait aussi les dieux termes, les dieux des frontières (*dii termini*). (Montfaucon. *Antiquités*. Vol I, planche 77.)

*
* *

Le *Poisson* symbolisait le Sauveur bien avant la naissance de Jésus. Le mot grec qui le dénomme IKTUS est l'anagramme (1) de *Iesous Kristos Theou Uios Soter*, — ce qui signifie : Jésus-Christ, fils de Dieu, le Sauveur. Oannès, le Sauveur babylonien, était « un animal doué de raison, possédant un corps de poisson et cachant sa tête humaine sous une tête de poisson ; il était amphibie, passant la nuit à la mer et le jour à terre. » (Polyhistor et Appollodore.)

Cet amphibie est le symbole du Christ incarné, — l'Ego divin dans l'homme. Il est, pendant le jour (vie terrestre), parmi les hommes et pendant la nuit (vie d'au-delà), il s'en va dans le ciel (la mer ; l'eau symbolise l'au-delà). Sa coiffure en tête de poisson, c'est la mitre des anciens Initiés. Bien des siècles plus tard, le christianisme adopta ce symbolisme ; c'est pourquoi les premiers chrétiens se nommaient *pisciculi* (petits poissons) : le gros Poisson, dont Jonas (l'Oannès chrétien) est le symbole, c'était le Christ. Un autre des emblèmes pisciculaires fréquents, c'est la *Vesica piscis* que l'on rencontre sur les tombeaux des catacombes : un ovoïde faisant niche à une statue de Jésus. Une amulette chrétienne très commune encore au Moyen Age était formée de trois poissons placés en triangle et surmontés de cinq lettres grecques.

L'une des origines du symbole du poisson provient de ce que, dans l'antiquité, le Dieu suprême était représenté par la figure du signe zodiacal dans lequel le soleil (le symbole de la divinité) entrait à l'équinoxe du printemps. Tous les 2.150 ans environ, le mouvement de précession équinoxale fait que le soleil entre dans le signe précédent du zodiaque et qu'il est revenu au point de départ tous les 25.900 ans. Le taureau et le bœuf étaient les symboles de la Divinité quand le soleil, à l'équinoxe du printemps, entrait dans l'écliptique. Quand il entra dans le bélier, l'agneau et le bélier remplacèrent le taureau ; c'est pour cela que le dieu Ammon avait des cornes de bélier ; Moïse est représenté avec une coiffure à cornes parce qu'il était considéré comme le ministre de Dieu sur la terre. Plus tard, vint le tour du poisson, comme viendra celui du verseau et alors sera réalisée la prophétie symbolique de l'Evangile qui dit : « Vous rencontrerez un homme portant un vase d'eau » (le signe du Verseau).

(1) Le mot est formé par la réunion des premières lettres de ces mots. I, K, T, U, S.

*
* *

Le Soleil fut partout le symbole de la Divinité-une : en Amérique, en Egypte, dans l'Inde, en Chaldée, en Assyrie, en Chine, en Océanie. Son culte est encore officiel en Chine. Héliopolis lui était spécialement consacrée ; les invocations égyptiennes disaient : « Oh Soleil ! maître de toutes choses, et vous, tous les autres dieux qui donnez la vie aux hommes, recevez-moi et faites que je sois admis dans la société des dieux éternels. » Porphyre. *De abstinentia*, VI.) En Gaule, le dieu Bélénus figurait le Soleil ; Orphée regardait cet astre comme la première des divinités ; Agamemnon, dans Homère, apostrophe le Soleil et lui dit : « O Soleil qui vois tout et qui entends tout. »

Macrobe (*Com, in somn. Scip.* I.) cite, de Julien l'empereur, ces significatives paroles : « Que le Soleil, quand l'heure fatale aura sonné, m'accorde d'approcher de lui et, si c'est possible, de demeurer éternellement avec lui. »

Les temples s'ouvraient à l'Est et possédaient une ouverture permettant de recueillir les rayons du soleil levant ; cette ouverture est maintenant, dans nos églises, remplacée par un vitrail. A Cuzco (Pérou), un disque d'or placé à l'Occident du temple reflétait les rayons solaires.

L'usage d'identifier le soleil avec Dieu fut adopté par le christianisme et se perpétua longtemps puisqu'au VIIe siècle le peuple, en France, synonymait encore les deux mots et jurait par le soleil, l'appelant le Seigneur. Saint Eloi (*De rectitudine catholicæ conversationis*) défendit cet usage dans son diocèse.

*
* *

Le *Bon Pasteur* était figuré, dans le paganisme, par un jeune homme conduisant un bélier ou le portant sur ses épaules. (Dupuis. *Origine de tous les cultes.*) Le dieu bélier était nommé le « caché », le « dieu du mystère », Ammon (Bonomi, l'égyptologue hiéroglyphiste, dit qu'*Amenoph* signifiait « adorateurs d'Ammon »). On l'appelait aussi *Amoun*, d'où est venu *Amen*, le mot sacré qui, chez les chrétiens, symbolise le dieu du mystère, c'est-à-dire Dieu dans l'univers et dans l'homme.

*
* *

Le *Bouc* était consacré à Typhon, — le Satan égyptien. C'est sur la tête de cet animal symbolique que les Egyptiens confessaient leurs péchés, le chargeant ainsi de leurs fautes avant de le chasser dans le désert. Le Lévitique (chap. XVI) indique le même cérémonial chez les enfants d'Israël. C'est ainsi que le bouc émissaire, prenant les péchés des hommes, les réconciliait avec Typhon en Egypte et avec Jehovah en Israël.

Du mélange incompris du bélier Ammon, qui était le dieu de

Mendès dans la basse Egypte, c'est-à-dire l'image de l'esprit divin,
du soleil de vie, *Ra* (*Ammon-Ra* était le dieu caché de la
Nature. *Pan*), — de ce mélange, disons-nous, du bélier Ammon
et du Bouc consacré à Typhon, l'on a fait, plus tard, le *Baphomet*
qu'on attribue aux Templiers et qu'on suppose être l'image du
démon.

*
* *

Le *Coq* est aussi un antique symbole solaire. Les Grecs nommaient
cet animal *alectruon* parce qu'il est le plus sensitif des animaux.
Il présidait, en symbologie, à la mort et à la résurrection (le *Zohar*
dit qu'il chante trois fois et à des heures anormales avant la mort
d'une personne ; les traditions slaves disent la même chose). Il
était consacré aux dieux sauveurs ; c'est pourquoi on l'associait,
en Grèce, à Esculape qui est un *Soter* (un Sauveur). « Nous
devons un coq à Esculape, dit Socrate avant de mourir. » Le même
symbolisme se retrouve dans le récit évangile : le coq chante trois
fois avant que le Sauveur chrétien ne meure, pour ressusciter
ensuite.

*
* *

Le *Pélican*, comme l'oie et le cygne, était, chez les anciens, le
symbole de l'Esprit universel en incubation sur les eaux, l'âme
nourricière du monde. Le dieu égyptien du Temps, — *Seb*, —
porte une oie sur sa tête ; des oies sacrées étaient entretenues au
capitole. Jupiter et Brahmâ prennent souvent la forme d'un cygne.
Le Pélican, — l'esprit divin, — après avoir procédé à l'incubation
de la matière de l'œuf du monde, nourrit les êtres de son sang
(esprit) et de sa chair (matière), car nos corps, dit saint Paul, sont
des parcelles du corps de Dieu et nos âmes des étincelles de son
esprit, telle est la raison des images chrétiennes du pélican nourris-
sant ses *sept* petits ; telle était aussi la raison qui guidait les croisés
lorsqu'ils faisaient du jars l'image du Saint-Esprit et le portaient
devant l'armée avec un bouc pour compagnon.

*
* *

Il n'est pas jusqu'aux fêtes et aux saints auxquels elles sont con-
sacrées qui ne trouvent leur anticipation dans le culte païen. L'on
pourrait, ici, faire de piquantes comparaisons, mais nous pensons
qu'il vaut mieux laisser aux recherches des lecteurs que ce point
pourra intéresser les origines de quelques-uns de nos saints :
Saint Hermès, saint Nicanor, saint Soter, saint Ephèbus, saint
Denys, saint Demetrius, sainte Flavie, saint Pudent, sainte Pal-
ladie, saint Apollinaire, saint Afrodisius, sainte Eleuthère, sainte
Rustique, sainte Dyonisie, saint Rogatien, saint Donatien, sainte
Aura, sainte Placide, saint Longin, sainte Amphibole, saint Josa-
phat, etc..... Dupuis (*Origine de tous les cultes*) leur donnera des

explications auxquelles ils ne s'attendent sûrement pas, et jettera une lumière intéressante sur le processus qui transforma les saints du paganisme en ceux du christianisme.

Cette esquisse suffira pour montrer à ceux qui enseignent que le monde païen est un monde essentiellement satanique ou dépourvu de conceptions religieuses élevées, qu'ils sont dans une erreur complète. Les vérités nécessaires à l'homme ont été semées dans le monde par les grandes Ames qui sont venues guider les premiers pas de l'humanité, et elles n'ont jamais disparu depuis. La Vérité ne fait que changer de véhicules, et ceux qui auraient des prétentions à la monopoliser montreraient simplement combien grande est eur ignorance.

D^r Th. Pascal.

ECHOS DU MONDE THÉOSOPHIQUE

France.

La réunion de janvier, au siège de notre *Revue*, a entendu la lecture du travail de Mme Besant « *Sur la formation du caractère* », et le développement par le Dr Pascal du sujet suivant : Une séance d'hypnotisme curatif chez le Dr Berillon, étude de la question, au point de vue théosophique. Nous pensons à ce sujet qu'alors même que les résultats de la psychothérapie seraient durables, ce qui n'est pas encore établi, les procédés employés s'attaquent, en somme, moins aux effets morbides qu'aux éléments mêmes de la liberté et de la volition humaines, ce qui est sérieuse matière à objection, et, peut-être, aussi, contre l'ordre de l'évolution. D'autres aperçus encore peuvent être tirés de la question qui sera sans doute reprise.

Nous avons déjà parlé du récent séjour de M. Leadbeater à Paris. La plus grande partie des dires de notre frère avancé a été recueillie et ce numéro-ci, précisément, contient l'esquisse donnée en public des états de l'homme après la mort. Dans l'un des entretiens qui ont eu lieu au sein même des branches théosophiques de Paris, M. Leadbeater a donné sur « Jésus » des renseignements du plus haut intérêt, issus qu'ils étaient de la lecture des enregistrements akashiques — ce conservateur occulte de tout ce qui a existé — tenus à la disposition des personnes dont l'état de conscience est à la hauteur des plans supérieurs de la nature. Bien que ces renseignements n'infirment nullement la haute idée que l'Occident professe sur le plus récent des « Sauveurs du monde », il suffit qu'ils sortent le moindrement des errements jusqu'ici acceptés pour que nous ne cherchions pas à les heurter en divulguant publiquement ces données. La théosophie n'est opposée à aucune forme religieuse sincère : elle se tient plutôt à la disposition de tous les croyants, pour éclairer et pour aider.

.*.

Parmi les faits divers du jour, nous relevons le projet de fonder à Paris un Institut des sciences psychiques dans lequel on chercherait à connaître à fond du spiritualisme, tout en le désoccultant. Le but est certainement louable, mais nous pensons que les auteurs du projet peuvent être entraînés, comme méthode de recherches, s'entend, beaucoup plus loin qu'ils n'ont dessein en ce moment. La vérité occulte est en dehors du plan physique et aucun résultat sérieux ne peut être obtenu, en cet ordre de choses, tant que la conscience totale de l'observateur n'est pas transportée sur le plan supérieur, sans cesser d'être reliée à la conscience initiale physique. Mais cela n'est précisément que le premier pas de la méthode d'investigation théosophique proprement dite, d'où l'invitation, à qui de droit, d'user d'abord des ressources qui, nous le répétons, sont mises à la disposition de tout le monde.

Nous avons lu avec intérêt, aussi, les premiers documents, publiés par l'*Union celtique*, sur les origines de la nation gauloise, ancêtre de la plus grande partie de la population française. Ces recherches ne peuvent que grandement profiter à la Société actuelle en la rapprochant, en quelque sorte, de ses origines et aussi des interventions supérieures réalisées dans le passé.

.*.

Le *Bulletin théosophique* de notre Section a paru dès le 15 janvier dernier et a été accueilli avec une grande faveur par le monde théosophique de langue française. Le *Bulletin* n'a nullement pour but de remplacer la *Revue*, puisqu'il se limite volontairement à très peu de chose, en matière d'enseignement théosophique. Mais il établira sûrement un lien véritable entre les divers membres de la Section, ce que ne peut faire une publication comme celle-ci qui compte parmi ses lecteurs bon nombre de personnes n'appartenant même pas à notre société.

Le premier numéro du *Bulletin* contient la composition du *Comité* de la Section française, à savoir : Président, le Dr Pascal, secrétaire-général de la section ; Membres : MM. Ch. Blech, de Castro, commandant Courmes, P. Gillard, Guillaume et P. Tourniel.

Le *Bulletin* a ouvert, dans ses colonnes, une souscription permanente pour la propagande, par la Section. Nous devons dire, à ce propos, que la souscription permanente en cours dans la *Revue théosophique française*, le *Lotus Bleu*, y sera continuée, *avec affectation spéciale au soutien de cette Revue*. On sait, en effet, qu'actuellement, encore, une revue théosophique quelconque ne peut que difficilement suivre sa carrière, si limités sont ses lecteurs, bien différente, en cela, de n'importe quelle publication sensationnelle, dont les adhérents se comptent, au contraire, par milliers. Les personnes, donc, M. S. T. ou non, qui voudront bien soutenir l'organe français de la diffusion théosophique, pourront continuer à nous adresser leurs souscriptions, lesquelles, reçues avec reconnaissance, serviront exclusivement à la *Revue*, c'est-à-dire à son impression, à son édition et à son expansion, puisque la rédaction et l'administration en sont exercées gratuitement. Les comptes de la *Revue* sont, d'ailleurs, indépendants de ceux de la Section, bien que le patronage moral de cette dernière nous soit assuré et précieux. Ajoutons, pour terminer, que les comptes de la Souscription permanente, à la *Revue*, pour l'année 1899, ont été volontairement soumis par nous à l'examen des membres du Conseil d'administration de la Section présents à Paris, autres que le Dr Pascal et nous-même, ces membres formant ainsi une sorte de Comité de contrôle. Les dits comptes ont été reconnus conformes aux pièces et aux écritures : mention en a été faite et signée sur le registre des procès-verbaux *ad hoc*.

Angleterre.

La Section européenne dont le centre est à Londres et qui, en plus de l'immense empire britannique, étend encore sa juridiction théosophique sur les nations d'Europe qui n'ont pas formé de section, telles l'Allemagne, la Russie, l'Italie, l'Espagne, la Belgique, l'Autriche et la presqu'île Balkanique, a définitivement établi son quartier général à Londres, 28, Albemarle Street, W. Jusqu'à ce jour, cette Section, si nombreuse et si prospère, avait reçu l'hospitalité dans la maison de Mme Besant, Avenue Road, 19, où la personnalité physique de Mme Blavatsky avait vécu et où elle s'était éteinte. Désormais, la Section européenne, vieille de plus de dix années, sera bien chez elle.

Italie.

Le Brahmacharin Chaterji est toujours à Rome, où ses conférences sont suivies par l'élite du monde intellectuel de toutes les classes de la Société; il est même question de le faire entendre à l'Université de Rome. Au début du nouveau cycle dont les vingt-cinq premières années assisteront sans doute à un grand renouveau de spiritualité dans le monde, l'Italie devrait-elle donc prendre, à ce sujet, la tête des nations latines, au moins ? C'est au pays de France qu'il convient de répondre, à savoir s'il veut, ou non, entrer dans la carrière où un trop petit nombre de pionniers s'efforce toujours de lui préparer les voies.

Amérique.

Le Dr Marques, le nouveau secrétaire-général de la Section, a pris ses fonctions, à Sydney.

Inde.

Mme Besant a été très souffrante de la fièvre, les mois écoulés. Aux dernières nouvelles, elle allait beaucoup mieux. Elle n'a cependant pas arrêté sensiblement son travail d'action théosophique, dans l'Inde.

Le retard prolongé que met le *Théosophist* de janvier à nous arriver, nous empêche de parler de l'Assemblée générale de la Société théosophique qui a eu lieu, fin décembre dernier, à Adyar, et dont le numéro de janvier de la *Revue* précitée doit contenir le compte rendu.

D. A. Courmes.

REVUE DES REVUES

Bulletin théosophique. *Section française.* Janvier 1900. — A nos frères, par le Dʳ Pascal. — Comité de la Section française. — Situation du mouvement théosophique en France. — Branches et réunions. — Petite correspondance et renseignements utiles.

Theosophist. *Organe présidentiel.* — Pas reçu.

Theosophical Review. *Angleterre.* Janvier 1900. — Tehut, maître de sagesse, par G. R. Méad. — Le Pérou ancien, par C. W. Leadbeater.

Vahan. *Section anglaise.* Janvier 1900. — Questions sur le Dévachan.

Sophia. *Espagne.* Janvier 1900. — Libre arbitre. — Pensées des hommes célèbres.

Theosophia. *Section Neerlandaise.* Décembre 99. — La terre du mystère, par H. P. B. — Le Tao te King de Laotsen.

Teosofia. *Italie.* Décembre 99 et Janvier 1900. — La réincarnation, par le Dʳ Pascal. — La philosophie indienne, à Rome : il s'agit, ici, des conférences du Brahmacarin Chaterji, membre de la Société théosophique.

Theosophic Messenger. *Section américaine.* Décembre 99. — Le mouvement théosophique, aux Etats-Unis.

Philadelphia. *Argentine.* Novembre 99. — Spiritualité, par Annie Besant. — Prochaine visite du colonel Olcott à Buénos-Aires.

Theosophy in Australasia. Novembre 99. — L'œuvre future de la Société théosophique.

Prasnottara, Theosophic Gleaner. *Inde.* Nov. et Déc. 99. — Etude sur la Bhagavad Gita. — Vivisection et inoculation.

Revue spirite. *France.* Janvier 1900. — Rapport sur le spiritualisme, par P. G. Leymarie. — Apparitions, par de Kronhem. — L'œuvre de Strada, par J. Brieu.

Echo du merveilleux, Echo d'ici-bas. *Paris.* Janv. 1900. — Faits mystérieux. — Renseignements divers.

La Lumière. *Bruxelles.* Janvier 1900. — Excellent hebdomadaire, contenant des articles des diverses écoles spiritualistes, la théosophie y comprise. En dehors des revues spéciales, c'est la meilleure feuille volante à lire.

Le chrétien français. *Paris.* Janvier 1900. — Organe de nombreux catholiques indépendants qui semblent chercher la vérité sous le voile de la parole chrétienne. Ils l'y trouveront certainement s'ils veulent bien éclairer leur route avec le flambeau de la théosophie.

Journal du magnétisme. *Paris.* Janvier 1900. — Les théosophes chrétiens au xviii° siècle, par Erny. — A propos de Swedemborg, saint Martin et autres, l'auteur dit que « ces théosophes auraient été bien étonnés si on leur avait parlé des doctrines et des enseignements actuels des chefs de la Société théosophique de Londres. » Nous pensons, quant à nous, que ces hommes remarquables auraient plutôt été charmés de ces doctrines et de ces enseignements, parce que, impersonnels comme de vrais sages, ils ne se seraient pas mépris sur la valeur des données théosophiques actuelles.

Réforme alimentaire. *Société végétarienne de France.* Janvier 1900. — Conférence du D* Huchard, de l'Académie de médecine, sur le régime végétarien (Compte rendu).

Bulletin des Sommaires. *Paris.* Janvier 1900. — Mentionne ce qui se publie.

Reçu, également, *sans insertion de notre sommaire :* Paix universelle. — Humanité intégrale. — Spiritualisme moderne. — Revista espirita, du Brésil. — Ta-ssi-yeng-kaw, de Lisbonne.

Revue bleue, *de Paris.* 10 Février 1900. — Intéressant article, à lire, sur la théosophie.

D. A. C.

BIBLIOGRAPHIE

—

La Sagesse antique, par Mme Annie Besant.

Le premier volume de cette œuvre magistrale vient de paraître ; la traduction en est d'une rare perfection ; nous ne voulons pas analyser l'œuvre, cela serait inutile, car tout théosophe doit la posséder pour la lire, la relire et méditer sur ses pages profondes.

Nous ne saurions trop exprimer à M. F. Brooks, l'éminent traducteur de ce livre, notre vive gratitude pour le bien qu'il fait ainsi aux peuples de langue française. **D^r Th. Pascal.**

—

Une échappée sur l'Infini, par Ed. Grimard.

Livre bien écrit et non dénué d'intérêt, quoique ne disant rien qui n'ait été publié déjà. Comme fond, du spiritisme mondain, rien d'ésotérique par suite. Au demeurant, très facile à lire.¹

Guéblange.

CPSIA information can be obtained
at www.ICGtesting.com
Printed in the USA
BVHW011116250121
598677BV00007B/191